近代上海の
都市形成史

国際競争下の租界開発

陳雲蓮

風響社

古絵図1　1850年代の上海近郊の水路（出典：Alexander Michie, *The Englishman in China during the Victoria Era*, William Black wood and sons, Edinburgh and London, p.126）

1

古絵図2　1860年代の上海イギリス租界（トリニティ教会からの眺望）
　　　　Courtesy of Martyn Gregory Gallery, London 提供。図中の文字は筆者が加筆。

27　R. J. ギルマン商会、
24　リンゼ商会、
A　ロープ・ウォーク・ロード（Rope Walk Road）、
B　海関路（Custom House Road）、
C　海関（Custom House）

2

口絵

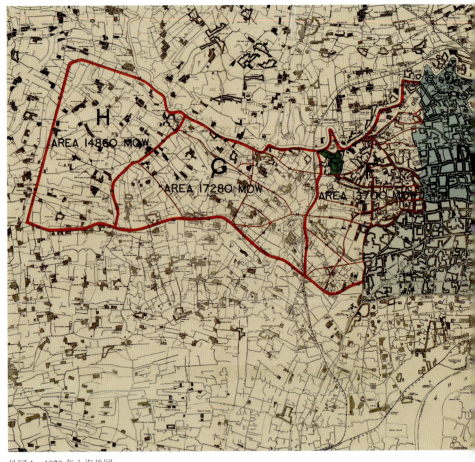

地図 1　1928 年上海地図
　　　Harvard Library Map Collection. Reproduced by the kind permission of Harvard Library

上海外国租界の都市拡張に関する説明

共同租界（International Settlement）
   A　1846 年に定められたイギリス租界の範囲　　　　　138Acre
   B　1848 年に拡張されたイギリス租界の範囲　　　　　470Acre
   C　1863 年に定められたアメリカ租界の範囲　　　　1,309Acre
   D　1899 年に拡張された共同租界の範囲　　　　　　1,896Acre
   D1　同上　　　　　　　　　　　　　　　　　　　　1,908Acre
　　　　　　　　　　　　　　　　　　　　　　　　合計 5,583Acre

4

口絵

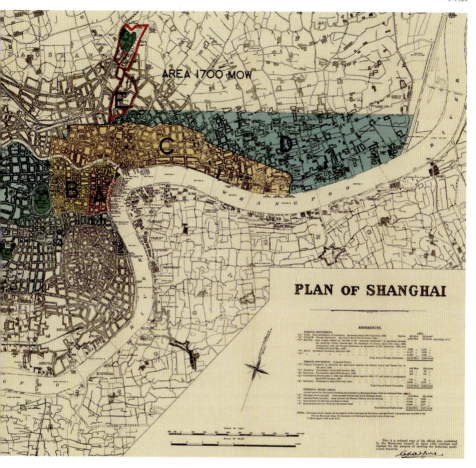

フランス租界（French Concession）
1 1849年に定められたフランス租界の範囲　　　　164Acre
2 1861年に拡張されたフランス租界の範囲　　　　 23Acre
3 1900年に拡張されたフランス租界の範囲　　　　152Acre
4 同上　　　　　　　　　　　　　　　　　　　　 19Acre
5 1914年に拡張されたフランス租界の範囲　　　 2,167Acre
　　　　　　　　　　　　　　　　　　　合計 2,5825Acre

　赤線で囲まれているE、F、G、H部分は、"Extension Area or External Roads Area"と呼ばれ、正式に決められた租界の範囲ではないが、外国人がそこで道路を整備し、その両側に家屋建設などを行っていた地区である。

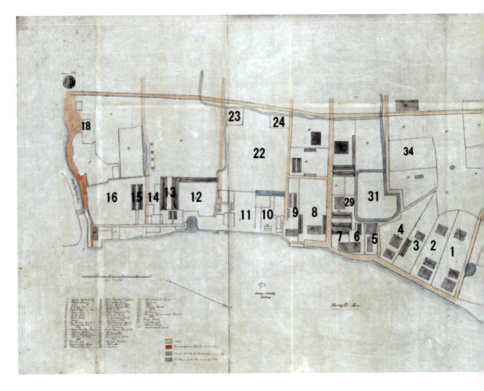

地図2の作成年代の特定

　1849年イギリス租界の復元地図（図2-1）と照合した結果、地図2が北側に蘇州河、南側に洋涇浜、東側に黄浦江、西側にチャーチ・ストリート（Church street、現在の江西路）までの範囲を描いていることが確認できる。図中の縮尺によると、イギリス租界の黄浦江に面する幅、即ち洋涇浜から蘇州河までの直線距離はおおよそ4000フィート（約1.2キロ）、黄浦江からチャーチ・ストリートまでの距離は1000フィート（約300メートル）である。この時点で、黄浦江とチャーチ・ストリートの間に走るブリッジ・ストリート（Bridge street、現在の四川路）はまだ開発されていなかった。そして、黄浦江と蘇州河の護岸もまだ完全に整備されていなく、河水が河沿いの土地に流れ込んでいた。

　さらに、図中後方のイギリス領事館のA番敷地は、赤線で囲まれ、A番の凡例を「領事館指定地」(A ground appointed for consulate) と記してある。それにより、地図2が作成されたとき、イギリス領事館はまだ上海県城内からイギリス租界に移転していなかった事実が判明する。イギリス領事館の移転は、1845年土地章程が締結された4年後の1849年7月[※]に行われた。それにより、地図2は1845年土地章程が締結されてから1849年までの間に作成されたと判断する。なお、同地図は、現時点で筆者が把握する最も早い時期の上海イギリス租界を記録した資料である。

※加藤祐三『黒船前後の世界』（ちくま学芸文庫、1985年）、216〜218頁。

口絵

地図 2　1849 年以前の上海イギリス租界の地図
　　　　Royal Geographical Society, UK 所蔵 請求記号：China S.66
　　　　図中の文字は筆者が加筆。

1　ジャーデン・マセソン商会（Jardine Matheson & Co.,）、
5　アメリカ人ウオールコット（Wolcott, American）、
8　デント・ビール（Dent Beale）、
14　中国人地主（Chinese Renters）、
18　歴壇（Red Temple）、
23　中国人埋葬地（Chinese Burial Place）、
24　イギリス人埋葬地（English Burial Place）、
29　マックケンジー商会（Mckengic & Co.,）、
31　中国人地主（Chinese Renters）、
34　ヘスリングトン（Hetherington）、
46　製氷場（Ice house）、
A　領事館指定地（Ground appointed for Consulate）

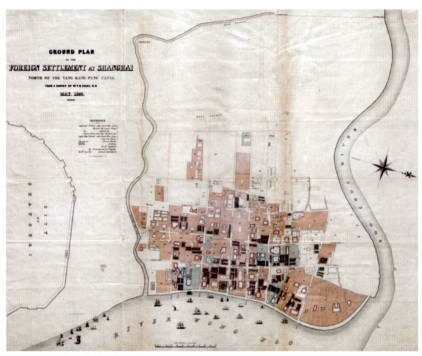

地図3　1855年上海外国租界地図
　　　　Ground Plan of the Foreign Settlement at Shanghai
　　　　National archives, UK 所蔵 請求記号：FO925/2299

茶色の土地と赤い線の建物	イギリス商会
同上	パルシー教徒の商会とほかのイギリス人の土地
青色の土地と青い線の建物	アメリカ商会
着色されていない土地	中国人の土地
点線	計画中の道路

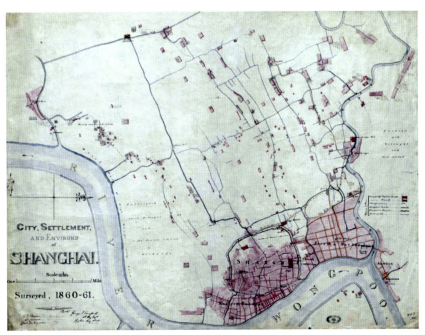

地図 4　1860-1861 年上海県城、租界とその周辺地図
City, Settlement and Environs of Shanghai, surveyed, 1860-1861
National Archives UK. 所蔵、請求記号：W078_988_002

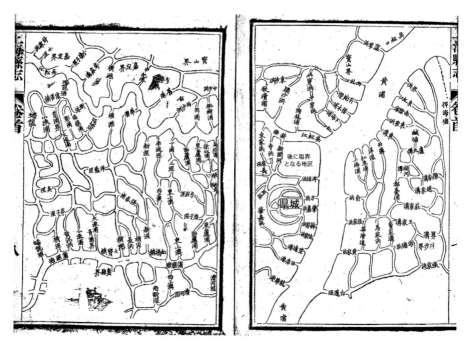

地図5　1750年の上海地域の水路網
(図中の「県城」、「のちに租界となる地区」は筆者による加筆、出典『同治上海縣志』巻3-32、
敍録1巻、上海、南園志局重刊、1872)

口絵

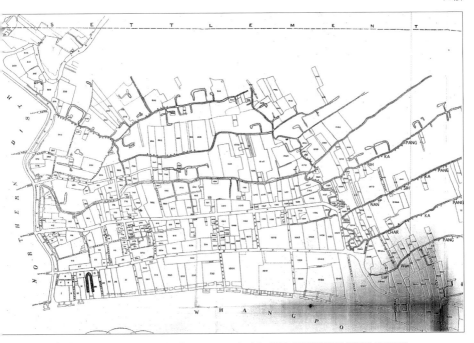

地図6　*Plan to accompany land assessment schedule,* 1899, HONGKEW SETTLEMENT
（上海檔案館所蔵、請求記号：U1-1-1032）

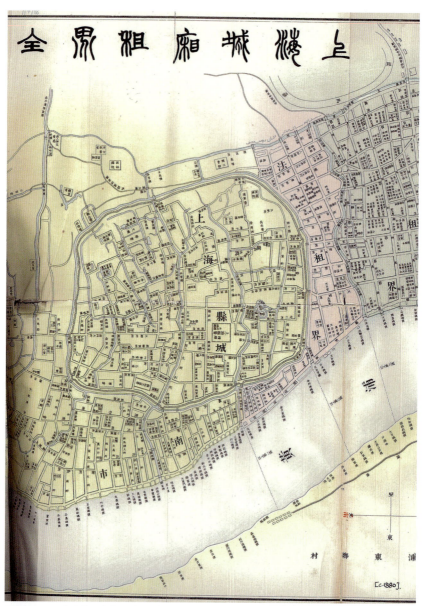

地図7　1880年上海城廂租界全図（Cambridge University Library、請求記号：Map C.350.90.11）
　　　　Reproduced by the kind permission of Cambridge University Library

口絵

地図8　工部局発行の1908年上海地図（東地区の楊樹浦地域を抽出）
　　　　Plan of Shanghai, published under the authority of Municipal Council, 1908
　　　　（Cambridge University Library、請求記号：Map C.350.90.13）

図中の数字で示しているクリークは下記のようである。図中の文字は筆者が加筆。
1. 淮海廟浜、2. 淮海廟、3. 新記浜、4. 引翔港鎮、5. 引翔港

地図9　1864-1866年上海虹口租界またはアメリカ租界地図
　　　　Plan of the HONG KEW OR AMERICAN SETTLEMENT at SHANGHAI, 1864-1866
　　　　（Cambridge University Library、請求記号：Maps. 350.86.10）

13

地図10　1864年から1866年の上海イギリス租界地図
　　　　Plan of the English Settlement at Shanghai in 1864-1866
　　　　（Cambridge University Library、請求記号：Maps. 350.86.9）

　黄浦江に近い1855年以前の借地のみ、赤色で示される外国人の家屋、ベージュ色で示される外国人の倉庫が立地するが、そのほかの部分、すなわち1855年以降の借地は全部黄色で示される中国人の住宅に被われている。

口絵

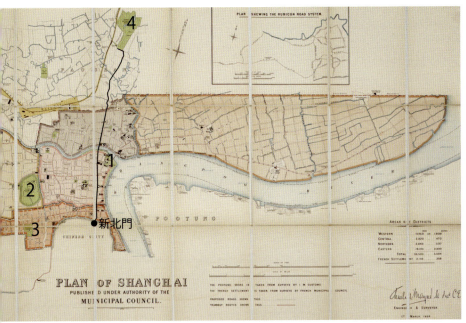

地図11　1908年上海地図（Cambridge University Library所蔵、請求記号：Map C.350.90.13）

1　パブリック・ガーデン、
2　競馬場、
3　宝仙橋墓地
4　虹口レクリエーション・グラウンド（図中文字は筆者より）

Maps from 7 to 11 are reproduced by the kind permission of Cambridge University Library

図1 1849年から1866年におけるイギリス租界の道路開発過程
(*Ground Plan of the Foreign Settlement at Shanghai 1855*, *Plan of the English Settlement at Shanghai in 1864-1866* に基き、筆者作成)

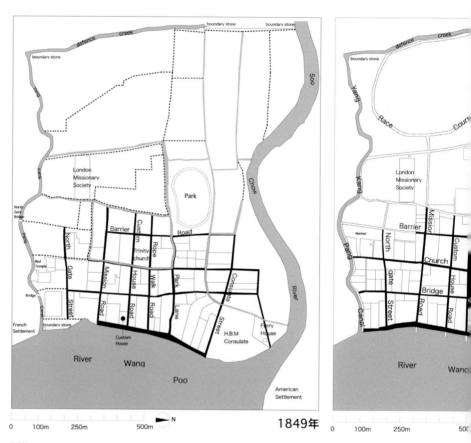

凡例
- ········ フットパス(Foot Path)
- ▬▬ クリーク (Creek)
- ▭▭ 計画中の道路(Road proposed and in progress)
- ■■ 完成した道路(Road Completed)

口絵

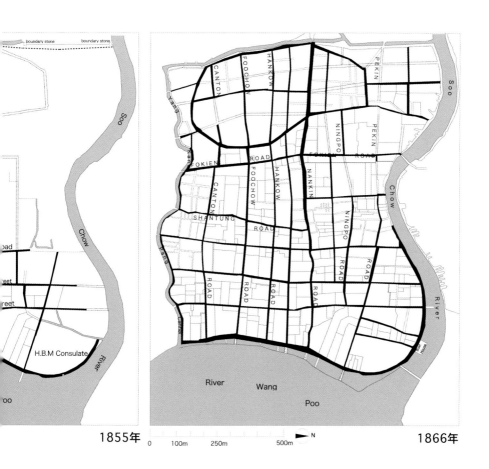

1855年　　　　　　　　　　　　　　　　1866年

図 2 1852 年道路碼頭委員会が提起した下水管の仕様
　　　（道路碼頭委員会会議記録と上海道契より筆者作成）

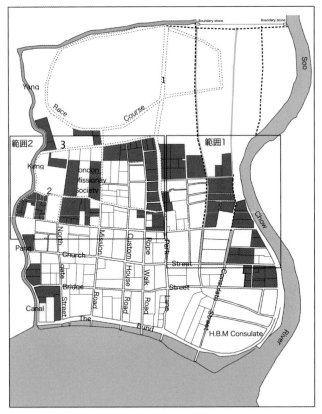

1856-59年

1 パーク　レーン　後の南京路
2 後の福建路
3 後の山東路

■ 新たに租借された土地
▪ 租借されたが、まだ開発されていなかった土地
---- フットパス
── クリーク
⋯⋯ 計画中の道路

口絵

1860-61年

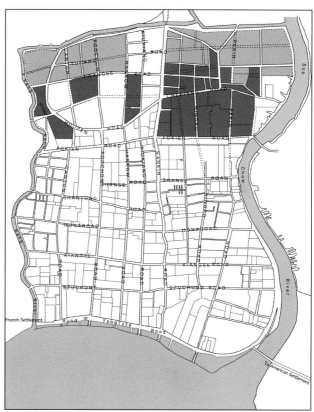

1862-64年

図中の247番地:
　：ＡＪヤングの借地

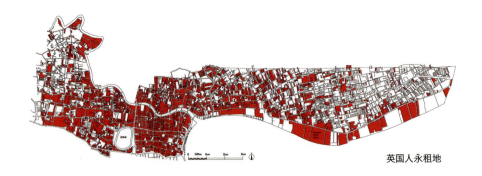

英国人永租地

日本人永租地

口絵

米国人永租地

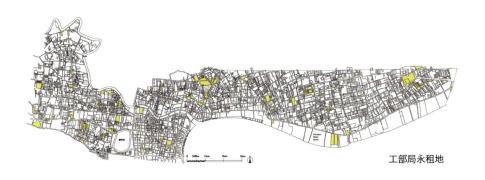

工部局永租地

図3　1927年共同租界における各国と工部局の借地取得情況図
　　（1927年『ランド・アセッスメント・スケジュール』とその附属地籍図より筆者作成）

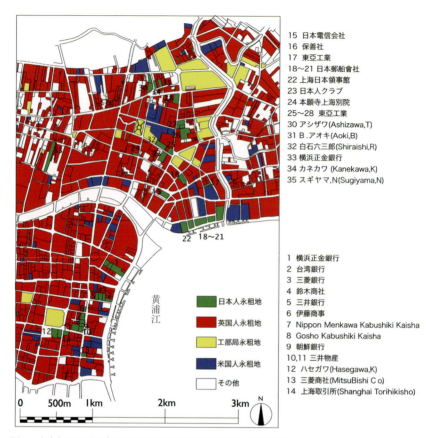

図4 中央部における各国と工部局の借地取得状況図（筆者作成）

口絵

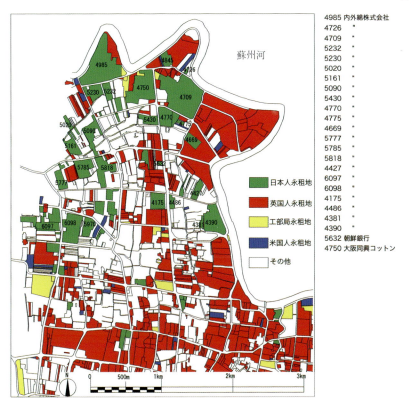

図5　西部における各国と工部局の借地取得状況図（筆者作成）

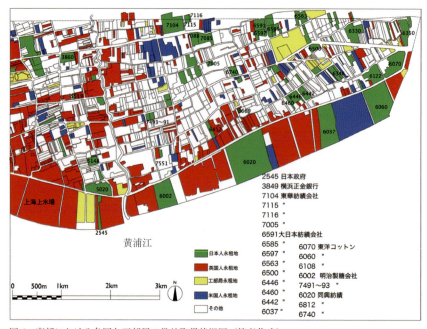

図6　東部における各国と工部局の借地取得状況図（筆者作成）

目次

口絵

序論　上海：近代東アジア開港場の起点……………………… 9

1　本書の背景と目的　9
1　近代中国の外国租界　9
2　中国と世界の中の上海　11
3　国際競争下の上海開発　12
4　近代東アジア開港場の起点　14
5　本書の目的と論点　15

2　先行研究と本書の課題　18
1　近代東アジアの開港場史研究　18
2　近代東アジア開港場の都市・建築史の研究　21
3　上海の都市・建築・社会史の研究　25

3　本書の視点と構成　28

4　租界の支配制度と外交交渉　29
1　租界（居留地）と植民地の体制　29
2　南京条約から土地章程へ　30
3　イギリス政府の主導権　32
4　フランス租界と共同租界の誕生　34
5　中国人対策：1854 年以降の土地章程改訂　35

●I 部　上海の建設とインフラストラクチャー

第1章　都市整備制度と土地章程…………………………………47

本章の課題　47
研究史料の解析　48

1　租界の体制と用語の説明　49
1　「租界」の用語と性格　49
2　借地制度と自治体制　50

2　各土地章程の内容　52
1　イギリス租界の原型：1845 年土地章程　52

2　1854 年と 1869 年の土地章程　*54*

　3　都市整備制度の原点：1845 年土地章程　*56*

　　　1　土地の租借制度と墳墓処理　*56*
　　　2　道路のレイアウトと整備過程　*57*
　　　3　都市施設　*60*

　4　都市整備制度の改訂：1854 年以降の土地章程　*61*

　　　1　都市整備用地と費用の確保：1854 年土地章程　*61*
　　　2　下水道整備：1881 年土地章程　*63*
　　　3　住宅の突出部に関する規制：1881 年土地章程　*65*
　　　4　高密度住宅の防火壁規制：1881 年土地章程附属条例　*67*

　小結　*68*

第2章　旧来の水路と集落 ……………………………………… 73

　本章の課題　*73*

　　　研究史料の解析　*74*

　1　旧来の上海地域に対する認識　*75*

　2　水路に関する考察　*78*

　　　1　水路の整備過程と形態　*78*
　　　2　水路の用語と所有権の問題　*80*
　　　3　水路網の形態　*83*

　3　集落の空間構成　*85*

　小結　*88*

第3章　水路と街路の複層化 ……………………………………… 93

　本章の課題　*93*

　　　研究史料の解析　*93*

　1　都市開発の問題と主体　*95*

　　　1　1870 年代までの上海都市整備　*95*
　　　2　道路碼頭委員会（1849-1854）と工部局（1854-1948）　*97*

　2　道路整備　*98*

　　　1　道路整備の基本手法　*98*
　　　2　道路網の形成過程　*100*
　　　3　水路と街路の複層化　*104*

　3　土地開発　*106*

    1 道契（Title Deeds）   *106*
    2 土地開発の進行状況   *108*

  4 下水道計画   *110*
    1 ジョージ・バチェットによる中国における汚物処理法の調査   *110*
    2 下水道整備   *112*
    3 下水道網の特徴   *116*

  5 官民交渉の都市整備体制   *118*
    1 工部局の財政難   *118*
    2 都市交通の渋滞問題   *119*
    3 道路開発用地の確保   *120*
    4 下水道の整備費用と計画性   *124*

  小結   *127*

第4章　国際的港湾の造成 ……………………………………… *131*

  本章の課題   *131*
    研究史料の解析   *132*

  1 黄浦江の航路整備   *133*
    1 外国人支配の河   *133*
    2 黄浦江水路局の成立   *134*
    3 黄浦江の航路設計と管理   *137*
    4 1909年新アストリア航路の開設   *138*
    5 新アストリア航路ノーマル・ラインの法的拘束力   *142*
    6 1911年黄浦江浚渫工事   *143*

  2 上海港の発展過程   *146*
    1 港のセクション割からみる発展過程   *146*
    2 上海港の構成内容と空間特性   *149*

  3 上海港の建設と中国人   *151*
    1 港湾クーリーとその組織   *151*
    2 黄浦江浚渫工事と港湾労働者   *152*
    3 土地、河岸、水面の利権を争う中国人   *153*

  4 B&S商会の東アジア航路網と港湾施設   *155*
    1 東アジアにおけるB&S商会の巨大航路網   *155*
    2 フランス租界バンドの埠頭   *156*
    3 浦東埠頭   *159*

  5 イギリス国内の河港と上海港の違いに関する考察   *163*

  小結   *166*

4

●II部　都市空間の形成と英日中関係

第5章　外国租界の都市空間と居住形態 ……………………… 173

本章の課題　173
研究史料の解析　174

1　住宅建築と建設過程　175
　　1　ガーデン　175
　　2　ホンと住宅　178
　　3　工事現場と中国人職人　181

2　外国人の居住形態　183
　　1　人気のスポーツ　183
　　2　産業、教会と図書館　185
　　3　上海の外国人社会と都市開発　186

3　都市拡張と都市形態　188
　　1　1893年虹口地区新計画　188
　　2　1904年上海租界の都市空間　190

小結　192

第6章　日本郵船の虹口港建設 ……………………………… 197

本章の課題　197
研究史料の解析　198

1　背景：日本人による上海進出　198

2　虹口碼頭の立地問題と交渉内容　200
　　1　立地条件と諸問題　200
　　2　新計画に向けての交渉過程と内容　202

3　1888年新計画と日本外務省との交渉　203
　　1　1888年碼頭新計画　203
　　2　上海総領事の反撥：桟橋より「美景」　204
　　3　交渉落着と水面使用権借用の条件　205

4　1890年増築案と工部局との交渉　207
　　1　新たな増築案　207
　　2　工部局との交渉による増築案の変更　208
　　3　日本郵船と工部局の泥沼交渉　212
　　4　和解へ　道路、水面の使用条件　213

　　　　5　三者交渉の計画最終案　*215*

　　小結　*215*

第7章　日本の上海進出と都市開発………………………*219*

　　本章の課題　*219*
　　　　研究史料の解析　*220*
　　1　日本専管居留地の設置動向　*223*
　　　　1　選地過程　*223*
　　　　2　経済界と上海総領事の意見の分岐　*228*
　　2　日本政府の調査活動と結果　*231*
　　　　1　デ・レーケの黄浦江実測調査　*231*
　　　　2　楢原陳政の上海視察　*234*
　　　　3　小田切満壽之助の最終決断　*236*
　　　　4　日本による上海進出の基本戦略　*237*
　　3　都市開発　*240*
　　　　1　日英同盟と紡績業の勃興　*240*
　　　　2　土地取得過程　*241*
　　　　3　国別の土地取得状況　*247*
　　　　4　都市施設の立地と交通条件　*250*
　　　　5　都市施設と地価　*251*

　　小結　*252*

第8章　北四川路の日本人住宅地の形成と英日中 ……*257*

　　本章の課題　*257*
　　　　研究史料の解析と建築遺構の調査　*258*
　　1　北四川路地区の開発　*259*
　　　　1　北四川路の整備　*259*
　　　　2　水路の埋立てと道路整備　*262*
　　　　3　都市施設の建設　*263*
　　2　住宅の様式と整備過程　*266*
　　　　1　外国風家屋と中国風家屋　*266*
　　　　2　外国人ディベロッパー　*268*
　　　　3　共同租界の建築規制と中国風家屋　*269*
　　　　4　RIBA の建築家たちと住宅設計　*271*
　　3　北四川路地区の特徴　*272*

1　貴重な郊外住宅地　*272*
　　　2　南北方向で唯一の幹線道路　*274*
　4　日本人の移住と北四川路の変容　*275*
　　　1　日本人の移住経緯　*275*
　　　2　北四川路の変容　*278*
　5　日本人の住宅と都市施設　*281*
　　　1　日本人の住宅　*281*
　　　2　日本人専用の都市施設と特徴　*292*
　6　日英中の交渉による日本人住宅地の管理　*295*
　　　1　日本人警察派遣問題　*295*
　　　2　都市サービスの享有権利　*296*
　　　3　日本人商店の営業許可権　*297*
　小結　*302*

終論　上海から東アジアへ……………………………………　*309*

　1　国際交渉と租界開発　*309*
　2　研究展望：支配制度と生活空間の形成　*314*
　初出一覧　*319*

あとがき……………………………………………………………　*321*

引用文献一覧………………………………………………………　*325*

索引…………………………………………………………………　*333*

写真・地図・図表一覧……………………………………………　*351*

装丁：オーバードライブ・前田幸江

序論　上海：近代東アジア開港場の起点

1　本書の背景と目的

1　近代中国の外国租界

　近代中国の外国租界（Foreign Settlement/Concession）とは、1840年から1842年までのアヘン戦争以降、清朝中国と欧米列強の間に結ばれた不平等条約に基づき、外国人商人が開港場で貿易活動を行い、かつ居住するために設定された一定の区域を指す。都市の類型から言うと、租界の性格は、近代日本の開港場に設けられた西洋人居留地と同様である。

　1850年代以降、租界は中国国内の内乱や急激に変化する東アジアの国際情勢により、租界設置当初の清朝と諸外国の意図とは裏腹に、外国人のみならず、中国人も居住し、やがて国際大都市として発展を遂げるようになった。

　租界の拡張と市街地開発は、近代中国の貿易港の都市化を決定付け、その影響は今日の中国大経済都市圏の形成と拡張にまで及んでいる。

　まず、広東、厦門、福州府、寧波、上海の五港開港は、1842年8月29日、イギリス政府と清朝中国政府の間に締結された「南京条約」に根拠を持つ。それらはイギリス領事の着任をもって開港の日とする。

　ついで、1858年、清朝とロシア、アメリカ、フランス、イギリスの間に締結された「天津条約」により、牛荘、漢口、登州（山東）、南京、淡水（台湾）などの10港が開港された。2年後の1860年には、また、清朝とイギリス、フランスとロシアの間に締結された「北京条約」により、北京への入口と見なされた天津もついに開港場の仲間入りを果たした。

　その後、中国の開港場には、順次、外国人の貿易活動と居住のための外国租界が開かれるようになった。上海について言えば、開港は、1843年11月のイギリス領事バルフォア将軍の着任からである。上海租界の設定は、1845年の最初の土地章程に基づく。血まみれで動乱の近代に出現した中国各地の外国租界は、近代東アジアの歴史上、一般の植民地とは異なり、特異な位置をしめ、特異な

9

役割を果たし続けるものとなった。

　具体的に、20世紀初頭のアジアにおける欧米列強と日本による支配の構図を見てみよう。北から、満州、朝鮮半島、台湾は日本の植民地、南の香港島、シンガポール、マレーシア及びインドはイギリスの植民地、マカオはポルトガルの植民地、ベトナムはフランスの植民地、フィリピンはアメリカの植民地であった。その中で、満州以外の中国大陸は完全には植民地化されておらず、欧米列強諸国によって、それぞれの勢力範囲が区分され、主要な貿易港に諸国の租界が設置されていた。

　ところが、アジア支配を目指したイギリスを始めとした欧米列強にとって、租界は、広大な植民地よりも、むしろ重要であった。なぜならば、租界が設置された貿易港は、中国大陸と欧米列強、日本の植民地、及び本国と繋ぐために欠かせない港湾機能を有し、当時の世界中の海や運河で操業する海運会社が必ずそれらの貿易港に港湾施設を造っていたからである。

　例えば、ジャーデン・マセソン商会、大手海運会社のバターフィルド＆スワイア商会、キリスト教聖書販売団体の英国聖書公会は、南の広東から、寒冷地帯の満州に位置し、遼河に面する牛荘にいたるまで、新しい建物を建設し、支部を設置した。中国のみならず、かつての開港場であった横浜、長崎、神戸、仁川に足を運ぶと、今なお、外国商会の建築と港湾施設の遺構が見られる。それらは、近代東アジア地域と欧米諸国との関わりを如実に物語っている。

　広大な後背地と有利な交通条件により、中国の外国租界は、海に近い場所、または中国国内貿易の水運交通の生命線となる河に立地していた。そこには、主要な外国商会がかならず支社を構えていた。言わば、諸外国が牛耳る租界は、当時の国際投資場の縮図のようなものであり、一国のみによる支配の植民地よりも状況が複雑で特殊であった。

　第二次世界大戦以降、東南アジアにおける欧米と日本の植民地は、次々と独立を遂げ、または、本国に返還され、植民地の政治システム自体が解体された。しかし、近代中国の各開港場に開かれていた外国租界は、1949年の中華人民共和国の成立とともに、中国政府により諸外国から回収されたものの、それらは、また、現代中国の主要経済都市の基礎となり、今日においては、主要な国際企業が必ず支社を構えている状態である。

　換言すれば、近代中国の外国租界は、19世紀中葉以来、欧米諸国と日本の資本主義の海外拡張、それに伴う軍隊を率いた海外侵略の産物と一般には解釈される。しかし、その物理的な結果として建設された都市は、前述のように、皮

序論

肉なことに、今日の中国で展開されている大規模なグローバル経済活動の拠点
となっている事実は見逃せない。

上海のほか、天津、武漢、厦門、広州、横浜、神戸、長崎、仁川などでフィー
ルドワークを行うと、租界・居留地の旧市街地の多くは今日の都市再開発に取
り残されたようにみえる。しかし、現在、それらの港を含め、東アジアの国際
貿易港で展開されている対外貿易、海運、造船業、都市開発、不動産取引、観
光業、娯楽業は、すべて近代の租界・居留地の成立、およびその中に保存され
ている歴史的建築遺産と深くかかわっていることが容易に察知できるであろう。

2　中国と世界の中の上海

中国の外国租界と日本の居留地の中で、最も脚光を浴びたのは新興都市の上
海であった。近代上海に関するこれまでの膨大な先行研究は、貿易上における
上海の重要性を示しているが、上海がなぜ重要なのか、なぜ東アジアにおける
最初の開港場としてイギリスに選定されたのかについて、十分に究明されてお
らず、読者にも明確に示していない。そこで、本書は、主に水運と海運に有利
な上海の立地条件に着目し、先学の研究成果を参照しながら、上海をフィール
ドにした3つの理由を以下にまとめた。

第1に、旧来の上海地域を記録した様々な地図を考察すると、上海の後背地
は、豊かな江南地域であり、さらに上海と同地域を繋ぐ水運のネットワークが
存在することがわかる[注1]。主として、江蘇省と浙江省を中心とする江南地域は、
高品質のシルク、米と茶の産地で、近代の紡績業の発展にも豊富な棉花産地と
水資源を有していた。そして、上海から江南地域の諸都市や集落にアクセスす
るには、同地域の至る所に整備されていた運河網があった[注2]。

第2に、海運や国際貿易関係の会社が、上海に拠点を持つことは、中国国内
の水運と海運交通をコントロールできることを意味する。

まず、水運に関しては、揚子江口に立地する上海で港湾施設を造り、さらに
中国内陸部への水運航路を整備することにより、揚子江を遡れば中国内陸部の
漢口（武漢）、宜昌といった主要な貿易港への水運交通を掌握することが可能に
なる。それに加え、中国の南北を横断する京杭大運河も浙江省の杭州から発し、
上海の近くを経由し、揚子江口から約250キロを遡った鎮江から天津を通り、
北京近郊へいたる[注3]。この大運河は、従来、中国南方産の穀物を華北へ調達す
る役割を果たしていた[注4]。

ついで海運に関しては、上海は中国沿岸部の真ん中に位置し、東シナ海に面

11

するため、北の芝罘（chefoo）、天津、牛荘の繁栄はすべて上海港に依存していた[注5]。さらに、上海から中国の南部に位置する寧波、厦門、福州、広東といった沿岸部都市への水運もいうまでもなく至便である。

第3に、中国を含めた東南アジア地域を中心とする国際海運航路の整備の面において、上海は絶好の立地条件を有する。例えば、1873年までに、イギリスの国策会社であったP&O海運会社は、イングランド、スエズ（エジプト）、ボンベー（インド）、ゲレー（現在のスリランカ）、シンガポール、香港、上海航路を開通した[注6]。同時期に、アメリカのユナイテッド・ステート・パシフィック・メールは、上海からサンフランシスコへの直通航路を整備した[注7]。

朝鮮半島と日本は、上海の目の前にあるともいえるほど近いため、日本政府の出資で三菱商会が1875年に横浜、神戸、馬関（下関）、長崎、上海寄港の上海横浜航路[注8]を開通した。1885年に日本郵船会社が、三菱商会から独立し、国際航路の経営を始めた。1889年に、同社が上海と朝鮮半島とロシアを繋ぐ上海、芝罘、仁川、釜山、元山津、浦鹽（ウラジオストク）寄港の上海浦鹽航路を整備した[注9]。最後に、1894年に日本郵船会社の上海浦鹽線は香港まで延び、浦鹽香港線となった[注10]。

それ故、上海港はいつも異常ともいえるほどの繁栄ぶりを見せた。例えば、1849年12月31日の上海イギリス領事館の貿易統計によれば、呉淞から上海へ輸入されてきたアヘンのほか、ナンキーン布（Nankeen）、未加工のシルク、シルク、茶、未加工の木綿、ウール、麻、その他の雑品、オイルケーキを積んだ船が、イギリス（94隻）、アメリカ（13隻）、スペイン（3隻）、ドイツのブレマン（1隻）、ペルシア（1隻）、オランダ（3隻）、タイ（1隻）へ向けて出航した[注11]。

近代の中国国内および国際航路の整備状況からみると、上海は、ヨーロッパ大陸と東南アジア、東アジアとアメリカ大陸を結ぶ国際航路の起点または終点であり、まさに近代東アジアの国際海運航路のハブ港とも言える存在であった。近代において、人、モノ、カネ、情報は上海を起点、終着点、または中継地として、世界規模で移動するようになっていった。

3　国際競争下の上海開発

1843年、上海が開港され、その翌年にイギリス租界が開設されるや、巨大な中国大陸への窓口、かつヨーロッパ、アジア、北アメリカをつなぐ寄港地が開かれたと見なされ、欧米列強と1854年に開国した日本[注12]が競い合うように上海に進出してきた。

12

しかし、1845 年、上海県城の附近に当時の清朝政府の上海地方官である道台からイギリス租界となる土地が与えられたが、それらの土地すべてが豊かで良い条件を有するとは限らなかった。イギリス租界と決められた土地の大部分は、荒野、低湿地、墓地、それらの中に点在する小さな集落、および集落の間を流れる水路によって占められていた。このような土地を整地し、そして人間がようやくそこに住み、かつ貿易活動を行うための環境を整えていくのは、決して容易なことではない。

　最初は、イギリス人により中国の伝統都市とまったく違う都市の造り方、建物の様式が上海に持ち込まれた。その直後、フランス、アメリカも参入し、自国の租界を設立した。ついでロシア、オランダなど他のヨーロッパの国々も上海で領事館を設置した。その後、大勢の中国人も進出し、外国租界の支配や管理に参与するようになった。

　イギリスは、長年の海外入植の経験に加え、政治、外交、貿易、軍事、航海技術、港湾整備から建築、ガーデンニング、語学、学術調査まで、優れた知識とノウハウを持ち、上海での利権争奪をめぐる国際競争の中でフランス、アメリカより優位な地位を獲得した。早くも 1840 年代末には、イギリスは自国人のみならず、ほかの国の人々も居住するイギリス租界の支配と経営の主導権を握るようになった。

　なお、1840 年代から 1890 年代までの間における東アジアの国際情勢の変化を反映するかのように、上海の都市開発をめぐる国際競争においては、最初の英、仏、米、中が主役であったが、徐々に日本も新たなアクターとして、上海に登場し、都市開発をめぐる国際競争の舞台に参入してきた。

　日本は、日清戦争で清朝中国に勝ったが、上海で直面するのは、経済力と政治力においてすべて圧倒的な優位に立つイギリス、アメリカ、フランスであった。1890 年代、日本が上海日本専管居留地を設置するか否かについて模索している矢先、イギリスの商会、民間団体、宣教師、不動産業者が、租界外の越界築路地区において、後に多くの日本人が住むような郊外住宅地の開発に力を入れていた。さらに、上海に渡航してきた日本人に対し、租界政府の欧米人官僚が徴税し、衛生管理の指導を行い、かつ商店の営業を規制した。彼らは北四川路の日本人住宅地の管理を効率的に実施した。結果的に、日本政府は、上海で成立した国際社会との関係を考慮しつつ、日本専管居留地を設置せずに、日本人が上海で貿易し、かつ生活できるような最低限の都市施設を整備することに決めた。

上記のように、近代においては、欧米諸国、日本と中国の人々が、フランス租界、共同租界、越界築路地区に住み、隣同士のように貿易活動を行い、生活していた。そのため、その中で生じた人々の関わりは濃密で複雑なはずだったと想像できる。都市開発の面においては、土地、道路、上下水、港、河の使用権をめぐる各国の戦いもより複雑で熾烈であった。それゆえ、上海租界の都市開発の進行は常に各国や各階層の人々の国際交渉を伴っていた。

4　近代東アジア開港場の起点

　世界の中における上海の位置付けと国際競争下の上海開発の実態を踏まえ、本節では「近代東アジア開港場の起点」の意味について説明する。

　まず、上海は、1842年中英の南京条約の締結により開港された中国沿海部の五港、および1854年日米和親条約の締結以降に開かれた日本の横浜、神戸、函館などの中で一番早くかつよく整備された外国租界であった。なおかつ、それは、工部局（Municipal Council, 1854-1948）を中心とした外国人自治体制のもとで開発を遂げた外国租界である。

　本書の各章で分析するように、東アジア沿海部の諸港の中で、イギリス、中国と後発の日本により確立された都市整備の制度、体制、資金の捻出方法、および主にヨーロッパから輸入してきた都市整備の技術、都市空間の構成、商業・公共・宗教・住宅の建築様式は、上海租界において最も整っていた。

　ついで、19世紀半ばから上海で蓄積された都市整備に関する専門情報は、人々の移動により、上海から東アジアの諸港へと発信されていった。第1章で取り上げる土地章程の作成と移動過程がその恰好な実例である。例えば、1846年から、上海領事を勤め、イギリス租界の建設に取り組んでいたオルコックは、1855年以降、広州、江戸、北京と転勤し、広州租界、横浜居留地、天津租界の都市整備制度の作成にかかわった。同様に、1895年日清戦争後、上海に赴任してきた珍田捨巳を始めとした日本人外交官らは、上海で日本専管居留地の設置活動を行ってから、その実務経験に基づいて、中国の沿海部と揚子江流域の貿易都市で日本居留地の設置と建設に取り組むことになった。

　最後に、1840年代からイギリス人により建設された上海租界の都市モデルがその後に開港された東アジアの開港場に当地の地形、立地条件に合わせ、応用されたこの点においても上海は東アジアの開港場の起点であると言える。

　例えば、上海租界の都市空間を構成する主要素、すなわち河沿いの遊歩道にあたるバンド、およびバンド沿いに建てられたジャーデン・マセソン商会、バ

14

ターフィルド＆スワイア商会、香港上海銀行をはじめとした近代の主要商会と銀行、また市街地には教会、競馬場、レクリエーション・グランドが、いずれもほかの開港場においても見られる。周知のように、それらの建築群と施設が、今なお、旧開港場都市の象徴的な都市景観を形成している。

19世紀後半から20世紀初期まで、上海の経済が好調に続いたため、上記の国際商会、銀行、さらに聖書販売の団体である英国聖書公会が上海で東アジア地域の本部を構え、それぞれが自社の商売戦略に基づき、各港での建設活動ならびにビジネス業務を総括していた。英国聖書公会のように、多くのイギリス商会はわざわざ現地に赴かなくても、上海本部で決定された建築プランをほかの開港場の建設に応用した事例が屢々見られた。

5 本書の目的と論点

本書の目的は、近代上海を取り巻く国際社会、中国社会の情勢を念頭におきつつ、上海、租界（居留地）史研究史上における最も基礎的なことだが、未だに空白な部分である上海外国租界の都市誕生、都市基盤の建設過程、都市空間の形成過程について体系的にかつ具体的に解明することにある。

とりわけ1840年代から1940年代までの1世紀に渡り、上海租界における実際の都市開発プロジェクトに着目し、それらに関わった各国の政府ならびに各階層の民間人の思惑、利益紛争、交渉過程と妥協点が、どのように、直接、都市の整備制度、形態、空間、人々の居住形態に反映され、その結果によって、上海租界の都市空間が形成されたのかについて論ずる。

主として、英語、日本語、古典漢文、現代中国語、フランス語を含めた多言語の一次史料解読、現地での建築遺構調査を通じ、都市空間形成史に立脚し、近代東アジア外交史とも接続しつつ、「国際交渉と租界開発」という新たな論点を提示し、租界の都市基盤と都市空間の成立過程を動的に捉えることにより、租界（居留地）の都市史、建築史研究に新たな地平を拓くことを目指す。

ここでの「国際交渉」は以下の二つのレベルに分けられる。マクロ的には、欧米列強、日本、中国が近代東アジアでの利害関係、近代中国の開港場で租界の開設をめぐるそれぞれの思惑と政府レベルでの外交交渉を指す。ミクロ的には、租界都市の開発過程の中において、道路、下水道、住宅地整備と管理、公共施設、都市基盤の開発用地、費用の捻出に関し、各国の民間人と諸国の政府、租界政府との交渉、外国人と中国人との交渉、外国人同士の交渉である。

前者においては、西洋と東洋の権力側が外交交渉の過程を経てから作成した

都市の整備制度が、いかに租界都市の形成に関わるヒト、モノ、カネ、情報を規定していったのかを解明する。後者においては、都市工学的視点から、土地、道路、下水道、建物、港湾を建設する際に生じた様々な関係者の直接衝突、交渉、和解の過程を経て、都市開発の計画案がどのように決められていったのかを究明する。

　換言すれば、国際交渉と租界開発をキーワードとして、都市のインフラストラクチャーと建築空間の成立過程を主軸に、本書は、1830年代のアヘン戦争以前において、南のシャムから中国、琉球、日本の沿岸部、および北の朝鮮半島までの東南アジアの海域で絶えず貿易拠点を模索していたイギリス注13)と当該地域と海域において、圧倒的な「伝統権威」を固持していた清朝の直接衝突を中心に、イギリスと清朝の周辺で働き掛けるフランス、アメリカと日本の動きという大きな歴史的構図を描きながら、近世・近代の交替期並びに東西衝突期における近代上海の都市空間の形成過程を論述する。

　とりわけ、イギリス政府が上海租界の都市開発をめぐる国際交渉の中で優位に立ち、自らの貿易拠点を確保するため、どのような戦略を立て、どのような人材を投入し、そしてどのように各社会階層に属する中国人とも折り合いをつけながら、都市基盤、港湾、公共施設、生活空間と郊外住宅地の整備を実行していったのか、そして最終的に、イギリス人を始めとした外国人が作り上げた都市空間、特に生活空間、および同時に形成された新しい国際社会はどのような特徴を持っていたのかが、本書の主な課題である。

　一方で、イギリス、アメリカ、フランス、日本側の記録史料からは、イギリス人主導の租界開発でありながらも、垣間に様々な中国人の姿が見えてくる。例えば、租界自治体制のバックアップとなった清朝中央政府の官僚と上海地方官の道台、租界にいた旧来の中国人地主、地方から租界に見物しにきた旅行者、建築の建設現場で働く大工と職人、外国人に仕える買辨、使用人、クーリー。要するに、近代、上海に渡航してきた外国人らは、まさに複雑極まりない清朝末期と中華民国期の中国人社会に立脚し、自らの生活基盤を整備しながら、東アジアにおける世界の貿易拠点である上海租界を開発するという命題を実現させていったのである。

　租界（居留地）研究史の中でより大きく捉えれば、本書は、上海に止まらず、東アジアの諸開港場の空間上における近世と近代の接点、大勢の民間人も参入し、近代の欧米の権力と制度が、いかにして近世の東アジアの権力と制度を覆しながら、それらを徐々に解体していくうちに、新しい都市空間と社会を作り

序論

上げていった過程を、視覚的に読者に示すとともに、近世・近代交替期、東西衝突期における租界（居留地）の新たな都市空間形成史を描きたい。

　本書の研究対象となる上海「租界」の範囲を、共同租界とフランス租界政府の支配が実際に行き届いた地域と特定した。具体的には、1843年の上海開港から1948年の外国租界の中国返還まで、終始、都市の主要区域をなし、租界政府と民間の人々が入念にそこで都市開発と市街地管理を行い、かつながく貿易活動、生活を営んでいた外国租界と越界築路地区（Extension Area）、及び同時に造成された黄浦江両側の港湾地区を指す（口絵の地図1）。

　一方、呉淞および外国租界のやや北側に位置する江湾地区も近代上海の都市発展を考える上で主要な地区である。例えば、江湾地区は、1930年1月に、辛亥革命（1911年）後に成立した中華民国政府の上海特別市の中心地として指定された。そこで、上海市庁、図書館、博物館、体育館、病院と衛生実験所が、順次、竣工したが、1937年に勃発した上海事変において当該地区の開発の中断を余儀なくされた[注14]。1938年に、日本軍が、上海を占領した後、呉淞、中華民国政府の上海特別市の中心区と外国租界を統合する「大上海計画」を打ち出したが、戦時中のため、この計画はほぼ実現されていなかった。なおかつ、1945年日本敗戦に伴い、日本人が引き揚げると、この計画自身も幻と化した[注15]。そのため、本書は、近代において、全般的な都市機能と生活環境がうまく造成されていなかったとみられる江湾地区、呉淞地区の都市計画は研究の対象範囲としない。

　21世紀の現在となって、近代中国の租界のみならず、東アジアの開港場の都市基盤と建築が消えつつあり、租界・居留地の概念も薄れつつある。開港場都市の成立に関わった人々の活動に目を向け、近代東アジアの開港場が、今日のグローバル社会の形成に与えた影響、および彼らが残してくれた歴史的都市と建築遺産の価値と意義について改めて思考したいと強く思った。

　本研究は、突然に中国の各地に押し寄せてきた都市再開発の波と競走するかのように、上海を筆頭とした都市の大変貌を目の当たりにしながら、筆者が2004年から本格的に進めてきたものである。目に見える「モノ」としての都市と建築の成立過程に着目し、上海を含めた東アジアの開港場で都市建設にかかわった各国の人々、多くの名前さえ知られていない無名の人々の活動を真剣に探求し、近代世界史の範疇の中で、上海租界が国際都市として開発されたその歴史的事実の意義を再評価するのが本書の最大の狙いである。

17

2 先行研究と本書の課題

上海は、近代世界史、近代アジア史、近代中国史に止まらず、今日のグロー
バル社会を理解する上で最も重要な素材であるゆえ、当該都市および東アジア
の開港場に関する歴史学、社会史学、政治学、建築史学などの研究蓄積は膨大
である。しかし、東西の学界を見渡す限り、根本的な問題となる近世の空間要
素を足場とした近代上海の都市形成原理、都市がやがて「爆発的」とも言える
ほど発展できた要因を、詳細な文献検証に依拠し、かつ国際的視点から、探求、
解明した学術書は皆無である。近代上海に関する研究書は、専門の建築学、都
市史学の著書を含め、いずれも外国租界の例年の拡張地図になぞらえ、俯瞰的
に眺めるだけで終わっていると指摘せざるを得ない。

このままの研究状況では、1840年代からのほぼ1世紀にわたり、様々な国の
人々が関わった上海租界の都市基盤と建築の建設過程という視点で、都市空間
の変化とともに変容してきた近代国際社会、中国社会の実態に関する検討は不
可能である。換言すれば、地上、地下、水上に建てられる「モノ」、とりわけ人々
の身近な生活に深く関わる住環境に関する精密な分析により、我々人間社会の
諸様相と変化の根源を把握し、読み取っていくのが、依然として歴史学、都市
史学、建築史学の大きな課題ではなかろうか。

本書は、上海租界の都市形成史に特化した研究ではあるが、以下に示す5つ
の普遍的な論点の提起を目指している。(1) 東アジアの開港場に開かれた租界（居
留地）都市にとって極めて重要な土地制度、(2) 近代の都市開発と近世の村や集
落の空間要素との接点、(3) 港における陸域と水域の使用権と開発、(4) 租界の外
部に存在する郊外住宅地および各国人の雑居地の形成とその管理制度、および
(5) 東アジアの開港場の都市開発をめぐる国際競争、である。

以下、東アジア開港場から近代上海までの研究史と最新の研究動向について
整理し、概観しながら、批評を加えていきたい。

1 近代東アジアの開港場史研究

近代中国、日本、韓国の開港場にひらかれた租界（居留地）における特殊な政
治制度、活発な経済活動、および特異な都市景観には、各分野の研究者や地方
史編集者が、従来、高い関心を寄せてきた。近代東アジアの開港場の都市形成
に関する先行研究を整理し、概観した結果、歴史学、人文学、都市史・建築史

序論

分野において、個別の論文は多く見られるものの、まとまった知的体系はまだ形成されていないことが明らかになった。

まず、一つの主流となっているのは、1940年代から今日に至り、不平等条約の締結背景と内容から居留地や租界の成立に関する考察である。

植田捷雄は著書『支那における租界の研究』(1941年)[注16]において、上海、天津の租界を中心に、各都市の発展史を踏まえながら、中国租界の設立と発展、土地制度、行政権、法律、課税、租界と戦争・内乱の関係に関する法的根拠を1843年の中英「虎門塞追加条約」と各土地章程の内容の分析から裏付けた。租界の特殊な行政制度について詳細に論じた同書は、いまなお、開港場史、居留地史、租界史研究の重要な参考資料と位置付けられている。

しかし、植田の研究のもととなる一次文献史料が、当時ではまだ極めて乏しく、西洋の学界の学術論文を多く参照している点を指摘しておきたい。

例えば、租界における「土地永租制度」[注17]について、植田は外国人が中国人から土地を借りる際の手続に関し、中国人から土地を借り、清朝中国政府と自国の領事館に登録する手順を説明しているが、都市形成と変容の根源となる土地所有権、使用権、地主、借地人、使用権の転売、及び実際の土地賃貸の形態と土地開発の過程については論じていない。

租界・居留地における煩雑な借地問題は、上海図書館によって、2002年、膨大な借地史料である「道契」(Title Deeds)が整理され出版されるまでは、明らかにされなかった。そして、筆者が海外での文献調査を通じ、英国聖書公会、ジャーデン・マセソン商会、バターフィルド＆スワイア、香港上海銀行などが所持していた神戸、横浜外国人居留地の借地地券（英語で同じく Title Deeds と呼ばれる）を発見している。今後、史料公開が更に進行するにつれ、開港場の借地問題を徐々に明らかにしていくことが可能となろう。

吉澤誠一郎による「近代中国の租界」[注18]は、上海と天津租界の成立に関する概説的な論文である。吉澤は、租界の起源を土地章程の内容、租界行政の成立を上海工部局の成立経緯、租界の都市空間を天津租界の都市地図の分析から説明している。当該論文の冒頭に、「近代中国の租界の歴史的特徴を整理することを目的とするが、その際に中国側権力と外国勢力との相互交渉に特に注意することにしたい。即ち、複数の権力の交渉・妥協（相互利用）の結果として一定の支配秩序が形成される様相を見て取ることを一つの課題とする。また、中国人・外国人住民の動きがその秩序形成にどのような作用を果たしたのかということも、可能なかぎり視野にいれてゆきたい」[注19]と述べ、租界の成立を住民側から

19

検討する必要性を認識していながらも、その具体的な分析は見られない。

　ついで、日本の居留地に関する包括的な研究として、大山梓『旧条約下に於ける開市開港の研究』[注20] がある。同研究は、外交史、条約改正史の中で長崎・横浜・大阪・東京の居留地制度を研究したものである。

　主として、上海の土地章程に類似する「長崎地所規則」、「神奈川地所規則」、「函館地所規則」の発掘と再解釈により、上記三カ所の外国人居留地の設置に当たる外国領事と日本幕府側の対応を解明した。函館について、居留地の場所となった仲浜町の決定経緯は、函館に官軍が入城直前に、松浦箱館奉行が外国人側に提供したものと指摘し、旧来の「函館区史」や「新撰北海道史」が函館の大町・地蔵町埋立地が居留地であったとの通説を覆した。

　また、東京、神戸、大阪の居留地の問題に関しては、大山は日本明治政府による警察権、司法裁判権の回収運動を詳細にたどった。一方、築地居留地は設立されたものの、各国公使を始めとした公使館員たちはそれぞれ居留地外で住居を構えたため、居留地は実質的に発展しなかったことも指摘した。

　しかし、居留地制度に関する研究は書面に書かれる制度の分析に止まっている。東西の権力側がどのような背景で、どのような意図で制度を作成し、そしてその制度により、実際、どのような社会と都市が形成されていたのかに関する議論と分析が極めて少ない。例えば、開港場に開かれた居留地は、一体、どのように建設されたのか、資金はどのように調達されたのか、また、港と市街地はどういう関係にあったのかという実践的な視点がほぼ欠如している。なお、文献史料の関係で致命的なのは、生活者側からの検討が見られない点にある。この種の研究方法は、後ほどで述べる建築史、都市史研究において、地上に建てられた建物の外観、様式、平面、構造のみ分析し、その成立背景と過程を無視していることと同様の欠点を有する。

　これまでの条約内容の検討を中心とした租界・居留地史の研究分野には、新たな動向が現れている。すなわち、居留地の設置に当たる実際の場における各国政府、関係者の活動と居留地の成立に関する実証的な研究である。

　例えば、岸甫一による「開港期箱館からみた外国人居留地の成立過程（その1）」[注21]、及び朝鮮半島の日本仁川居留地に関し、西野玄による「仁川居留地に関する考察——仁川居留地埋立問題を中心に」[注22] が、東アジアの居留地を取り巻く各国の利害関係を理解するために良い素材になるであろう。しかし、まだ単体の論文であるため、居留地研究をどのように発展させていくのか、今後を注目したい。

序論

　以上、近代東アジアの開港場に関する研究史を概観した結果、不平等条約、居留地制度を中心としたこれまでの総括的研究が、徐々に、個々の居留地に関する研究に深化していき、なおかつ国際的な視点から、開港場における居留地制度と実態をより詳細に理解しようとする傾向にある。それらの研究は、都市史・建築史研究の分野にも新しい知見を与えられると期待される。

　そこで、本書は、都市史と建築史分野からの研究でありながらも、上海外国租界の成立に欠かせない南京条約と土地章程の詳細分析を通し、清朝中国と諸外国との外交交渉にも目を配り、外国租界に関わる各種都市整備制度と建築規制の成立、都市開発費用の確保、都市インフラ整備に関する具体的な方針について論述する。なお、租界の都市制度の研究には止まらず、最終的に出来上がった都市空間、建造物、人間の居住形態の分析を行うことを目指したい。

　なお、本書が分析する外国租界の都市開発をめぐる各国の政府と民間人における実務レベル的な外交交渉と国際競争、港湾整備の際に必ず提起される陸域と水域の所有権の問題、租界の特殊な借地問題、租界内と租界外における都市インフラ整備の異なる進行状況、衛生規制の相違、外国人居留民の生活環境整備と居住形態などは、近代中国の外国租界にとどまらず、今後の東アジアの租界・居留地史研究や学術的議論にも新たな共通視点を提供しうると思われる。

2　近代東アジア開港場の都市・建築史の研究

　まず、東アジアの開港場に設置された租界・居留地の都市形成、都市計画史の分野の先行研究を概観する。

　近代日本の七カ所の居留地の都市形成史と計画史に関する総合的な研究は、村田明久による『開港7都市の都市計画に関する研究』[注23]がある。近代都市の大まかな成立過程を理解したうえで、歴史的町並みの保存に建設的な知見を提供することが村田の研究の最大の狙いであった。当該研究の前半（第1章から5章まで）は、都市建設の実務交渉に関わる一次史料が極めて少ない状況下にあって、都市地図、外交文書を駆使し、通史の形で、近代日本の開港場の都市形成史を辿った労作である。後半（6章から7章）は居留地の歴史的地域の実態と保存・活用、地域整備の類型と課題について述べている。

　例えば、村田は、横浜開港場において幕府と神奈川奉行が外国人商人に建設用地を用意し貸した過程、新埋め立て地、道路および公園の整備過程を解明した。ほかの6都市の形成史も同じ手法で述べられた。しかし、人々によく知られる建築家や土木技師を除き、居留地建設に関わった個々の商会、団体、個人

21

の活動については解明されていない。その結果、開港場の都市形成に関係する土地制度、都市開発主体、港の造成過程、都市空間の特徴に関する議論は依然として見られない。村田による研究は、居留地の都市史研究を一歩進めたものではあるが、上記根本的な諸問題はまだ解決されていないと指摘する。

　ついで、神戸居留地における日本人と外国人の雑居地帯の公共施設の整備に関する検討について、小代薫による研究論文が見られる[注24]。小代は、神戸居留地会議記事録、新聞紙等の膨大な史料を駆使し、外国人や日本人の活動に光をあて、神戸居留地の公園整備、借地の進行状況について丹念に追っている。しかし、近代東アジアの開港場との比較や神戸居留地の特徴と制度、住民側の文献を深く検討せず、外国人住民たちによる神戸居留地の都市整備を安易に社会の「民主化」や「内外人住民の自治活動」として位置付けている。外国人住民による居留地自治を現代の「地方自治」の概念と混同しているように見られる。

　最後に、中国の租界に関する都市史・建築史研究も多くの論文が散見されるものの、いずれも個別の都市に着目するものばかりで、都市空間の具体的な形成過程に関する基礎研究は、西洋、日本および中国の学界においてまだ見られない。なお、それぞれの国の研究は自国が中国で設立した租界について研究するという棲み分けが見られ、すなわちイギリス・アメリカなどの英語圏の学者はイギリス租界、フランスの学者はフランス租界、日本の学者は日本租界を踏み込んで研究するのが主流であった。

　ブリッテン・ディーン（Britten Dean）著 *Sino-British Diplomacy in the 1860s: The Establishment of the British Concession at Hankow*[注25] は、1860 年から 1862 年にかけての、漢口イギリス租界の設立にあたり、在北京のイギリス公使ジョン・デヴィスの有能な助手であるパークスや領事ウェリアム・ギンゲッルが清朝側の湖北省の地方長官と行った外交交渉、借地のためにイギリス商人と漢口地方の中国人地主との間に交わされたやりとりに視点を定め、清・英政府が決めた土地の借地料金や建築規制が、実務交渉のレベルにおいては実際には適用されていない歴史事実を究明した。当該論文は、漢口を事例としながらも、清朝とイギリスがともに協議し同意した条項であっても、現地の中国人地主が借地料を釣り上げた結果により、完全に失効してしまうというほかの租界や居留地においても起こりうる事実を示唆した。

　一方、中国と韓国における日本租界に特化した研究成果には、神奈川大学の研究グループによる一連の著書、大里浩秋、孫安石編著『中国における日本租界——重慶・漢口・杭州・上海』[注26]、大里浩秋、貴志俊彦、孫安石編著『中国・

22

朝鮮における租界の歴史と建築遺産』[注27] がある。日本、中国、韓国の研究者によるこれらの論文集は、政治体制、生活文化の面から、近代中国と朝鮮半島における日本租界の歴史、社会の分析、近代の日中関係に重点を置いて分析したものである。当時の東アジアを巡る国際政治の観点から日本租界の特徴を探っておらず、今後の日本租界の建築遺産の保存政策について説明しているが、人間諸活動の集積としての都市空間と建築に関する学術的な論述が欠けている。

なお、中国における日本租界の都市計画に関する網羅的な研究は、趙世晨らによる「日本租界の形成とその都市空間の変遷に関する研究」[注28] が見られる。天津、蘇州、杭州、漢口、重慶における日本租界の都市形成や都市空間の変遷について検討を行おうとするものであるが、主として歴史的な都市地図を並べ、街区と都市の特徴を説明することにとどまり、その裏付けとなる一次文献史料の検討は見られない。中国における日本租界の設立経緯に関し、前掲の大里浩秋らによる一連の租界研究を参照しているのみとなっている。

居留地、租界の都市研究のみならず、建築に関する調査報告、研究も多数見られる。当該分野の研究史のおおむねの流れをみてみよう。

まず、1960年10月の日本建築学会の大会で発表された神戸、長崎、函館、北海道、大阪・川口における居留地建築の実測調査の成果に基づいて書かれた一連の報告[注29] が日本居留地建築の研究の流れをつくったといえる。

当時の研究は、実測調査から得た知見に基づき、建物の敷地、平面、ファサード、構造に関するなんらかの系譜を位置付けようとするもので、日本の居留地建築の成立過程、建設に関わった建築家や人々に関してはほとんど言及されていない。その後、坂本勝比古が『明治の異人館』[注30] を発表したが、これは建築写真集で建築の特徴について説明しているのみであった。類似の成果は、藤森照信執筆、増田彰久撮影の『歴史遺産 日本の洋館』(2002年)[注31] がある。

国際性豊かな租界、居留地に建てられた建築は、その特異な外観は注目され続けてきたが、近代東アジアと欧米諸国の関係性、開港場の成立経緯、東アジアで活躍する企業、団体、個人の活動などの全体的な背景を念頭に起きながらも、詳細に検討されずに近年までに至った。

この停滞している状況を変えたのは、水田丞[注32] による明治期の日本の産業・倉庫・商会建築に関する一連の研究である。水田は、イギリス側の史料、主にジャーデン・マセソン商会文書の解読に通じ、東アジアのイギリス植民地、開港場の間で移動していた人、モノ、カネ、情報の実態に着目し、横浜、神戸居留地などの建築の成立過程を、正確かつ精密に解明している。それまでの建築

23

様式、構造、平面の解析のみに重点が置かれた先行の建築史研究と異なり、水田は建築の建設に関わったイギリスのグラバー商会、ジャーデン・マセソン商会、及びほかに関連した人々の意図や思惑を鮮明に示している。

しかし、水田は個々の建築とインフラにおける物理的な特徴の解明が研究の主目的のようで、建築を通して東アジアの開港場の都市空間の成立過程、居留民社会の特徴を分析していない。つまり、水田は開港場の建築史研究を通し、近代東アジアの開港場の歴史的な位置づけは行っていない。

都市と建築を分析するには、それらを作る者、及び使用する者、特に生活者の両者からの視点が不可欠であると私は考える。この点が、本書の基本的な姿勢となる。本書は、上海を実例として、中国の租界を含めた東アジアの開港場の都市を開発した者、そこで貿易活動に従事した者、生活していた者の視点から、東アジアの開港場の都市史、建築史を語ることを試みる。

上海に支社を設置したイギリス商会の社内文書、およびイギリス商人、日本人の記録を解読していくうちに、諸外国の政府、商会、団体と個人が母国から遠く離れた東アジアにおいて、自らの貿易や宣教活動に有利、かつ自分たちがなじむような生活様式に合わせながら、開港場の市街地、港湾と住居のあり方について丹念に探り、それらを実現させていったことが明らかとなった。その過程の究明と再現が、本書の主要な課題にほかならない。

なお、多くの研究者は「一国限定」の視点に偏り、中国、日本、韓国の開港場を分けて検討するのが今までの主流であった。不平等条約の規定の相違により、司法裁判権、警察権などにおいて、中国、日本と韓国の開港場の特徴は明確に異なっていた。しかしながら、東アジア地域で開港場都市を作った諸国の領事館員、商会、海運会社、宣教師団体、宗教団体、建築家、土木技師らは、東アジア地域で国境を越えて活動していた。名前さえ知られていない彼らの活動に着目することにより、これら開港場の都市形成に関する共通点が新たに見いだせるのではないかと考えた。

最終的にできあがった建築の様式や空間構成は、各開港場によりそれぞれの特色を見せているが、筆者による文献調査とフィールドワークにより、建設の主体となった外国商会や宣教師団体が、終始、自社の国際貿易戦略や活動方針に従い、東アジアの各開港場でシステマティックに土地を入手し、商館、住宅の本館と使用人が使う別館、倉庫などを整備していったことが明らかとなった。なお、上海には、多くの外国商会や宣教師団体が東アジア地域の本部を設置していたことも無視できない。東アジア開港場史研究の一国限定の狭い視点にな

序論

りがちの状況を変えていきたいというのも本書の一つの願いである。

3　上海の都市・建築・社会史の研究

　上海に関する研究蓄積は膨大であるため、主に本書の内容に特に関係ある著書にしぼって概観する。まず、加藤祐三編著『東アジアの都市と建築』[注33]に加わった研究者が、続々と研究成果を公刊し、「東アジアの都市と建築」の研究に一つの流れを作りだしたように見える。

　その一人、藤原恵洋『上海――疾走する近代都市』[注34]は日本建築史分野において最も早く上海を着目した著書である。藤原は、アヘン戦争から20世紀末までの上海の歴史を踏まえながら、1988年までに上海に存在していた個々の珠玉の近代建築と都市空間の魅力とその持つ意味を明瞭に解説した。同書は日中の学界における上海近代建築史研究の基礎となったものである。

　ついで、もう一人、村松伸は『上海・都市と建築――一八四二―一九四九年』[注35]を刊行する。本書は、第一次アヘン戦争（1840-42）以降の中国近代史及び上海近代史に関する歴史的事実を正確に辿りながら、豊富な都市、建築図面及び画像を駆使し、近代上海で活躍していたイギリス、フランス、アメリカ、日本、中国の土木技師、建築家の足跡を追い、上海の外国租界、1927年に中華民国が設立した「上海特別市」における都市建設、建築様式、生活様式の変遷を横断的に分析した。また、同書の優れた点の1つは、19世紀初頭のイギリスの植民地システムの中で、上海の外国租界における土木技術、建築様式の流行傾向を捉えたことである。

　しかし、1980年代から1990年代まで都市史・建築史研究は、上海租界の成立と都市建設に関係した政治家と建築家以外に各国の官僚と民間人による具体的な活動についての言及がほとんどないため、上海租界の都市形成とその発展の原動力の具体像が明確に描かれていない。

　ほかに、伍江『上海百年建築史 1840-1949』[注36]、鄭時齢『上海近代建築風格』[注37]がある。これらの研究はいずれも村松伸による研究の枠組みと同様に、近代上海の都市と建築の発展を詳細にたどっている。時代がさがるにつれ、公開史料が増えると共に、上海の近代建築に関する情報は確かに詳細になりつつあるが、いずれも、建築史学の分野でそれらの意味及び何らかの系譜を跡づけようとしている。

　人文学における上海都市史研究としては、まず、イギリス・ブリストル大学の歴史学教授ロバート・ビッカーズ（Robert Bickers）の研究が挙げられる。ビッカー

25

ズはイギリス人の中国での生活に関する研究の第一人者であり、イギリス国内に所蔵されている一次史料や中国で生活していたイギリス人と彼らの末裔が私蔵している史料や古写真を活用し研究を行っている。上海で自由貿易を求め、上海道台（地方官）を初めて訪問したリンゼイ（Lindsay）を始めとしたイギリス商人の上海生活に着目し、1840年代におけるイギリス租界の都市空間やイングリッシュガーデンの様子を描いている[注38]。しかし、ビッカーズも上海イギリス租界の都市空間の全体的な特性に関しては論じていない。

『横浜と上海』共同編集委員会編『横浜と上海』[注39]は、日中の学者による横浜と上海に関する都市史の研究論文である。当該論文集は19世紀初めの国際政治、種々の不平等条約による開港の実態と意味、両都市の建設、及び上海と横浜の文化交流といった社会状況を詳細に論述しており、上海都市史研究の重要な参考文献ではあるが、都市空間の形成、発展と特徴には言及していない。

また、特定の歴史的人物に着目し、早期上海の都市建設過程を捉えた研究も見られる。例えば、岡本隆司による『ラザフォード・オルコック』[注40]においては、1846年、上海に赴任してきたイギリス領事オルコックの活動から、租界参事会にあたる工部局の成立過程や海関における外国人税務司制度の成立が論じられている。

歴史学と社会学の視点から、近代上海の日本人居留民社会の形成、成長と特徴に関する研究は日本上海史研究会のメンバーたちによる成果が見られる。例えば、高綱博文『「国際都市」上海のなかの日本人』[注41]においては、1860年代の明治初期から1940年代の日中戦争時まで、虹口の日本人居留民社会、在華紡、内山書店などに注目し、国際情勢および日中関係の変化に伴う上海日本人社会の変動、日本人の帝国意識の生成とその結果について論じている。

最後に、藤田拓之『居留民の上海——共同租界行政をめぐる日英の協力と対立』[注42]は、1920年代後半から1941年末の太平洋戦争勃発までの期間を対象に、上海共同租界の外国人住民社会について、工部局の参事と租界の警察権をめぐるイギリス人と日本人の活動および対立を軸に、上海共同租界の管理をめぐる各勢力の主導権争い、共同租界における行政の主体をめぐる議論を丹念に行っていた。

近年、近代上海における中国人社会の行政、経済、市井生活に関しては、いくつかの研究書がある。Leung Yuen-Sang は、時系列に、アヘン戦争以降の中国社会の転換期における清朝の上海政府の代表者である「道台」及び上海政府諸部門の職能変化の実態を明らかにしている[注43]。またブリナ・グットマン（Bryna

Goodman）は、中国各地から上海に集まってきた中国人商人と彼らの組織である「同郷会」または「公所」の活動に着目している[注44]。同郷会や公所の経済力の発展に伴い、政治、社会的な影響力が増していった結果、直接、1930年代に、中国の民族主義の高揚につながったことを論じている。それに類似した研究に高橋孝助、古概忠夫編修『上海史——巨大都市の形成と人々の営み』[注45]がある。

Samuel Y. Liang は、呉友如による近代上海を描いた1897年『点石斎画報』を主要資料として、上海の外国租界で生活していた中国人の社会活動、娯楽の実態、生活環境を再現した[注46]。

これらの近代上海における中国人社会に関する一連の研究は、外国人のための租界を開くために、外国人は上海で最初は中国人を本来の土地から追い出したとしても、後に中国内乱を逃れ、外国租界に避難または進出してきた様々な中国人との交渉を余儀なくされたことを示している。上記の先行研究に描かれているような底知れぬ中国人のパワーを、1843年のイギリス租界開設時点で、西洋人らは想像もしていなかったであろう。

以上、近代上海に関する研究は、到達点を迎えたように思われるが、一つの共通する欠点としては、研究視点を「上海」に限定される傾向にあると指摘する。上海とほかの東アジアの開港場の関係性、あるいは、19世紀半ば以降、都市上海の成立過程からみる東アジアと欧米との関係には多くの研究者は留意していないといえる。

しかしながら、本書の各章で述べるように、上海租界の形成と開発に関する最も興味深い点は、欧米、日本、中国の人々が共に関わり、上海、北京、東京、ロンドン、パリまたはどこかの海上の軍艦で、都市整備に関する実務レベルでの交渉を経てから、そこで決められた最終計画案を現場の人々に通達することで、初めて都市整備が実現できた点にある。上海に閉じ籠もらず、その外で起きたことにも積極的に目をくばり、追跡していくことにより、上海をはじめとした中国租界の都市成立と発展は、当時、世界規模で移動していたカネ、ヒト、モノ、情報の集約の結果とみなすことが可能になるであろう。

なお、上海に渡航してきた諸国の民間人の活動を無視しては、上海の都市形成も究明できないと考える。この点は重要でありながらも、租界政府側、有名な建築家や土木技師の活動を追うばかりの先行研究には注目されてこなかった。

本書は、外国と中国の権力側や租界の行政側のみならず、そこで生活や仕事をしていた民間人の躍動感溢れる活動にも着目し、国際都市として讃えられてきた上海の都市形成過程の解明を目指していきたい。

3　本書の視点と構成

　本書は、上海租界の発端となった都市整備制度と土地章程 (1)、新しい都市開発の基盤を提供した旧来の水路と集落 (2)、都市成長の要因であった国際的な建築・土木の人材と技術 (3)、民間先行、政府後追いの都市開発体制 (4)、および建設の労働力を提供した中国人避難民 (5)、といった都市工学と歴史学の複合的な視点から、上海租界の都市整備制度、都市基盤、都市空間が整備されていった過程を解明する。本文は、Ⅰ部 (4章) とⅡ部 (4章) より構成される。

　Ⅰ部「上海の建設とインフラストラクチャー」は、都市工学に力点を置き、租界の都市形態、都市基盤、生活空間がどのように上海にいたイギリス人、中国人、他の外国人の思惑と利害関係により決定されていたのかを論じる。それにより、都市と建築の建設をめぐる上海租界の国際社会像、中国人社会像の一端を描きだしていきたい。

　まず、上海租界の都市像、都市制度、都市形成に決定的な要因となった各土地章程と附属条例の内容と改訂過程について考察する。イギリス政府は、租界開発における前段階の作業として、上海道台と協議したうえ、上海にいる外国人領事や各国の商人を束ねた。そしてイギリス領事が中心となり、時代の流れとともに外国人社会と中国人社会の変容に合わせながら、都市整備制度を改訂し、実践的に応用していった。その過程を明らかにする (第1章)。ついで、外国租界が開発される以前の上海地域に存在していた旧来の水路、フットパス (村道)、集落の存在実態に着目する。本来の上海地域の特徴と空間について分析し、イギリス人測量技師が見込んだ都市として発展出来る上海地域のポテンシャルを示す (第2章)。イギリス人が中心となって行った水路と街路の複層化都市開発、土地章程の中に含まれた都市整備制度の実際応用、官民交渉の都市開発体制を究明した上で、近代上海の都市形成原理と都市基盤の形成過程を提示する (第3章)。最後に、北京の外国公使団、上海の外国領事団、外国人税務司主導の黄浦江水路局による上海港の整備過程と空間的特性を明確にする。その中で、イギリスの海運会社が、どのようにして、黄浦江の水域と陸域の開発権をめぐって中国人、日本人との国際交渉を経て、外国租界および浦東地区の港で主要位置を占めていったのか、その具体的な過程を追求する (第4章)。

　Ⅱ部「都市空間の形成と英日中関係」は、イギリス租界の住宅地、黄浦港の空間および郊外の住宅地の特性を分析しつつ、上海租界の都市空間の形成過程、

およびその中で英、日、中が果たした役割を解明する。とりわけ、日清戦争後、都市開発の新しい動力となった日本の企業と政府はどのようにして主にイギリス人が整備し、中国人も強い影響力を持つ上海の外国租界に進出し、日本企業の貿易拠点と日本人用の住宅地を整備していったのかについて分析する。

まず、1840年代の開港初期において、イギリス人が家屋建設の中国人労働者と協働しつつ、健全な住生活環境を立ち上げるとともに、イギリス人が主流とした国際社会を形成させた過程を論じる（第5章）。ついで、1880年代、上海進出にすでに遅れを取った日本郵船会社がどのようにして日本外務省、租界政府、英米人官僚と熾烈な交渉過程を経て、本来の港湾建設案を変更しながらも、日本における上海並びに中国内陸部への進出拠点を整備したのか、その過程を解明する（第6章）。そして、上海日本専管居留地の設置をめぐる日本政府と日本経済界の動向に着目しつつ、近代日本による上海進出の戦略および都市開発活動を究明する。その上で、日本による都市施設整備が上海租界の都市空間の変容にもたらした影響について考察する（第7章）。最後に、近代上海の日本人住宅地として知られる越界築路の北四川路地区の開発と英、日、中との関係を紐解いていく。とりわけ租界政府、イギリス人発起のレクリエーション・ファンド、不動産会社、商会による北四川路地区の整備過程、日本人が北四川路地区に移住した経緯と彼らの居住形態、および当該地区における日本人の都市サービス享有権利の取得過程を論じる（第8章）。

4　租界の支配制度と外交交渉

都市の「ハードウェア」と喩えられるインフラストラクチャーと建築空間の成立を論じる本文に入る前に、序章の最後の節においては、都市の「ソフトウェア」に当たる租界の支配制度、経営の主導権、中国人への対応策に関する整備過程、およびそれをめぐる各国の外交交渉に関する諸問題を整理しておきたい。

1　租界（居留地）と植民地の体制

まず植民地と租界（居留地）の体制の違いを明確に指摘している加藤祐三『黒船前後の世界』[注47]、同「二つの居留地：19世紀の国際政治、二系統の条約および居留地の性格をめぐって」（『横浜と上海』所収）[注48]を参照し、植民地と租界（居留地）の違いについて簡単に説明し明示しておきたい。

宗主国と植民地（colony）の関係は、「専一的な統治権を持つ国と、主権を全面

的に喪失した国との関係である。換言すれば、垂直的な支配＝被支配の関係である」[注49]。「現代の概念である国家三権（立法、司法、行政）のすべてを植民地は喪失する」[注50]。そのため、ある植民地との通商や外交のための協議は、あくまでも宗主国との交渉であり、植民地との直接の協議はありえない[注51]。列強利益均霑の発想の「最恵国待遇」も植民地には適用されない。植民地の都市開発の主体は植民地（宗主国）政府である。例えば、香港の場合はイギリス植民地省直轄の香港政府（Government of Hong Kong）であった[注52]。

これに対して、外国租界の主権は、依然として清朝中国政府にあった。清朝政府が、最初、イギリス人に対してのみ、開港場での要求、貿易の権利、居留の権利を享有すると認めた[注53]が、米・中間の「望厦条約」、仏・中間の「黄埔条約」により、米と仏が、清朝政府にイギリスと均等待遇を主張し、「最恵国待遇」が適応されることになった[注54]。それに基づき、開港場において、複数の国（新規の条約締結国）の租界が開かれることになった。

また、近代の開港都市に開かれたsettlementは中国語では「租界」、日本語では「居留地」という訳語が定着している。両者の違いに関して加藤は中国の租界と日本の居留地の法的根拠となる不平等条約の違い、つまり「敗戦条約」と「交渉条約」の違い、それに伴う貿易の問題、特に商品、居留民構成、海関行政権の問題、都市基盤の投資主体の問題等を指摘している[注55]。

例えば、本書の主題となる都市開発に関し、上海の場合は、清朝政府と上海道台の関与がほとんどなく、イギリス商人が主導権を握った道路碼頭委員会（Committee of roads and jetties、1849-1854）とその後に成立した工部局（Municipal Council、1854-1948）によって主体的に行われた。

一方の横浜の場合は、地主である幕府（神奈川奉行）が、土地整備と区画割りを進め、外国人居留民に賃貸する準備を事前に整えた。1858年の「日米修好通商条約」で開港が決まると、幕府が横浜村住民を移転させ、整備資金9万両を出して整地、1859年7月1日の開港の日までに地割を終え、外国人居留民の到着を待った[注56]。土地開発を幕府が行ったため、外国人居留民による居留地運営の権限掌握はついに実現を見なかった[注57]。

2　南京条約から土地章程へ

序章の冒頭で述べたように、上海の開港及びイギリス租界の設置は1842年8月29日にイギリス政府と清朝政府の間に締結された「南京条約」に根拠を持つ。しかし、南京条約には、具体的な租界の設定や土地の取得に関する条項がなく、

序論

条約だけでは、イギリス租界を開発することは不可能であった。そのため、南京条約とは別に、租界の設定方法や土地の取得方法を定める規則が必要であった。それが土地章程である。

　南京条約による香港植民地の設置、清朝政府からイギリス政府に支払う賠償金に関する内容と意義については、近代史研究において、大きな課題になっているため、研究は少なくない。本節では、租界の成立に関係する第二条[注58]を中心として検討を進める。

　　　清国の皇帝はイギリス人がその家族、商会と共に、なんらの妨害も制約もない状況下で、広東、廈門、福州府、寧波、上海の都市又はタウンに居住し、営利目的の貿易を行うことを許可する。大英帝国女王は、清国官僚とイギリス商人との交流の中間役、そして商人らが後に発生する税金と中国政府のほかの費用を支払う義務を果たしているか否かの監督のため、上記指名された各都市に監督長官又は領事官を任命し駐在させる。

　つまり、南京条約の第二条では単に五港開港を決め、イギリス商人と彼らの家族による五港での居住、貿易、及び監督長官又は領事官の駐在を許可するのみであった。具体的に、五港の中でどの地区を選び、どのように開発していくかについては、南京条約では何も決められていなかった。そのため、イギリス人が居住、貿易活動をするための土地の確保、都市インフラ整備に関しては、イギリス政府と個々の都市の中国人地方官僚が具体的に決めていかなければならない。それが土地章程の誕生の原因の一つである。

　南京条約は第一次アヘン戦争後に締結された敗戦に伴う不平等条約のため、イギリス側が英語で各項目を決め、イギリス全権の東インド会社の首席将軍ヘンリー・ホッティンジャー準男爵（Henry Pottinger, Bart）と清王朝全権の耆英を始めとした三人の官僚が、それぞれ英文版と漢文版にサインしたものである[注59]。

　南京条約の主導権は軍事的・外交的にイギリス側にあり、交渉の通訳もイギリス側は宣教師ギュツラフ等を付けたが、清朝側では英語の分かる官僚が不在であった。1845年土地章程は、1845年11月29日にイギリスのバルファ将軍と上海道台の宮慕久が共に議論し、漢文により締結された。しかし、1845年12月31日にイギリス議会に提出されたものは、バルファの通訳を務めていたロンドン宣教協会の宣教師メダハースト（Medhust）博士が訳した「正確な訳文」(*True translation*) である[注60]。

31

外国人租界を開くための土地章程の交渉も中国史上で最初の事例であり、宮慕久やその部下たちの中に英語の分かる官僚がいたとは考えにくい。具体的な条項に関する交渉はバルファ側の部下ないし中国語の分かるメドハースト等の通訳[注61]を介して行われたと思われるが、なお今後の研究に待ちたい。

　1845年土地章程の漢文版を見る限り、宮慕久は、極めて「上から目線」で、あくまでもこれまで自分が重視していなかった上海県城外の一角の土地をイギリス商人たちに貸し出すことを確認したまでである。

　　　清王朝江南省蘇州府、松江府、太昌府長官並びに江南海関監督長官　宮
　　条約に基づき、貴領事官と一緒に幾度協議した結果、本道台が各項目を
　　示し、新海関に掲示する。ここで一通の複製本を送付し、貴領事官が検査
　　し、翻訳した後、楊（洋）涇浜より北側に借地する借地人に通達し、（諸項目）
　　を従わせるよう。

　　　　　　　　　　　　　　　　　　　　　　　　　　　日々ごきげんよう

　すなわち、1845年土地章程の細則は道台である官がバルファと相談してから、最終的に決められた。洋涇浜の北側に設置される予定のイギリス租界に居住するイギリス人商人（＝借地人、3章を参照）は、道台が発布し、新海関に掲示される土地章程を尊重するという合意である。「上海の民情、地理条件」[注62]を考案した上で上海道台とバルファ将軍が土地章程を結んだ。

3　イギリス政府の主導権

　1845年土地章程の主旨は、土地章程の冒頭に「イギリス租界内の公衆衛生、警察による安全保護、都市の良い秩序を守るため」と明確に示された[注63]。その後、イギリスを初めとした欧米諸国政府と清朝政府により、土地章程の内容は何度かの改訂を経ても、最初に提起されたこの主旨は、終始、変わらなかった。しかし、土地章程が具体的にどの国の人に及び、また上海でどこの範囲まで有効なのかに関しては明確に規定されていなかった。

　1845年、ラッスル商会に勤めたアメリカ商人ウォールコット（Henry G. Wolcott）[注64]による一つの事件が起きた。彼は、イギリス租界内で土地を取得し、そこで勝手にアメリカの国旗を揚げ、国旗を下げてくださいという上海道台の命令にも背いた。彼は、更に、1846年8月10日、上海道台に手紙を書き、イギリス租界内に位置するにもかかわらず、「自分の土地は、イギリス主権から離れ、アメ

序論

リカの主権に属する」と主張した[注65]。

　ついで、上海道台は、蘇州河の対岸にある虹口地区をアメリカ租界として漠然と指定したが、明確な範囲を示していなかった[注66]。アメリカ人ウォールコットの一連の行為に対し、1846年10月に上海に赴任してきたばかりのイギリス領事オルコックは、それがイギリス主権に対する侵害であると強く抗議し、「イギリス租界内の土地は当然イギリスと清朝政府が締結した1845年土地章程の管理下にあると認めなければ行けない」[注67]と主張した。

　イギリスとアメリカ本土から遠く離れた上海イギリス租界内の主権紛争はやがて両国間の軍事及び外交問題まで発展しようとした。江戸幕府と貿易交渉を望むため、90門の大砲を載せた軍艦コロンバス号で江戸湾を目指すアメリカ東インド艦隊長官ビッドル（Biddle）一行はちょうど上海附近の海上にいた[注68]。

　1846年6月22日、バルファがビッドル宛ての手紙を書き、ウォールコットによる上海イギリス租界での騒ぎに関し、「1843年12月、上海道台の布告により、イギリス租界はイギリス人の居住地として設置された。我々の寛容により、イギリス租界のどまん中にウォールコットに一筆の土地取得を許可した」と事情を説明した[注69]。アメリカ側も恐らくこのことでイギリス政府ともめたくなかったため、ビッドルは、「ウォールコットの土地は、土地章程の管理下にある」と早速バルファに返事した。これでウォールコットも、自分の土地は1845年土地章程の管理下にあると宣言した[注70]。

　アメリカ人ウォールコットが起こした国旗騒ぎをきっかけに、香港総督ジョン・デヴィス（John Davis）[注71]は、1847年3月15日、在上海イギリス領事のオルコックに対して、「今後、（イギリス人以外の）外国人は、（イギリス租界内における）イギリスの支配条件に同意するという書面の契約を交わした人に限り、イギリス租界に入居できる」と指示した[注72]。

　オルコックは、1847年4月22日、早速、1845年土地章程に第24項目を追加し、イギリス租界で土地を借りる際、自分の借地で自分の国の国旗を揚げることは違法であると定めた。なお、イギリス租界から外国人を追い出すのが現実的に不可能なことと認識し、オルコックは「立派で尊敬出来るすべての外国人は、イギリス租界の永久住民になるため、土地章程に署名しなければならない」と決め、外国人居留民たちに知らせた[注73]。

　これにより、上海イギリス租界は発足した当時から、イギリス人のみが居住、または商売する租界ではないとイギリス政府が意図していたことがうかがえる。上海の「イギリス租界」と言いながらも、様々な国の商人が住み、国際貿易港

33

として発展していった。

　1870 年 6 月 30 日の人口調査でイギリス、アメリカ租界に居住していた外国人は 1666 人で、イギリス人、主にマカオからきたポルトガル人、アメリカ人、スペイン人、ドイツ人、フランス人等の 18 カ国以上の人が住み、日本人も 7 人いた[注74]。その反面、イギリス租界内に居住希望の外国人は、イギリス政府が上海道台と締結した 1845 年土地章程に同意し、サインしなければならないと明文化されたことで、イギリス政府による上海での既得権と主導権も同時に国際社会に示したこととなった。しかし、フランス政府のみは、これに終始反対した。

4　フランス租界と共同租界の誕生

　在上海フランス領事（M. De Bourboulon）は、1849 年、洋涇浜南側の地区にフランス人が土地を取得出来るように上海道台に要求した。これに対し、アメリカ領事のグリズウオルド（Griswold）とイギリス領事オルコックは、最初、反対したものの、イギリス、フランス、アメリカ領事の共同協議で 1854 年に 1845 年土地章程を改訂し、1854 年土地章程となった。その第一条が、洋涇浜より南側から上海県城以北の地区をフランス租界であると正式に認めた[注75]。

　しかし、フランス国内にいた首相の指示に従い、在上海フランス領事は、フランス租界内におけるフランス租界政府独自の司法裁判権を要求し、1854 年土地章程への署名を拒否した[注76]。その結果、フランス租界は 1854 年土地章程による法的保護範囲に入らない事態になった。フランス政府のこの判断により、フランス租界は、太平天国の乱（1850-64）の際に真っ先に痛い目に会った。

　1854 年、太平天国軍が上海県城を占領した後、イギリス政府は早々と「中立」の立場を宣言し、これでイギリス租界は太平天国の軍隊の攻撃から免れることとなった。しかし、フランス租界は太平天国の軍隊の攻撃に曝される。これにフランス領事激怒し、「なぜ我々だけがこのようなひどい扱いを受けなければいけないのか。フランス租界内のイギリス人財産は自分の保護下にあり、フランス人と同等な待遇を享有しているのに」とイギリス領事オルコックに抗議した[注77]。この件は、フランスが正式に土地章程から離脱し、フランス租界、イギリス租界、アメリカ租界の合併が泡と化した最初のきっかけであった[注78]。

　1861 年、イギリス、フランスとアメリカの上海領事は、土地章程の新しい規則体系を策定しようとし、1854 年土地章程を修正する動きがあらわれた。新しい土地章程には、上海在住のすべての外国人を束ね、それらに対する法的拘束力があるとする意図が含まれていた[注79]。しかし、1854 年に新設されたイギリス

34

租界の参事会の工部局（その成立と機能については第4章にて後述）は、「洋涇浜より南側はフランス人の範囲のため、フランス人は自分たちの独立を保つ」という理由で、新しい土地章程改訂の件をフランス以外の在上海16カ国の領事とアメリカ領事に通達した[注80]。

それを受け、フランス領事もフランスは新土地章程を認める必要はないと公に宣言し、フランス租界の自治体に相当する公董局（Reglement d'Organisation Municipale）を設立、フランス租界内のみで通用する「規則 Reglement」を設け、イギリス領事に同意させた。同意の証として、フランス租界の「規則 Reglement」には、イギリス、ペルシア、ロシア、フランス領事がサインした。その見返りとして、フランス領事は新土地章程がイギリスとアメリカ租界のみに通用すると同意した[注81]。これで新しい1869年土地章程がつくられる。

土地章程における法的有効範囲をめぐる欧米列強間の熾烈な駆け引きの結果、1862年、イギリス租界とアメリカ租界は合併され、「共同租界 International Settlement」となり、フランス租界は独立を保った。同年、イギリス政府の承認が得られ、土地章程の名前は「上海土地章程 Land Regulations of Shanghae」と変えられ、共同租界内に通用する「土地章程法 Code of Land Regulations」として昇格した[注82]。

土地章程の誕生から改訂までの過程の中で現れた欧米諸国の活動を追っていくことを通じ、上海租界には、そのスタート時点から、様々な国と人々の思惑が交差する複雑な国際社会が成立していることが鮮明に浮かび上がってきた。

5 中国人対策：1854年以降の土地章程改訂

(1) 中国の内乱による中国人の租界流入

続いて、外国人領事らの頭を悩ませたのは、反清政府を掲げる1853年の小刀会の乱の後、多数の中国人が許可なしに安全を求め租界内へと移住したことである。外国人借地人は、「租界内における中国人居住禁止令」を無視し、中国人に賃貸住宅を提供していた[注83]。筆者が各土地章程を丹念に解読した結果、「中国人による租界内の居住を許可する」という明確な条例は見当たらなかった。あくまでも、外国政府、領事らと上海道台の間で中国人の納税問題、司法裁判に関する規則を協議したことまでであった。

清朝末期の社会情勢及び外国人による中国人のための大量の賃貸住宅の建設により、中国人による租界内への移住は「当然」の成り行きとなった。この状況に対し、在北京のイギリス公使ブルース（Sir Frederick Bruce）は「外国租界の性

35

格は外国人自身の行為により完全に変えられた。外国租界ではなく、一つの中国人都市となった。その中に何人かの外国人が大勢の中国人住民の中に雑居しているだけだ」と不満を洩らした[注84]。しかし、「何人かの外国人」の安全保障のための、租界内の大勢の中国人に対する司法裁判権と納税問題については、イギリス政府を始めとした諸外国政府と工部局は大変手を焼いた。

(2) 中国人に対する司法裁判権

　租界内に居住する中国人が罪を犯した場合、または中国人と外国人との間に起きた紛争や刑事事件の訴訟に関し、清朝中国政府か、または上海で治外法権（extraterritorial）と領事裁判権を持つイギリス、フランス、アメリカ、ドイツ、ロシア等の20カ国[注85]の外国領事官が裁判を行うか否かが問題の焦点となった。

　基本的に、ブルースは「イギリス商会のための安全な貿易場所を確保する以外、中国人と中国政府との関係には興味がない」[注86]と宣言し、中国国内の問題に巻き込まれたくない姿勢を明確にした。この点には他の国も同意している。1874年（清朝歴同治七年）、イギリス政府が代表として、上海道台と協議して発行した「洋涇浜設官章程十條」（英訳:*Shanghai Mixed Court Cases,* translated by T. Adkins, 4 February 1874）に署名した[注87]。

　中国人に関わる項目を以下のように提起した。

　「洋涇浜設官章程十條」の第一条は、租界内における中国人同士の金銭トラブル、殴打、窃盗などの民事事件に関しては、租界内に駐在する中国政府の治安判事が審理し、犯人を投獄又は体罰に処すと定めている。

　第二条は、事件が中国人と外国人の間に起きた場合、その国の在上海領事と中国政府の治安判事が一緒に審理し、中国人のみの場合は、外国領事は同席せず、案件にも干渉しないとの内容であった。これは中国語でいわゆる「会審公廨」制度に当たる[注88]。

　第五条は、中国人犯人が租界内に逃げてきた場合、中国治安判事は外国領事に通達せず、租界内で犯人逮捕の権限を持つと規定した。

　一方、外国人犯罪者に関し、第六条では上海で領事館が設置されていない国の外国人犯罪者に対し、中国政府の治安判事、及び中国と条約を結んだ外国人領事一名を選出し、一緒に審理すると定めた。

　第七条は、上海で領事館を有する国の外国人犯罪者に関しては、その国の領事が審理し、判決を下す。更に領事官不在の外国人犯罪者には、中国人治安判事がその罪を定め、上海道台に報告し、選出された他国の外国人領事と一緒に

判決すると定められた。

　以上、筆者による「洋涇浜設官章程十條」の分析により、1874 年以降、外国租界に居住する中国人犯罪者又は租界内に逃げ込んできた中国人犯人の裁判権が全部中国政府にあり、上海に駐在した外国領事は自国の住民らに対し、領事裁判権を実施する[注89] ことが明らかとなった。

　しかし、中国人犯人を収容する監獄はやはり共同租界の工部局が設置した。上海イギリス領事館内監獄（1857 年以前建設）、虹口監獄（設置年不明）、厦門路監獄（1867 年建設）、華徳路監獄（1903 年建設）が相次いで建設されたが、犯人が年々増え、工部局は常に収容場所の不足問題に悩まされた[注90]。一部の中国人犯人は外国租界の都市整備にも貢献した。1865 年 7 月から 1872 年 3 月まで工部局は投獄された犯人に対し、「苦役制度」を実施し、犯人を租界内の道路整備の労働力に充当させた[注91]。数人の犯人らが鉄の索で繋げられ、一緒にローラーを引き、路面整備をしていたことが『点石斎画報』に見られる[注92]。

(3) 中国人の納税問題

　もう一つのやっかいな問題は中国人の納税義務である。1860 年代までには、外国人が外国租界に住んでいるのはほんの一部分の街区に限られ、外国租界は中国人の都市となった。多くの中国人が使用する道路、上下水道、ガス、電力といった都市インフラの整備費用はどこから捻出すべきなのか。

　この問題に関し、上海のイギリス領事官員トマス・ウェードは、「多数の土地は外国人と中国人連名で所有されていた。1862 年に一部分の土地はこのように登録されていたが、徐々に公に中国人の手に渡った。恐らく租界丸ごと又はほぼ丸ごと中国人に買われるであろう ･･･ 中国人は、将来、市民税の支払いを拒否する危険性も潜んでいる」[注93] と懸念を表している。租界内の中国人に対する納税問題は北京のブルースが工部局の理事を務めたメドハーストに 1863 年 1 月22 日に初めて提起した[注94]。

　　「イギリス租界の神聖さ」という言葉はすでに無意味である。われわれは「租界」と名付けられた場所に住んでいる中国人に市政の運営のための税金を納付させる権力さえ持っておらず、納税は中国人自身の官僚を通じるか委ねるしかない。私は上海のシステムは最初から一つの大錯誤で失敗であると考えている、と言わざるを得ない。

清朝政府も外国租界内に居住する中国人から徴収する税金は大きな財務収入となるに違いないと考えた。それで、中国人官僚は、イギリス領事に清朝政府が外国租界内に居住する中国人に課税すると申し出た。これを受け、工部局の理事メダハーストが「もともと、中国人は保護を求めるため、租界内に移住してきたのであり、まさに中国政府の権力から逃避してきているにもかかわらず、中国政府がそれらの中国人に課税するのは不公平である」[注95] と反発したが、最終的には清朝に妥協した。

　1863年時点で、イギリス、アメリカ、フランス領事と上海道台の協議で、「租界内に居住する中国人は家賃20パーセントの家屋税を支払う。半分は中国政府、半分は工部局に納める」と決めた[注96]。

　1881土地章程の第IX条は共同租界内のすべての外国人、中国人住民の納税に関する義務を明確に規定している[注97]。この新たな徴税条項により、租界の都市整備費用の一部分は確保されたものと考えられる。

　工部局が権限を持ち、徴税する予定の費用は下記の通りである。
1　土地の税率は査定された土地の値段により決定する。
2　建物または建物の一部の税率は家賃又は査定された家賃より決定されるが、工部局は当該建物の建設状況と用途により税率を変更する場合がある。

(4) 清朝政府の中の租界自治体制
　租界における中国人の存在と影響力は、外国人領事らの力ではもはや解決できなかった。1863年5月25日、工部局の理事長に選ばれたアメリカ人キューニングハムは、北京にいるイギリス公使フレデリック・ブルース、フランス公使M.ベーゼミ (M. Berthemy) 宛に一通の書簡を出した。それが、上海租界の都市整備に関する5つの項目を提議した。その中の第1条、第3条、第5条は租界内に居住する中国人を管理し、租界行政に取り組む提案であった[注98]。

1　いかなる公共事業機関が設立されても、外国の外交団を通し、清朝中国政府に直属すべきである。
3　外国企業に雇われていない（租界内にいる）中国人は、中国人都市にいるように、中国政府官僚の管轄下にある。
5　（工部局の）自治体制の中に、中国人委員が一名必要である。中国人住民に影響を及ぼす条項の設定に際して、彼に照会し、または同意を得るためで

ある。外国人住民から必要な同意を得られるなら、（その中国人委員）が租界の自治体制の中に含まれる。

これを受け、イギリス、ロシア、フランスの公使は即座に同意を示し、上海の工部局自治システムは中国政府の支配体制の中にあるとも提案した。工部局と清朝中国政府との関係は、実際、どのように発展していったのか、現時点でまだ判明していない。しかし、工部局の理事長キューニングハムや北京の外国公使団は、いずれも、上海で自治体制を維持するには、中国人委員の参加、清朝中国政府を後ろ盾にする「建前」が必要であると考えたようであった。

注

1）*Military Plan of the Country around Shanghai, From surveys made in* 1862.63.64.65. National Archives, UK 所蔵、請求記号：FO925/2397

2）Linda Cooke Johnson, *Shanghai: from market town to treaty port,* 1074-1858.（Stanford University Press, 1995）

3）加藤祐三『黒船前後の世界』ちくま学芸文庫、1994 年、202-203 頁。

4）前掲書、202-203 頁。

5）Charles M. Dyce, *Personal Reminiscences of Thirty Years' Residence in the Model Settlement Shanghai,* 1870-1900.（London & Hall, Ltd, 1906）, p.58.

6）*Bradshaw's Chart of the World, shewing the Mail and Steam Packet Tracks, the Overland Routes, Electric Telegraph Lines & Submarine Electric Cables to India, China and the East,* 1873.

7）Ibid.

8）日本郵船会社貨物課編『我社各航路ノ沿革』、1932 年、65 頁、日本郵船会社提供。

9）前掲書、69 頁。

10）前掲書、69 頁。

11）*British Parliamentary Papers,* Area Studies, China, 41 Vols. p.61.

12）上海租界と日本開国との関係については、加藤祐三『幕末外交と開国』講談社学術文庫、2012 年、130-152 頁を参照。

13）Charles Gutzlaff *Journal of three voyages along the coast of China in* 1831, 1832 & 1833, London: Frederick Westley and A. H. Davis, 1834.

14）伍江『上海百年建築史 1840-1949』同済大学出版社、1996 年、170 頁。

15）前掲書、170 頁。

16）植田捷雄『支那における租界の研究』巌松堂書店、1941 年。

17）前掲書、762-766 頁。

18）吉田伸之・伊藤毅編『権力とヘゲモニー』東京大学出版会、2010 年、209-236 頁。

19）前掲書、209 頁。

20）大山梓『旧条約下に於ける開市開港の研究』鳳書房、1967 年。

21) 岸甫一「開港期箱館からみた外国人居留地の成立過程（その1）」（『環オホーツクの環
  境と歴史』第2号、2012年、9-28頁）は、箱館開港直後における1859年から1861年まで、
  箱館居留地におけるロシアなどの領事館地所、英米人商人居留地の大町居留地の成立
  過程に着目し、日本側と外国側による居留地の設置場所の認識に関するズレを分析し、
  箱館居留地は一カ所に集中しておらず、海岸沿いの鶴岡町の埋立地、地蔵町の埋立地、
  大町の外国人居留地、市街地の中に散在した尻沢辺道のアメリカ人居留地、外国領事
  館地所、浄玄寺、称名寺、実行寺境内における外国人と日本人による「雑居状態」の
  居留地が形成された原因を詳細に究明した。同研究は、幕府側の老中、箱館奉行とア
  メリカ貿易館、ロシア貿易館、イギリス領事の居留地設置に関する一次的な外交交渉
  史料、地図史料を使用し、実証的な分析を行っている。

22) 西野玄「仁川居留地に関する考察——仁川居留地埋立問題を中心に」（『朝鮮学報』
  2005年、53-90頁）においては、1889年4月に端を発し、問題の落着まで実に10年
  間もかかった日本仁川居留地の水先埋立工事を取り上げ、仁川居留地を取り巻く日本、
  朝鮮政府、ドイツ領事の動向に注目し、日本側による仁川居留地の埋立てが遅れた原
  因を解明した。具体的に、日本が仁川居留地の海岸を埋め立て、日本の借地が増えた
  ことを目の当たりにし、ドイツ人は自身の利益が脅かされたと危惧し、それに反対し
  た。一方の朝鮮政府も、日本にすぐには埋立ての許可を出さないながら、真正面から
  戦いたくないため、わざわざ各国が参加する「各国居留地会議」でドイツ領事に日本
  を反対するよう要請した。その結果、日本は仁川居留地の埋立てを実現したものの、
  埋立地はあくまでも各国居留地が共用する公道となり、日本人による住宅の建築は禁
  止されていた。

23) 村田明久『開港7都市の都市計画に関する研究』早稲田大学、1995年度博士論文。

24) 小代薫「明治初期の神戸「内外人雑居地」における公共施設の整備過程——神戸開港
  場における内外人住民の自治活動と近代都市環境の形成の関する研究 その1」『日本
  建築学会計画論文集』第79巻 第695号、2014年、269-277頁。
  小代薫「明治初期の神戸「内外雑居地」における外国人取得の推移と日本人による都
  市整備過程——神戸開港場における内外人住民の自治活動と近代都市環境の形成に関
  する研究 その2」、『日本建築学会計画論文集』第79巻 第700号、2014年、1469-1476頁。

25) *Sine-British Diplomacy in the 1860s: The Establishment of the British Concession at Hankow,*
  Harvard Journal of Asiatic Studies, Vol. 32, pp.71-96., 1972

26) 大里浩秋、貴志俊彦、孫安石編著『中国・朝鮮における租界の歴史と建築遺産』お茶
  の水書房、2010年。

27) 大里浩秋、孫安石編著『中国における日本租界——重慶・漢口・杭州・上海』お茶の
  水書房、2006年。

28) 趙世晨他「日本租界の形成とその都市空間の変遷に関する研究」都市・建築学院『九
  州大学大学院人間環境学研究院紀要』第12号、2007年、45-52頁。

29) 『日本建築学会論文報告集』第66号、昭和35年、613-640頁。

30) 坂本勝比古『明治の異人館』朝日新聞社、1965年。

31) 藤森照信著、増田彰久撮影『歴史遺産 日本の洋館』講談社、2002年。

32）水田丞の研究論文は主として 2002 年から日本建築学会計画論文集、建築史学論文集に掲載されている。近著『幕末明治初期の洋式産業施設とグラバー商会』、九州大学出版会、2017 年も参照。

33）加藤祐三編著『アジアの都市と建築』鹿島出版会、1986 年。

34）藤原恵洋『上海——疾走する近代都市』講談社現代新書、1988 年。

35）村松伸『上海・都市と建築—— 一八四二—一九四九年』PARCO 出版、1991 年。

36）伍江『上海百年建築史 1840-1949』同済大学出版社、1996 年。

37）鄭時齢『上海近代建築風格』上海教育出版社、1999 年。

38）Robert Bickers, *The Scramble for China Foreign Devils in the Qing Empire, 1832-1914.*（Penguin Books, 2012）

39）「横浜と上海」共同編集委員会編『横浜と上海』朋友舎、1995 年

40）岡本隆司『ラザフォード・オルコック』ウェッジ選書、2012 年、70-104 頁。

41）高綱博文『「国際都市」上海のなかの日本人』研文出版、2009 年。

42）藤田拓之『居留民の上海——共同租界行政をめぐる日英の協力と対立』日本経済評論社、2015 年。

43）Leung Yuen-Sang, *The Shanghai Taotai: Linkage Man in a Changing Society, 1843-90.*（Singapore University Press, 1990）

44）Bryna Goodman, *Native Place, City, and Nation: Regional Networks and Identities in Shanghai, 1853-1937.*（University of California Press, 1995）

45）高橋孝助、古厩忠夫編修『上海史——巨大都市の形成と人々の営み』東方書店、1995 年。

46）Samuel Y. Liang, *Mapping Modernity in Shanghai: Space, gender, and visual culture in the sojourners' city, 1853-98.*（Routledge, 2010）

47）加藤祐三『黒船前後の世界』（岩波書店、1985 年）、加藤祐三『黒船前後の世界』（増補版ちくま学芸文庫、1994 年）。以下の引用ページは、ちくま学芸文庫版による。

48）「横浜と上海」共同編集委員会編『横浜と上海』（横浜開港資料館、1995 年）69-100 頁。

49）加藤祐三『黒船前後の世界』ちくま学芸文庫、1994 年、167 頁。

50）前掲書、167 頁。

51）前掲書、168 頁。

52）前掲書、221 頁。

53）前掲書、169-170 頁。

54）前掲書、162 頁。

55）加藤祐三「二つの居留地——十九世紀の国際政治、二系統の条約および居留地の性格をめぐって」「横浜と上海」共同編集委員会編『横浜と上海』横浜開港資料館、1995 年、70-71 頁。

56）前掲書、71 頁。

57）加藤祐三『黒船前後の世界』ちくま学芸文庫、1994 年、508 頁。

58）「南京条約」*Treaty between HER MAJESTY and THE EMPEROR OF CHINA.* National archives, UK 所蔵、請求記号：F.O. 17/944

59）Ibid.

60) *British Parliamentary Papers, Area Studies, China.* 41 Vols. (Irish University Press Reprint), pp. 439-445.

61) 加藤祐三『黒船前後の世界』(ちくま学芸文庫、1994年、355-357頁) によれば、以下の通り。清朝中国はその対外交渉 (広東貿易の監督業務を含む) において中国語のみを使い、官僚の欧米語学習を許さなかった。そのため欧米人による中国語学習や辞書編纂が早くから始まる。イギリス領事館には高給取りの通訳官が必ず置かれ、宣教師もいた。中国語学習には宣教師の果たした役割がきわめて大きい。南京条約 (1842年) の通訳はドイツ人宣教師ギュツラフが、また望厦条約 (1844年) の通訳は宣教師ブリッジマンであり、いずれも *Chinese Repository* 誌 (1832年創刊の月刊誌) を通じて交流し、語学・文化の研鑽につとめた。

62) 1845年土地章程原文、*Shanghai, Mixed Court, Woosung Bar, Municipal Council, French Settlement disturbances, etc.* National Archives UK 所蔵、請求記号：F.O. 233

63) 1845年土地章程の全内容を第1章に参照。

64) Hosea Ballou Morse, *The International Relations of the Chinese Empire.* (Longmans, Green and Co., 1918), Volume 1, p.348.

65) アーネスト・サトウ報告書、p.5. *Mr. Alcock to Sir John Davis,* No.13, February 27, 1847.

66) Hosea Ballou Morse, *The international relations of the Chinese empire.* Volume 1, p.349.

67) アーネスト・サトウ報告書、p.5. *Mr. Alcock to Sir John Davis,* No. 13. February 27, 1847.

68) Sir John Francis Davis, Bart., *China During the War and Since the Peace.* (London: Longman, Brown, Green and Longmans, 1852), Vol.11, p.287.

69) アーネスト・サトウ報告書、p.5. *Mr. Alcock to Sir John Davis,* No.13. February 27, 1847.

70) Ibid.

71) John Davies は前掲 (注68) *China During the War and Since the Peace* の著者、後に大英帝国の中国全権と香港植民地の総督をつとめた。

72) アーネスト・サトウ報告書, p.5. *Mr. Alcock to Sir John Davis, No.*13. February 27, 1847.

73) Ibid. p.6. *Mr. Alcock to Sir John Davis, No.*35. April 22, 1847.

74) Charles M. Dyce, *Personal Reminiscences of Thirty Years' Residence in the Model Settlement Shanghai, 1870-1900.* (London & Hall, Ltd, 1906), pp.31-32.

75) *At the Port of Shanghae, 1854. Port, Custom-house & Land Regulations, and Proceedings of Public Meeting of July 11th, Land Regulations.* (Printed at the Herald Office, China, 1854)

76) アーネスト・サトウ報告書、p.14. *Sir John Bowring to Lord Clarendon,* No.19. January 9, 1955.

77) Ibid., p.2. 1854 *to* 1869.

78) Ibid.

79) Ibid., p.16. *Mr. Medhurst to Mr. Bruce,* No. 92. June 26, 1861.

80) Ibid.

81) Ibid.

82) Ibid., p.17. *Lord Russel to Mr. Bruce,* No. 34. February 26, 1862.

83) Ibid., p.16. *Mr. Medhurst to Mr. Bruce,* No. 92. June 26, 1861.

84）Ibid., p.18. *Mr. Bruce to Mr. Medhurst, No.*63. September 8, 1862.

85）上海租界志編修委員会『上海租界志』上海社会科学院出版社、2001 年、293 頁。

86）アーネスト・サトウ報告書、p.18. *Mr. Bruce to Mr. Medhurst, No.* 63. September 8, 1862.

87）National Archives UK 所蔵、請求記号：F.O. 233.

88）上海租界志編修委員会『上海租界志』279 頁。

89）外国領事裁判権の詳細に関し、上海租界志編修委員会『上海租界志』、292 頁を参照。

90）上海租界志編修委員会『上海租界志』302 頁。

91）前掲書。

92）村松伸『上海・都市と建築───一八四二──一九四九年』PARCO 出版、1991 年、36 頁。

93）アーネスト・サトウ報告書、p.41. *Shanghae to Sir Thomas Wade,* No. 93. November 16, 1881.

94）Ibid., pp.19-20. *Sir Frederick Bruce to Mr. Medhurst.* January 22, 1863.

95）Ibid., p.19. *Mr. Medhurst to Mr. Bruce,* No. 148. August 14, 1862.

96）Ibid., p.20. *Shanghae,* No.81. June 16, 1863.

97） *Report of the Committee appointed to revise the Land Regulations*（Printed at "North China Herald Office", 1881）, pp.5,18.

98）アーネスト・サトウ報告書、p.20. *Sir Frederick Bruce to Shanghae,* No.33, May 25, 1863..

Ⅰ部　上海の建設とインフラストラクチャー

第1章　都市整備制度と土地章程

本章の課題

　近代上海の都市形成は、1845 年土地章程の作成から始まった。

　上海租界の土地章程（Land Regulation）と 1869 年からの土地章程に附属する条例には、租界の法的区域や行政制度のみならず、都市インフラの整備に関する規定がきめ細かく決められていた。しかし、土地章程の中に含まれる都市整備の諸制度に関する詳細な検討はこれまでの先行研究にはほぼ見当たらない。

　1941 年、植田捷雄が『支那における租界の研究』[注1]において、各土地章程の中に租界の行政制度に関する条項を抽出し、租界の政治、法律の変化過程を詳細に分析した。

　都市開発の点において、加藤祐三『黒船前後の世界』は、1845 年土地章程で決めた都市開発の主体は「領事が任命した三人の確かな貿易商からなる組織と借地人会議」[注2]であると指摘し、上海租界の都市開発の主体を示した。一方、G・ランニング氏（G. Lanning）が *The History of Shanghai*[注3]において、バルファと彼の部下、すなわち上海イギリス領事館の最初のメンバーたちが上海道台と 1845 年土地章程を結んだ過程を詳細に記述している。オルコックの中国、日本における経歴を記録したアレクスサンダ・ミシエの（Alexander Michie）著書 *The Englishman in China during the Victoria Era*[注4]は、貿易目的のイギリス租界の設置経緯、道路碼頭委員会の機能について説明しているのみであった。

　建築史学の分野で多くの先行研究は、土地章程の条項を断片的に抽出し、上海租界の範囲拡張及び初期租界の道路レイアウト[注5]、中国人から外国人への土地の租借制度[注6]を説明してきた。上海租界に関する重要な参考文献である『上海租界志』[注7]においては、文末の附属史料として、1845 年から 1939 年までの土地章程とその附属条例の中国語版を掲載するが、内容に関する分析はない。

　そのため、本章は、都市開発の前段階である都市整備制度の内容とその設定過程を解明する。主として 1845 年から 1899 年まで改訂され続けた土地章程が

47

Ⅰ部　上海の建設とインフラストラクチャー

規定する租界の都市整備に関する具体的な条項を抽出して分析する。その上で
上海租界における実際の都市整備の進行状況にも目を配り、イギリス人が中心
となった租界政府による新しい都市の開発と経営の理念を究明する。

　具体的には、外国人が中国人から土地を租借する際の制度、租界の都市開発
用地と費用の捻出、および下水道整備及び建築規制に関する各土地章程の内容
について解析する。なお、都市整備の条項の中に含まれる墳墓処理、下水道整
備、高密度建築に関する規制を始めとした中国人対策にも着目したい。

　最後に、欧米諸国と上海道台が協議して作成した各土地章程が、その後、東
アジアの開港場に赴任した外国人領事らにより応用され、それらの開港場の都
市形成にも決定的な影響を与えたことについて議論を加える。

研究史料の解析

　『一外交官の見た明治維新』(*A Diplomat in Japan*) ^{注8)} 著者で、日本人によく知られ
る著名なイギリス人外交官アーネスト・サトウ (Sir Earnest Satow, 1843-1929) は、
東京のイギリス大使館で 11 年間勤務した後、1895 年から、イギリスの在北京公
使として中国に赴任した。

　北京でアーネスト・サトウが手掛けた上海関係の仕事の一つは、北京のイギ
リス公使館に残っていた上海土地章程関係の外交文書を整理し、1845 年から
1899 年までの土地章程の内容とその改訂経緯、及びそれに対応した上海イギリ
ス領事館、北京イギリス公使館、イギリス外交部（外務省）三者間の往来書簡
をまとめた報告書 *Precis of Correspondence relative to the Shanghae Land Regulations
from the Year 1846 up to 1899*^{注9)} （以下、アーネスト・サトウ報告書と呼ぶ）の作成である。
アーネスト・サトウ報告書は、1906 年 4 月、イギリス本国のエドワード・グレー
卿 (Sir Edward Grey) に届けられた。

　次に、1845 年土地章程漢文原本を収録した *Shanghai, Mixed Court, Woosung Bar,
Municipal Council, French Settlement disturbances, etc* ^{注10)}、1854 年土地章程の英語原
文を収録した *At the Port of Shanghae, 1854. Port, Custom-House & Land Regulations ,
and Proceedings of Public Meeting of July 11th;* ^{注11)}、1881 年土地章程とその附属条例
を収録した *Report of the Committee appointed to revise the LAND REGULATIONS*^{注12)}
などを使用する。

　最後に、土地章程の内容と照合するための古地図を紹介する。作成年代は、
地図上に示されていないが、1849 年以前の上海イギリス租界を記録したものと
判明した口絵の地図 2 とその説明文、1855 年の *Ground plan of the foreign settlement*

48

at Shanghai（口絵の地図 3、以下 1855 年地図と称する）を使用する。この二枚の地図を考察することにより、都市整備制度が、実際、どのように都市基盤の整備に反映されたのか、そして開港初期の上海租界の空間特性を把握できる。

　口絵の地図 2 には、黄浦江沿いのバンドから発する道路及びその両側の敷地の境界線、建物、更に地図の左下のコーナーに、地図上の土地番号と一致するイギリス商会の名前や墓地、空地などの土地が明記されている。

　口絵の地図 3 は、先行研究にもよく示されるが、なぜか租界の都市空間に関わる重要な要素は留意されておらず、詳細な検討も行われていない。実際、1855年地図の最大の価値は、番地ごとの地籍番号、建物用途、例えば、イギリス人、アメリカ人の土地、建物、商会の本館、倉庫、中国人の居住施設の区別を異なる色で明記している点である。そして、地図の附属史料として、1855 年時点の借地人の名前リストが掲載されている。この借地人の名前リストは、第 5 章で詳細に分析する予定である。

　上記三つの史料群の照合により、各土地章程の内容に止まらず、その発生、改訂と上海租界の都市空間の形成との関係、および東アジアの開港場の都市開発に及ぼした影響を究明できると考える。

1　租界の体制と用語の説明

1　「租界」の用語と性格

　一般的に、中国語と日本語の漢字表記で「租界」と表記されるが、アーネスト・サトウ報告書、及び 1845 年から 1899 年までの土地章程では「租界」を指す英語として limit, subject, foreign quarter, foreign community, concession, settlement といった単語が散見される。更に、古地図資料では、早い時期の 1851 年の *Map of Shanghae district*[注13] においては、イギリス、アメリカ租界を Foreign Ground と記す。1855 年地図からは、次第に「租界 Settlement」と統一される。例えば、1866年のイギリス租界の地図は、*Plan of English Settlement at Shanghai* と記された。「租界 settlement」は、その漢字表記の通り、「借りた区域」を意味し、1843 年以降、外国人が中国人から土地を借り、そこで生活、商業活動する場所であった。

　「租界」の政治的性格に関し、1862 年 9 月 8 日に在北京のイギリス公使ブルースから上海にいるロンドン宣教師教会のメダハーストに送った外交公文書の中で、「この上海におけるイギリス租界はイギリス君主の名義下の土地移転でもなく、土地賃貸契約でもない。これは、単にイギリス商人が一定の場所に個人用

Ⅰ部　上海の建設とインフラストラクチャー

の住宅や宿舎を建てるための土地を入手出来る一つの協定により、それら（イギリス商人ら）が一緒に住むという優勢を享有するためである。（外国人商人ら）が取得した土地はそのまま中国固有の領土に留まる」[注14] とある。

　いわば、イギリス政府にとって、上海イギリス租界はあくまでもイギリス商人らの個人契約で中国人地主から借りた個々の土地が集中する場所であるという意味が読み取れる。ここで、「租界」というシステムを表わす借地、借地人、土地所有権、土地使用権といった用語が重要になってくる。さらに、借地人の中から選ばれた代表により組織された参事会マニュシパル・カウンスル（Municipal Council）の発足の背景とその機能も、租界の特徴を理解する上で説明が要る。

　これらの用語の定義は、簡単なように見えるが、学術的に明確かつ詳細に説明されておらず、いまなお、研究者らによる議論が続いている。次節では、各土地章程、及び第3章で紹介する上海道契を主要な資料としながら、上記の諸定義と関連性について説明したい。

2　借地制度と自治体制

　上海租界において「借地」とは、外国人商人が本来の中国人地主から「道契」（Title Deeds、第3章）という契約に基づいて借りた土地を意味する。外国人はあくまでも土地の使用権（usage）を持つだけであり、所有権（ownership）は中国人地主に残る。1869年から始まった5年ごとに租界政府が査定した租界内の「地価」は「土地使用権」の価値を指したものである[注15]。

　「借地人」は、英語文献に *Landrenter* と書かれている。借地人とは、会社あるいは団体に所属しながら、それらのオーナーであり、または、「租界」と呼ばれる地区内の借地の名義人として、上海にあるどれかの領事館に登録している一個人を指す[注16]。

　マニュシパル・カウンスルは、中国語で「工部局」（以下、工部局と称す）と訳され、共同租界の自治政府として知られる。工部局の創立は、1854年7月11日に上海イギリス領事館で開かれた外国人借地人会議で初めて提起された。この会議にはイギリス、フランス、アメリカの上海領事が出席した[注17]。以下、当日の借地人会議記録の一部分を抽出し、工部局の成立背景を明らかにしたい。

　　　あのコスモポリタンのコミュニティに法的ステータスを与える一つの存在主体として、法的行為を取りつつ、かつ、（租界）防衛のための法的措置も講じることが出来る何らかの組織が、地方自治の権力と権限を持ち、外国

領事を代表する形を取る必要がある。領事の代表として、その（組織）が実行する機能はもはや単なる道路碼頭委員会（の機能）ではなくなる。（その組織は）、外国人が現在住んでいる地域の民族内乱、いたる所で外国人と土地所有の争いをしている多数の中国人も雑居している租界の内部と外部の危険と不安定な状況から、外国人の生命、財産を守ることに直結する。

　すなわち、1853年9月7日に上海地域で起きた反清朝政府の「小刀会の乱」により、上海県城が反乱軍に襲われ、当時の上海知県袁祖徳が反乱軍に捕えられ、殺された事件[注18]を目の当たりにし、上海県城のすぐ隣に位置する外国租界の外国人住民らは自らの生命と財産の安全を危惧し、上記の借地人会議で租界における法的に有効な「自治組織」の設立を要請したことが窺える。道路碼頭委員会は1846年12月22日に設立され、イギリス租界成立当初の道路と港の整備に当たったが、それだけでは、租界の安全を守れないと借地人らおよびその他の外国人住民が認識したからにほかならない。
　このような背景のもと、上掲借地人会議の6日後の1854年7月17日に外国租界を管理する工部局が正式に成立した。旧来の道路碼頭委員会の機能は新設の工部局の中に吸収された。1862年4月29日にフランス領事がフランス租界の独立した「公董局」を設立したことをきっかけに、工部局は、事実上、イギリス、アメリカ租界の共同自治政府となり、租界の都市開発を始め、租界を全般的に管理することになった[注19]。
　1900年代に入ると、工部局の権限は拡大し続け、土地章程の改訂や中国人の女性犯罪者の投獄まで干渉し、北京に駐在するイギリスの外交団を無視するような事態まで生じるようになった[注20]。実際、イギリス政府も徐々に力を増す一方の工部局の存在を危惧していたことが、下記アーネスト・サトウの報告書により確認できる[注21]。

　　私は上海の土地章程の歴史を振り返ったことからあえて次のような結論を出す。中国の土地でこのような独立した自治主体の設立を許可したのは危ないことである。彼らが領事の管理の元にある場合に限る。彼らが法律上に決められた権限を越えた場合、領事は彼らの行為を監督する権力を持ち、それを駆使すべきである。

Ⅰ部　上海の建設とインフラストラクチャー

2　各土地章程の内容

　本節は、上海租界の都市形成、都市整備制度と行政制度を規定した 1845 年、1854 年、1869 年の土地章程の内容について説明する。その前に、租界の都市と社会の変容に伴う土地章程の改訂の流れと改訂された内容をまず提示することとしよう。

1　イギリス租界の原型：1845 年土地章程
　23 項目にも及ぶ長い 1845 年土地章程^{注 22)}[注 22] は最初のイギリス租界の範囲のみを決めたわけではない。その最も重要な部分はイギリス租界が開発される以前の上海の様子について言及した上、租界の主要道路のレイアウト、土地開発、家屋建設に関する規定である。1845 年土地章程の分析により、1845 年以前の上海の様子がうかがえる。そのため、それの検討抜きでは、近代上海の都市形成も語れないと考えた。
　1845 年土地章程で決められた土地測量、既存道路の拡幅、新道路建設、家屋の建設規定に関する詳しい条例のもとで、初期の上海イギリス租界の原型がつくられた。換言すれば、1845 年土地章程から、当時のイギリス人がどのような都市像を持ち、どのような新生活を夢見て新天地の上海に渡ってきたのかを読み取ることができる。なお、1845 年土地章程はイギリス租界の範囲を示す境界線を示しているが、西側の境界線は決めていない。
　具体的な規則として以下の 23 項目がある（表 1-1）。

　すなわち (1) 土地租借の手法、(2) 河沿いの道路（即ちバンド）の保留、(3) 道路レイアウト、(4) 黄浦江西側のもう一本の道路、(5) 中国人墓地の保護、(6) 土地租借代の支払日、(7) 土地租借代と保証金、(8) 外国人借地人による土地租借代の支払う義務、(9) 土地租借代の値上げ禁止、(10) 外国人商人の建物建設権利、(11) 外国人墓地の設置、(12) 外国人商人による橋の建設と修理、道路の管理と街灯の設置、街路樹、下水道の設置とガードマンの雇用。外国人借地人による上記の費用負担義務、(13) 上海の地方官僚とイギリス領事が任命した「中国人とイギリス人委員会」による家屋の値段と土地の租借代の決定、(14) イギリス人以外の外国人が租界内で土地租借又は建物建設を希望する際に、必ず在上海イギリス領事に直接申請する、(15) 中国人同士による租界内での土地租借

52

1　都市整備制度と土地章程

表 1-1　1845 年土地章程の規定内容と対応項目

規定の内容	1845 年土地章程対応項目
土地租借	(1)　土地租借の手法 (5)　中国人墓地の保護 (6)　土地租借代の支払日 (7)　土地租借代と保証金 (8)　外国人借地人による土地租借代の支払いの義務 (9)　土地租借代の値上げ禁止 (13)　上海の地方官僚とイギリス領事が任命した「中国人とイギリス人委員会」による家屋の値段と土地租借代の決定 (15)　中国人同士による土地租借や家屋賃貸の禁止
道路建設と費用	(2)　河沿いの道路（すなわちバンド）の保留 (3)　道路レイアウト (4)　黄浦江西側のもう一本の道路建設 (12)　外国人商人による橋の建設と修理、道路の管理と街灯の設置、街路樹、下水道の設置とガードマンの雇用。外国人借地人による上記の費用負担義務 (19)　借地人から徴収した毎年の都市インフラの建設費用が残った場合、家屋のオーナーまたは借家人に返還 (20)　外国人借地人による道路と埠頭の建設義務と港湾税納入の義務
建物と都市施設の建設	(10)　外国人商人の建物建設権利 (11)　外国人墓地の設置 (16)　外国人借地人による公共市場の建設 (18)　燃えやすい建物の建設禁止、爆発性の貨物の貯蔵禁止。建築材料の路上堆積による道路通行妨害の禁止
外国人管理	(14)　イギリス人以外の外国人が租界内で土地租借または建物建設を希望する際に、必ず在上海イギリス総領事に直接申請 (21)　イギリス国籍以外の外国人もこの土地章程に従うこと
土地章程の改正と法的拘束力	(22)　修正すべき点や疑問点に関してはイギリス領事と上海の地方官が協議し、解決すること (23)　イギリス領事が土地章程に違反した人を処罰する権利を持つ

や家屋賃貸の禁止、(16) 外国人借地人による公共市場の建設、(17) 食品や飲料の販売店の営業許可証は領事が発行する、(18) 燃えやすい建物の建設禁止、爆発性の貨物の貯蔵禁止。建築材料の桁積による道路の通行妨害の禁止、(19) 借地人から徴収した毎年の都市整備の建設費用が残った場合、家屋の持主や借家人に返還する、(20) 外国人借地人による道路と埠頭の建設義務、港湾税の納入義務、(21) イギリス国籍以外の外国人も土地章程に従うこと、(22) 修正すべき点や疑問点に関してはイギリス領事と上海の地方官が協議し解決する、(23) イギリス領事が土地章程に違反した人を処罰する権利を持つ。

　これら 23 項目を内容別に分類すると、土地租借に関する規定は (1)、(5)、(6)、(7)、(8)、(9)、(13)、(15) であり、道路建設と費用に関する規定は (2)、(3)、(4)、(12)、(19)、(20) であり、建物と都市施設の建設に関する規定は (10)、(11)、(16)、

53

Ⅰ部　上海の建設とインフラストラクチャー

表 1-2　1854 年と 1869 年の土地章程の内容比較表

1845 年の土地章程の内容		
色塗りの部分：1845 年土地章程に比べ、新たに設定された条項		
イギリス租界の拡張、フランス租界の設置	1	1846 年、1849 年イギリス租界の設立、拡張経緯、1854 年フランス租界の範囲確定
	2	借地の面積、境界線の示す方法
新しい借地制：道契（Title Deeds）の確定	3	外国領事館と上海政府での土地租借登録手続、道台による道契の発行
	4	道契が英、仏、米領事館に登録されること
	7	外国領事の監督下による外国人借地人が中国政府に毎年の土地税 1,500 テールの支払い
新しい都市整備の制度	5	公共用の土地譲渡
	6	借地の境界線に石の設置
	8	外国人が土地を租借した後、その土地内における中国人建物建設の禁止
	9	土地の使用方法：危険な建物の建設、危険物の保管、公共道路の占用禁止等
新しい課税条例	10	土地、埠頭に対する課税、税率の確定
	11	本人の意思がないかぎり、中国人と外国人の墓地の移動禁止
租界内に居住する中国人と外国人への管理強化	12	中国人、外国人による租界内で蒸留酒と強い酒の販売禁止
	13	土地章程に違反した中国人と外国人への処罰
土地章程の改訂	14	外国領事と中国政府による土地章程の臨時改訂は可能

出典：*Offical Papers of the administraition of affaaris at the Port of Shanghai, 1854,*（Printed at the Herald Office. Shanghai 1854. University of Cambridge, Classmark: 63; 737）

（18）であり、外国人管理に関する規定は（14）、（21）であり、土地章程の改正と法的拘束力に関する規定は（22）と（23）である。

2　1854 年と 1869 年の土地章程

　1854 年以降の土地章程における根本的かつ最も重要な特徴は、上海の中国人社会と外国人社会の情勢の変化とともに、外国租界をどのように秩序良く経営、管理していくのかをめぐり、イギリス政府を初めとした欧米諸国と清朝政府との間に結ばれた点にほかならない。

　例えば、租界の都市整備が主な内容であった 1845 年土地章程について、1854 年土地章程（表 1-2）は、イギリス租界の拡張経緯、フランス租界の範囲の決定（第 1 条）、新しい借地制度と借地契約書類にあたる道契の登録手続（第 3、4、7 条）、公共用の土地譲渡という新しい都市整備制度（第 5 条）、土地、埠頭に関する新しい課税条例（第 10 条）、中国人の流入を考慮し、中国人と外国人の管理強化に関する条例（第 12、13 条）、および最後に土地章程の改訂が可能であること（第 14 条）を新たに規定した。しかし、今日、我々が『上海道契』から見られる道契の漢文、

54

1　都市整備制度と土地章程

1869 年の土地章程の内容	
色塗りの部分：1854 年土地章程に比べ、新たに設定された条項	
1846 年、1849 年イギリス租界の設立、拡張経緯	1854 年土地章程に見られる条項
借地の面積、境界線の示す方法	
外国領事館と上海政府での土地租借登録手続、道台による道契の発行	
借地が外国領事館にて 1 ヶ月以内に登録されること	
借地の転売手続	
公共用の土地譲渡	
借地の境界線に石の設置	
外国領事の監督下による外国人借地人が中国政府に毎年土地税の支払い時期	
土地、埠頭に対する課税、税率の確定	
本人の意思がないかぎり、中国人と外国人の墓地の移動禁止	
土地章程に違反した中国人と外国人への処罰	
土地章程の改訂可能	
選挙権：借地人とほかの人が行政部門と工部局の理事に立候補	工部局の機能、選挙、管理、職員任命に関する新しい条項
行政部門と工部局による附属条例（bye-laws）の策定権利	
借地人会議で行政部門の会計に対する審査権	
行政部門が納税義務、債務不履行の人に対する訴訟権	
附属条例により発生した罰金が行政部門に帰還	
工部局理事は、随時、借地人に面会できること	
工部局理事の選挙	
借地人会議で工部局理事の選挙結果の通知	
工部局の空席	
退任した理事のオフィス保有期間	
工部局内部の問題平等処理と定員	
工部局の委員	
工部局の職員任命	
工部局の財政	
法的規制の執行は個人に頼らない	
理事に対する起訴	
借地人と納税人が「有権者」と定義	

史料：*Land regulations and bye-laws for the foreign settlements of Shaghae, North of the Yang-King-Pang,*
　（London Printed by Harrison and Sons, 1883, National Archives, Classmark: F. O. 881/5613）

英文書式（第 3 章）は、最初の 1845 年土地章程によるものではなかった。道契は、イギリス領事オルコックが上海に赴任してきてから、1848 年に作られ、1855 年以降、その書式が徐々に統一されるようになった[注23]。

　1854 年土地章程により、外国租界の新しい範囲、借地制度、華洋雑居の社会秩序が決められた。その後、1854 年土地章程と同様の規定は簡略化され、若干の変更が見られたものの、ほぼそのまま 1869 年土地章程に含まれた（表1-2）。そして、1869 年土地章程には租界の自治政府工部局の設立とともに、工部局の諸機能、借地人や納税者による選挙の義務、選挙有権者の定義、工部局理事と

55

Ⅰ部　上海の建設とインフラストラクチャー

職員の仕事内容に関する条項も詳細に規定された。即ち、1869年土地章程は共同租界における自治制度の強化の象徴であると同時に、工部局がこれから正式に都市整備を担っていくという動向を明示している。

　簡潔に言えば、上海租界の土地章程は、2国間、例えばイギリスと清朝政府の協定ではなく当時の上海で領事館を持つ諸国の領事らの意向を踏まえた上での多国間の協定である。そして、土地章程は単なる外国租界の範囲や面積を決めた法律でもなかった。すなわち、1845年から1899年までイギリス等の欧米諸国と清朝政府間に締結された土地章程とその附属条例こそが、上海における外国租界という新しい都市の生成と変化を決定づけたものであった。

3　都市整備制度の原点：1845年土地章程

1　土地の租借制度と墳墓処理

　上海に渡航してきたイギリス人にとって、まず大事なことは、イギリス租界と決められた範囲内において、旧来の中国人地主から土地を「永久租借」し、建物を建てることであった。そこでは、土地の所有権（ownership）は本来の中国人地主のもので、外国人にはあくまでも使用権（usage）のみを持つという形になる。これに対応し、1845年土地章程の第1条には、ひとまず、外国人が中国人から土地を借りる際の手引き書となる条項を設定した。

　　第1条　商人が土地を借りる際に、上海地方官と外国領事官は、借地の境界
　　　線を定めるため、必ず協議し、歩数と畝数を特定し、石で土地のマークを
　　　示す。道路、小道がある場合、通行の障碍にならないように、それらの石
　　　マークは必ず柵と一緒に立てる。そして、本来の土地境界線から、何フィー
　　　トの距離を離れるかを明確に示す。中国人（地主）は必ず土地の賃貸を政府
　　　又は県に報告し、それにより、県は更に上級の政府機関に報告出来る。そ
　　　して、記録を残すため、商人は必ず自分の国の領事館に報告する。地主が
　　　土地を貸し、借地人が地代を支払うという項目は、正式な文書に記載され
　　　る。最後に、良い風紀を守り、不法侵入と横領を防止するため、土地賃貸
　　　書はいくつかの部門に提出し、検査及び署名される必要がある。

　イギリス商人が中国人地主から土地を借りる際、イギリス領事官と上海の地方官は、必ずそれらの中間に立ち、借地の管理と監督の役割を果たす。さらに、

56

1　都市整備制度と土地章程

土地の境界線、石による土地マークの配置、借地料金、土地賃貸契約書の作成に関するルールまで規定した。その後、当該規定は、数回に渡り、細かい規制が改正された。それは、イギリス人のみならず、上海に進出してきた諸外国の企業、団体、個人が中国人地主から土地を借りる際の手引き書にもなった。

　更に、外国人が土地を借りることにあたり、中国人が最も執着する先祖の墳墓の処理に関し、同土地章程の第五条では、中国人の伝統的な墓参りの習慣を考慮し、下記のようにきめ細かく規定した。

　第5条　外国人商人は中国人地主から租借した土地内において、中国人の墳
　　　　墓がある場合、商人がそれらを踏みにじる、又は破壊することは許されな
　　　　い。墳墓を修理する場合は、商人に通知し、中国人の要望により修理する
　　　　こと。中国人の墓参りの時期は、清明節前の7日間とその後の8日間の計
　　　　15日間、夏至の7月15日前後の5日間、10月1日前後の5日間、冬至前
　　　　後の5日間である。上記の祭祀期間内において、外国人商人らは中国人を
　　　　阻止してはならない。なお、墓参りの中国人は近くの樹木を伐り、又は、
　　　　墳墓から離れた所で土を掘り、墳墓の土として足すことはできない。商人
　　　　の敷地内にある墳墓の数、所有者の名前を明記する。すでに租借された敷
　　　　地内において中国人による墳墓を増やすことは出来ない。もし、中国人自
　　　　身が墳墓の移転を希望する場合は、それに従うこととする。

2　道路のレイアウトと整備過程

　第1条にて中国人から土地を借りる諸方法を決めた後、第2条には上海のバンド（Bund、長さ3500フィートで約1155キロ）の由来について説明し、その整備に関する事項を規定している。

　第2条　河(黄浦江)の北側に沿う大通りは、本来、穀物船の綱を繋ぐ道であり、
　　　　崩れて未修理のままだが、現在、（イギリス人に）貸し出しているため、イギ
　　　　リス人借地人がそれを修理して交通の便とする。交通混雑を避け、また黄
　　　　浦江の氾濫から守るため、当該道路の幅を中国尺の基準で2丈5尺(約9メー
　　　　トル)とする。道路改修工事完了後、各種登録船の乗組員と商人のみの通行
　　　　が許可される。そして、所有権に関する紛争を避けるため、商人の土地が
　　　　面する（黄浦江の）埠頭はその商人専用で、他者の船の停泊は禁止される。
　　　　海関の巡査船は常時検査に入るようにする。個人所有の埠頭においては、

Ⅰ部　上海の建設とインフラストラクチャー

商人各自によるドアの設置も可能である。

　言わば、今日、見られる上海のあの有名なバンド（外灘）は、既存の道であり、イギリス人借地人が通行路として整備した道路であった。埠頭も、それぞれの商人の個人専用で、ドアの設置による管理権を持つ。この規程により、黄浦江沿いの借地人による道路、港湾施設の使用条件が明確に決められた。

　上海バンドの整備に成功したことを踏まえ、その後、中国各地の貿易港、および日本の横浜、神戸、朝鮮半島の仁川の開港場においても、メインな河に面してバンドが必ず建設されるようになった。バンドは、東アジアの開港場におけるヨーロッパ人進出の最も分かりやすい都市的象徴となった[注24]。

　ついで、1845年土地章程の第三条において、黄浦江から西側へと延びるイギリス租界の主要道路の方向と整備の要点を定めている。

　第3条　黄浦江に出る4本の公共道路を造る。方向は、東から西へと延びる。1本目は、新海関（江海関）の北側、2本目は本来のロープ・ウォーク・ウェー、3本目は4号地の南側、4本目は領事館の南側である。ロープ・ウォーク・ウェーの幅は本来すでに2丈5尺（約9メートル）あるが、通行と防火のため、その他の道路幅は2丈（約6.67メートル）とする。それらの道路の黄浦江に出た所の灘で公共用の埠頭を建設する。埠頭の幅はそれぞれの道路と同じくする。新海関の南側から桂花浜と怡生埠頭までの間に、（土地）租借後、さらに2本の広い道路が必要となる。道路の位置は、（関係者による）協議の上、決定される。先に費用を出す商人が道路を建設する。道路が壊れた場合においては、隣人と一緒に修理する。（イギリス）領事官は、修理費用を各住戸に分担させる。

　この第3条の規程により、黄浦江から発する4本の道路とその先にある港の建設要項が決められた。1855年地図（口絵の地図3）と照合した結果、第三条の規定で決められた道路は、1本目が海関路（Custom House Street、後の漢口路）、2本目がロープ・ウォーク・ロード（Rope Walk Road、後の九江路）、3本目が4番地の南側でパーク・レーン（Park Lane、後の南京路）、4本目が領事館の南側で領事館路（Consulate Road、後の北京路）に当たることがわかる。

　なお、新海関の南側において、まだ借地先は決まっていなかったが、2本の公共道路が必要と提起された。これにより、この時点でイギリス租界における黄

1　都市整備制度と土地章程

浦江から発する6本の幹線道路すでにが決まりつつあると見られる。それらは近代上海の主要道路となり、その後、度重なる拡幅と改修を経て現在においても上海の中心市街地の主要交通路として機能している。

　また、上記の道路から黄浦江に出た場所において、道路と同じ幅の公共埠頭を整備することも決められた。ここで決定された公共埠頭の建設も実現されていることを（口絵の地図3）より見て取れる。同地図からは、桟橋と道路の正確な幅を確認できないものの、道路の先にある黄浦江の水面上には浮桟橋が置かれていることを確認できる。

　一方、南北方向の道路整備、すなわち、蘇州河と洋涇浜を繋げる1本の道路が第四条で定められた。まず、道路整備の内容を見てみよう。

　第4条　商人が租借している地区には、旧来、通行人が多い1本の官路がある。（通行人同士の）トラブルを避けるため、黄浦江の西側に位置する小河の上方で、北は軍工廠の近く、かつ製氷場の隣から、南は洋涇浜沿いの「歴壇」まで幅2丈（約6.67メートル）の道路を新たに開通する。しかし、必要な土地を借り、そしてどの道路を改修するのかに関し、（関係者らが）事前に決めてから、道路工事に着手すること。新道路の開通前に（旧来の官路の）通行を止めることは許可されない。

　この南北方向に新たに整備する予定の道路の位置を特定するには、バルファがイギリス議会に提出した1845年土地章程の英文訳と1849年以前のイギリス租界を描いた地図（口絵の地図2）[注25]との照合が必要である。

　1845年土地章程第4条が示す「製氷場」は同英文訳の中でIce Houseで、「歴壇」はRed Templeとして訳されている[注26]。なお、口絵の地図2の凡例の中で46番はIce Houseで、洋涇浜近くの18番はRed Templeと記されている。これにより、1845年土地章程第四条に決められる道路はまさに口絵の地図3が示している黄浦江と平行に走る南北方向の道路であり、旧来の官路であったチャーチ・ストリート（church street）で後の江西路にあたる事実が判明する。

　ついで、46番の製氷場の実態を探り、「旧来の官路」が整備された原因を考察する。イギリスの園芸学者ロバート・フォーチュンは、1842年から1845年まで上海、浙江省、江蘇省を旅行した際、寧波、上海の河沿いに建てられた多数の厚い石壁の小屋である製氷場に驚いている[注27]。それらの製氷場は天然の氷を保存する小屋であった。冬期に製氷場周辺の畑や河で凍った氷を製氷場に入れ、

59

Ⅰ部　上海の建設とインフラストラクチャー

夏の最も熱い時期に魚の保存用に使い、氷で冷蔵された魚は都市部やほかの地区に出荷される[注28]。「旧来の官路」は、蘇州河沿いにあった製氷場から当時の上海県城に氷や魚を運ぶために必要であったと推測できる。しかし、1845年以降この官路は、イギリス人が再整備し、氷や魚を運ぶための道路ではなくなり、トリニティ・チャーチ（中国語、聖・三一教会）の前を通るチャーチ・ストリートとして変身していく。

　以上のように、1845年土地章程におけるイギリス租界の道路整備に関する規定を取り上げ、1849年以前のイギリス租界の地図、1855年の上海地図と照合させたことで、1845年からの上海イギリス租界の道路整備の実態を明らかにした。とりわけ、バンド、ロープ・ウォーク・ウェー、チャーチ・ストリートといった外国租界の主要道路は、近世の既存道路を拡幅し整備したもので、なおかつ、貿易港の第一条件としての埠頭整備も道路整備と同時に効率よく行われていたことが分かった。

3　都市施設

　イギリス人が上海で租界を作り始めた1840年代には、イングランド王ヘンリー七世（1457-1509）の治世からスタートしたイギリスの海外植民地拡張政策はすでに「システマティック入植の時代」に突入し、「他の国への入植は植林するようなもの」と言われた[注29]。例えば、イギリス政府はオーストラリア植民地で女性の需要が高まったため、4万2千ポンドを費やし、1832から1836年までに3000人の女性をオーストラリアに送った[注30]。

　しかし、上海のイギリス租界はイギリス植民地ではなかったため、イギリス植民省の直轄ではなかった。当時、専門の入植者は派遣されず、領事館員のほか大多数は男性の商人が上海に渡航してきた[注31]。とはいえ、この時期に上海に渡ってきたイギリス人は、本国から遠く離れた上海においても、住宅、倉庫、教会、病院、救済院、学校、ガーデン、公園等により構成される貿易及び生活の場である「租界」を計画的に作ろうとした。この点は、下記の1845年土地章程の第十二条から明確にうかがえる。

　第12条　商人が土地租借後、本人及び家族のための住居、合法的な貨物を収納するための倉庫、礼拝堂、病院、救済院、学校、並びに花、木を植えるためのレクリエーションの場所をつくることは許可される。しかし、違法な貨物を貯蔵すること、新年や年中行事以外の日の発砲は断じて禁止。更に、狩猟等の

一般住民を驚かすような行為も禁止される。

　外国人商人の中で死亡者が出た場合、それぞれの国の葬儀の習慣に従い、租界内に埋葬されることに関し、中国人はそれを阻止したり、墳墓を壊したりしてはならない。

　以上より、1845 年土地章程の中の土地租借、道路、埠頭、都市施設、墓地の設定に関する規定を分析し、イギリス人による上海イギリス租界の都市整備の基本理念を読み取れる。道路、港湾、住居、倉庫、礼拝堂、病院、救済院、学校、公園のような都市基盤と公共施設は、イギリスの海外植民地と支配地の都市を構成する基本要素であった。イギリス人は最初から上海においても、本国と大きく変わらない生活を送ろうと意図していた。住居、教会、病院、公園と学校は、同時期のヴィクトリア朝時代におけるイギリスの地方の町またはヴィレッジの基礎的公共施設であり、現在においても同様である。

　実際に、これらの施設はすべて開港初期の上海において建設されていることが 1855 年地図（口絵の地図 3）において確認できる。例えば、商人の倉庫、館が黄浦江沿いにぎっしりと立ち並んでいる様子が確認できる。そして、イギリス租界の中心部に位置する 56 番地には教会、当時まだ郊外に当たる西のほうには競馬場が建設されていた。

　1845 年土地章程の規定により、近代都市上海はいよいよそのスタートを切った。

4　都市整備制度の改訂：1854 年以降の土地章程

1　都市整備用地と費用の確保：1854 年土地章程

　1845 年土地章程は、バルファと宮慕久が協議し定めた漢文版のものであり、イギリス人がのちに英訳した。しかし、1854 年土地章程は、最初から、英語版のみとなり、上海にいたすべての外国人を束ねるため、オルコックがアメリカとフランスの領事と協議して作成した法令である。そのあと、上海にいた 16 カ国の外国総領事らがそれに署名した[注32]。当該土地章程は、14 条の項目が含まれ、イギリス租界とアメリカ租界に適用される[注33]。基本的に 1845 年土地章程の規定を継承したが、公共用地の確保については、特別に第 5 条の「公共用のための土地譲渡」（*Land surrendered for public use*）という長い規定が設定された。この規定はのちの租界の公共施設の整備の大前提となったため、ここでやや長い同規定

Ⅰ部　上海の建設とインフラストラクチャー

の詳細を見ておきたい。

　第5条　公共用のための土地譲渡：これまで明確に理解され、そして同意され
　　ているように、前述の範囲内における道路、河の岸は公共用地として、こ
　　れまで大勢の外国人借地人により提供されたが、それらの土地はそのまま
　　同じ用途として使われる。それらの河の岸部分に新たに租借された土地も
　　同じ用途に使われるようにする。租界内の交通の便を計り、延長される予
　　定の新道路開発用地の供給は今後も行われる。住民に選ばれた「道路・碼
　　頭委員会」は、年の始めに、租界内に住む住民たちと一緒に地図を検証し、
　　必要な新道路の線を決める。そして、租借される予定の土地は、これまで
　　表示され、理解された条件の元で（公共用のために）譲渡される。前述のよう
　　に、借地人は河の岸の用地も譲渡すべきである。それらの道路建設に必要
　　な土地は、前述のように無条件で譲渡されるべきである、今後もこれまで
　　と同様である。土地名義人はそれらの借地人であるにも係わらず、借地人
　　は中国政府に土地代を支払わなければならない。(土地の) 供給は常時行われ
　　る。個々の借地人の願望と利益を犠牲することであっても、あらゆる場合
　　においてこの章程のもとでは、許可され、合法だと認められる。

　これにより、道路、河岸の整備用地の確保は、法的に認められた。外国人借
地人らは土地使用権を持つにも関わらず、都市の公共施設の建設のために、租
界政府に無償で土地を無条件に譲渡すると強制的に決められた。これが後の共
同租界の道路開発、河岸の整備の大前提となり、租界の都市開発を押し進める
原動力となる。しかし、法律上で決められても、実際の道路整備の際に、無償
で土地の譲渡を拒む商人も現れた。この点は第3章で詳細に述べる。
　一方、道路、河岸の整備費用の確保に関しては、1854年土地章程の第六条「道
路と埠頭の査定額と港湾使用料（*Roads and Jetties Assessment on Land and Wharfage*）」で
定められた。

　第6条　道路と碼頭の土地、港湾税の査定額
　　　道路と公共埠頭の整備及びそれらのメンテナンスのための資金は便宜上
　　必要である。常に租界の清潔と照明を保ち、排水を行う。巡査または警察
　　署も設置する。上記の目的に供する資金を確保するには、外国人領事らは
　　年の始めに租界内の外国人借地人を召集し、会議を開く。会議では、上記

62

の外国人借地人らは、自分の土地、建物から得た利益、及びあらゆる租界内の場所で荷揚げした荷物から得た港湾使用料収入の査定額を三人または三人以上で組織された委員会に布告する。それにより、当該委員会は、借地人らの収益と港湾使用料収入から、上記の目的のために使用する資金を徴収する。そして、このような(資金確保の)方法は(借地人)会議で同意され、決められる。その結果、納税不履行者に関しては、委員会は、それらが属する司法裁判権を持つ領事館法廷に告訴する権限を持つ。(以下略)。

　すなわち、1845年土地章程で「道路整備費用は外国人借地人らが負担」という曖昧な条項であったものを、1854年土地章程の第六条で詳細に改訂した。土地建物といった不動産及び港湾から徴収した税金を、共同租界の都市整備費用に当てる法的システムが確立されたとみられる。

　以上の分析により、1854年時点で、都市基盤の整備、徴税の権限は上海に駐在する外国領事にあったことが明確となった。1854年以降、その権限は、工部局に移行され、外国領事団は工部局の後ろ盾になった[注34]。しかし、徴税システムが確定され、領事官の権限を後ろ盾にしても、なお、工部局は1860年代までは資金不足の状況であった。この点については第3章で述べる。

2　下水道整備：1881年土地章程
　太平天国の乱の後、共同租界に居住する中国人人口の増加により、租界の排水と汚物処理問題が日を追うごとに深刻になった。

　例えば、ノース・チャイナ・ヘラルド紙に掲載された「1859年レポート *Report FPR 1859*」[注35]において、「完全で同一標準の下水道システムの整備が急務となる。たくさんの道路は、現在、下水道が敷設されていない。その中のいくつかの道路は、すでに陥没し、元の洋涇浜に流れる小川の姿に戻っている。ほかの道路は、いつかはそっくり河に落ちる恐れがある。新しい道路が決められると同時に、(上記のような状況)を考慮した対策と行動を取るべきである」と述べ、租界内における下水道網完備の必要性を訴えた。

　1860年代以降、工部局は租界の下水道整備に力を入れていた。その典型例として1881年土地章程の附属条項[注36]が上げられる。同附属条項の冒頭第1条から第8条まで、全て下水道整備に関する条例であった。この時期における上海イギリス・アメリカ租界（この時点ではすでに共同租界となったため、以下、共同租界と称する）の排水問題はいかに深刻であったか、その一端が窺える。ここで、下

Ⅰ部　上海の建設とインフラストラクチャー

水道と排水管の整備に関する条項の内容を説明する。

　　第1条は「下水道と排水管の規制と管理」であり、「共同租界内の下水道と排水管は、工部局の費用で造られたか否かにかかわらず、その管理とメンテナンスの権限は工部局にある。」

　　第2条は「下水道と排水管の整備権限」であり、「工部局は、常時、道路を開き、その下に下水道と排水管を敷設または修理する権限を持つ。」

　　第3条は「下水道と排水管の整備と修理権限」であり、「工部局は常に下水道と排水管を定期検査して修理する権限、不用、あるいは、機能出来なくなる下水道の撤去義務がある。」

　　第4条は「工部局の許可を得ず、個人の排水管を公共の下水道に放流する人に対する処罰」であり、「これら認可されていない排水管に関し、工部局は撤去、または再整備の権限を持つ。発生した費用はすべて認可されていない排水管の所有主が負担する。」

　　第5条は「工部局所有の排水管の上に工部局の許可を得ず、無断で排水管の埋設と建物の建設は禁止」であり、「工部局はそれら無断で建設された排水管と建物を撤去する権限を持つ。発生した費用、もしくはそれにより既存の排水管に何らかの損害を与えた場合、その修理費用も排水管の持ち主が負担する。」

　　第6条は「下水道と排水管の防臭弁装置」に関するものであり、「公共用か個人所有の下水道・排水管かにかかわらず、防臭弁装置はすべて工部局より提供する。」

　　第7条は「下水道と排水管の管理と清掃費用は税金から捻出する。」

　　第8条は「排水管が整備される以前の建物の建設又は立て替え禁止」であり、「工部局が決めたサイズ、材料、地中に埋める深さ、勾配などの仕様通りに排水管を建設しない限り、その上で建物の建設と建て替えは禁止される。自らの建設予定地にある下水管に関する報告は、道路調査員の注意を受けてから、14日以内に工部局に提出する義務がある。それを守らない者に対し、「義務怠慢」の理由で、200ドルの罰金を課す。」

　　以上より、1881年土地章程の附属条項では、租界の下水道の整備と修理の権限は工部局にあるほか、無許可で埋設された下水道と排水管の撤去権限まで工部局が持つと決められていることが分かった。諸条項を更に詳しく検証していくと、第2条から工部局による租界内の下水と汚物処理手法、第8条から下水道と建物建設との関係を把握できる。

1　都市整備制度と土地章程

　　下水道と排水管の整備権限　住民は下水道を河に合流させ、又は（下水道
　の中身）を河に放流させる場合、或いは、下水道を所定の経路を経由させ、
　汚物収集又は農業とその他の用途に販売するための専用場所に流すことが、
　最も便利だと思われるかもしれないが、工部局に認められない場合におい
　て、不法な生活妨害になるような事態は決して許可されない。

　いわば、1881 年時点で工部局には下水と汚物処理場を整備する意図がまだな
かった。汚水と汚物を直接近くの河に流すか、または特定の場所に放流させた
のち、汚物収集業者により収集されるか、或いは農業肥料として農民に販売さ
れるかという汚物処理法を工部局は取っていた。その後においても、共同租界
の汚物処理は同様な手法に依存していた[注37]。
　一方、同時代のイギリス本国においても下水道敷設と費用・収益について模
索中であった。とりわけ下水管の中に溜まる汚物をそのまま肥料として販売す
るか、または石膏と混ぜてから販売するかの二つの案が、1848 年にリーズ市議
会で議論されていた[注38]。

　　第 8 条　覆われた下水管が整備されるまで、建物の新築と改築は許可されな
　　い。もし、建設又は立て替えが行われる予定の敷地から 100 フィート（約 33
　　メートル）以内に、工部局所有の下水道の使用権が与えられるなら、（建築主は）
　　工部局の指示通り、（整備予定の）新排水管をそれらの下水道に合流させよ。
　　もし、100 フィート以内の範囲に、工部局の排水設備がまだ敷設されていな
　　いなら、工部局監督の元で、新排水管を蓋で覆った汚水槽に繋げさせ、汚
　　物をその中に放流させる。この法律の規定に違反した場合、建物を建設し
　　た人に対して、250 ドル以内の罰金を課す。

　第 8 条の内容により、個々の新築または建て替え予定の建物からの排水管は
近くに埋設されている工部局所有の下水道につなげる義務が定められた。1881
年時点で、共同租界の道路の下に、公共の下水道と個人所有の排水管が同時に
混在する事態が明らかとなった。

3　住宅の突出部に関する規制：1881 年土地章程
　1879 年 12 月 12 日の借地人特別会議で通過した 1881 年改訂土地章程の附属条

Ⅰ部　上海の建設とインフラストラクチャー

例において、初めて建物に関する規制が明記された。その中で、道路の上に突き出る建物の突出物に関する規制（36）に加え、建物の申請許可に関し、（37）から（39）までの三条の条項が記された。同条項は、上海共同租界における最初の建築規制であったため、それらに基づいて当時の工部局による建物の建設工事の着目点と意図を分析できる。

　道路に突き出ている建物の突出物の処理は、工部局が道路整備する際の焦点となった。建物の一部分が公共の通行道路に張り出し、実際、道路の幅を狭める事例は「不法占拠」と見なされ、工部局の会議でしばしば提起された。例えば、1856 年 6 月 10 日の工部局会議記録によると、イギリス租界内の借地人ボーメン（Bowman）とベンチャー（Vancher）の住宅から道路に張り出したベランダが工部局によって問題視された[注39]。

　　1856 年 6 月 10 日　工部局会議記録

　　　（工部局の理事）マン（Man）とランカン（Rankan）は、ボーメンとベンチャーに面会してきたと報告した。ボーマンとベンチャーの住宅のベランダは 2 フィート（約 0.66 メートル）ほど道路に張り出している。ベランダに水溝を付ければ、雨水が高い所から道路に落ちることを防止できる、それにより、（突出物は）道路の障害物にならない（と言い張った）。そして、住宅はベランダがないより、ベランダがあったほうがもっと装飾的で綺麗になると主張した。工部局による議論の後、この実例を許せば、その後の不法占拠の悪い前例になりかねないので、ボーマンとベンチャーによる不法占拠を正式に訴訟し、イギリス領事館に登録する。工部局が必要だと判断する際、不法占拠物の撤去権限をイギリス領事に与えてもらう。

　すなわち、外国人借地人のボーマンとベンチャーがベランダを付けたほうがより住宅の装飾になると考え、建物のベランダが道路の上に張り出しても、道路通行の障害にならないと主張した。一方、工部局は、建物の突出物は道路の不法占拠になると主張し、イギリス領事から道路の不法占拠となる突出物を撤去する権限を要請した。建物の突出物に関する工部局と借地人との間の見解の相違を処理するため、下記建築規制の第 36 条で建築突出物の禁止と移転に関する条項を法令として確定した。

　第 36 条　通告による建築の突出部の移転

66

1　都市整備制度と土地章程

　工部局は、すべての住宅と建物の居住者に、公共道路の通行障碍又は公共道路への突出物となるポーチ、ベランダ、出窓、階段室、階段室のドアまたは窓サイン、標識板、鉄製の表示板、看板、窓シャッター、壁、ゲート、フェンス、及びその他のものを撤去、改修するように通達する。該当の所有者は同通達を受け、14 日以内に、上記の障害物、突出部を撤去し、または工部局の指示通りに改修する。義務怠慢者に対し、100 ドル以内の罰金を課す。そして、このような場合において、工部局は上記の障害物、突出物を撤去または改修する。それで生じた費用は義務怠慢の建物居住者が負担する。もし障害物と突出部が建物のオーナーの設置したものであれば、これらの撤去費用は居住者ではなく、オーナーが負担する。

　第 36 条の特筆すべき点は、建物から道路に突出しやすい建物の諸要素を細かく取り上げたことにある。実際、1840 年代から上海に渡航してきた外国人借地人は殆ど建築の素人で、施工を実施したのは西洋建築の知識を持っていない中国人職人であった[注40]。そのため、ポーチ、ベランダ、出窓、及び商売のための標識板、看板が道路と敷地の間の建築許可線を越え、屢々道路から張り出し、公共通行を妨げたことも容易に想像できる。建物の突出物が張り出し放題の状況を法令で規制しないと、公共道路の通行はもとより、町並みも乱れることになりかねない、と工部局は考えたようである。

4　高密度住宅の防火壁規制：1881 年土地章程附属条例

　第 39 条は、建築申請許可に出す際に建築図面に明記する事項を、道路からの敷地の高さ、建物周辺の排水管と下水道の位置と寸法、防火壁の位置と寸法、公共道路からの建物の突出部の寸法と決めた。これは、衛生、防火、公共道路の幅員確保の視点から考案された規定だと思われる。この条項も決め細かく、とても長いため、ここで防火壁に関する詳細の規制（第 39 条、5 項）のみ取り上げて解析する。

　　（5）住宅は一列に建てられる場合、防火壁は各列の両端に建てられるべきである。住宅列の長さが 90 フィートを越える場合、防火壁は 90 フィート以内の所に建てるべきである。防火壁は堅固な基礎の上に建てられ、建物ブロックの全体の幅、即ち、ベランダと厨房の幅、場合により、組み立て住宅の木造部の前面より 8 インチ、庇の後より 6 インチの長さが含まれる。

67

Ⅰ部　上海の建設とインフラストラクチャー

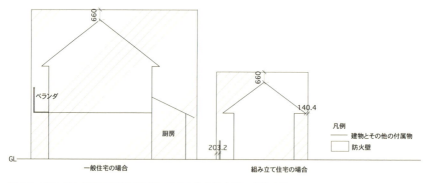

図1-1　1881年土地章程の附属条例に規定された防火壁の基準寸法

そして屋根より2フィート高く設置する。

　この条項が発行される前、上海の外国租界はすでに大量の高密度の中国人用長屋住宅に被われていた。「外国人社会はたくさんの土地と少ない家屋を所有し、おおよそ1500畝の中に150軒の住宅しかない。中国人はこの状況をくつがえした。彼らはたくさんの住宅を所有し、800軒の住宅は一つの小さな土地に集中し、恐らく200畝が（面積の）限界になる」という記録が見られる[注41]。

　上記の記録は、外国人住宅の広大さと中国人住宅の高密度の対照を如実に語っている。中国面積単位「畝」を現代の単位（1畝=666.7㎡）に換算すると、一軒の外国人住宅の敷地面積は6666.7㎡で、一軒の中国人住宅の敷地は166㎡になる。高密度な中国人住宅にとって防火が自然に重要な問題となった。第39条第5項における防火壁に関する条例を図面化した結果は、図1-1のようになる。特筆すべきは、住宅列の防火壁の横幅は、建物本体の寸法だけではなく、前に付くベランダや後に付く附属屋の厨房の寸法まで考慮に入れた点である。このような防火壁は住宅列を厳重に包囲するイメージを受ける。

　さらに、第39条第6項において、防火壁の主要建築材料と規定される煉瓦の規格や建物の階高により防火壁の厚さを決めている[注42]。

小結

　本章は、1845年から1881年までの土地章程の内容とその改訂過程を辿り、上海租界の借地制度、自治制度、道路、港湾、都市施設、下水道、建築規制といっ

た都市整備にかかわる租界政府の基本方針を明らかにした。特に土地章程の内容決定に中心的な役割を果たしたイギリス領事を始めとした関係者らは、新しく開発される租界に明確な都市像を持ち、都市形成と開発の基礎となる都市制度を整備していった実態は注目に値する。

まずは、「外国租界」という特殊な政治的システムを表す重要な用語である借地、借地人（land renter）、土地所有権（Land ownership）と土地使用権（Land usage）の定義を解析した。「外国租界」とは、外国人が個人名義で中国人地主から土地を借り、建物を建て、そこで商売し生活する場所であり、外国租界自体は中国の領土に留まる。

そして、各土地章程の改訂は、都市整備の過程を如実に反映した。1845年土地章程の道路、埠頭、公園、住宅、教会、墓地の整備に関する規定は、上海イギリス租界の原型を決めた。バンド及び港に直結するイギリス租界の東西方向の幹線道路は、いずれもかつての上海で生活していた中国人の農民や漁師らが使用していた道路が再整備されたものであった。これらの都市施設と都市基盤が揃った時点で、イギリス人が上海で貿易、居住、礼拝、娯楽、埋葬といった一連の生活機能が初めて成立したと考えられる。

一方、租界の道路開発において、道路、河岸の開発用地は両側の土地を借りていた借地人が無償で譲渡するシステム、及び都市開発費用の捻出のため、道路、港湾と個人の不動産に関する価値査定システムが工部局により導入された。その結果、各種税金の徴収方法に関する諸規定は、オルコックが主導的に作成した1854年土地章程から見られるようになった。

なお、1850年代以降、租界の居住人口が増加し、衛生的でかつ安全な都市環境をつくるため、下水道整備の規則と防火に効果的な建築規制が1881年土地章程とその附属条例の中に加えられた。

この意味で、1845、1854、1881年の土地章程が上海共同租界の都市整備に関わる基本方針を徐々に固めていったと言える。

1850年代以降、上海の土地章程は、横浜、神戸、長崎、函館居留地の『地所規則』（英語で同じく *Land Regulations* と書かれている）[注43]作成の際に、絶えず参照され、ほかの開港場の都市開発にも一定の方向性を与えることになる。

例えば、上海を離任した後、江戸に赴任したオルコックは、1854年上海土地章程の起案経験を生かし、1864年、フランス全権公使、幕府側の柴田日向、白石下総と一緒に「横浜居留地覚書」を起草した[注44]。日本の西洋人居留地の借地

I部　上海の建設とインフラストラクチャー

に使われる書類（Title Deeds）は、日本語と英語で書かれ、上海租界の道契の書式を踏襲した。それらの借地関係の書類は、現在も各商会のイギリス本部に保管されている。一方、日本の居留地地所規則は、実際、適用されずに失効した函館のケース[注45]はあったものの、上海租界の土地章程は、日本の居留地都市整備にも重要な役割を果たしたことは否定できない。

1866年、オルコックがイギリス公使としてふたたび中国に戻り、北京に赴任した際、1866年天津土地章程[注46]を作成したが、その内容も本章で取り上げた上海土地章程と大同小異であった。彼は、1866年天津土地章程の冒頭に書かれた「中国と日本における領事命令」において、「中国に居住するイギリス人の平和と彼らに対する秩序のある管理を行うため、中国に駐在するイギリス公使は常にこの種のレギュレーションを作成する」と明確に宣言した[注47]。

1895年以降、日本政府が天津で専管居留地を設立した時でも、オルコックが発行した1866年天津土地章程を研究し、参照した[注48]。そして、上海、廈門、福州で日本専管居留地を作る際にあたって、日本政府は、自国の参考資料や渡航する日本人のために、外国租界の土地章程を収集し、日本語に訳している。それらの一次史料は日本側の外交史料の中に収録されている。

すなわち、上海以外の東アジアの開港場の租界と居留地建設の時期や社会情況が異なるものの、欧米と東アジア諸国の官僚らは、最初に上海租界で決められた借地制度、司法裁判権、警察権、都市整備と外国人の行動範囲に関する土地章程の諸条項を、各開港場においても積極的に参照するようにしていた。

上記の一連の経緯を辿ることにより、1845年に作成され、そして徐々に改善されていった上海租界の土地章程は、近代東アジアの開港場の都市開発の発端であると言っても過言ではないであろう。

注
1) 植田捷雄『支那における租界の研究』巌松堂書店、1941年。
2) 加藤祐三『黒船前後の世界』ちくま学芸文庫、1994年、223頁。
3) G. Lanning, *The History of Shanghai.* (Printed and published for the Shanghai Municipal Council by Kelly & Walsh, Limited, 1921), pp.275-280.
4) Alexander Michie, *The Englishman in China during the Victoria Era as illustrated in the career of Sir Rutherford Alcock.* (William Blackwood and sons Edinburgh and London, 1900), pp.124-128.
5) 伍江『上海百年建築史 1840-1949』同済大学出版社、1996年、10-11頁。
6) 村松伸『上海・都市と建築——一八四二——一九四九年』（PARCO出版、1991年）、15〜16ページ
7) 上海租界志編集委員会編『上海租界志』上海社会科学院出版社、2001年、682-720頁。

1 都市整備制度と土地章程

8) アーネスト・サトウ著 *A diplomat in Japan*、坂田精一訳『一外交官が見た明治維新』岩波文庫、1961 年。

9) Sir Earnest Satow to Sir Edward Grey, *Precis of Correspondence relative to the Shanghae Land Regulations from the Year1846 up to 1899.*（以下アーネスト・サトウ報告書と称する。Peking, February 20, 1906)、National Archives UK 所蔵、請求記号：FO. 881/8679

10) *Shanghai, Mixed Court, Woosung Bar, Municipal Council, French Settlement disturbances, etc.* National Archives UK 所蔵、請求記号：F.O. 233

11) *At the Port of Shanghae, 1854. Port, Custom-house & Land Regulations, and Proceedings of Public Meeting of July 11th.*（Printed at the Herald Office, China, 1854)、Cambridge University Library 所蔵、請求記号：C. 85

12) *Report of the Committee appointed to revise the Land Regulations, Shanghai.*（Printed at the "North-China-Herald" office, 1881)、National archives UK 所蔵、請求記号：W464

13) 前掲注6) 村松伸『上海・都市と建築』11 頁。

14) アーネスト・サトウ報告書、p. 18. *Mr. Bruce to Mr. Medhurst, No. 63.* September 8, 1862.

15) *Schedule and Report of the General Land Assessment Committee of 1869.* Appointed at a General Meeting of Shanghai Land Renters, Held on the 27th and 29th May, 1869, Shanghai,（Printed at the "North-China Herald" Office)

16) *Report of the Committee appointed to revise the Land Regulations,* Shanghai.（Printed at the "North-China-Herald" office, 1881)、p.12. National Archive UK 所蔵、請求記号：W464

17) *Official Papers of the Administration of Affairs at the Port of Shanghai, 1854.*（Printed at the Herald Office, Shanghai, 1854, Minutes of A public Meeting of Foreign Renters of Land)

18) 上海租界志編集委員会編『上海租界志』29 頁。

19) 前掲書、30 頁。工部局の部門と機能に関し、本書第6章を参照。

20) アーネスト・サトウ報告書、3 頁。

21) Ibid., p.4.

22) National Archive, UK 所蔵、請求記号：F.O. 233

23) 蔡育天、桑栄林、陸文連編『上海道契』（上海古籍出版社、2002 年）第1巻を参照。道契の漢文、英文書式が統一されるようになったのは、1855 年12 月、イギリス領事館登録の第101 号、第107 番地以降の書式に見られる（『上海道契』第1巻、155 頁より)。

24) William Frederick Mayers, *The Treaty Ports of China and Japan.*（London: Trubner and Co., 1867)、p. 376. Cambridge University Library 所蔵、請求記号：CRC. 86. 86

25) Royal Geographic Society 所蔵、請求記号：China S. 66

26) *British Parliamentary Papers, Area Studies, China.* 41 Vols.（Irish University Press Reprint)、p.441.

27) Robert Fortune, *Three years wondering in the northern provinces of China.*（London, Murray 1847)、pp.104-107.

28) Ibid.

29) Hugh Edward Egerion, *British Colonial History.*（London: Methuen, 1945) Book I, p.14.

30) Ibid., Book III, pp.16-18.

31) Charles M. Dyce, *Personal Reminiscences of thirty years residence' in The Model Settlement*

71

Ⅰ部　上海の建設とインフラストラクチャー

Shanghai, 1870-1900.（London Chapman & Hall, Ltd, 1906), p.32.

32）アーネスト・サトウ報告書、1854 ～ 1869、2 頁。

33）*Official Papers of the Administration of Affairs at the Port of Shanghai, Port, Custom-House & Land Regulations, 1854*（Printed at the Herald Office, Shanghai, 1854), Cambridge University Library 所蔵、請求記号：C85

34）*Report of the Committee appointed to revise the Land Regulations, Shanghai.*（Printed at the "North-China-Herald" office, 1881), p.5. National Archives, UK 所蔵、請求記号：W464

35）*North China Herald* No. 500, 1860 年 1 月 7 日。

36）*Land regulations and Bye-laws for the Foreign Settlement of Shanghae, North of the Yang-Kang-Pang.*（London printed by Harrison and Sons, 1883), pp.21-22. National Archives, UK 所蔵、請求記号：FO. 881/5613

37）上海租界志編集委員会編『上海租界志』507 頁。

38）加藤祐三『イギリスとアジア』岩波新書、1980 年、98-104 頁。

39）上海檔案館編修 *The Minutes of Municipal Council*『工部局会議記録』73 頁。

40）*The Builder* Nov. 1, 1851, Vol. IX. – No. 456, *How Chinese workmen built an English House.*

41）*Minutes of a Public Meeting of Foreign Renters of Land held at her Britannic Majesty's Consulate on the 11th July 1854.* Cambridge University Library 所蔵、請求記号：C85

42）*Land regulations and Bye-laws for the Foreign Settlement of Shanghae, North of the Yang-Kang-Pang.*（London printed by Harrison and Sons, 1883), pp.40-47.

43）大山梓『旧条約下に於ける開市開港の研究』28 頁。

44）前掲書、318-321 頁。

45）前掲書、30 頁。

46）*Tientsin Local Land Regulations and General Regulations,* Tientsin: The Tientsin Press, 1892『在支帝國專管居留地関係雑件　天津ノ部第一巻』に収録されている。日本外務省外交史料館所蔵、請求記号：3.12.2.32-8

47）前掲史料、Preamble ページ。

48）前掲史料。

72

第 2 章　旧来の水路と集落

本章の課題

　本章では、次章でインフラストラクチャーの整備過程を解明する前段階の作業として、開港前および近代的な都市開発の波がまだ全面的に及んでいなかった上海地域の特徴と空間特性を明らかにする。

　上海は揚子江口に立地し、広大で資源豊富な江南地域に囲まれているという、ほかの中国貿易港にはない地理的な優位性を享有している。開港されてから、豊富な資金、人材、情報、技術が上海に流れ、都市の発展と拡張に拍車を掛けた。そのため、上海は、1842 年から今日までの 170 余年の間に、ロンドン、ニューヨーク、東京とも比肩するような経済大都市に成長し、その発展の一途が謳歌され、いまだに膨張し続けている。

　しかし、第一次アヘン戦争の直後に、ジャーデン・マセソン商会のような大商会に所属するビジネスマンを除き、上海に渡航してきたのは、イングランド、スコットランド、アイルランドの若者が多かった。それらの若者にとって、イギリスと中国のアヘン戦争、小刀会の乱、太平天国の乱といった中国の一連の戦乱でさえ魅力的な出来事であった。彼らは一斉に極東の地である中国で、未知の世界に関する知識、自信、影響力、金銭、社会地位といったありとあらゆる面で「大儲けする」[注1] 夢をみて、「われわれが常に目にしているのは、金もなく、影響力もなく、経験もない、中国に出かけていった、わたしたちのような若者である」[注2]。

　さらに、開港初期の 1840 年代の上海には、専門の建築家や土木技師もいなかった[注3]。1845 年年末までの、イギリス租界の住民は、わずか 23 人のプロテスタント住民とその家族たち、イギリス領事官と 2 人のプロテスタント宣教師のみであった。イギリス租界に 11 軒の商人の邸宅があった。そして、同時期に寄港してきた外国船は、わずか 44 隻であったと言う[注4]。

　このように資金も人材も技術もなかった開港初期に、上海はどのようにして

73

Ⅰ部　上海の建設とインフラストラクチャー

近代都市として開発されていったのか。そして、資金、人材と技術が充実した
20世紀初期に、上海はまたどのように著しい都市発展を遂げたのか。

　従来、外国租界として開発される以前の上海地域は、「沼地、荒野、墓地、不
毛の地」と言われてきたが、果たしてそれは本当であろうか。上海に関する歴
史学、都市史学、建築史学の分野における膨大な研究の蓄積にも関わらず、精
密な探求がなされていないまま、このような通説が生まれてしまったと言わざ
るを得ない。

　本章は、本来の上海地域に関するこの根深い誤解を解くため、イギリス人測
量技師が残した実測地図とメモ、清朝末期に中国人が編集した上海に関する古
文書、および中国江南地域の農業史研究を参照しながら、租界として開発され
る以前の上海地域に存在していた水路と集落の機能、形態、意義について分析
する。それにより、旧来の水路、水路沿いの村道と集落は上海が急速に近代都
市として発展できる物理的な基盤であったことを論じる。

　主として、近代都市開発の中で消失した清朝末期の中国人の水路と集落の形
態を復原した上、水路、集落と上海租界の形成との関係について述べる。イギ
リス人はいかに水路と集落を近代都市の道路、下水道、土地整備の足がかりに
したのか、その実態を示す。それと同時に、旧来の水路と集落の存在が、イギ
リスが最初に上海を開港場に選び、近代都市として発展できる潜在力を見込ん
だ理由の一つであると示唆したい。

研究史料の解析

　明、清時代において、上海を含めた江南地域の水路、集落の存在実態と特徴
を記した地図史料と文献は世界中の文書館に保管されている。それらを大きく
分類すれば、①上海関係の地方志と中国人の回顧録、②工部局雇いのイギリス
人技師が作成した上海地域の実測地図、及び③イギリス陸軍省が太平天国の乱
の時にあたり、戦争に備えるために作成した精密軍事地図集、である。

　①は、まず、1750年（清朝歴乾隆十五年）に李耀文が編集した『上海縣志』[注5]
であり、そこには、上海地域に存在していた水路の整備過程とその存在実態が
記録されている。それを検証することで、清朝末期において、上海とその周辺
地域の主な水路の整備過程の一端が窺える。そのほかに、1875年に出版された
王韜『瀛儒雑記』[注6]から、上海県城と郊外部を繋げる肇嘉浜のような重要な水
路ではないが、上海の人々の生活に深く関わる小規模な水路に関する記録が散
見される。さらに、個人所有の水路の使われ方に関しては、『中国江南の稲作文

化──その学際的研究』^{注7)}が取り上げた明朝萬暦期（1572-1620）の嘉善県の地方名士であった支華平という人物が所有する水路の事例を参照できる。筆者もその一次史料である『支華平先生集』^{注8)}に当たった。後者の二つの史料解読により、水路に関わる当時の中国人社会の実態を分析できると考える。

②は、主に後述の「水路の用語と所有権の問題」や「集落の空間構成」等の節において取り上げる予定の近代上海を記録した早期の精密地図である。1843年の開港以降、外国人測量技師が実測・作成し、ロンドンと上海の出版業者が出版した英語表記のものが殆どであるが、中国人作成の漢文版の地図も一枚あった。英語表記の地図は外国租界を中心に、中国語表記の地図は上海県城を中心に当時の上海市街地を記録している。両者を照合させることで、当時の上海地域に存在していた水路網の特徴を把握できる。

③は、イギリス陸軍省が作成した清朝との戦争や太平天国の乱に備えるための軍事地図である。これらの軍事地図は、軍隊運送に使えるような水路と道路、及び戦争物資を提供出来るような集落、市、鎮を正確に記録しているため、今日において、上海及び江南地域の都市史、地域研究のための貴重な史料となっている。例えば、*Military Plan of the Country around Shanghai from surveys made in 1862.63.64.65*^{注9)}は、上海市内のみならず、蘇州河（当時、呉淞江と呼ばれた）をひたすら西に遡り、太湖までの江南地域の1073分の1（1.5cm=1mile）の実測地図を収録している。この地図集の分析により、上海のヒンターランドである江南地域の水路、集落と都市の存在実態および空間特性を明らかにすることができる。

1　旧来の上海地域に対する認識

清朝時代及び1842年第一次アヘン戦争以降に作成された上海地方志、個人の旅行記録、軍事用地図、都市地図、新聞等をたどっていくと、外国租界が開発される以前の上海には、無数の水路と集落、及びその中で営まれていた上海人の生活が生き生きと目の前に浮かんでくる。中国人の小規模な集落は、水路とフットパスに沿って立地する。住宅は菜園または森に囲まれ、その中に、寺、パゴダ（木塔）も点在する（口絵の古絵図1、口絵の地図4）^{注10)}。

これら水路、集落、寺、パゴダにより構成された集落空間は、決して一朝一夕に偶然にできたものではなく、上海地域における農業を基礎とした中国人社会による長年の蓄積の象徴であった。それらの残影は、都市化が進んだ1928年の上海都市地図（口絵の地図1）^{注11)}においても確認できる。当該地図を見ると、

Ⅰ部　上海の建設とインフラストラクチャー

租界以外の地区には依然として水路が縦横に走り、その間に中国人集落と家屋が点在していることがわかる。

　しかし、従来から、上海租界は、黄浦江沿いに漁師の貧弱な家屋が散在する程度の沼地、墓地、低湿地につくられたと言われてきた。例えば、ホーシー・ボロー・モース（Hosea Ballou Morse）は、イギリス租界を「後に外国租界となった地域は不毛の地で民家一つもない」[注12]と伝え、村松伸は「外国人に対して拒否反応の強かった清朝側は、墓地のある凶地に租界を造らせることによって、西洋人都市の発展を阻害しようともくろんでいたのである」と述べ[注13]、伍江は上海に関する各種先行文献を引用し、イギリス租界の土地は「あくまでも上海県城外の荒涼たる農地だ」[注14]と言う。これら「不毛の地」、「凶地」、「荒涼たる農地」はいずれもイギリス租界となった地区の一端を反映しているかもしれないが、上海地域全体の特徴を正確に伝えているとは言い難い。また、1893年12月17日と18日のノース・チャイナ・デイリー・ニュース紙の *The Jubilee of Shanghai, 1843-1893*[注15]は1845年の上海に関して次のような見方をしている。

　　現在のイギリス租界となった地区における普遍的な要素に関しては、その大部分は埋葬地、野菜畑、及び見た目が惨めで小さな商店と小屋であった。不快な水路がいろいろな方向に縦横に走っている。人々は、昼間も夜も、水路に落ちてしまい、その隠れた危険性にのみ込まれないように気を付けないといけない。道路は狭くて不愉快で、場合によっては、でこぼこな石、あるいは元々の泥により舗装されている。それらの石と土は田舎にある中国人の道路を形作っている。地域全体に面白い所は皆無で、衛生観念においてもまったくおろそかであるか、あるいは全然認知されていない。

　この記述から、上海に渡ってきた欧米人がイギリス租界に存在していた中国人集落、水路、道路を評価していなかったこと、あるいは50年後の回顧でも租界当局が主導した都市開発の功績を強調するあまり、それ以前の状態を遅れたものとする意識が読み取れる。それは、かつての上海に存在していた水路の機能、集落の様子、本来の中国人社会とそれが投影した集落空間を正確に理解しようとしなかったことの象徴でもある。

　実際、上海を含めた江南地域にあった無数の網状のクリーク、水路及びその両側に立地する集落とその社会の形態は、今日の江南地域の社会形態を考える上で重要な素材であるゆえ、宋時代から明、清時代、中華民国時代にいたるま

76

2　旧来の水路と集落

での江南地域の農業史と水利史の研究者らに重要視され、かつ常に議論の焦点となっていた。これら中国農業史、水利史の先行研究は、かつての上海に存在していた水路と集落空間を理解する上で貴重な参考資料である。例えば、渡部忠世、桜井由躬雄編『中国江南の稲作文化——その学際的研究』[注16]においては、宋時代からの江南地域における水田、農作物、クリーク、集落、社会に関する多岐にわたる議論が行われており、特に、宋、元時代における大河と湖沿いの大規模な官有水利田の開発にともない、浙西、江東を中心とした江南地域のクリーク、水路、運河の開発実態を明らかにしている[注17]。

　ついで明、清時代にくだると、農業技術の発達及び農業社会内部の細分化により、官有水田の分割と在地地主らによる小規模な水田開発といった背景から、江南地域における水路網が広範囲に渡り、細かく引かれることやクリークによる当地域の排水機能についても論述している[注18]。その中で、中国農業史専門の天野元之助は、クリークについて、「実際、軍と一緒に歩いていますと、ちょっと行くともうクリークで、その先に行けないということがしょっちゅうあるわけです。また飛行機から見ますと、本当に網の目というか、蜘蛛の巣というか、もうびっくりするほどクリークがある」[注19]と証言している。それは、まさに本章が後ほど検証する上海県城、外国租界と中国の江南地域の地図に記録されている水路の様子を伝えている。

　一方、上海の水路に関しては、マーク・エルヴィン（Mark Elvin）が、社会学の角度から、上海地域の水路が計画的に整備されたこと、および水路沿いの裕福世帯と水路に沿っていない貧困世帯の格差を指摘した[注20]。さらに、農業、排水、交通、河川氾濫の防止、及び商業的な営利活動といった原因により、家族または村落単位で、上海と江南地域の商人、地元の人々が、清朝末期において、積極的に運河の整備と機能管理事業に取り込んでいた実態を明らかにしている。なお、マーク・エルヴィンの江南地域の水路に関する一連の研究は、日本の学界における中国江南地域の農業史と水利史の実績を多く参照している[注21]。

　上記の文献史料から、1840年代以前の上海とその周辺の江南地域における中国人農業社会、水利、水路の重要性が窺える。そこで、1840年代から上海の近代都市の形成過程を語る上では、まず、旧来の上海地域の空間構成、とりわけ集落、水路、フットパスに関する正確な理解が必要不可欠であると考えた。なぜならば、1842年アヘン戦争以降、上海に渡ってきたイギリス人、及び1895年の日清戦争後に上海に登場してきた日本人がそこで都市開発を進めようとした際、まず、上海と江南地域の水路の処理と利用に関する議論を盛んに行ったか

77

I部　上海の建設とインフラストラクチャー

らである（第3章、第7章）。外国人にとって近代的な都市基盤を整備する前に、まず既存の水路を生かすのは、その土地の生活用水、排水、交通に欠かせない生命線を確保することと同義である。

2　水路に関する考察

1　水路の整備過程と形態

　中国では古代から、水利は、水害防止、農業、生活用水、排水、交通の面から、地方官僚の重要な仕事の一つであった。「横浦縦塘 canalization」が平地、海岸微高地に適用する水利の重要な手法であったため、人工の運河はそれに因んで「浦」、「塘」と命名される場合が多い[注22]。そのほかに、「洪」、「浜」、「涇」と呼ばれる水路も文献や古地図から確認できる。上海県も例外ではなかった。

　まず、前節「研究史料の解析」で提起した1750年（清朝歴乾隆十五年）『上海縣志』の第二巻「水利」においては、上海県城とのちの外国租界になった周辺地域の水利整備の実態が記録されているが、附属の1750年「県郷全図」）では、上海県の人々の生活に深く関わった主要な水路が描かれている。例えば、後に「蘇州河」と称される呉淞江、洋涇浜、虹口河、楊樹浦などの大規模な水路の存在は同地図からも確認できる。なお、当該県誌は、清朝時代における物流、排水、灌漑の諸機能を担う県城内とその附近に流れる主要な水路の整備過程を記録している。しかし、のちの外国租界となった地区は、当時の県城から離れた辺鄙な郊外地区に当たるため、「諸水」の節において、蘇州河（呉淞江）の北側にあった虬江、下海浦、桃樹浦、東奚浦、楊水浦、東砂洪、西砂洪、張涇、合計9本のクリークの名称と位置を示すのみであった[注23]。

　水路の整備には、清朝の官僚、地方名士、地主、佃戸が関わった。上海地域において、黄浦江や呉淞江（後の蘇州河）に通じる大きな河は「幹河」、幹河から引く小河は「枝河」（支流）と呼ばれていた[注24]。幹河が通過する地域と水田の決定、掘られた土の処理、労働力、費用の確保が大きな問題であったため、主に地方政府が段取りし、計画的に工事を進めていた[注25]。一方、枝河の整備は民間人が行い、地方官吏を「煩わす」ことは稀であった[注26]。民間人が枝河を開通するには、水路が通る両側の地主たちが米や労力を出し合った。

　例えば、康熙16（1677）年12月に馬家浜という水路は、「河に沿う水田の地主らが当事業を起こした。佃戸の食料として、（両側の地主らに）一畝に米3升を均一に出させた。本県の年配の方が選ばれ、工事を監督した。おおよそ2カ月で

78

竣工した。」[注27]

　ついで清朝時代に上海の主要な幹線水路と農業用水で黄浦江から西の浦滙塘という大きな河に合流した「肇嘉浜」（現在の肇嘉浜路の一部分、口絵の地図5）の機能と浚渫過程に関する下記の資料[注28]から、当時の上海人の都市生活が水路に頼っていた実態、および上海の地方政府による水路のメンテナンスの一端がうかがえる。

　　　肇嘉浜の「龍華」の水閘門が壊れた後、長年修理がされないまま、また「日赤港」の壩も倒壊したため、肇嘉浜は濁流に見舞われ、1日に2回の潮による沙の堆積で、平地のようになってしまった。浚渫する資金がなかったため、沙胅は痩せ地になってしまった。このため通行船は、全部、黄浦江を経由せざるをえなくなり、帆を揚げるが、風、波の状況はなかなか観測できない。康熙32年（1693年、引用者注）、地方政府が土地を開き、河を再び開通しようとしたが、職工の怠惰のせいで浚渫した土をそのまま近くの河岸に積みあげたため、大雨の後、土はまた全部河に流された。1年も経たないうちに、肇嘉浜が再び塞がれてしまった。康熙59年（1720年、引用者注）に「常制府」は再度浚渫を試みたが、「龍華」の水閘門と「日赤港」の壩が機能しなかったため、河はいつも塞がれたままで、上海県の人々は疲弊した。乾隆13年（1748年、引用者注）に、巡道の陶士鏈は地元の紳士からの申請を受理し、上海県の地方官王廷査に命じ、（河の）実測図面を作成させ、どのような対策を取るのかを検討させ、浚渫を促した。乾隆14年（1749年、引用者注）に「常制府」は水利を特に重視する地方官李文燿を派遣し、実情を視察させた。その時の政策として、まず龍華口内の閘橋地方に石造りの閘門を再建し、黄浦江から流れてくる濁流を遮断し、さらに、日赤港と肇嘉浜の交差する所に大きな壩を造り、黄浦江から来る潮を防ぐ……現在においても濬治が行われ続けている。

　いわば、肇嘉浜は黄浦江と浦滙塘をつなぐ水路のため、河の流れや川底の土や沙の堆積状況が黄浦江の潮流に大きく左右された。黄浦江の潮流がもたらした沙や泥が水路の底に沈殿し、浚渫が行われたものの、浚渫された土の後始末が悪かったため、効果があまりあらわれなかった。

　一方、清朝末期において、県城内に存在していた小さな水路とその消失に関し、前掲王韜『瀛儒雑記』[注29]において、下記のような記録が見られた。

79

Ⅰ部 上海の建設とインフラストラクチャー

　　県城に近い河は、支流の浜（Pang）となり、県城内に流れてくる。しかし、
　川幅が狭く、川筋がかなり屈折し、「流れ」までには至っていない。高潮の
　際にやっと流れるようになる。それらは言わば水溝と相違ない。「小娘浜」
　は、現在、その上に民家が建てられているが、大雨の際に、水がいつも市
　街に溢れ、各種の病気が蔓延した。県城内に、旧来、食料を運ぶ河「運糧河」
　が、上海県設立当時にあったが、城壁が築かれた後、その跡は断片的で、
　判別できなくなっている。本来、貯水も排水もすべて大きな河に頼るため、
　百姓による不法占拠は認められていないにも関わらず、河は埋めたてられ、
　通じなくなった。潮汐に通じる河は、日を追うごとに浅くなり、壅塞しな
　いように常に浚渫に努めなければならない。咸豊5年（1855年、引用者注）か
　ら同治2年（1863年、引用者注）までに、浚渫が頻繁に行われ、潮流が来ても
　河はスムーズに流れるようになった。なお、汚垢も除去され、以前よりは
　状況が改善された。

　この記録からも、上海県城内に流れる水路は、本来、人々の生活水路や物資
運搬のための交通路であったが、流れが悪く、農民も徐々にそれらの水路の管
理を怠り、埋め立ててしまう結果となったことが読み取れる。それにしても、
肇嘉浜などの大きな水路が重要である故、清朝の上海政府が継続的に浚渫事業
を行っていたと見られる。
　以上より、18世紀末期における上海県城とその周辺地域に流れていた馬家浜
の整備、肇嘉浜の管理、小娘浜、運糧河（運糧浜）の消失及びそれにより生じた人々
の生活の不便な状況を明らかにした。文献史料を検討する限り、上海の水路は
何らかの経路で黄浦江に通じていたため、水路の流れや河底における砂の堆積
等は自然に黄浦江の潮流に大きく影響されたことも窺える。それらの水路には、
交通、灌漑のほか、雨水を黄浦江に排出する機能もあったことは見逃せない。
この既存の水路網は、のちの外国租界における道路、下水道の整備に決定的な
影響を与えたと推測される。

2　水路の用語と所有権の問題
　本節においては、主に古地図の検討を通じ、水路の用語と所有権の問題に着
目し、上海県城とその附近、及び外国租界となった地域における旧来の水路網
の存在形態を更に明らかにしたい。

80

まず、古地図に記されている水路の諸用語を整理しておく。*City, Settlement and Environs of Shanghai, surveyed,1860-1861*（口絵の地図4）においては、河川を大きく River、Creek と Canal として記している。さらに、工部局が実測した *Plan to accompany land assessment schedule, 1899 , Hongkew Settlement*[注30] においては、無数の細かい水路を Poo（浦）、Pang（浜）、Hong（洪）として表記している。それに対応し、漢文版の地図で1880年「上海城廂租界全図」（口絵の地図7）[注31] においては、水路を「江」、「河」、「浜」、「浦」、「洪」と表記している。

　ここで、一般的に租界時代に作成された英語表記の地図は上海方言の発音に因んで地名をローマ字化している。例えば、「浜」の北京語の発音は Bang であるが、上海方言では Pang という発音になる。言葉の音で判断すると、上海方言のほうが北京語より柔らかく聞こえる。本書は、原文史料を忠実に反映するため、「浜」をポン（Pang）と呼ぶ。同様に、「浦」を北京語の Pu ではなく、上海方言の発音で Poo と表記する。口絵の地図5と口絵の地図6を照合すると、黄浦江は、Whangpoo River、蘇州河は Soo Chow Creek、洋涇浜は Yang Kang Pang Canal、泥城河は Defence Creek になる。これにより、イギリス人地図測量士は「江」を River、「河」を Creek、「浜 pang」、「浦 poo」、「洪 hong」といった小さな水路を Canal と記していたことが判明した。そして、Canal は言うまでもなく人工的に掘られる運河で、灌漑や交通の機能を担っていた。

　ついで上海地域におけるユニークな水路の名前とその所有権について考察を行う。口絵の地図7を確認すると、上海県城内には「候家浜」、「薛家浜」、「陸家浜」といった個人の苗字が付いた水路がある。口絵の地図6により、楊樹浦地区上方の北側から下方の南側まで、順番に東西方向に向かって斜めに流れる水路の名前を見ていくと、石家浜（Sih Ka Pang）、南石家浜（Nan Sih Ka Pang）、査家浜（Char Ka Pang）、陸湾浜（Lur Wan Pang）、藩湾渡（Pang Wan Dur）が確認できる。一方、楊樹浦（Yang Tsze Poo Creek）のように南北方向に流れる水路は、楊家浜（Yang Ka Pang）、周家浜（Chow Ka Pang）が見られる。ほかの小さな水路には、馬家浜（Moo Ka Pang）、楊家宅浜（Yang Ka Za Pang）、及び名前が記されていない水路も見られる。このように個人の苗字が水路の前に付けられると、その水路はある特定の家族の所有財産で、その家族の専用水路のように読み取られがちだが、そうとは限らなかった。

　以下に、明朝萬暦期（1572-1620）の嘉善県の地方名士支華平の私有水路に関する記録を同氏が書いた『支華平先生集』[注32] から抽出し、翻訳してまとめたものを以下に記す。

81

I部　上海の建設とインフラストラクチャー

　我が家の西河は「緑漾」という名前で、南は鄒浜から、北は秋涇匯まで
とする。南の半分は父親から相続し、北の半分は王氏から買収した。華亭
県に河の税金を収めているため、両岸の地主らによる我が家の河への侵入
は許されない。

　王洪涇から水堰浜までの横河も我が財産であるが、水堰浜から五丈あま
りの（河）を陸氏が欲しがっている。鸕鷀（魚を捕る鳥）は河底に潜むと、境
界線が分からなくなるが、漁師たちが網を使い、河の北岸で漁することは
断じて許さない。北岸で漁をすると、河の流を遮断することで多くの魚が
死ぬからである。

　黄狗涇両側の水田の10分の7は我が家の財産であるが、残りの部分は母
方の親族が所有する。この大まかな寸法で（水田の所有権）を決める。兄弟
と甥はもし心が寛大で我が家を特に深く顧みるなら、家僕には余計なこと
を言わせない。

　すなわち、支華平は地主で自身が農業と漁業に携わらないが、各地に散在す
るクリークの所有権を持っていた。明朝時代において、クリークは（地主の）個
人所有の財産であり、農業や漁業に従事する佃戸に貸し出し、それを収入源と
していた。また、第4章で述べるが、清朝末期、楊というジャーデン・マセソ
ン商会の買辦が黄浦江から上海県城の堀（護城河）までパゴダ・クリークを掘っ
た。この2つの事例から、クリークは、その両側の住民所有のものとは限らな
かったことが明白であろう。

　外国租界が開かれる以前の上海地域の水路の所有主に関する一次文献は見つ
かっていないが、水路の所有権は必ずしも両側に住む人たちにあったとは断言
できない。しかし、それらの人たちは、所有主と何らかの契約を結び農業、漁業、
交通などの水路使用権を持っていたと推測する。

　ついで水路の名前からその機能について考えてみたい。例えば、上海県城内
の「運糧浜」は、その名の通り、米や穀物を運ぶための水路であった。また、「和
尚浜」は廣福寺の前に通り、寺の和尚（僧侶）がよく使う水路と推察できる。同
様に、*Plan of Shanghai, 1908*（口絵の地図8）^{注33} を検証していくと、楊樹浦地区に
あった淮海廟（2 Wah Hai Miao Temple）の前を流れる水路は、屈折している淮海廟
浜（1 Wah Hai Miao Pang）で、3の Sing Rei Pang（中国語名確認できず）を経由し、虹
口河に繋がっていた。また、集落専用の水路も見受けられる。例えば、引翔港

鎮（4 Ying Hsiang Kong Village）から黄浦江に出る専用水路は、集落の名前を使用して引翔港（5 Ying Hsiang Kong Creek）と名付けられた。

　以上、本節では、旧来の上海に存在していた多数の水路の名前から、その所有権と機能について検討した。とりわけ「浜」(Pang)と呼ばれる小さな水路は上海県城及び外国租界となった地域のいたる所に存在していた。そして、水路の所有権に関しては、必ずしもその両側の住民たちの所有ではなかったが、それらには水路の使用権があったと指摘できる。しかし、水路両側の農地は1843年の上海開港以降、外国租界の都市開発用地として転用された時点で、水路の灌漑や漁業の機能を失ったと共に、その所有権と使用権は所有側と使用側にとってそれほど執着するものではなくなったことが、その後の外国租界の土地、道路開発過程の中で顕著に現れてくる。

3　水路網の形態

　本節は、水路と水路網の存在形態について考察を行う。上海古地図を確認すると、上海の浜（ポン）、浦（プ）は細く短く流れ、これら多数の浜、浦で構成される密集した水路網が確認できる。市街地化が進む前の上海に流れていた水路は、従来、軍事地図の測量士が注目するものであった。

　前掲イギリス陸軍省作成の地図集 *Military Plan of the Country around Shanghai from surveys made in 1862.63.64.65* の中には、上海とその周辺地区を実測した36枚の地図が収録され、上海から江南諸鎮に通じる主要な水路と水路沿いの集落が描かれている。同地図集から、上海が水路により江南地域と繋がっていたことが鮮明にわかる。例えば、地図集の第3シートには黄浦江は揚子江口から南方向に流れ、西に曲がり、最終的に、Si Tai Lake（中国語名確認できず）に注入した経路が記されている。そして、蘇州河は上海から一路西に流れ、蘇州を経由して最終的に太湖に注いでいる。

　一方、上海地域の水路に関しては、前掲の *City, Settlement and Environs of Shanghai*（口絵の地図4）では、二重線で青色塗りの水路は「運航可能な運河 Navigable Canals」で、青色の単線表記の水路は「運航不可な運河 Un-navigable Canals」と記してある。この二種類の運河は、当時の上海の都市部に当たる県城と外国租界において断片的に残存するが、郊外部に縦横に走っている様子を看取出来る。それらの水路に沿って、一定の間隔で家屋が建てられ、その周りに菜園又は森が点在している。これは当時の上海郊外の空間特性を顕著に現しているといえる。

83

Ⅰ部　上海の建設とインフラストラクチャー

　まず、水路網の形態について分析する。家屋や村落に通じる様々な水路は、前掲 1750 年の『上海縣志』が記録しているように、必ず黄浦江又は蘇州河に出る傾向にあった。(口絵の地図4) を検証すると、上海県城とイギリス租界より西の郊外部においては、小さな水路は比較的大きな水路と繋がり、大きな水路の流れを辿っていくと、いずれも黄浦江に出ていることが分かる。同地図の詳細をさらに注目していくと、北側の蘇州河と南側の肇嘉浜の2本の大きな水路の間に、細かな水路網が形成されていることがわかる。そして、それらの水路はいずれも縦や横の水路を経由し、蘇州河又は肇嘉浜に通じる。蘇州河は黄浦江に出ることは明確である。肇嘉浜も県城を通り抜けて黄浦江に出ることは前述の通りである。なお、肇嘉浜は、県城の附近で周勁浜という支流がある。この支流は北側に向かって流れ、そのまま、泥城浜になるが、その東側は黄浦江に出る洋涇浜と繋がっていることも確認できる。

　ついで、当初はアメリカ租界で、のちに共同租界の北地区 (Northern) と東地区 (Eastern) となった虹口と楊樹浦地区の水路について分析する。まず、*Plan of the Hong kew or American Settlement at Shanghai, 1864-1866* (口絵の地図9、以下 1866 年虹口地図と呼ぶ) [注34] によると、蘇州河 (Soochow Creek) と虹口河 (Hongkew Creek) に囲まれている地区において、3本の大きな水路の存在が確認できる。1本は、蘇州河に繋がり、最初は南北方向に流れ、途中で東方向に曲がる水路である。もう1本は虹口河に繋がり、やや南北方向に流れる水路で、最後の1本も虹口河に合流し、東西方向に流れる水路 (のちに海寧路と変身する) であった。

　一方、1908 年地図 (口絵の地図8) に記されている楊樹浦地区の水路網は、もっと細かく密集した様子を呈している。その中に、すでに埋めたてられ、道路になった水路も見られるが、横の東西方向の水路はそれぞれやや平行に縦の南北方向の水路の間に流れている (口絵の地図8)。これらの水路の名前は、前掲「水路の用語と所有権の問題」の節で記したため、ここでは繰り返さない。これにより、楊樹浦地区における水路網は旧来の上海の人々により計画的に整備されたものであると考えられる。実際、それらの水路の間に外国人に租借された土地以外に、広大な水田と見られる土地が 1903 年時点でまだ確認できた[注35]。

　最後に、測量地図に掲載される地図測量士のメモから、上海地域に存在していた運河の計画性と特徴を説明する。イギリス陸軍省が作成した *SHANGHAI AREA, 1927* [注36] の下方に記されているメモは、運河又は水路が計画的に整備され、さらにその両側に集落が一定の間隔で配置されている上海の空間特性を正確に説明していることが窺える。

84

上海郊外の至る所に交差している水路は、この地図に示していない。上海周辺を調査することは500から600ヤードごとに道路、小道＆水路に沿って立地する集落を表示することのようである。この状況は、本地図で示す全エリアに見られるが、ここでは大きな集落のみを表記する。

3　集落の空間構成

上海における既存の小道、運河、家屋、村落を記録した地図は、*Map of Shanghai* 1849（以下 1849 年地図と称す）[注37]、*Map of SHANGHAI DISTRICT 1851*（以下 1851 年地図と称す）[注38]、1860–61 年に作られた *City, Settlement and Environs of Shanghai*（口絵の地図 4、以下 1861 年地図と称する）、及び 1866 年虹口地図が見られる（口絵の地図 9）。

まず、1849 年地図と 1851 年地図を照合した結果、両地図の描き方は多少異なるが、注意深く見ていくと、楕円形で描かれたパーク、河、村落、小道が重なることに気が付く。この貴重な情報を手がかりに 1849 年のイギリス租界の復元地図（図 2-1）を作成した。

同図は、東側に黄浦江、南側に洋涇浜、西側に泥城浜、北側に蘇州河の 4 本の河に囲まれているイギリス租界の位置を示している。当時、すでにイギリス人により整備された道路を二重線で表記している。そのほかにグレーで示される河、河沿いの小道を黒い線で、及びそれらに沿って存在する家屋の輪郭も描かれている。この時点で、黄浦江沿いの地区は市街地化されていたが、その西側の未開発地には、河、小道、及び中国人家屋の存在がまだ確認できる。

次に、1849 年地図（図 2-1）の右側に記されている凡例の中における小道（Foot Path）、村落（Village）、クリーク（Creek）の表記に着目する。外国人土地（Foreign Ground）として記されているイギリス租界内には、黄浦江からやや奥まった浅い沿岸部にあった格子状の道路のほかに、点線で描かれているフットパス、及びそれらに沿って立地する黒い点で示されている村落の存在が確認できる。一方、地図の下方に、「アメリカ人宣教団 American Mission」として表記されているアメリカ租界には、一本の小道が蘇州河から南へ延び、その両側にも村落が点在していた。

最後に、1861 年地図（口絵の地図 4）を検討すると、その時点で市街地化されつつある外国租界と上海県城より西の広大な郊外部分に、多数の小さな村落が

I部　上海の建設とインフラストラクチャー

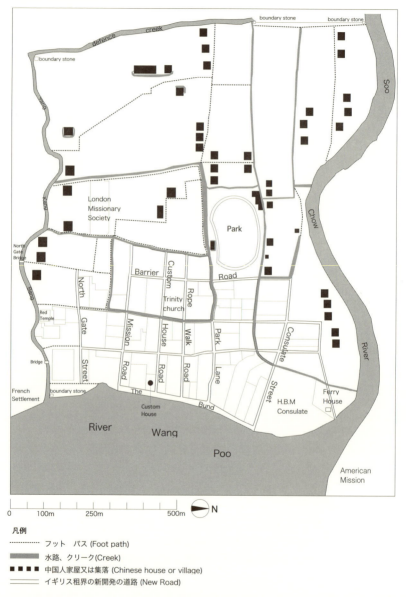

図2-1　1849年上海イギリス租界復元図（*Map of Shanghai, 1849, Map of Shanghai District, 1851* より筆者作成）

水路に沿って森に囲まれている様子が目の前に浮かんでくる。このような村落は、左側に収録されている説明から、縦横に流れる河と家屋、果樹園が併存していた様子が窺える。例えば、「耕された小さな集落といくつかの家屋が果樹園の中に点在する（原文：Cultivated Small Villages and a few houses situated in orchards）」、または、右側の蘇州河沿いに、「集落と多くの森に覆われた（Covered with villages and much wooded）」などの説明が見られる。

　クリークとフットパスに沿い、または水路に囲まれている伝統的な中国人家屋の様子は、1866年虹口地区の地図（口絵の地図9）から、より詳細かつ明確になる。当時、まだ、アメリカ租界と呼ばれていた虹口地区には、イギリス租界のように市街地化がそれほど進んでいなかったため、旧来の中国人の水郷村落の様子が色濃く残っていた。黄浦江と蘇州河に近い場所に、道路が敷設され、ピンク色で示される外国人の家屋、灰色で示される倉庫、及び黄色で示される短冊形の中国人用の家屋が建設された。しかし、黄浦江沿いの市街地からやや離れた北側の地区には、水路がまだ流れており、それらの両側に大規模な中国人家屋が立地している。

　例えば、虹口河と呉淞路との間に、一本の小川が流れ、その両側に小道と家屋がある。その川の支流は敷地の中まで流れ込み、家屋の一部分を囲む形になる。呉淞路の行った先には、外側四周が全部水路により囲まれている大きな中国人家屋の存在も確認できる[注39]。その河沿いの家屋の前面には必ず道路が通っていた。水路は生活水路、及び虹口河などの大きな河に出るための交通路であると推察する。更に、虹口河の東側に、小道と集落が示されている。このような水路、道路と家屋が一体となる空間は上海のみならず、江南地域に存在していた典型的な水郷集落の特徴を反映している。

　しかし、租界の都市開発が進行するにつれ、水路が街路として埋め立てられ、その両側の土地が借地として外国人の建設用地となった時点で、集落とその集落社会が実質上の解体を迎えることとなる。一方、外国人側の理由だけではなく、中国の内乱も集落の崩壊を促した。

　1862年6月14日のノース・チャイナ・ヘラルド紙に掲載された記事「反乱軍ニュース・上海とその周辺」(Rebel News, Shanghai and its environs)[注40]がイギリス租界の郊外に当たる石橋（Stone bridge、口絵の地図4、現在の新橋路橋）付近の集落とそこで生活していた村民の様子を記録している。しかし、この時期の集落はすでに太平天国軍に焼かれ、破壊された悲惨な状況にあった。村民らは当時の租界の外側に集まり、外国人からの保護を求めようとした。その英文記事の一部分を

Ⅰ部　上海の建設とインフラストラクチャー

訳すと次の通りである。

　　　　土曜日午前の、上海の近隣における反乱軍の略奪の気配は一目瞭然である。恐怖に駆られた千人以上の村民たちが保護を求めて租界に流れ込み、石橋と蘇州河橋の間の道路に群がっていた。北と西北部の農地と集落の間を燃やしている焼夷弾は、一日中、石橋要塞の3マイル圏内の地を焼き続けている……

　　　　悲惨な村民、主に老人や女性と子供たちが、太平天国軍に残虐に焼かれた屋敷の焼け跡から捜し出した食料や衣類を持ち、とぼとぼと歩く姿を見る。非常に痛々しい光景である。たくさんの勤勉な家庭は、自分たちの小屋が建った所に戻ると、黒く焼かれた廃墟以外には何も見つからなかった。夜の幕が下りると、それらの人たちは租界のはずれに集まってくる……

小結

　本章は、外国租界が開発される以前の上海に存在していた水路の存在形態と集落の空間構成について分析した。そして、それらが近代上海の都市発展の基盤となっていくことを提示した。

　第1に、清朝末期まで存在していた上海県城と周辺、及び外国租界となった地域の水路は、清朝の政府官僚または民間人により整備されたものが多く、農業灌漑、漁業、交通の機能を有していた。更に、小さな水路は必ず蘇州河や黄浦江に出る傾向にあったため、それら水路の流れや河底の土砂堆積はすべて黄浦江の流れや潮に左右されていた事実も判明した。このような水路網の特徴は、のちほどイギリス人による租界内の道路、土地、下水道の開発と形成に決定的な影響を与えると予測する。この点は第3章で述べる。

　第2に、上海に縦横していた水路は、外国租界の範囲を決めた時の基準となった。その典型例として、イギリスの初代上海総領事バルファ将軍と清朝政府の上海地方官であった道台宮慕久が1845年土地章程のイギリス租界の範囲を「北側は蘇州河、南側は洋涇浜、東側は黄浦江」と定めた時に、水路はまさしく租界の境界線として使われた[注41]。

　ついで1854年土地章程でイギリス租界を「北側は蘇州河、南側は洋涇浜、東側は黄浦江、西側は泥城浜」[注42]と定めた。同様に、1854年、上海道台、イギリス、フランス、アメリカの総領事により決定したフランス租界の範囲も「南側の境

界線は、県城の北門から城壁を囲繞する運河である。北側の境界線は、洋涇浜に達する。西側は、関帝廟と周家橋までとする。東側は、洋涇浜口から広東会館までの黄浦江である」[注43]と定められた。いわば、1854年時点においても、イギリス租界とフランス租界における東、西、南、北の境界線はいずれも水路である。外国租界は、それらの水路に囲まれる範囲内に収まった。

さらに1899年、共同租界の範囲が決められた際においても、黄浦江、蘇州河、洋涇浜がその境を示すための基準線となった。例えば、南の境界線は「洋涇浜、その出口から泥城浜（defence creek）との合流点から西方向へと進み、そのまま南京西路（Great Western Road）の北部分のラインに沿い、バッブリング・ウェル・ビレッジの裏にある農神廟に通じる道路となる」[注44]である。

第3に、水路に沿って立地する旧来の集落は、本来の上海における小規模な中国人村落であった。水路、フットパス（村道）、家屋、菜園あるいは農園が一体となり、同地域の典型的な空間要素となっていた。しかし、それらの集落の消失は外国租界の開発に当たって、外国人が水路沿いに、中国人地主から土地を借りたことに始まるが、1860年から上海を襲撃してきた太平天国軍による破壊もその一つの原因であった。結局、1840年代から、水路は道路として埋めたてられ、集落の土地は租界の都市開発用地に転用されるようになると、本来の中国人社会も集落空間とともに解体し、徐々に消失したと見られる。上海に存在していたかつての水路網と集落が外国租界と越界築路地区の都市開発に格好の物理的基礎を提供することとなったのである。

1845年にイギリスのバルファ将軍と清朝の宮慕久道台との協約で締結した最初の土地章程により、上海イギリス租界の範囲が決められた。しかし、外国人にとって不快な水路、狭いフットパス（村道）、伝統的な中国人集落、やっかいな墓地がいたるところに存在するその土地において、イギリス人やほかの欧米人は近代的な都市を開発するには、計画案、経費、人材確保といった現実問題がまさに山積みである。

さて、アヘン戦争の直後に、遙々イギリスから上海に渡航してきたイギリス商人は、まず、どのようなところから、どのように新たな租界建設に着手し始めたのか、章を改めて論じたい。

注

1)　Charles M. Dyce, *Personal Reminiscences of Thirty Years' Residence in the Model Settlement Shanghai, 1870-1900.* (London & Hall, Ltd, 1906), p.4.

2)　Ibid., p.5.

I 部　上海の建設とインフラストラクチャー

3) Ibid., p.36.

4) Wm. Fred, Mayers, N. B. Dennys, Chas. King, *Treaty ports of China and Japan, etc.*（London: Trubner and Co., 1867）Cambridge University Library 所蔵、請求記号：CRC. 86, p.353.

5) 中国科学院図書館選編『稀見中國地方志匯彙刊』第 1 冊、中国図書出版、1992 年、289-319 頁。

6) 『上海灘与上海人』第 1 巻、上海古籍出版社、1988 年。

7) 渡部忠世、桜井由躬雄編『中国江南の稲作文化──その学際的研究』208 頁。

8) 内閣文庫 漢 17090

9) National Archives, UK 所蔵、請求記号：FO 925/2397

10) National Archives, UK 所蔵、請求記号：WO 78_988_002

11) National Archives, UK 所蔵、請求記号：F.O. 925

12) H. B. Morse, *The international relations of the Chinese Empire.*（Longmans, Green, and Co., 1910）, Vol.1, p.347.

13) 村松伸『上海・都市と建築──一八四二──一九四九年』PARCO 出版、1991 年、14 頁。

14) 伍江『上海百年建築史 1840-1949』同済大学出版社、1996 年、14 頁。

15) Harvard University Library 所蔵。

16) 渡部忠世、桜井由躬雄編『中国江南の稲作文化──その学際的研究』日本放送出版協会、1984 年。

17) 前掲書、57-112頁。第二章 宋・元代の圩田・囲田をめぐって──デルタ開拓の工学的適応。

18) 前掲書、173-232 頁。第四章 明・清時代の分圩をめぐって──デルタ開拓の集約化。

19) 前掲書、216 頁。

20) G. William Skinner, edit *The City in Late Imperial China.*（Stanford University Press, 1977）, pp. 441-473.

21) Mark Elvin, *Japanese studies on the history of water control in China : a selected bibliography, Institute of Advanced studies.*（Australian National University ; Centre for East Asian Cultural Studies for Unesco, Toyo Bunko, 1994）

22) 渡部忠世、桜井由躬雄編『中国江南の稲作文化──その学際的研究』295-299 頁。

23) 中国科学院図書館選編『稀見中國地方志匯彙刊』第 1 冊、中国図書出版、1992 年、295-299 頁。

24) 前掲書、306 頁。

25) 同上

26) 同上

27) 『同治上海縣志』1872 年、26 頁。

28) 前掲書、295 頁。

29) 『上海灘与上海人』第 1 巻、上海古籍出版社、1988 年、4-5 頁。

30) 上海檔案館所蔵、請求記号：U1-1-1033

31) Cambridge University Library 所蔵、請求記号：Map C. 350.88.1

32) 前掲注8) 内閣文庫 漢 1709『支華平先生集』の中に収録されている「放生河約説」を参照。

2　旧来の水路と集落

33）Cambridge University Library 所蔵、請求記号：Map C. 350.90.13
34）Surveyed, Lithographed and Published in 1864-66 by order of *The Municipal Council of Shanghai,* Cambridge University Library 所蔵、請求記号：Maps 350.86.10
35）*Plan to accompany land assessment schedule, 1899 , Hongkew Settlement.* 上海檔案館所蔵、請求記号：U1-1-1032
36）Cambridge University Library 所蔵、請求記号：Maps. 350.92.12
37）原図が見つからないため、村松伸『上海・都市と建築――一八四二―一九四九年』PARCO 出版、1991 年、11 頁を参照した。
38）*The Shanghai Almanac for 1852, and Commercial Guide.*（North-China-Herald Office, 1851）
39）1866 年時点で、ピンク色で書かれている外国人の家屋は黄浦江沿いと蘇州河沿いに建っている。呉淞路の先、又はその西側に都市開発が進んでいないため、これらの中国人家屋は外国人が開発したとは考えられない。
40）*North China Herald,* 1862 年 6 月 14 日。
41）*The Treaty Ports of China and Japan,*（London: Trubner and Co., 1867）, p.352. Cambridge University Library 所蔵、請求記号：CRC. 86. 86
42）Ibid., pp.356-357.
43）Ibid., p.357.
44）*Land Regulations and Bye-laws for the Foreign Settlement of Shanghai, North of the Yang-King-Pang, Shanghai.*（Printed at the "North China Herald" office, 1907）, p.1.

第3章　水路と街路の複層化

本章の課題

　開港初期、上海に渡航してきた欧米人はどのように水路と集落を足がかりに、道路、土地、下水道整備を進めていったのか。本章は、それについてげきる限り精密に復元し、上海租界の都市形成原理を提示する。

　1840年代からの開港初期における上海租界の都市開発過程に関する実証的な先行研究はほぼないため、物理的な都市インフラストラクチャーの整備という点から、上海はどのようにして近代の開港場都市として本格的にスタートし、その後、都市化がどのように驚異的なスピードで進行していったのか、まだ解明されるにはいたっていない。

　本章では、今日の上海の母体に当たるイギリス租界の道路、土地、下水道の整備、及び官民交渉の都市整備の体制の分析から上記の根本的な課題に取り組む。とりわけ道路碼頭委員会と工部局は、どのようにして「制度」となる土地章程、「権力」となる在上海イギリス領事をバックアップとしながら、外国人借地人と有機的に協力しながら、上海に新しい土地制度、土木技術を導入したのか。それによって、旧来の上海地域の空間と社会が解体され、租界の都市開発が実現されていった過程を詳述したい。

　なお、1840年代から1860年代までに整備されたイギリス租界の都市基盤、街区区分の多くは、そのまま継承され、今日の上海浦西地区の旧市街地において、まだ見られる。この意味で、本章による検討は、現代上海の都市形態を理解するのに必要不可欠になると考える。

研究史料の解析

　名前さえ知られていない大勢の外国人官僚、土木技師、商人による都市開発活動の追跡は、各種断片的な史料のつなぎ合わせにより、初めて可能となる。本章が使用する史料は多岐にわたるが、簡潔にまとめると、①都市計画に関係

Ⅰ部　上海の建設とインフラストラクチャー

する外国人官僚たちの会議記録、②土地開発に関する『上海道契』(*Shanghai Title Deeds*)、③イギリス人による個別の雑誌投稿、各種文字史料と照合できる古地図類、の三つのカテゴリーになる。

　①は、上海租界の都市開発を担った道路碼頭委員会（1849-1854）と工部局（1854-1948）の会議記録である。この二つの組織の機能については具体的に次節で説明するが、ここで会議記録の内容と資料使用上の留意点を説明しておきたい。

　道路碼頭委員会は5年しか存在しなかったが、それによる早期上海の都市開発の実績を記録したのは『上海英租界道路碼頭委員会会議史料』で、原文は英語である。現在、上海檔案館（公文書館）により中国語の訳文が公開されている。

　一方、共同租界を支配し、1854年発足してから1948年まで1世紀ほど長く続いた工部局の会議は週に一回開かれ、租界の管理、建設、経営に係わる行政上の諸事項が決められた。その会議記録は、*The Minutes of Municipal Council*（中国語訳文『工部局会議記録』）に収録されている。工部局会議記録の中国語訳文は上海檔案館の専門家チームによる労作ではあるが、英語原文の吟味不足、または上海共同租界の都市形成史に対する理解不足のため、不正確な箇所や地名不明確な所が多く見られる。そのため、本書ではその英語原文を使用する。

　上記二つの史料とも、ある特定の主題ではなく、毎回の些細な会議内容を記録している。例えば、特定の道路や下水道の整備過程に関しては、1回、2回の会議内容では明確にならず、1年、2年または10年分以上の会議記録を追跡する必要がある。上海租界の原型となるイギリス租界の開発過程及びイギリス人の都市開発理念を明らかにするという目的に鑑み、本書においては、イギリス租界の境界線が東は黄浦江、西は泥城浜、北は蘇州河、南は洋涇浜（口絵の地図10)と定め、都市開発が一段落した1866年までの会議記録を解読することにした。

　②は、1840年代から上海に渡ってきた外国人が中国人から土地を借りる制度と過程の詳細を記録した『上海道契』である。

　1845年土地章程の第一条に基づき、外国人が中国人から土地を無期限で租借する際に、土地租借に関する書類を作成したうえ、所属する領事館と上海道台に提出する。その書類は1848年以降書式が決められた「道契」にあたる。「道契」とは、日本の土地登記簿に相当するもので、外国人が中国人地主から土地を借りる際に、自分の国の在上海領事館と清朝の上海政府に提出する公式書類である。1845年から1911年まで発行され続けた膨大な道契史料は、上海図書館により、年代と登録領事館別に整理され、『上海道契』[注1]という資料集として出版さ

94

３　水路と街路の複層化

れている。

　土地を借りる外国人は「借地人 landrenters」、外国人が中国人から借りた土地は「借地」と呼ばれた。道契を精査していくと、1843 年から、外国人はすでに中国人から土地を借りていたが、漢文版の道契の書式は 1845 年、英文版の書式は遅れて 1852 年に最終的に整えられたことが判明した。

　道契は、法的土地永久租借書類であるため、外国人借地人らはイギリス領事館には英語版、日本領事館^{注2)}には日本語版を提出した。そして、上海道台には道契を、1911 年辛亥革命以降、中華民国の上海政府には借地権の転売書類を提出した。中国政府に提出されたそれらの書類は、必ず中国語版であった。一枚の道契には、外国人借地人の名前、職業、国籍、中国人地主の名前、土地の範囲を定めるための位置表示、借地料金、借地面積、登録領事館での登録番号、担当領事官の名前、及び地籍図上の土地番号が明記されている。

　道契は、1845 年土地章程の第 1 条で決められた借地制度を実際に実施させた最も重要な書類である。道契の解読から、本来の中国人所有の土地がいかに外国人の建設用地に変わっていき、そして旧来の集落空間がいかに租界の都市空間へと変容していくのかを解明できる。特に、集落、水路、フットパスが存在していた旧来の上海において、イギリス人を始めとした外国人が中国人地主から土地を借りる際の選地傾向を読み取れる。さらには、個々の借地の位置を特定することにより、上海租界の土地開発の全体的特徴も把握できる。

　③の古地図集に関しては、基本的に第 1 章、第 2 章で取り上げた古地図を使用する。そして、租界に住んでいたにイギリス人による雑誌投稿も多いため、本文の中で適宜説明する。

１　都市開発の問題と主体

１　1870 年代までの上海都市整備

　都市形成には、その骨格をなす道路整備、土地開発、下水道整備、建物の建設、及びそれら都市整備事業を成立させるための体制の確立が不可欠である。水路と中国人集落が至るところに存在する上海地域において、外国人が貿易と生活をできるような租界と貿易港を造成し、また 1850 年代からの農民反乱を逃れるため、租界に進入してきた大勢の中国人を収容出来るような都市を短期間で造るのは、いずれも至難の業であった。

　特に、都市開発の費用に関して、19 世紀から 20 世紀にかけてのアフリカやイ

95

Ⅰ部　上海の建設とインフラストラクチャー

ンドにおけるイギリス植民地の都市整備の歴史を振り返ってみると、植民地の都市開発は、イギリス国内外の商会、銀行、保険会社、証券会社が関わり、一種の海外投資である。一般の庶民も自分の貯金を銀行に預け、植民地開発の投資に積極的に参加していた。実際、1863年に上海租界の下水道整備のために、工部局が西インド中央銀行から一時的にローン3万1067.96両を借りている[注3]。

　1845年土地章程の第12条と20条にはイギリス租界に住む外国人商人たちが道路、下水道、街路整備の責任を持つと定められた。すなわち、上海租界の都市基盤整備の費用は、道路碼頭委員会と後の工部局が工面することになる。例えば、1850年9月時点で道路碼頭委員会は6900ドルの碼頭基金を集め、石積の碼頭（埠頭）を4つ建設すると、残金は1548ドルであった[注4]。しかし、実際のところ、大勢の自己利益中心の外国人借地人らは、道路、下水道の整備に資金を出したがらなかった（後述）。

　インフラ整備とは対照的に、教会、娯楽施設と鉄道の整備費用は簡単に捻出できた。例えば、フランス人宣教師カウント・デ・ベッシ（Count de Bessi）が、1848年7月20日に上海県城から近い徐家滙で中国政府の調印の元で一筆の土地を取得し、教会、住宅、学校を建て、一つのカトリック村を出現させた[注5]。さらに、イギリス租界の有志たちが出資して上海レクリエーション・ファンド(Shanghai Recreation Fund)が1860年に設立された。レクリエーション・ファンドは、イギリス人が母国で人気のスポーツを出来るように、租界内の土地を買収し、クリケットグランド、競馬場、ファイブスコートを建設した[注6]。フリーメーソンも中国本土で力を伸ばし、1861年にイギリス租界の広東路で上海フリーメーソンの新館を建設する際に、フリーメーソンの中国北部のチャリティー団体の寄付により150ポンドを集めた[注7]。1875年、ジャーデン・マセソン商会は上海と南京との間を走る呉淞鉄道の敷設に出資している[注8]。

　1870年代まで、イギリス租界において地上の都市施設は続々と生まれたが、それらの建物と市民生活を支える道路と下水道の整備はなかなか進まなかった。1860年3月3日のノース・チャイナ・ヘラルドで「排・水・管（D.R.A.I.N）」として署名したある人物は、「事実、工部局の持続的な苦労にもかかわらず、租界の道路は我々にとって単なる不名誉の源である。現在、誰か大胆な市民がビジネスまたは娯楽のため、ちょっと出かけるにしても、彼には選択肢がない。彼は「運べる牢屋」のような籠に入れられ、クーリーたちに運ばれていく。クーリーたちは泥の中でもがき、籠の中に座っている人たちの神経が狂わされる。また自分自身が命懸けで道路のしつこい泥濘の中を潜るが、上着にとてつもない傷

3 水路と街路の複層化

を付け、そして靴を失い、機嫌が悪くなる」という皮肉をこめて描いた[注9]。

工部局の借地人会議で土地税、家屋税、港湾使用料を足しても足りない場合は、銀行からの融資が一つの方法であった。しかし「今まで借入金の交渉の難しさを十分経験してきた。工部局は単独で公共事業の融資の返済義務が課されるが、工部局の不動産が借入金の保証物件になるという不利を将来的に取り除かないといけないと思案している」とある[注10]。

すなわち、上海租界の都市整備の融資には、銀行がなかなか応じず、工部局の物件は借入金の抵当物件に充てられる恐れがあった。

地上に次々と建てられる建物に追いつくため、都市基盤整備が租界の政府にとって一つの急務となった。しかし、資金調達が困難なため、租界当局は早く、安価にできる道路や下水道の設計手法を考えなければならなかった。その典型例は、1845年土地章程において、既存の道路を活用し、バンド、及び黄浦江に直通する四本の東西方向の道路の整備を決めたことである。その後、イギリス人は旧来の上海地域に存在していた水路網を最大限に利用し、道路、下水道の整備や土地開発に着手していった。

2 道路碼頭委員会 (1849-1854) と工部局 (1854-1948)

道路碼頭委員会の成立は1849年3月10日に行われたイギリス租界の借地人会議で提起された。毎年、借地人の中から任期一年の代表3名が選ばれ、同委員会の委員となる。委員会は、租界内の不動産税を徴収し、道路、埠頭、橋の整備費用に充てる。しかし、税率は借地人会議の同意を得て決められる[注11]。道路碼頭委員会の役割は1854年の工部局の成立と共に終了した。『上海英租界道路碼頭委員会会議史料』を概観すると、1854年までに海運と貿易に重要な港の整備、および下水道整備に着手したことがわかる。しかし、港の整備に成功したケースが多いのに対して、下水道整備は提案されたものの、頓挫したものが多い。道路は既存道路の路面の修理に止まった。

1854年に租界の自治政府として工部局が成立された。拡張し続ける租界の都市、複雑になり続ける華洋雑居の国際社会のゆえ、自治政府工部局の機能強化が必須の課題となった。そのため、1869年土地章程において、工部局の政府機能、公的資金の会計検査、理事の選挙、有権者の定義などの重要な項目が規定されるようになった（第1章、表1-2）。

工部局の頭脳となる理事会は、上海租界で不動産を持つ外国人の中から選ばれるメンバーで構成された。この点はまさに工部局の本質を反映している。

Ⅰ部　上海の建設とインフラストラクチャー

有力な不動産所有者が工部局の理事となり、イギリス租界、後の共同租界の自治に関する諸事項の決定権を持つ。このため、工部局が定める政策は、上海のイギリス、アメリカ租界における不動産所有者の利益を代表するものとなった。1854年成立当初、工部局の理事は七名で、アメリカ人キューニングハム（Cunningham）を除いてすべてイギリス人であった[注12]。

　1854年の第一次会議で工部局の中に道路、埠頭、警察小委員会、税金とファイナンス小委員会が設立された[注13]。1930年代までに工部局は書記課、公務課、警務課、衛生課、電燈課、音楽隊、消防隊及び公立学校と合計8の部門を持っていた。建築と都市整備の担当部門は「公務課」であった[注14]。

2　道路整備

1　道路整備の基本手法

　1849年、道路碼頭委員会が成立した際、同委員会は上海地域に既存の水路を埋め立てず、水路網と併存するグリット状の道路計画図を作成した[注15]。しかし、1854年、工部局に変わると、道路整備は、旧来の上海地域に存在していた水路の埋め立て工事を常にともなった。ここで一つの事例を取り上げる。

　　〈1855年8月2日 工部局会議記録〉
　　一つの同意書が報告された。元の道路整備の契約者に毎年1300ドルの料金で（租界内の）すべての道路と下水道の修理を実施することが合意された。それに加え、この仕事の監督報酬として契約者に毎月20ドルを支払う。上記の料金で、彼はすべての道路を修理した上で、シラーの土地の前にある大きい水路を埋めたて、T・ボーマンの土地の前の道路の高さを上げる。

　すなわち、1855年8月時点で、工部局は、外部の業者と道路整備に関する契約を更新し、民間の業者に道路・下水道修理、監督、水路の埋め立てと路面整備の業務を委託した。

　ついで、工部局会議記録の中に見られる道路整備に関する最も早く、そして連続的に記録した文章[注16]を抽出し、工部局による詳細な道路整備の手法について分析する。下記の史料は寺院路（Temple Road、現在の山東路）の整備過程を記録している。

3 水路と街路の複層化

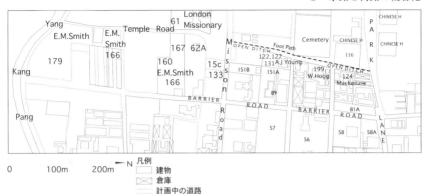

図 3-1　1855 年の寺院路附近見取図（1855 年上海地図と上海道契より筆者作成）

〈1854 年 9 月 21 日　工部局会議記録〉
　バリア・ゲート（Barrier Gate）から発する道路は、墓地の南側に通過する部分の幅を 22.5 フィートとし、東側には一本の水路がある。W・ホッグ、マッケンジー、A・J・ヤングの 3 名に対して、早速、その道路の上に置かれている障害物を撤去せよと命じる。

　ここで名前を上げられた 3 名のイギリス人借地人と彼らの借地は、1855 年借地人リスト（List of renters of land at Shanghae registered at the British Consulate）と同年の地籍図にあたる 1855 年地図から確認できた[注17]。この貴重な情報に基づき、寺院路周辺の地図を復元すると、図 3-1 のようになる。W・ホッグ（W. Hogg, 199 番）、マッケンジー（Mackenze, 124 番）、A・J・ヤング（A. J. Young, 122、127、131 番）の借地は、外国人墓地の前に通るフットパスと水路（Open ditch）の傍らに位置していた。
　そして、図 3-1 が示すミッション・ロード（Mission Road）からパーク・レーン（Park Lane）までの小道と河は、寺院路（現在の山東路）に相当することを 1864-1866 地図[注18]、及び現在の上海公図から確認できる。これらの古地図情報から寺院路は確実に旧来のフットパスと水路により建設されたものと判断する。
　水路が埋めたてられた理由に関し、第 2 章で取り上げたように、西洋人は旧来の中国人社会における水路の機能と意義について十分理解していなかったこと、及び既存の水路に対し、清朝の上海政府または両側の住民が十分な管理を行わず、水路の機能が果たせなくなるばかりか、最終的に公害の源となったと考えられる。

99

Ⅰ部　上海の建設とインフラストラクチャー

　しかし、水路を次々と埋め立てていけば、水路が持っていた排水機能を失うことになるので、市街地の排水に問題が生じる。そこで、租界における水路の暗渠化の可能性について調べた。しかし、道路碼頭委員会の会議記録、工部局会議の記録を通覧しても、暗渠を敷設する記録は一切見当たらなかったため、水路はそのまま埋めたてられたと思われる。

　水路の埋めたて用の土砂に関する興味深い記事があった。道路碼頭委員会の1852年5月18日の会議で、冠水した道路の路面を上げるには、「黄浦江の河岸から掘った土を使用する。この方法は、埠頭周辺の水深を深めるのにも有利である」[注19]と記している。上海租界の市街地と港の整備過程において、水域と陸域の間の「土」の移動と有効利用が議論の一つの焦点であったことがうかがえる（第4章）。

　市街地の排水という重要な役割を果たす水路の埋めたてにより、特に秋季に高潮に見舞われた時、イギリス租界内の道路はいつも水浸しになった[注20]。この一側面は、前掲第2章が取り上げたノース・チャイナ・ヘラルド紙に掲載されている「1859年報告」からもうかがえる。例えば、「その中のいくつかの道路がすでに陥没し、元の洋涇浜に流れる小川の姿に戻っている、ほかの道路はいつかそっくり河に落ちこむ恐れがある」とある。水路は完全に埋めたてられず、泥か砂が流されてしまい、そのまま、本来の河に逆戻りした。それは、土による水路の埋めたて工事の不備にも原因があったと思われるが、高潮や大雨の際に溢れる潮水や雨水がどうしても本来の水路筋に流れ込んでしまい、埋めたて工事が失敗したと考えられる。

　上記のような失敗にも関わらず、水路を埋め立て、道路として整備するというのはその後の工部局による上海租界の都市開発と拡張の主な手法になっていく。第2章で述べたように、農業用水、排水及び交通機能を有していた水路が単なる陸域の交通路に変身した。水路の埋立てによるイギリス租界の道路網の形成は、まさに上海が近代都市としてスタートした証拠であった。

2　道路網の形成過程

　本節は、例年の古地図、古地図上に書かれている記録、及び道路形成に関連する文献の分析から、上海の道路網形成の特徴を解明する。

　1867年にイギリスで発行されたガイドブック *The Treaty Ports of China and Japan*[注21]は、イギリス租界の道路網の特徴を次のように記している。

100

3 水路と街路の複層化

バンドから租界の西の境界線の泥城浜までの距離は、4分の3マイル（約1.2キロ）よりやや短い。これは、バンドと平行に走る6本のメインストリートで区分されている。これら6本の道路は、租界の南北方向に走る6本の主要道路と交差している。

　上記の記述からは、1860年代のイギリス租界内の道路網は、6本の東西方向の道、6本の南北方向の道により構成される整然としたグリッド状街路と想像しがちであろう。しかし、イギリス租界内の道路網は決して整った形ではなかったことが（口絵の図10）から見受けられる。

　まず、口絵の地図2（第1章）に描かれている1849年以前のイギリス租界の様子と道路網を見てみよう。同地図には、東に黄浦江、北に蘇州河、西にチャーチ・ストリート（Church Street、現在の江西路）、南に洋涇浜までの範囲しか描かれていない。この地図から、当時の上海イギリス租界内の道路網はまだ整えられていなかったことがわかる。

　細かく見ると、バンドは屈折し洋涇浜まで到達していないが、1845年土地章程の中で決められた黄浦江に出るための6本の縦の道路が敷設されていることは確認できる。同様に、1845年土地章程の第4条に決められた道路、即ち、図中の49番の製氷場から洋涇浜までのチャーチ・ストリートが最もよく整備されていた。そのほかの所に水路がまだ流れていることは見逃せない。イギリス領事館敷地の西側に流れる斜めの水路は、1855年地図（口絵の地図3）[注22]から確認できるが、のちの園明園路となった。

　ついで、1849年地図（口絵の図1、1849年）で注目されるのは、イギリス租界内の道路と水路網が併存している様子である。詳細に検証していくと、領事館ストリート（Consulate Street）は、バンドから端を発し、2本目のチャーチ・ストリートとの交差点から、水路と小道になり、西側に行くにつれ、単なる水路となり、当時の租界地図の西端に到達する。そして、パーク・レーン（Park Lane）も、チャーチ・ストリートとの交差点から、順番に河、河と小道の併存、最後に単なる小道、となり、地図の一番西側に至る。パーク・レーンと領事館ストリートとの間の筋においては、河と小道が蘇州河から発し、屈折しながら、西側へと延びる。この水路は、1862-63年に作成された口絵の地図4では「運航可能な運河」として記されている。そのほか、主要の道路筋の合間に、断片的なフットパスや河の様子も確認できる。さらに、パーク・レーン筋より南側の地区においては、パーク・レーンに続く河から、洋涇浜に向けて走る2本の河と小道があった。

101

I部　上海の建設とインフラストラクチャー

　これで、今後のイギリス租界の道路整備は、フットパスと水路を足がかりとして、それらを生かしながら、進行していくことが予測できる。そして、この時点でイギリス租界の道路は、既存の小道や水路に依拠して格子状の街路網が形成されていた。

　1855年地図（口絵の図1、1855年）は、イギリス租界の南側、すなわち洋涇浜に近い南側の市街地の状況を記録し、パーク・レーンより北側の地区の状況を省略している。そのため、当該地区の道路整備状況を把握できない。

　1855年地図を見ると、1849年地図に記されていたクリークが断片的に市街地に残っている様子が窺える。それらは、すでに水路として機能しなくなっていると見られる。この時点でイギリス租界にあった水路網はその形と機能がともになくなりつつあると考えられる。このことは、上海が旧来の集落から、道路を核とする近代的な都市に変貌していった実態を如実に反映していると言える。

　1855年の道路敷設に関して、東西方向の主要道路が西側へと延長する動きが見られる。1849年時点で存在していた河と小道が道路として充当された。一方、パーク・レーン（Park Lane）より南側の地区においては、東西方向に、パーク・レーン、ミッション・ロード（Mission Road）、ノース・ゲート・ストリート（North Gate Street）はまだ建設中ではあるが、確実に西側へと延びている。そして、南北方向において、1849年地図（口絵の図1、1849年）で描かれたクリークや小道をそのままなぞって、計画中の2本の道路線が引かれている。この2本の道路はそれぞれ後の山東路（Shantung Road）、福建路（Fookien Road）となった（口絵の図1、1864-1866年）。

　興味深いことに、この時期の道路の命名に、道路が経由または到達する場所の都市施設の名前が用いられた。言わば、イギリス租界の道路整備過程は、外国人の上海生活における必要不可欠な施設整備の実態を反映していた。例えば、パーク・レーンは、レクリエーション施設であった競馬場と公園へいくための交通路であった。ミッション・ロードの先には、ロンドン宣教師協会（London Missionary Society）があった。チャーチ・ストリートはトリニティ教会（Trinity Church）の前を通る。ノース・ゲート・ストリートは租界から県城の北門（North Gate）に通じる道路であった（口絵の図1、1849年）。

　この分かりやすい道路の命名方法は長く続かなかった。1866年時点で、租界の都市拡張と伴い、道路網がより複雑になったため、東西方向の道路には、中国の主要都市の名前をつけ、また、南北方向の道路は、中国各省の地名から命名されるようになった[注23]。

102

3　水路と街路の複層化

表 3-1　1863 年 6 月から 12 月までの道路舗装工事
　　　　（1863 年 12 月 5 日ノース・チャイナ・ヘラルドより筆者作成）

道路舗装			
場所	道路の長さ（単位：丈 1 丈 = 3.33 メートル）	舗装材	完成年月
漢口路 Hankow Road	26 丈	煉瓦	1863 年 4 月
河南路 Honan Road	155 丈	煉瓦	1863 年 5 月
杭州路 Hangchow Road	145 丈	煉瓦	1863 年 6 月
園明園路 Yuen Ming 園明園路 Yuen Rd.	120 丈	煉瓦	1863 年 6 月
江西路 Kiang-se Road	430 丈	煉瓦	1863 年 7 月
山東路 Shantung Road	121 丈	石	1863 年 7 月
北京路 Pekin Road	100 丈	煉瓦	1863 年 7 月
二つの小さな街路 Two small Street	80 丈	煉瓦	1863 年 7 月
江蘇路 Kangsoo Street	421 丈	煉瓦	1863 年 8 月
福建路 Fuhkeen Street	345 丈	煉瓦	1863 年 8 月
広東路 Canton Street	200 丈	煉瓦	1863 年 8 月
蘇州路 Soochow Street	161 丈	煉瓦	1863 年 9 月
松江路 Sung-keang Street	140 丈	煉瓦	1863 年 9 月
福州路 Foochow Road	141 丈	石	1863 年 9 月
台湾路 Tai Wang Road	71 丈	煉瓦	1863 年 9 月

　口絵の図 1（1864-66 年）は、1864-66 年地図が示す道路と地割り線をトレースした図である。同図を見ると、1849 年地図に描かれていた曲折する水路網がそのまま道路網に変身しており、その結果、街区の形はきわめて不整形なものとなっている。

　1866 年時点で、かつて上海イギリス租界内に縦横に走っていた水路はほぼ消え、旧競馬場内とその周辺の断片的な水路の跡しか残っていない。なお、1861 年の競馬場移転[注24] をきっかけに、旧競馬場の馬場もそのまま道路として転用され、イギリス租界内の道路網はますます不整形になった。

　ついで道路開発の主な傾向について見ていきたい。バンドから発する東西方向の主要道路は当時の租界の西端に到達していた。南京路（旧パーク・レーン）から洋涇浜までの範囲に注目する。東西方向の道路、例えば、広東路（旧ノース・ゲート・ロード）、福州路（旧ミッション・ロード）、漢口路（旧海関路）は旧競馬場を通り抜け西端に至っている。南北方向の主要な水路とフットパスも山東路、福建路に完全に変身した。旧競馬場の馬場は、南側の洋涇浜から、北側の蘇州河まで延長され、イギリス租界の南北方向を貫いている。そして、旧競馬場内にも道路開発が進んでいた（口絵の図1、1864-1866 年）。

　表 3-1 は、1863 年 12 月 14 日のノース・チャイナ・ヘラルド紙 694 号に掲載

103

Ⅰ部　上海の建設とインフラストラクチャー

されたイギリス租界の完成された道路の名前一覧表と舗装材を示している。1863年末、イギリス租界の道路網はすでに完成されつつあった。路面の舗装材は、山東路は石であり、他の道路はすべて煉瓦であった（表3-1）。

3　水路と街路の複層化

前掲「道路整備の基本手法」の節で紹介した寺院路の位置特定と同様の方法を用い、イギリス租界における1854年から1866年の道路整備工事の開発年代、区間、手法を整理した。その結果、南京路における山東路からの西側部分、北京路における河南路からの西側部分、河南路における北京路から蘇州河までの区間、寧波路における河南路からの西側部分、山西路における南京路から蘇州河の区間は、いずれも旧来の水路を埋め立てるか、またはフットパスを改善して建設されたことが読み取れた（表3-2）。換言すれば、イギリス租界の主要道路、すなわち現在も上海の黄浦区の中心市街地で機能し続ける幹線道路は、すべて前身の中国人集落の中に存在していた水路とフットパスから変身したものである。旧来の水路とフットパスが、湾曲した道路として、今なお都市の中で機能し続けている。上海は、まさに旧来の水路と近代の街路が複層化した都市である。

水路から道路への埋めたては、明らかに南側の洋涇浜に近い寺院路（現在の山東路）あたりから始まった。それは、この地区にE・M・スミス所有のマーケット、ロンドン宣教師協会、墓地といった主要な都市施設が先に整備されたことに原因があると見られる。西へと伸びる水路が南京路、北京路、寧波路として埋め立てられたのは、イギリス租界が西へと拡張するため、道路開発の方向も必然的に都市の拡張方向に一致するようになったためである。

上記に示した道路開発の過程により、イギリス租界内の道路はいずれも一直線の道路ではなく弯曲する姿は、地図から一目瞭然である。工部局が実測した1864-66年地図の中の街区サイズを計ってみると、イギリス領事館のすぐ南側の街区の寸法は、605.5ft（北側）× 669.2ft（東側）× 1039ft（南側）× 842.52ft（西側）であり、その隣接した南側の街区の寸法は、605.5ft（南側）× 409.4ft（東側）× 511.8ft（北側）× 353.3ft（西側）であった。つまり、街区は一定の寸法基準によって決められていない。この種の道路整備手法は、イギリス租界に止まらず、のちの上海地域全体の都市開発においても用いられた。

例えば、第2章の「水路の用語と所有権の問題」節で取り上げたアメリカ租界の楊樹浦地区の水路は、驚いたことに、1904年時点で全部消失し、点線で記される「計画中の道路」となった[注25]。水路網がそのまま新しい都市の道路網に

104

3　水路と街路の複層化

表 3-2　1854-1866 年までのイギリス租界の道路整備過程
　　　　（1854 ～ 1866 年、工部局会議記録より作成）

	1866 年以前	1866 年以降	建設時期	計画の内容	幅員
1	寺院路 (Temple Road)	山東路 (Shantung Road)	1854.9 ～ 56.9	ノースゲートストリート～パークレーンまで延長	22.5ft
2	バリアロード (Barrier Road)	河南路 (Hona Road)	1856.5 ～ 61.1	ノースゲートストリート～蘇州河まで延長	
3	ストーンロード (Stone Road)	福建路 (Fokien Road)	1859.11	洋涇浜～パークレーンまで延長	30ft
4	なし	寧波路 (Ningpo Road)	1860.11 ～不明	バリアロードより西へと延長	
5	パークレーン (Park Lane)	南京路 (Nankin Road)	1860.9	寺院路より西へと延長	30ft
6	バリアロード (Barrier Road)	河南路 (Hona Road)	1861.12	洋涇浜～ノースゲートストリートまで延長	30ft
7	ストーンロード (Stone Road)	福建路 (Fokien Road)	1861.1	パークレーン～蘇州河まで延長	30ft
8	領事館ストリート (Consulate Street)	北京路 (Pekin Road)	1862.1 ～ 65.8	バリアロードより西へと延長	22.5ft
9	ノースゲートストリート (North Gate Street)	広東路 (Canton Road)	1862.5	旧競馬場より西へと延長	
10	洋涇浜バンド (Bund on Yang King Pang)	松江路 (Sung-Kiang Road)	1862.5	バンド～チャーチストリートまで整備	
11	シク路 (Sikh Road)	広西路 (Kwangse Road)	1862.4	洋涇浜～蘇州河まで整備	
12	馬場 (Race Corse)	浙江路 (Chekiang Road)	1862.4	洋涇浜～蘇州河まで整備	
13	老閘路 (Laozha Road)	山西路 (Shanse Road)	1862.6	パークレーン～蘇州河まで延長	
14	なし	成都路 (Chengdu Road)	1864.6	パークレーン～蘇州河まで延長	

※クリーク及びフットバスにより建設された道路はグレー色で塗っている。

転身することが上海の近代都市化そのものであることの証左にほかならない。
　一方、旧来の排水機能を担っていた水路網を無視し、埋めたててしまったことが、現在も上海市街地で多発する水害の原因になる。水路を埋めたて、道路にすることは近代の東京やロンドンの都市形成史上、けっして珍しくない。しかし、18 世紀のロンドンには暗渠化の動きが見られた。典型的な例として、ロンドンシティの中心部にあるポール大聖堂の東側に北から南へテムズ川に流れていたフリート河（Fleet Ditch）は 1740 年代までは排水溝であったが、それ以降、排水溝は覆われて暗渠となり、現在、その上はニュー・ブリッジ・ストリートとなっている[注26]。

105

Ⅰ部　上海の建設とインフラストラクチャー

3　土地開発

1　道契（Title Deeds）

　道路は都市の骨格と喩えるなら、土地開発はその肉付けと言える。1845年土地章程は、イギリス租界の東西方向、南北方向の道路筋を決めた。しかし、初期の上海イギリス租界の都市計画は、我々がイメージする近代的な道路計画、土地開発とゾーニングなどの都市計画理念に基づいて行われたわけではなかった。また、第1章で述べた通り、幕末の横浜居留地のように、幕府が道路、土地の整備をしてから、外国人に貸し出したものでもなかった。上海をはじめとした中国の開港場の場合は、外国人商人、会社、宣教師、団体がそれぞれ個別に中国人地主から土地を借り、事務所、商会や住宅を建設することが、都市開発の始まりであった。また、外国人による自主的な土地租借が如実に近代上海の都市形成における「無計画性」を反映している。

　1845年からイギリス租界の都市開発が一段落した1866年までの間に発行された土地租借の資料『上海道契』を通覧した結果、イギリス人による借地化の全体的な傾向として、東側の黄浦江沿いの土地から西側の内陸部へと徐々に進行していったことが読み取れる。そして、道契の中に記されている土地の立地条件に着目すると、イギリス人が中国人地主から借りる土地の交通条件とその周辺環境まで知ることができる。

　さて、1840年代に上海に辿り着いたイギリス人は、どのような意図で土地を借りて租界開発を行っていたか。彼らによる土地開発は上海租界の都市整備にどのような影響を与えていたのかについて究明するため、ここで1筆の借地の道契の英語原文を抽出してその詳細について説明する。

　　　Lan, Superintendent of Maritime Customs for the Province of Keang-nan; Intendant of the Soo-sung-tae Circuit, hereby gives this Deed for the Renting of Land.

　　I have received a communication from the *British* Consul stating that the Merchants *Young A. J.* has applied to rent in perpetuity from the Proprietors *Seu ta ching* a lot of Land, situated within the Boundaries of Ground set apart, in according with the Treaty, for the location of Foreign Renters at this Port of Shanghae, measuring in area *Five* mow, *One* fun, *Two* hao.

　　Bounded:

106

3　水路と街路の複層化

On the North By *Chinese Renters*, On the South By *Cemetery*
On the East By *the Ditch*, On the West By *the Chinese Renters*
　　…　中略
　Heng Feng 5*th* year 12*th* month, 20*th* day *November* 1855
No of Lot 116, No of title Deed 110

　この道契は、1855年（咸豊5年）12月20日に、A・J・ヤング（Young A. J）とい
うイギリス商人が上海道台であった藍（Lan）宛に提出した土地永久租借の申請書
である。A・J・ヤングは、中国人地主徐大経（Seu ta ching）から、1筆の土地を借
りた。土地面積は5畝1分2毫（＝約3334㎡）で、北側が中国人の土地、南側が墓地、
東側が水路、西側が中国人の土地に囲まれた場所に位置する。すなわち、A・
J・ヤングは、水路沿いの土地を中国人地主から借りるが、その周辺地区にはま
だ中国人所有の土地があった。ここで水路はあくまでも借地の範囲を現す境界
線となり、土地に附属してA・J・ヤングに貸したとは考えにくい。上海にあっ
た水路の大部分は、後ほど工部局により埋めたてられ、「公共 public」道路となっ
ていくことは前述の通りである。
　続いて紛らわしい借地の地籍番号について考察する。A・J・ヤングが借りた
土地の地籍地図上の番号（No. of Lot）は116番で、イギリス領事館での登録番号
（No. of the Title Deed）は110番である。この二つの番号に関しては、『上海道契』の
解読作業を進めていく中で、後に借地人らによる土地転売の際に、地籍図上の
地籍番号（No. of Lot）が常に更新されていたのに対して、領事館での登録番号（No.
of the Title Deed）すなわち道契の番号は変わっていないことを発見した。この知見
は今後、上海租界の土地開発の過程を追及する上で極めて重要である。本節も
この領事館での登録番号（道契の番号）を手がかりに各番地の位置特定を行うこ
とができた。
　この110番の位置を特定するには、*Land Schedules, 1890 - English Settlement* とそ
の附属地籍図である *Cadastral Plan of the English Settlement, 1890*（以下1890年地籍図
と称する）[注27]と照合させる必要がある。*Land Schedules, 1890-English Settlement* は、
工部局が1890年に作成した土地関係の公文書で、日本の「地価告示」に類似す
るものである。同史料には、1890年地籍図に掲載されている地籍番号（Number on
Cadastral Plan）、及び領事館での登録番号が記録されている。同史料を使用するこ
とにより、1855年にA・J・ヤングの租借した110番は、1890年の地籍図上の「247」
番にあたることが判明した。A・J・ヤングの借地は、パーク・レーン（現在の南

107

Ⅰ部　上海の建設とインフラストラクチャー

京路）と寺院路（現在の山東路）の交差点にあり、まさにイギリス租界の真ん中に位置する（口絵の図2、1860-61年）。

さらに、領事館での登録番号と各地籍図上の番号は、イギリス租界におけるすべての借地の租借年代と位置を正確に把握するための手がかりとなった。さらに、道契の整理により、1843年開港直後から1866年イギリス租界の都市開発が一段落するまでの間の、外国人借地人による土地租借の実態について究明できた。その成果に基づき、イギリス租界の土地開発状態を詳細に記録した1849、1855と1866年地籍図、及び土地開発の進行状況を根拠に、イギリス租界の土地開発過程を示す地図を1844〜1855年と1856〜1866年の2期に分けて作成した。

2　土地開発の進行状況

(1)　1844-55年

第一次土地章程は1845年に締結されたが、イギリス商人や宣教師は1844（道光24）年からすでに土地租借を始めている。イギリス領事館に登録されている道契番号の1から8番の借地がその事例である。ここで、最初に租借されていた8筆の土地の立地条件に着目し、開港初期の上海におけるイギリス人による土地開発の傾向を分析する。

道契史料と1849年上海地図を照合することで、1844年に租借された土地を口絵の地図2に特定できる（第1章）。1〜8番の借地はバンドに沿って立地するが、24と25番の借地は水路に面している。言わば、1844年に、イギリス人は、バンドや水路を足がかりに、土地を借りて建物を建設し始めた。

1845年、新たに租借された61、62、42、43、39番はいずれも水路とフットパスに沿って立地していた。道契の中では、「1849年地図上に示されている借地は水路に沿っている」と明記されている[注28]。また、同じく口絵の地図2をみると、水路に囲繞された中国人の土地31番が残っている。なお、24番のイギリス人埋葬地（English Burial Place）とその隣の23番の中国人埋葬地（Chinese Burial Place）はいずれも水路沿いに位置している。後に、E・M・スミスとリンゼ（Lindsay）の商会がこの2筆の埋葬地の跡地に建てられた（口絵の地図3）。

1849年、イギリス租界に合計71筆の土地が外国人により租借されたが、1855年末には175筆まで増加した[注29]。1855年、既存の水路やフットパスをなぞるように新道路や計画中の道路が整備されたため、それらの両側に借地化が更に進んだとみられる。そして、道路が完全に整備されていないにもかかわらず、地

108

籍番号が割り当てられているところもあった。例えば、未完成のパーク・レーンの両側に位置する114、116番がその実例である（口絵の地図3）。

以上より、1844年から1855年にかけてのイギリス租界の土地租借過程と開発過程を分析した結果、水路がいたる所に存在していた上海において、水路と何らかの関わりのある土地を借りることは、早期のイギリス商人にとって必然的な選択になったと考えられる。すなわち、水路は、租界の土地開発において一つの欠かせない指標となったのである。水路の存在により、借地の境界線を明確に示せるというメリットにくわえ、外国人の交通や生活にある程度の便宜をもたらしたものであった。

既存の水路が埋め立てられ、道路網の一部として吸収されていくという手順に、水路を足がかりにその両側の土地を優先的に都市開発用地として転用していくことは、旧来の中国人集落を基礎とした近代上海の都市形成原理を反映している。

（2）1856-1866年

ここでは、道路開発過程との関係から、土地開発過程の特徴について総合的に分析する。まず、1856〜1866年の道路整備の主要時期に着目する。

1856〜1866年における各道路整備の時期、及び整備区間を整理したものが表3-2である。この表によれば、1856〜1859年には、主に南北方向の山東路（旧Temple Road）、河南路（旧Barrier Road）、福建路（旧Stone Road）が整備されたが、一方、南京路（旧Park Lane）から蘇州河までの区域には、水路やフットパスがまだ残っている（口絵の図2、1856-1859年）。1860〜1861年、南京路から洋涇浜までの地区に、旧競馬場を始め、河南路、福建路の他、東西方向の南京路と寧波路が整備された。1862〜1866年には、未開発のまま残っていた蘇州河から南京路までの地区において、道路整備が集中的に行われた。これにより、1855年以降の道路建設の主要時期は、1856〜1859年、1860〜1861年、1862〜1864年の3期に分けることができる。以下、イギリス租界の道路開発におけるこの3つの時期区分に基づき、土地開発過程を分析することとする。

まず、1845年から1855年までの間に借地された地区の外側を取り囲むように、1856年から1859年にかけて、新たに土地が租借されている（口絵の図2、1856-1859年）。具体的には、北側の蘇州河から南側の洋涇浜までの地区で、1855年以前の借地の中に残っていた隙間が借地化された。それと同時に借地化が次第に西へと進んでいく。（範囲1の）（1）南京路、（2）山東路、（3）福建路における工部

Ⅰ部　上海の建設とインフラストラクチャー

局による道路計画工事はまだ中途ながらも、それらの両側の土地開発がすでに
進行している様子が分かる。一方、（範囲2の）蘇州河からパーク・レーンまでの
間の地区においても、公道は建設されていないが、フットパスや水路に沿って
土地開発が進んでいた。

　ついで1860～1861年において、（範囲3の）計画中の福建路、旧競馬場に沿っ
て、土地が租借された。特に、旧競馬場の外側から土地がまず租借された。一
方、1856～1859年と同様に、（範囲4の）北側の蘇州河沿いに、まだ公道に吸収
されていないフットパス沿いにおいても、借地が増える傾向になった（口絵の図2、
1860-1861年）。

　最後に1863～1866年においては、福建路より西の地区の道路計画が進行した
ため、新道路の両側の土地がすべて租借された。しかし、その時点では、それら
の借地の中に、まだ未開発であった土地も見受けられる（口絵の図2、1862-1864年）。

　以上の分析により、1856年から1866年まで、工部局による道路整備がフット
パスや水路をなぞる形で進められた背景には、先行的に進展していった外国人
借地人らによる土地開発があったものと考えられる。1864-1866地図（口絵の地図
10）からも明らかである。1856年以降、イギリス租界で外国人が借りた土地は、
ほぼ、中国の内乱から租界に逃げてきた中国人用の住宅地として開発された。
外国人の商会、住宅、倉庫、都市施設は、口絵の図2、1856-59年が示す1855年
以前の借地（色塗りなし）の上に建っていた。1856年以降の租界の土地は、中国
人住宅地建設のために中国人が外国人に貸したという極めて不可思議な事態に
陥ったといえよう。

　なお、急速な土地開発は水路を埋め立てて道路にする傾向をさらに促進した。
借地の上に建物が建てられ、通行人がしだいに増え、水路と水路沿いのフット
パスで対応できなくなったため、道路碼頭委員会と工部局は水路を埋立て道路
の幅員を拡張せざるをえなくなったと考えられる。例えば、道路碼頭委員会の
1852年5月18日会議記録には、排水や交通機能を担っていた水路に関しては、
公共道路の通行を妨げる「むき出しの大きい水溝」という表現が用いられるよ
うになった[注30]。

4　下水道計画

1　ジョージ・バチェットによる中国における汚物処理法の調査

　イギリス人が整備した租界の下水道の特徴を明らかにする前に、まず、旧来

110

3　水路と街路の複層化

の中国の汚物処理方法を把握しておきたい。

1842年からロンドンで出版されている建築専門誌の *The Builder* の1871年12月31日号[注31] に、ジョージ・バチェット（George Buchett）という人物が面白いレポートを寄せた。タイトルは「中国の汚物活用システム」(*The Chinese system for the utilization of sewage*) である。この調査報告は、ジョージ・バチェットが植物探検ツアーで中国の中央と西北の地方を旅行した時に取ったメモを中心にまとめられたものである[注32]。彼が記述した19世紀の中国の都市と町の汚物処理法は、現在も下水道が普及していない農村部、内陸部に残っている。筆者も幼い頃に浙江省の農村で同じような汚物収集と処理方法を経験している。この調査報告書に基づき、上海などの開港場に西洋人が導入した下水道が普及する前の、中国の汚物処理法について説明する。

ヨーロッパ諸国では、1870年までに人口増加と都市拡張により、人間の糞尿やゴミといった汚物の処理が大きな問題となっていた。当時、イギリスの一部では地下の下水道システムがすでに整備され、地上にも汚物収集のための囲いが出来ており、衛生環境はかろうじて保たれていた。なお、北イングランドのリーズ市における上下水道敷設の経緯については、加藤祐三『イギリスとアジア』を参照のこと[注33]。フランスやドイツも下水道の整備を試みたものの、その成果は不明である[注34]。ハンガリー人は、汚物を処理せずに、そのまま、住宅の近くに堆積させる。それには一種の宗教的畏敬の念が含まれていた[注35]。しかし、中国では違っていた。「彼らは、疑う余地もなく、世界で最も優れた農耕者で庭師である……ゴミや汚物を絶対河に流さず、それらを全て拾い、自らの住宅から千マイルも離れた地の果てに保存しておく。それにより、河は山から流れてきた清流のように澄んでいる」とある[注36]。

では、中国人のゴミと汚物の保存および再利用の過程を見てみよう[注37]。ヨーロッパ人が「無駄」と思う物を中国人はすべて拾い、特定の水路または地下の排水路を経由させて都市部近くの空地または家から離れた場所に流す。それで、極めて原始的な手法、例えば水力、または汚物が発生した蒸気で回転する原動機を使い、流された汚物を水路の岸までくみ上げてから、近くの貯蔵穴に持って行く。なるべく多くの汚物を貯蔵し、その貯蔵穴が満杯になるまで、そのまま、何もせず、汚物を沈殿させるだけであった。化学反応で出来た汚物の上に浮く水は、栄養豊富なため、近くの農地に流すか又は必要な農地に運ばれていく。それらの水を全部農地に放流した後、下の沈殿物を乾燥させ、固くなるまで待つ。汚物がほぼ臭わない理由は、貯蔵穴に大量に投入される石膏、チョー

111

Ⅰ部　上海の建設とインフラストラクチャー

ク、灰がそれらの匂いを消しているからである。その後、石膏やチョークででき た貯蔵穴の囲いを壊し、乾燥した汚物をワゴンや台車で運ばせる。これでま た新しい貯蔵穴をつくる。貯蔵穴の形は円形、方形で様々だが、長さ60フィー ト（約18メートル）、幅40フィート（約12メートル）の長方形が殆どである。深さ は12フィート（約3.6メートル）のものから20フィート（約6メートル）のものま である。このシステムの管理にかかる費用は、一般的に土地の地主が肥料購入 費用として負担するが、都市の政府が負担する場合が多い。それは、汚物から 生産された肥料はよく売れるからである。大都市の場合は、一つの農村に限定 して肥料を売らず、一番高い値段を提示する所に売る。この中国人の汚物処理 システムに関して、ジョージ・バッチェットは報告書の冒頭で絶賛している。

　　このすべての調査は下記の理由により行われた。最も古くから存在して いる民族、又は地球上に最も高密度に人々が生存している国、人類の3分 の1を占めると思われる人口。しかし、我々は彼らの殆どの都市と町にお ける汚物の収集と処理方法に関する記述は今まで見たこともない。彼らの 方法は、私たちから見れば長年の経験から得たすべての長所、かつ我々も 知っている最新の下水システムの優れた顕著な点を含んでいる。そのうえ、 この方法は極めて簡単でかつ儲かる。

2　下水道整備

　本節では、1849年から1854年まで、租界の都市整備を主導していた道路碼頭 委員会と工部局による下水道整備の過程に着目する。『上海英租界道路碼頭委員 会会議史料』、『工部局会議記録』、ノース・チャイナ・ヘラルド紙を主要史料と し、同時期の古地図と照合させながら、上海イギリス租界初期の下水道整備の 計画性と下水道網の特徴を探る。中国人の旧来の汚物処理方法と違って上海に 渡航してきたイギリス人はどのような下水道システムを考えたのだろうか。

　道路、土地の整備に続き、衛生的で健康的な生活を送るには、汚水、汚物を 処理するための下水道の整備が急務となった。ただし、「近代」的な都市開発に おいては、道路整備の際に必ず下水道も同時に敷設されると思われがちだが、 1840年代から1850年代までの上海イギリス租界の下水道整備はこのような順序 では運ばなかった。

　初期上海租界の都市整備、道路、土地の開発は既存の水路に依拠していたが、 下水道の整備も既存の河や水路に大きく左右された。租界内に溜まっていた汚水

112

3　水路と街路の複層化

図 3-2　1852年道路碼頭委員会が提起した下水管の仕様（道路碼頭委員会会議記録より筆者作成）

と汚物を同時に効率よく排出するため、1852年5月27日にイギリス租界の道路碼頭委員会の会議でチャーチ・ストリートの下水道整備が議論されていた[注38]。

1852年のイギリス租界内の道路建設の進行状況により、道路碼頭委員会は、チャーチ・ストリートの排水管を蘇州河から発し、汚水を洋涇浜に流すことを提起した。排水管と排水網の設計は1852年6月21日の道路碼頭委員会の特別通達に詳細に記されている[注39]。

具体的には、洋涇浜から借地人ボーマン（Bowman）の敷地、即ち領事館ストリートまでの区間におけるチャーチ・ストリートの下水道を租界の幹線下水道にすると提案された。下水道の排水管は直径3フィート（約0.9メートル）の煉瓦造で、洋涇浜に向って10フィート（約3メートル）ごとに0.1フィート（約3センチメートル）の勾配を付ける（図3-2）。それに接続する支流の排水管の直径は1.5フィート（約0.45メートル）と決められた。

洋涇浜に置かれた排水管の排出口から、高潮時に河水を排水管の中に引き、排水管の中を清掃してから、引き潮の時に汚水と排水管の中に溜まっていた泥や汚物と一緒に洋涇浜経由で黄浦江へと放流させることを道路碼頭委員会が考案した。このような下水道は、潮力下水道と呼ばれる。さらに河水による清掃だけでは不十分だと考え、年に1回から2回ほど清掃労働者を雇い、人工的に排水管の清掃を行うことも決められた。なお、高潮の際には、大量の水が下水道の中に流れ込むことを回避するため、河と接続する下水道の排出口には蓋を設置することも提案された。

道路の下に埋設された潮力下水道の原理は、第2章で分析したように上海の水路はすべて何らかのルートを経由して黄浦江、蘇州河に通じるため、それら

113

I部　上海の建設とインフラストラクチャー

の水の流れが黄浦江、蘇州河の潮力に左右されることにある。潮力下水道の設置も租界の外国人建設者たちが上海地域に存在していた水路網の特徴を生かした結果であると言える。

　チャーチ・ストリートの排水管のほか、東西方向の道路筋の排水管は支流排水管とし、直径が1.5フィート（約0.45メートル）で、同じ勾配でチャーチ・ストリートの排水管と接続させ、汚水と汚物は一緒に洋涇浜に排出させる予定であった。また、将来、イギリス租界が西へと拡張することも見据え、チャーチ・ストリートと平行する南北方向の下水管工事も新たに提起された。この大型下水道計画案は、土木技術と資金不足で1852年7月3日の借地人会議にて一旦却下された[注40]。しかし、この提案は、その後の租界の下水道整備に影響を与え続けることになる。

　まず、1863年6月から12月まで、工部局が整備した排水管の形はシャープな卵型が採用され、地面からの深さは3フィート（約0.9メートル）で直径は2フィート（約0.6メートル）が標準的なサイズであった。上記チャーチ・ストリートの総排水管のサイズがやはり一番大きく、地面からの深さは5フィート（約1.5メートル）で直径は3フィート（0.9メートル）であった[注41]。

　ついで、潮力を利用して清掃する排水管が1862年に再び工部局の会議で採用されたことも下記の史料から確認できる[注42]。

　　〈1862年4月7日　工部局会議記録〉
　　ターナーが次のように報告した。
　　防衛委員会から租界内の下水道を建設するという報告を受けて工部局は感謝している。キューニングハムは下記のように回答した。防衛委員会が最近開設したシャクロ・ロード（Shakloo Road）の下水道に加え、旧競馬場の馬場と平行に走る新しいシク・ロード（Sihk Road）及びそれと平行し、蘇州路（Soochow Road）と命名される予定の新道路の下に洋涇浜から蘇州河まで、2本の下水道を整備すると提案した……それらは「潮力排水管」を採用すべきであり、その近辺に溜まっている悪臭を放つ汚水から生じる汚染を排除する。

　潮力排水管は、確かに一時的に租界内の汚水と汚物の排出に多大な役割を果たしたが、予想外の高潮に見舞われて破損し、道路が陥没するなど、工部局の理事らを悩ませることとなった[注43]。

114

3　水路と街路の複層化

表 3-3　1854 年から 1866 年までのイギリス租界下水道工事一覧表
　　　　（1834 〜 1866 年、工部局会議記録より作成）

	下水道の道路名	建設開始時期	整備の区間	道路と同時に整備	道路より後に整備	借地人事業費負担	備考
1	山東路 (Shantung Road)	1855	南京路〜福州路	●		●	
2	山東路 (Shantung Road)	1857	福州路〜洋涇浜	●		●	
3	福州路 (Foochow Road)	1857	四川路〜江西路		●	●	既存の施設排水管の再利用
4	北京路 (Pekin Road)	1857	バンド〜四川路		●	●	
5	福建路 (Fokien Road)	1860	南京路〜洋涇浜	●		●	旧下水管の撤去
6	南京路 (Nankin Road)	1862	―		●		
7	浙江路 (Chekiang Road)	1862	洋涇浜〜蘇州河	●		●	
8	広西路 (Kwangse Road)	1862	洋涇浜〜北京路	●		●	
9	南京路 (Nankin Road)	1862	バンド〜河南路		●		
10	山西路 (Shanse Road)	1862	蘇州路〜南京路	●		●	
11	江西路 (Kiangse Road)	1862	福州路〜洋涇浜		●		旧下水管の再利用
12	広東路 (Canton Road)	1863	四川路〜江西路		●		四川路の下水道に繋げる
13	河南路 (Honan Road)	1863	洋涇浜〜蘇州路		●		旧下水管の撤去

〈1865 年 10 月 10 日　工部局会議記録〉

　下水道：先月、通常ではない高潮に襲われ、下水管の口が大きな損害を受けたと工部局の技師が報告している。それらの下水管は、彼が上海に来る前に、非常に粗末な方法で造られたものである。4 本はすでに陥没し、排出口は塞がれた上、そして道路に危ない穴まで出来ている。しかし、工部局財政の困窮のため、必要な修理に影響が出ている。（工部局の）委員会には、このような深刻で有害な状況をどのように解決するかという指示が求められる。

　以上より、1852 年から 1865 年までの間におけるイギリス租界の下水道と下

115

Ⅰ部　上海の建設とインフラストラクチャー

水道網の設計案を分析した結果、汚物の最終処理には問題のあったことが露呈した。処理場を建設し、汚物を処理する意図は道路碼頭委員会にも工部局にもなかった。それらは下水管を通して租界内の汚物を特定の場所に集められてバキューム・タンク車で運ばれ、遠くの海に捨てられるのみであった[注44]。

3　下水道網の特徴

　本節は、道路碼頭委員会会議記録と工部局会議記録の中に収録されている下水道の記録を抽出し、1852年から1866年にかけて道路碼頭委員会と工部局が整備した下水道網の特徴について分析する。

　まず、図3-3が示す南北方向に走る下水道に注目する。東側から西側へ数えてみると、蘇州河から洋涇浜までの間に敷かれている幹線下水道は、7番の浙江路、8番の広西路、13番の河南路、11番の江西路において見られる。そして、南京路から洋涇浜までの下水道には、5番の福建路及び2番の山東路があった。浙江路と広西路のように蘇州河から洋涇浜まで直通する下水道ではなかったが、5番の福建路、2番の山東路、9番の南京路、10番の山西路の路面下に敷かれていた部分的な下水道と接続することにより、蘇州河から洋涇浜まで汚水を放流出来るような下水網が形成されたとみられる。

　しかし、東西方向に関しては、6番の南京路、4番の北京路、3番の福州路、13番の広東路に下水道が敷設されているが、いずれも断片的なものであった（図3-3）。それらは支流の排水管で南北方向の総排水管に接続されるのみであった。この実態は1866年12月16日の工部局会議記録からも読み取れる[注45]。

　　〈1866年12月16日　工部局会議記録〉
　　　下水道：過去三カ月、小さな排水管の修理以外、大きな下水道に接続させるような排水管工事は行われていない。（工部局の）委員会に、計画中の南京路（馬路）における福建路から河南路までの区間の排水管工事、及びバンドから発し、四川路の主要排水管に接続する広東路と南京路の小さな排水管の整備に早速着手させる。

　すなわち、1866年12月時点で、租界内における大きな下水道工事はほぼ停止していることになる。目抜き通りの南京路と広東路の下水道でさえも支流排水管の範疇に属し、南北方向の四川路の幹線排水管と接続することが下水道網整備の前提となった。イギリス租界の下水道整備事業は、東西方向よりも、蘇州

116

3　水路と街路の複層化

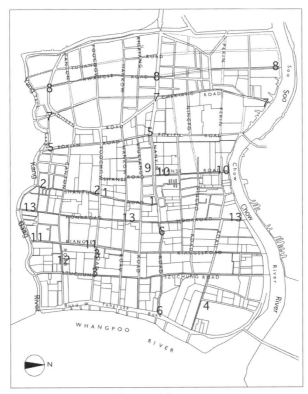

――― 1866年までに整備された下水道

図 3-3　1866 年まで整備された下水道（図中の数字は表 3-3 の数字と一致）

河と洋涇浜に通じる南北方向の下水道が優先的に行われた。

　最初から、イギリス人を始めとした欧米人たちは、植物学者の調査を例外として、中国の既存の汚物処理方法を参考する姿勢がまったく見られなかった。

　彼らは、租界両側に流れる蘇州河、洋涇浜に直接汚水や汚物を放流する意図で潮力排水管を採用し、租界の下水道網を設計した。

　このような下水道網がもたらした結果として、洋涇浜に汚物が溜まり、1914年に洋涇浜がエドワード・アベニューとして埋め立てられることになった。また、潮力が上手い具合に働かず、ゴミと汚物がしばしば河岸に堆積し、中国人労働者のクーリーが雇われ、租界警察の監督の元でゴミや汚物を処理するような事態が発生した[注46]。

117

Ⅰ部　上海の建設とインフラストラクチャー

このようなイギリス租界の下水道計画は、旧来の上海の生態系を破壊することになった。この現象は、上海のみならず、近代世界において、下水道整備は諸国の大都市で進められていた。人間自身が出した糞尿は、従来、農業用の肥料として大事に使われてきたが、河や海に流す下水道の導入により、単なる汚物となり、ゴミとして処理されてしまう始末であった。

5　官民交渉の都市整備体制

第1章でとりあげた1854年土地章程の第5条「公共用のための土地譲渡」、及び第6条「道路と碼頭の土地、港湾税の査定額」の規定により、上海イギリス租界の都市整備は開発用地と資金の不足に悩まされずに、ある程度は順調に進められたと思われる。しかし、都市整備が進行するなか、工部局と利害関係が絡む外国人借地人との交渉がなかなか上手く行かなかった事実を『工部局会議記録』から読み取れる。本節では、道路と下水道の整備過程に焦点を当て、イギリス租界の都市整備の開発用地、資金と計画性の問題について検討する。その当時の工部局や借地人らの思惑や土地章程の規定と都市整備の実態がどのように乖離していたのか、その実態を明らかにする。

1　工部局の財政難
1845年のイギリス租界設立から1854年までの10年間において、道路碼頭委員会による道路と港の整備費用は個々の借地人から集金されたものであった[注47]。一方、1854年に設立された工部局の主要な財源は租界内の道路、港、土地等からの税収であった。しかし、同局の財政基盤それほど十分に確立しているといえなかった。工部局の第十五回会議では財政難の問題が取り上げられている[注48]。

〈1855年1月4日　工部局の15回会議記録〉
財務員の手元には公共事業に支払う資金はもうない。それだけではなく、1,200ドルの赤字も出ているため、彼はすべての出費を停止している。
下記のように解決する。
工部局の理事は首席領事に要請し、清朝政府に早速六カ月分の工部局警察署の管理費用（1カ月500ドル）を払ってもらうようにさせる。これは中国政府が租界の安全を守るために約束した金額である。また、理事は1854年

3　水路と街路の複層化

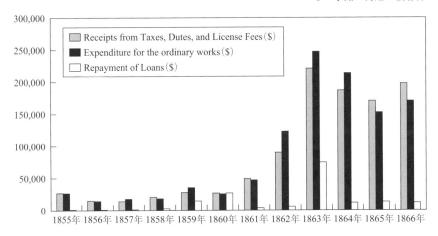

図3-4　1855年～1866年における工部局の財政状況グラフ
1843-Shanghai-1893; the model settlement, its birth, its youth, its jubilee 中に収録されている *Receipts From Taxes, Dues and License Fees* より筆者作成

12月31日までの港湾税を外国人らから徴収する声明書を（首席領事に）申請する。

すなわち、工部局の財源であった中国政府が負担すべき警察署の管理費用や外国人が支払う港湾使用料がすべて滞納された結果、工部局は財政難に陥っていた。

なお、1855年から1866年までの工部局の収入源となる税金・報酬・ライセンス料（Receipts From Taxes, Dues and License Fees）、公共事業費の支出（Expenditure upon ordinary）、及び借入金の返済額（Repayment of Loans）の数字が *1843-Shanghai-1893; the model settlement, its birth, its youth, its jubilee*[注49] に掲載されている。図3-4はそのデータをグラフ化したものである。同図を注目すると、1855年～61年の間、工部局の毎年の収入は50,000ドル以下に止まっていたことがわかる。1862年以降の収入は急速に延びたが、公共事業の出費も同じ勢いで増加し、支出が収入を上回っている。この赤字の状況は、1865、1866年頃にようやく改善される。

2　都市交通の渋滞問題

工部局の財政難に加え、公道の整備より先行した既存のフットパスや水路に依拠した土地開発が、イギリス租界の交通混雑を招くという状況にあった。1856

119

Ⅰ部　上海の建設とインフラストラクチャー

年4月12日の工部局会議[注50]で、洋涇浜沿いのアメリカ人E・M・スミス所有のマーケット周辺の交通状況について問題提起された。

　　〈1856年4月12日　工部局会議記録〉
　　スミスのマーケット：洋涇浜バンド周辺のひどい状況。E・M・スミス物件の反対側の、マーケット東側の道路は常に塞がれている。新しい道路、すなわち、ロンドン宣教師協会の敷地から洋涇浜まで、マーケットの西側に1本の新しい公共道路が必要という要望が工部局に提起された。(理事の)マンがスミスに会い、彼のすべきことを伝えるよう提案された。

　ここで、スミス所有のマーケットの周辺状況を地図で確認してみよう（図3-1）。1855年時点でまだ完成していないその道路の両側において借地化が進んでいた。それらの借地は、北側の252、167、160、175、166、179の計6番である。1855年の借地人名簿[注51]を追跡していくと、166、175、179番の借地人はE・M・スミスであったことがわかる。洋涇浜とE・M・スミスのマーケットの周辺地区で公道建設に先行した土地開発が道路交通に混雑をもたらした。これが工部局による新道路の建設のきっかけとなった。工部局の会議でこのような交通混雑の状況が問題視され、新道路を計画すると決めた例は他にも多く見受けられる。なおかつ、E・M・スミスは、寺院路及び洋涇浜沿いの歩道整備の際に工事費の支払い分担に関して工部局と何度も交渉していた人物でもあった（後述）。
　E・M・スミスのマーケット周辺の交通状況はあくまでも一つの事例で、同時期のノース・チャイナ・ヘラルドには、イギリス租界の道路、下水道の問題に関する不満が噴出していることを述べた記事がしばしば載っている。そして、寺院路に近い所のミッション・ロードにおいては、W・ホッグ（W. Hogg）の家屋の凹凸したエントランスゲートが道路上に張り出し、道路交通の妨げになっているとの報告もあった[注52]。
　さて、財政難、及び租界内の居住環境整備という緊急課題に直面する工部局は、どのように道路開発用地の確保や計画事業費を捻出したのか。換言すれば、1854年土地章程の書面の条項に従って事業を進められない状況で、工部局はどのようにして都市基盤整備のシステムを確立していったのだろうか。

3　道路開発用地の確保
　表3-4は、工部局の会議記録から道路開発に関するすべての記録を整理した

120

3　水路と街路の複層化

表3-4　1854-66年の道路整備の特徴一覧表（1854～1866年、工部局会議記録より筆者作成）

	道路名	建設開始時期	整備の区間	障碍物の強制撤去	外壁セットバック	公共減歩	借地人事業費負担
1	バンド（Bund）	1854.8	—	●			●
2	漢口路（Hankow Road）	1854.9	河南路～墓地	●			
3	河南路（Hona Road）	1856.4	広東路～洋涇浜	●		●	
4	山東路（Shantung Road）	1856.5	広東路～福州路	●		●	●
5	河南（Hona Road）	1856.5	漢口路～広東路		●		
6	四川路（Szuchung Road）	1856.5	広東路～福州路		●		
7	四川路（Szuchung Road）	1856.6	—		●		
8	山東路（Shantung Road）	1856.7	広東路～福州路		●		
9	バンド（Bund）	1856.9	広東路～洋涇浜	●			
10	福州路（Foochow Road）	1856.9	江西路～河南路	●			
11	蘇州路（Soochow Road）	1857.6	福州路～河南路		●		
12	山東路（Shantung Road）	1860.9	広東路～洋涇浜		●		
13	寧波路（Ningpo Road）	1860.1	四川路～河南路			●	
14	福建路（Fokien Road）	1860.1	洋涇浜～南京路			●	
15	南京路（Nankin Road）	1861.3	—	●			
16	南京路（Nankin Road）	1861.6	河南路～			●	
17	福建路（Fokien Road）	1861.9	南京路～蘇州河			●	
18	松江路（Songjian Road）	1861.1	河南路～山東路				●
19	浙江路（Cheking Road）	1862.4	洋涇浜～蘇州河			●	
20	広西路（Cansi Road）	1862.4	洋涇浜～北京路			●	

ものである。表3-4から、道路整備について下記二つの傾向が見て取れる。

　まず、1854年～1857年の間、工部局は開港初期の1845年に定められたイギリス租界内の道路拡幅整備に力を入れていた。

　ついで、1854年以降、イギリス租界内の道路幅を25.5フィート（約8.42メートル）にするため、工部局が両側の外国人借地人に自費で障害物の撤去や外壁のセットバック作業、公共減歩を行うよう度々要請した。

　例えば、1854年にはバンド両側の借地人に障碍物を撤去させ、1856年には漢口路や河南路等の借地人に対して外壁のセットバックを命令した。ここで、同じくE・M・スミスの土地の前にあった寺院路を実例として示す[注53]。

〈1854年9月21日　工部局会議記録〉

　境界ゲートから発し、南側は墓地を経由する道路が、東側に流れる小川に沿うように、その幅員を22.5フィートまで拡張する。そのため、W・ホッグ、マッケンジーとA・J・ヤングに対し、その上に置いてある障害物すべて撤去せよと指示する。

I部　上海の建設とインフラストラクチャー

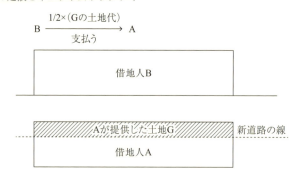

図 3-5　工部局が規定した公共減歩の模式図

　なおかつ、道路整備が障害なく順調に進むため、工部局の理事マンとランカーが、上海イギリス領事オルコックに会見し、1856年5月7日の会議で下記の規定を定めた[注54]。

　〈1856年5月7日　工部局会議記録〉
　　マンとランカーは、イギリス領事に会った。面会の結果は下記のとおりである。
　　第一に、道路のラインを決定するのは工部局の責任である。
　　第二に、工部局が道路のラインを決める時には、借地人の土地境界線を考慮しなくても良い。それにより、借地人は道路用地に予定されている土地の半分ではなく、全部を放棄することもありうる。ある借地人が自分の土地を道路用地として放棄した場合、その（道路の）反対側の将来の借地人は当該借地人に道路用地の半分にあたる土地を賠償することが望ましい。
　　第三に、もし誰かが道路の用地を占拠したり、又は壁を道路の正式なラインまでに後退させなかったりした場合、工部局は領事に通達し、同局の計画を強制的に実行する。

　第2項目の内容を模式図で示すと、図3-5のようになる。工部局とイギリス領事は、「減歩」という規制を定めた。この減歩規制は、第2章で論じた1854年土地章程の第5条「公共用のための土地譲渡」を実践する場合における具体的方法にあたる。「減歩」とは、計画道路の両側の外国人借地人より土地を提供させ、道路の開発用地に充当する行為である。この場合、減歩に必要な賠償は、

3　水路と街路の複層化

土地を提供していない道路反対側の借地人が負担する。この規定により、工部局は道路計画用地を買収するための費用を免かれる。なお、減歩を拒否する借地人に対し、工部局がイギリス領事に報告し、領事に問題解決を依頼する。これは第 1 章で提起した 1854 年土地章程の第 5 条「公共用のための土地譲渡」に対応する。

この減歩手法は、1857 年から 1862 年までの間に頻繁に使れれていた。寧波路、南京路、福建路などの 6 本の道路敷設工事がその実例である（表3-4）。なお、寧波路、南京路、福建路はいずれも旧来のフットパスより拡幅、改善されて建設された公道である。この点は前節で指摘したとおりである。それらの道路の両側には、土地開発が公道の整備より先に進んだため、フットパスの公道化は両側の借地人の土地提供によって進めざるをえなかった。

しかし、当初、減歩の実行は困難を伴った。イギリス領事オルコックと面会した翌日の 1856 年 5 月 8 日に工部局の理事マンとランカーは E・M・スミスを呼び出し、三者面談を行ったが、その結果は次のようであった[注55]。

　〈1856 年 5 月 8 日　工部局会議記録〉
　マンとランカーが E・M・スミスを呼び出した。長い時間の面談の中で、ロンドン宣教師協会の東側に、そして E・M・スミス物件の西側に通る道路の境界線に関する工部局の意見を説明した。マンとランカーは昨日領事と面会した内容を実行させるのが自分たちの責任と権利であると考えている。彼らはスミスがすでに建設した南側の壁を後ろに移動させようと極力説得したが、スミスは自分の壁はそのまま建てておくべきで、絶対動かさないと主張した。そして、彼に壁を移動させようとする領事と工部局（マンとランカーに対して E・M・スミスは多大の不敬を示した）の意見を無視した。

しかし、新しい道路は建設されなければならなかった。そこで、オルコックは寺院路周辺の中国人寺院の外壁を壊し、新寺院路が通る両側の中国人の所有地を借りることによって寺院路の開発用地を確保した。すると、E・M・スミスは自分の外壁を道路の線より後退しなくて済むとされるや否や、自分も中国人地主にいくらかの賠償金を支払うと態度を一変させた。その実際のやりとりは1856 年 5 月 19 日の工部局会議で報告されている[注56]。

　〈1856 年 5 月 19 日　工部局会議記録〉

123

I部　上海の建設とインフラストラクチャー

　　寺院路：マンがイギリス領事に会った。領事はすでに関係の有権者と相
　談し、寺の前に建つ壁を壊すことに同意した。更に領事は寺院路の線を移
　動するという意図も伝えた。領事はすでに中国人地主にいくつかの零細な
　土地を手放させた。そして、スミスも、もし租界の官僚が中国人地主を満
　足させることが出来ないなら、自分は残りの金を支払うと約束した。

　時代が下がるにつれ、外国人借地人らは自らの利益を考慮して工部局の新道
路建設に協力的になり、道路開発用地を提供するようになった。1860年におけ
る旧競馬場内の道路整備がその格好の実例である[注57]。

　　〈1860年12月12日　工部局会議記録〉
　　秘書からの報告。彼は洋涇浜から馬路（南京路）までの新道路の計画線と
　排水管について、借地人セルキングと面会し、その後、一緒に現場を視察
　した。セルキング氏は自分及び問題視されているこの地区のヨーロッパ人
　借地人はすでに準備済で、工部局が要求する新道路建設のための土地をな
　るべく多く譲渡すると説明した。新道路は、幅30フィートで、古い水路を
　埋立て、新道路の真ん中に新排水管を埋設することが工部局会議で可決さ
　れた。

　以上の分析により、イギリス租界の道路整備の過程を考察した結果、障害物
撤去、外壁のセットバック、減歩の3つが、工部局によるイギリス租界の道路
開発用地確保の主要手法であったことが判明した。そして、この3つの手法は
一切無償であった。減歩の賠償費用も道路両側の関係借地人に負担させたが、
これは当時の工部局の財政状況が背景にあったものと考えられる。その一方で、
借地人が道路拡幅に協力したのも、自らの土地の交通条件の改善を急いでいた
ためであった。

4　下水道の整備費用と計画性
　下水道は衛生的な生活環境を成立させるには不可欠のため、その整備費用は、
道路両側の借地人と工部局が相談しながら捻出した。寺院路の下水道整備が一
つの典型例である[注58]。

　　〈1856年5月6日　工部局会議記録〉

3　水路と街路の複層化

図3-6　寺院路の下水道整備費用の負担模式図（筆者作成）

　ロンドン宣教師協会の土地の前を通る道路の東側はE・M・スミスが所有している。その（新道路）両側の借地人に、道路両側の土地が未定の時に、工部局がまず道路と排水管を整備し、その費用は今後の土地租借人から徴収することを通達出来るようにする。

〈1856年5月19日　工部局会議記録〉
　スミスも寺院路にロンドン宣教師協会まで排水管を埋設すると約束した。その条件は、今後の道路両側の外国人土地購入者がスミスに（下水道の整備費用）を支払うことである。工部局は可能であれば、(その件に) 結論を出す。

〈1856年12月29日　工部局会議記録〉
　理事は、その後、寺院路におけるミッション・ロードとノース・ゲート・ストリートまでの境界線を決めるため、寺院路に赴いた。彼は、スミスに下水道埋設の契約を結ぶように要求した。
　スミスは、マンに自分が毎丈（丈、中国の単位、1丈＝約3.3メートル）12.5ドルの値段で寺院路の下水道を整備し、自分の負担金額を支払うことを要請した。ランカーもロンドン宣教師協会の代表としてそれに同意した。そして、ワチェスも自分の負担分を支払うと同意した。理事のライトがその件を実行するようと（工部局に）命令した。

工部局がまず寺院路下水道の敷設費用を出し、完成後、道路両側の外国借地

I部　上海の建設とインフラストラクチャー

人らから費用を回収する。これを受け、寺院路周辺でたくさんの土地を持つE・
M・スミスが自分の土地の前からロンドン宣教師協会の敷地までの下水道を敷
設するが、その費用は今後の新借地人に払ってもらいたいと工部局に提案した。
それに続き、ランカーがロンドン宣教師協会の代表とし、ワチェスもそれぞれ
が負担すべき費用を支払うことに賛成した（図3-6）。

　寺院路下水道のように借地人が費用を負担する例は、ほかに表3-3が示して
いる福州路、北京路、福建路などの7本の道路の下水道の整備事業にも見られ
る。すなわち、1850年代における工部局の財政基盤がまだ確立していない状況、
及び急速な土地開発を背景に、借地人らが土地整備を急いだ結果、下水道整備
の事業費はほぼ借地人自身の負担で賄うこととなった。

　なお、表3-3で示しているように、福州路、北京路、南京路、広東路、河南路
の下水道は道路建設より後に整備された。

　一方、道路工事と同時進行で下水道を整備する際に、工部局は借地人により
先に埋められた排水管を整理しながら、下水道整備を進めていった。以下は、
ミッション・ロードにおけるブリッジ・ストリートからチャーチ・ストリート
までの区間の下水道整備が工部局会議で提起されている例である[注59]。

　　　〈1856年6月10日　工部局会議記録〉
　　　ミッション・ロードの排水管：ミッション・ロードにおけるブリッジ・
　　ストリートからチャーチ・ストリートまでの区間は完全に排水できなけれ
　　ばならない。職員のレー・ケーは両側の借地人に面会し、下記のような同
　　意書にサインさせた。即ち、借地人らがそれぞれの費用を負担し、工部局
　　監督の元で、下水工事を実行するものとする。

　　　〈1856年6月17日　工部局会議記録〉
　　　ミッション・ロードの排水管：工部局理事のマンは借地人のホッグに会っ
　　たと報告した。ホッグは自分の土地に通っている排水管を清掃し、□の角
　　にある新しい排水管に接続させると言った。（工部局職員の）クリフトンがそ
　　の排水管を開き、検査に当たる。

　以上より、1855年から1866年にかけて、イギリス租界では道路を後追いする
形で下水道が整備され、道路の下にある既存下水管の整理をしながら進められ
たことがわかった。外国人借地人主導の土地開発は、下水道の無計画な敷設過

126

3　水路と街路の複層化

程に影響を与えた。財政基盤がしっかりしていなかった初期の工部局は、場当たり的に問題処理する形で都市整備を進めた。とはいえ、工部局と外国人借地人たちが、道路開発用地の確保、下水道整備の費用、旧下水管の再利用に関し、相談や交渉を重ねながら、官民共同でイギリス租界の都市開発を進行させたことは評価できる。さらに、都市整備に当たり、工部局の後ろ盾になったのは、イギリス領事と土地章程の諸規定であった。ここで、東アジアに派遣されたイギリス人外交官による海外支配地の管理に関する経験の豊富さが窺える。この時期の下水道整備の実績は紛れもなく 1881 年土地章程に含まれた下水道整備に関する附属条例（第1章）の制定の参考になったと見られる。

小結

　本章は、1843 年から上海に渡航してきたイギリス人を始めとする欧米人の都市開発活動に着目し、彼らによる道路、土地、下水道の整備過程と官民交渉の都市整備体制を明らかにした。

　まず、地上に建てられた豊富な都市施設とは別に、道路と土地整備に関しては、イギリス人には全体的な計画がなかった。彼らは旧来の中国人集落に存在していた水路を埋め立て、水路沿いのフットパスとともに租界の新道路にあてた。その結果、上海イギリス租界の主要街路網が、旧来の水路網を吸収して成立することとなった。既存の水路網をそのまま近代都市の道路網として整備したことは、近代上海の都市形成原理及び都市拡張の根本的な原因であった。一方、イギリス商人は公道が整備される以前に、水路やフットパス沿いの土地を中国人地主から借り、土地開発を行った。それが原因となり、初期イギリス租界の道路交通情況は常に混雑を極め、道路整備は土地開発を後追いする形で行われた。なお、1855 年以降の土地開発は、中国国内の内乱以降、ほぼ租界に流入してきた中国人の住宅建設のために行われていた事実も見逃せない。

　次に、下水道整備に関し、イギリス人は旧来の中国におけるゴミと汚物処理方法をまったく勉強せず、イギリス国内やヨーロッパで新たに発明された潮力下水システムを導入した。既存の水路網の特徴、すなわち黄浦江、蘇州河と洋涇浜が海に通じるため、河に繋がる潮力排水管を道路の下に埋設し、潮力で排水管内の汚物を排出し、そのまま河に放流しようと工部局は意図していた。しかし、河の潮力はあくまでも気まぐれな自然要素で、租界内の汚物を全部海まで流すことは出来なかった。結局、中国人労働者が雇われ河岸に堆積したゴミ

127

Ⅰ部　上海の建設とインフラストラクチャー

や汚物を清掃することになった。一方、予想外に強い高潮の場合は、地中に埋まっていた排水管が破裂し、道路が陥没するケースもみられた。下水道の欠陥は、後の租界の都市衛生問題にまで発展することになる。

　最後に、外国人借地人らによる土地開発が先行したことにより、租界内の道路と下水道はいつまでも良好な状態にはならなかった。それに加え、借地人の代表団体である工部局は、まだ財政基盤がしっかり確立しておらず、外部からの投資も少なかった。それで、工部局はイギリス領事を後ろ盾に、無償の道路用地確保や下水道整備費用の分担に関して、イギリス人借地人らと相談または交渉を重ね、都市整備を進めていった。このように、民間先行、政府後追いの形で、道路、土地、下水道の整備は極めて無計画ではあったが、イギリス領事、工部局と外国人借地人らが場当たり的に確立させた官民交渉、官民共同の都市整備の体制のうえで、近代的な都市基盤が上海で整備され、イギリス租界の開発は進行していったのである。

注
1) 蔡育天編『上海道契』上海古籍出版社、2002 年。
2) 日本領事館に提出された道契は『上海道契』に収録。
3) *North China Herald* No. 694. 1863 年 11 月 5 日。
4) 加藤祐三『黒船前後の世界』ちくま学芸文庫、1994 年、224 頁。
5) Rev. W. C. Milne, *Life in China* (London: G. Routledge & Co., 1857), p.480.
6) *History of the Shanghai Recreation Fund, 1860 to 1906.* Cambridge University Library 所蔵、請求記号：1907.8.110
7) *The History of Freemasonay in Shanghai and Northern China.* (The North China Printing and Publishing Co., Ltd, Tientsin, 1913), pp.2-3.
8) *The Woosung Road The story of the first railway in China, 1875-1877.* (A Monograph by Alan Reld, 1977, London)
9) *North China Herald,* No.501. 1860 年 3 月 3 日。
10) *North China Herald,* No. 694. 1863 年 11 月 14 日。
11) 上海檔案館編『上海英租界道路碼頭委員会会議史料』2010 年、50 頁。英文史料は現時点では未公開。
12) 上海檔案館編 *The Minutes of Municipal Council*『工部局会議記録』上海古籍出版社、2001 年、1 頁。
13) 前掲書、p.1. 21ˢᵗ *August 1854, at W. H. Medhurst*
14) 野口謹次郎、渡部義雄共訳『上海共同租界と工部局』日光書院、1940 年。
15) G. Lanning, *The History of Shanghai.* (Printed and published for the Shanghai Municipal Council by Kelly & Walsh, Limited, 1921)

128

3　水路と街路の複層化

16）上海檔案館編 *The Minutes of Municipal Council*『工部局会議記録』14 頁。

17）National archives UK 所蔵、請求記号：F.O. 925/2299

18）Cambridge University Library 所蔵、請求記号：Maps. 350.86.9

19）上海檔案館編『上海英租界道路碼頭委員会会議記録』52 頁。

20）同上

21）William Frederick Mayers, *The Treaty Ports of China and Japan.*（London Trubner and Co., 1867）, p.376.

22）National Archives UK 所蔵、請求記号：F.O. 925/2299

23）上海檔案館編 *The Minutes of Municipal Council*『工部局会議記録』183 頁。

24）*History of the Shanghai Recreation Fund, 1860 to 1906.* Cambridge University Library 所蔵、請求記号：1907.8.110

25）*1904 Map of Shanghai.* Harvard Map Collection 所蔵、請求記号：7824. SHAG. 1904

26）Andrew Davies, *The MAP of London, From 1746 to the Present Day.*（B. T. Batsford Ltd., London, 1987）, pp.50-53.

27）上海檔案館所蔵、請求記号：U1-1-301

28）それらの借地の道契は『上海道契』第 1 巻の 41-43 頁を参照。

29）蔡育天編『上海道契』第 1 巻、121、234 頁を参照。

30）上海檔案館編『上海英租界道路碼頭委員会会議記録』52 頁。

31）George Buchett, *The Chinese system for the utilization of sewage. The Builder* 1870 年 12 月 31 日、Cambridge University Library 所蔵、請求記号：NPR C 301

32）Ibid.

33）加藤祐三『イギリスとアジア』岩波新書、1980 年、98-104 頁。

34）George Buchett, *The Chinese system for the utilization of sewage.*

35）Ibid.

36）Ibid.

37）Ibid.

38）上海檔案館編『上海英租界道路碼頭委員会会議記録』52 頁。

39）前掲書、53 頁。

40）前掲書、55 頁。

41）*North China Herald* No. 694. 1863 年 12 月 14 日。

42）上海檔案館編 *The Minutes of Municipal Council*『工部局会議記録』254-255 頁。

43）Ibid., p.255.

44）内務省衛生局『上海衛生状況』1916 年、475 頁。

45）上海檔案館編 *The Minutes of Municipal Council*『工部局会議記録』448 頁。

46）Kerrie. L. Macpherson, *A Wilderness of Marshes: The Origins of Public Health in Shanghai 1843-1893.*（Hong Kong Oxford New York, Oxford University Press, 1987）

47）上海檔案館編『上海英租界道路碼頭委員会会議記録』1-2 頁。1849 年 3 月 14 日、道路碼頭委員会通達。

48）上海檔案館編 *The Minutes of Municipal Council*『工部局会議記録』41 頁。

Ⅰ部　上海の建設とインフラストラクチャー

49) O' Shea, H. *1843-Shanghai-1893; the model settlement, its birth, its youth, its jubilee.* (Printed at the "Shanghai Mercury" Office, 1893), p.8.

50) 上海檔案館編 *The Minutes of Municipal Council*『工部局会議記録』41、64 頁。

51) *1855, List of Renters of Land at Shanghai Registered at the British Consulate*、National Archives, UK 所蔵、請求記号：F.O. 925/2299

52) 上海檔案館編 *The Minutes of Municipal Council*『工部局会議記録』72 頁。

53) Ibid., p.14.

54) Ibid., p.67.

55) Ibid., p.68.

56) Ibid., p.69.

57) Ibid., pp.125-126.

58) Ibid., pp.68-69. p.89.

59) Ibid., pp.72-74.

第4章　国際的港湾の造成

本章の課題

　前章で述べた道路、下水道、土地といった陸域の都市基盤のほか、黄浦江の水域と陸域に作られた港は、国際貿易港の上海にとって最も重要なインフラである。上海租界の都市空間形成史を語るには、開港以降の上海港の造成過程と空間構成の分析は欠かせない。本章ではその課題に取り組むこととしたい。

　近代上海の繁栄と発展は、すべて北の揚子江口から南の市街地まで流れる黄浦江、及びその両側に造成された巨大な港湾機能に依存していたと言っても過言ではない。港湾こそが上海を世界に繋げる要となった。黄浦江の両岸には、中国商人の埠頭をはじめとして各国の海運会社、造船所、商会、石炭と石油の供給会社、海軍施設によってぎっしりと埋め尽くされていた。それらの港湾施設の整備に当たり、専門的技術と情報はイギリスを始めとした中国と貿易する諸外国の政府、港湾技師らにより上海に持ち込まれた。

　しかし、1920年代には、世界第4位の貿易港[注1]となった上海港に関する具体的な研究はほとんど見当たらない。上海租界の通史にあたる『上海租界志』は、1860年代以降の上海港全体の港湾施設の大まかな建設過程、1920年代のイギリス、アメリカ、フランス、日本諸国による上海港の使用割合を紹介している程度に過ぎない[注2]。

　上海のみならず、港空間の複雑さおよび陸域と水域が交わるために生じた様々な出来事を調査・分析することの困難さの故と思われるが、人文学、歴史学、建築史学における港湾に関する実証的な研究はそれほど進んでいないのが現状である。今日のグローバル社会の形成と特質を考えるには、世界各地の港の実像と管理を再考することが、重要な課題になる[注3]。

　本章は、イギリス、清朝とほかの欧米諸国が設立した黄浦江水路局（Huangpu Conservancy）による港整備事業、イギリス商会による上海港の開発と管理に主眼を置き、同時期のイギリス国内の河港の空間構成も探りながら、19世紀から20

I部　上海の建設とインフラストラクチャー

世紀初頭までの上海港の形成過程とその特徴を分析する。

　具体的には、黄浦江の自然条件が航路設計、浚渫工事に与えた影響、1840年代から1940年代までの上海港の発展過程、港の全体構成、港則の内容を解明する。その上で、陸域と水域に関する利害関係をめぐる海運会社と租界行政側の議論、港における中国人労働者の役割と彼らの労働実態、イギリスのリバプール発祥の海運会社バターフィールド＆スワイア商会（Butterfield & Swire Co. Ltd 太古洋行、以下B&S商会と称する）とジャーデン・マセソン商会（Jardine Matheson Co., 怡和洋行、以下JM商会と称する）の港湾施設の空間構成を分析する。それにより、個々の海運会社における港湾の建設理念を解明する。

　一方、港が機能するには、水上の航路、護岸、埠頭、桟橋といった土木構造物のほか、港の陸域に建てられる埠頭事務所、倉庫、労働者の居住施設といった港湾建築も欠かせない。本章が提起する「港湾施設」は、水域と陸域に整備された上記の諸施設に当たる。

研究史料の解析

　上海港は、その重要性の故、文献史料と図面史料が豊富である。

　まず、日本外務省外交史料館所蔵の黄浦江の自然条件、及び港の平面図を記録する *WUSUNG RIVER or HWANG PU 1887*（Surveyed by A. M. Bisbee, Coaster Inspector, I.M. Customs Service, assisted by R. Bram）[注4]、1900、1912年の「セクション、埠頭とドックの位置を示す上海港地図」(*Plan of Shanghai Harbour showing SECTIONS and POSITION OF WHARVES, DOCKS&C*) [注5]、黄浦江の浚渫工事と新航路の設計図面 *WHANGPOO CONSERVANCY, Whangpoo Conservancy Gough Island "Astraea" Channel 1st July 1909* [注6]、*General Map of the Whangpoo Showing the normal lines of the regulated, steam and works completed and designed 1911* [注7] がある。これらの地図史料は、時系列に上海港の全体図、空間構成及び港を構成する各貿易会社と海運会社の埠頭を明記している。なお、1922年出版の満鉄上海埠頭事務所による調査資料『上海港』[注8] には、黄浦江両側における個々の会社の港湾施設と実測図面が掲載されている。

　ついで、B&S商会の傘下にあった海運会社のチャイナ・ナヴィゲーション（China Navigation Company、以下C.N.Cと称す）の建築調査資料[注9]、B&S商会による港湾建設に関する社内書簡 *Property Letters* [注10] を使用する。B&S商会は、上海でフランス租界バンドの埠頭、浦東埠頭、華通埠頭、太古新埠頭の、合計四つの埠頭を造成した。2012年7月の文献調査において、史料の保管先であるB&S商会ロンドン本社でフランス租界バンドの埠頭と浦東埠頭に関する資料を入手し

132

4 国際的港湾の造成

たため、この二つの埠頭を分析対象とする。

B&S 商会の調査資料には、「1931 年 12 月におけるフランス租界バンド物件調査」(*Survey of French Bund Property, Nov. 1931*)、「1936 年 12 月における C.N.C 浦東埠頭物件調査」(*Survey of C. N. C. Property at Pootung Wharf, Nov.1936*)、1936 年 12 月浦東倉庫 L の警察宿舎への改築案」(*Pootung Proposed Conversion of Godown L（North）to Police Quarters, Nov.1936*) が含まれる。さらに、調査図面と写真、及び各港の施設内容、建設経緯と建築特徴（材料、構造、平面）を記録している「1936 年物件登録」(*Property Register 1936*) も援用する。

JM 商会の港に関する図面史料として、1920 年 12 月 16 日付けの楊樹浦にある冷凍倉庫と埠頭の地籍図 *Municipal Cadastral Office Plan, British Consular Lot 10267*[注11]、及び上海港の一部分の詳細プランを示した 1929 年 1 月 21 日付けの *Part Plan of Shanghai Harbour shewing Messes Shanghai and Hongkew Wharf Co's*[注12] がある。この二つの図面に記されている説明から、海運会社の埠頭建設と租界政府側の水路管理との関係の一端がうかがえる。

上記文献資料と 2010 年〜 2015 年の筆者による現地調査の成果を照合し、河、桟橋、埠頭、倉庫、船と倉庫との間の物資運搬ルート、上海事務所の建設過程を復元することが可能になる。なお、港湾施設の背後に建てられた港湾従業員と労働者の倉庫管理員、海関検査員、買辦、労働者の居住施設にも着目する。それにより、イギリスの大手海運会社 B&S 商会による埠頭計画の特徴を分析できると考える。

1　黄浦江の航路整備

1　外国人支配の河

上海の黄浦江は、清朝時代まで主に中国人のジャンク船の公共運航路であった。1845 年土地章程の第 3 条（第 1 章、表 1-1）によると、イギリスを始めとする諸国の貿易会社や海運会社は、黄浦江に沿って各自の港湾施設を建設することが上海道台によって認められた。それと同時に、外国人商人たちは自分の土地が面する水面に桟橋を設置する権利も清朝政府に認可された。

しかし、水面の使用に関する規制と禁止事項は、各土地章程には見当たらない。この点は、陸域と水域の区別に関する清朝政府の認識の欠如と、その反面、イギリス人の港湾築造に関する豊富な経験と知識に基づいた狡猾さを反映するものである。

133

Ⅰ部　上海の建設とインフラストラクチャー

　一方、港の土地とそれが面する水面の使用権、水面上の開発権の規制に関しては、中国は日本とも決定的な違いがあった。明治期の長崎、神戸の港においては、地元と中央政府が外国人による水面上の開発権を無条件に取り上げた[注13]。すなわち、日本政府は港で土地を外国人に賃貸する時、賢明にも陸域と水域を切り離して考えていた。

　以上の状況から、近代、上海を含めた中国の貿易港の航路設計と管理に関する業務は外国人が決定的な支配権を持っていた。

　まず、1853年小刀会の乱の後、1854年以降、外国人総税務司ホレシオ・レー（Horatio Lay）率いる上海の江海関（税関）が航路調査、ブイの設置、航路巡回などの黄浦江航路整備[注14]に着手したため、本来の自然河川で公共航路であった黄浦江の特徴は一変した。河川そのものとともに、両岸の土地が多くの商会と海運会社により分割され、それぞれの私有財産となった。私有財産や租界政府管理下の公共インフラになった途端、河の利権をめぐる紛争が白熱化する。

　また、1900年代以降、上海黄浦江の航路浚渫、灯台設置、港湾規則の設定と改善は、黄浦江水路局（＝黄浦港湾局、以下、黄浦江水路局と称する）[注15]が中心となり、ヨーロッパ、アメリカ、日本で実務経験を積んだ港湾土木技師の技術と知見によって実施された。上海港の機能向上は、各国の利害に密接に関係するため、それにかかわる議論は、上海のみならず、ロンドン、東京、パリ等においても行われた。上海の港湾造成は、近代の国際港湾の建設と経営の一つの縮図と見ることができる。

　そして、海運会社の関与に関しては、B&S商会がフランス租界のバンド、及び浦東で港湾を整備した際、隣接する会社、宣教師団体、フランス領事館と交渉をかさね、建設用地の範囲に関する調整を行った。JM商会は、20世紀初頭から、自社所有の不動産を記録する目的で、上海港の土地と埠頭の諸施設を実測した。日清汽船は、フランス租界のバンドにある土地の買収過程をめぐり、B&S商会と競合していた。なお、港湾建設は、インフラや港湾施設にとどまらず、当然のことながら、港で仕事し、生活する人々の生活環境の整備も伴った。

2　黄浦江水路局の成立

　本節は、まず、*The Huangpu Conservancy*[注16]を参照し、黄浦江の港湾機能の造成に決定的な役割を果たした黄浦江水路局の成立趣旨と過程、及び同局の主要な仕事内容について簡潔に説明する。

　黄浦江の港建設と管理は、1845年から1854年まで、道路碼頭委員会が、1854

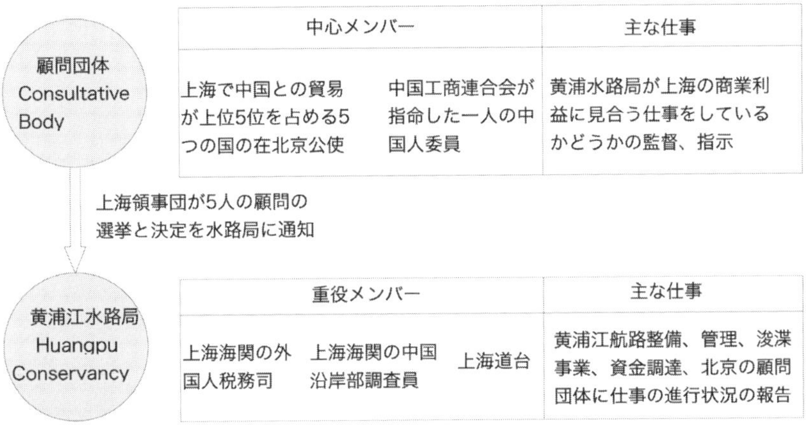

4 国際的港湾の造成

顧問団体 Consultative Body

中心メンバー		主な仕事
上海で中国との貿易が上位5位を占める5つの国の在北京公使	中国工商連合会が指命した一人の中国人委員	黄浦水路局が上海の商業利益に見合う仕事をしているかどうかの監督、指示

↓ 上海領事団が5人の顧問の選挙と決定を水路局に通知

黄浦江水路局 Huangpu Conservancy

重役メンバー			主な仕事
上海海関の外国人税務司	上海海関の中国沿岸部調査員	上海道台	黄浦江航路整備、管理、浚渫事業、資金調達、北京の顧問団体に仕事の進行状況の報告

説明：
1
北京顧問団体における5つの国の名前は原文史料で上げられていないが、中国との貿易量を見ていると、イギリスは必ず入っていたと見られる。中国人委員の実際の仕事は判明できない。
2
近代中国の海関（洋関、日本語では、税関）は、1853年以降、イギリス人総税務司が北京で総括するようになり、地方の海関には外国人税務司が雇用されていた。なお、港湾調査に関する専門知識や技術を持つ沿岸部調査員も外国人技師が雇われるようになった。
3
近代中国の海関の特殊性と機能に関する研究は、岡本隆司『海関と近代中国関』（名古屋大学出版会、1999年）、Hans van de Ven *Breaking with the past The Mantime Customs Service and the Global Origins of Modernity in China*（Columbia University Press, 2014）を参照。

図 4-1　黄浦江水路局の組織図
(*The Conservancy of Hungpu*、日本外務省外交史料館所蔵、請求記号：3.3.13.2 より筆者作成)

年から、工部局も関わったが、主要な港湾施設の整備は当時イギリス政府が掌握した上海江海関[注17]が行った。1905年に、上海における外国人と中国人の商業団体及び領事団体によって上海港の機能を発展させるため、独立した黄浦江水路局が設立される運びとなった。図4-1は、黄浦江水路局の成立に関わる国、人物と仕事内容を図化したものである。

　黄浦江水路局の重役メンバーは、上海道台、江海関の外国人税務司、海岸の調査官であった。その上部にある顧問団体は、北京に駐在する5つの国の公使たちが選ばれ、組織されていた。これら5つの国については、原文史料の中で具体的な国名が上げられておらず、上海で出港、入港する際に支払われた貨物

135

Ⅰ部　上海の建設とインフラストラクチャー

税の上位5カ国が選ばれた。その中に、清朝中国との貿易量が常に上位を占めていたイギリスは必ず入っていたと考えられる。この5つの国の公使は、中国における自国の貿易利益を判断基準とし、黄浦江水路局が効率的に各種事業を行っているかどうかの監視役をつとめていた。

　もう一つ重要なのは、黄浦江水路局は、上海の地方政府に従属しないと決められたことである。つまり、黄浦江水路局は、上海のフランス租界、共同租界、上海道台の政府権限から明確に離れることになる。港の航路設計と管理は、黄浦江水路局が定めた統一基準で行われる。その対照的な例としては、フランス租界、共同租界において、ガス、電気、上下水道がそれぞれ異なる規格を持つことが挙げられる[注18]。つまり、上海港の管理は、外国租界のほかの都市インフラ整備とその管理と異なり、中国と交易する諸外国が決めた一種の「国際基準」が機能していた。

　なお、各国の官僚により構成された黄浦江水路局は、自主的に港湾整備を実行し、それに係わる費用を捻出していた。主な資金源は、清朝政府から毎年提供される46万両[注19]である。さらに、黄浦江の公式航路の境界線ノーマル・ラインと黄浦江河岸の間の土地を清朝政府が、民間の企業や個人に売却し、その収入の一部を上海道台と外国領事団の協議により、黄浦江水路局の資金に当てる予定であった。

　同局の主な仕事内容は、次の5項目である。

　(1) なるべく早く技術的な課題を解決する。ここに、(a) 浚渫工事の最終目標、(b) 目標達成するための方法、(c) その方法を施行するための積算、という3つの項目が含まれる。(2) 既存の港湾機能を効率的な状態に維持する。必要な新しい港湾施設の建設も含む。(3) 揚子江から上海までの航路を維持する。状況と資金が許す限り、航路は、最低限、春季の引き潮時の水深20フィート（約6メートル）、幅は900フィート（約270メートル）とする。(4) 資金調達が可能である限り、河の状態を維持または改良するため、常時、新しい港湾工事を施行する。(5) 両岸の地主たちと協力して港湾施設の改良を行う。この種の協力により、浚渫工事が適切な値段で行われるように調整する。

　この規程は、1905年以降、上海港の港湾工事における基本的な枠組みとなった。黄浦江水路局の成立過程に反映されたように、黄浦江の浚渫は、上海道台、清朝の中央政府、在上海領事団、在北京の外国公使団、上海の中国人と外国人商人、黄浦江両側の地主たちの利益が複雑に絡むことが推測される。

136

4 国際的港湾の造成

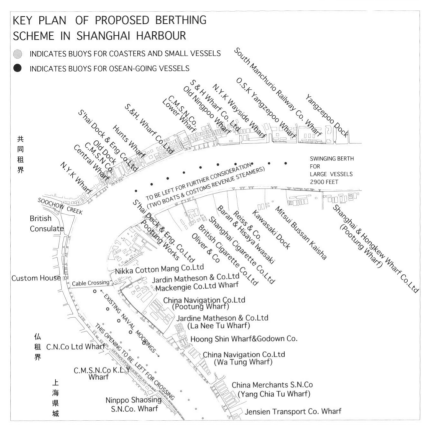

図 4-2　1926 年上海港投錨位置図、日本外交史料館、所蔵原図（一部分）より筆者作成、請求記号：G.1.2.0.2.2_4

3　黄浦江の航路設計と管理

　上海市街地と港の秩序管理、入港する外国籍と中国籍の船の投錨場所の案内指針を作成するため、江海関が船舶の停泊所と停泊の方法を設定した。

　清朝の海関の海運部（Maritime Department）に所属するアメリカ人港湾実測調査官で、1881 年から上海港の港長となった A・M・ビスビー（A. M. Bisbee）[注20] が作成した *WUSUNG RIVER, 1887* は、現時点で筆者が把握する黄浦江全体を記録する最初の実測調査図[注21] である。上海港は、北側の揚子江口の外港とその南側の内港に区分されていた。そして、航路は北から南へと順番に、呉淞停泊所、黄浦停泊所、外国租界と県城に面する部分は上海港という設計になっていた。同

137

Ⅰ部　上海の建設とインフラストラクチャー

図は、航路のほかに、当時、中国海関が重視した黄浦江全体の水深、春季節と引き潮時の潮の高さのデータまで正確に記録してある。

　中国海関総税務司をつとめたイギリス人のロバート・ハート（Robert Hart）の命令で発行された「1900年上海港則」(Harbour Regulations for the Port of Shanghai, 1900) の第2、3条は、上海港で特定の接岸埠頭を決めていない船は、内港の停泊所に入る前に、かならず、呉淞の外港で江海関のハーバー・マスター（港長）の助手の検査を受けることと定めた。

　1926年、黄浦江水路局設計の「上海における投錨位置計画図」(Key plan of proposed berthing scheme in Shanghai、図4-2) においては、小汽船、内陸の運河を運行する船舶は青印のブイで、大規模な外洋船は赤印のブイに投錨すると決められた。例えば、JM商会の虹口埠頭の前には、外洋船が投錨するブイ、フランス租界のバンドにあるB&S商会の埠頭の前には、中国内陸部行きの小汽船投錨用のブイが設置される。フランス租界のバンドの前には、「船横断のための通路」と記し、一定の水面が開けられ、黄浦江を横断する船の運行を妨げないようにスペースが確保されたことが分かる。1922年、満鉄上海埠頭事務所の調査では上海港内の第1から第11セクションまで合計31個のブイが設置されたと記録している[注22]。

　出港と入港の船が実際にどのように停泊していたか、それに関する文献資料や写真は見当たらない。しかし、船舶停泊のブイによって、船はある特定の安全な場所に停泊させるのではなく、河の上にそのまま浮かせるという黄浦江水路局の意図が窺える。なお、恐らく外洋船に対する江海関の検査は厳しく、浦東側のブイ列と市街地との間は、海関専用の水面として指定された。そこには「残された船は更なる検査のためである。2隻の船と海関徴税所の汽船」と示されている（図4-2）。

4　1909年新アストリア航路の開設

　河港の効率は河の水深、季節風、霧、潮流、砂の堆積などに左右される。この点において、上海港は、河港としての条件に優れているとは言えない。

　1887年、黄浦江上流の中央部分は、すでに二つの大きな浅瀬が出来ていた（図4-3）。この時点で黄浦江部分の水深は2.1メートルから8.4メートルしかなかった[注23]。川底に堆積した砂層により、川底が高くなると、黄浦江の水位が高くなり、市街地は常に河水が溢れる危険性に曝されている。1905年、上海は、大洪水に見舞われて以降、両岸の建物の床の高さが、一斉に、その時の浸水高より

138

4 国際的港湾の造成

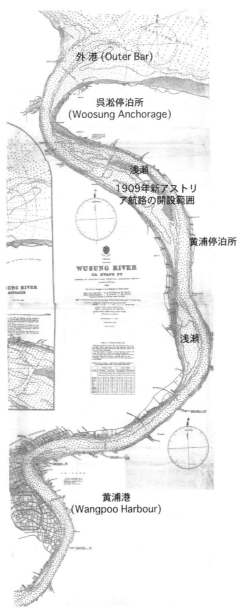

図4-3 1887年黄浦江実測調査図(図中の文字は筆者より)日本外交史料館所蔵、請求記号 3.12.2.28

139

I部　上海の建設とインフラストラクチャー

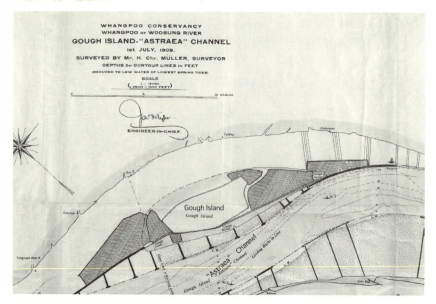

図4-4　1909年新アストリア航路設計図（一部分）、外務省外交史料館所蔵、請求記号 3.13.2.11

上に上げられた（B&S商会の実例、後述）。

　この難局を打開するため、1909年4月30日、イギリス領事館で各国の領事、黄浦江水路局の職員が会議を開いた。在上海オランダ領事館と清朝中国政府の招聘を受け、日本から直接上海に渡った日本内務省招聘技師のオランダ人デ・レーケも出席した。彼は、黄浦江浚渫の首席技師として1910年12月まで上海で勤務した[注24]。領事たちと水路局は、黄浦江の浚渫工事の早急実施を決定した。1909年7月1日に、デ・レーケは黄浦江水路局の測量技師とともに、ゴー島周辺の新航路設計図「ゴー島、アストリア航路」Gough Island, "Astraea" Channel（図4-4）を作成した[注25]。

　ゴー島は、沈殿した砂の堆積により出来た島である。デ・レーケの意図では、ゴー島の東側にあった古い航路を閉鎖し、アストリア航路を開設することにあった。なお、この工事の最終目標は、黄浦江全体に渡り、ノーマル・ラインで示される幅160フィート（48.768メートル）、水深18フィート（5.49メートル）の新航路（チャンネル）の開設、呉淞灯台の設置、航路の中央に船舶を案内するための「案内マーク・ライン（Leading Marks in Line）」の設定にあった。

　この計画の注目すべき点は、呉淞周辺のキジ・ポイント（Pheasant Point）に「公

140

共衛生ステーション」、新アストリア航路の入り口に、「信号ステーション」を設け、上海に入る船の衛生確認と安全運行を計ったことである。

一方、浚渫工事が順調に進むように、同図の備考に「新しい航路で浚渫工事が行われる時、通行する船は汽笛を鳴らしながら、スピードを落として進行する。それにより、浚渫の労働者は係船を緩める時間が与えられる」と書かれている。それは、船が上海市街地の方に運行する時、浚渫の労働者が投錨している浚渫船を外し、通行船に十分なスペースを与えられるようという配慮であった。

上海で新アストリア航路開通の情報は、早速、1909年8月14日に、江海関発行の「1909年第6号港湾通知」(*Harbor Notification No.6 of 1909*) により、長崎、横浜と大連のハーバー・マスターに伝えられた[注26]。しかし、上記港のハーバー・マスターが日本人船主に広く通知していなかったせいで、日本籍の船はゴー島周辺で相次ぎ、事故にあった[注27]。1909年9月28日、「チサ丸」という船がゴー島附近の古い航路に入り、その近くの行き止まりの狭い所に突入し、座礁した結果、船の後背部が割れてしまった。ついで、10月26日に「タモン丸」も古い航路に入り、呉淞の内港で座礁した。「キサタカ丸」も10月20日に同じ事故にあった。日本籍船の一連の事故により、1909年11月22日、上海港のハーバー・マスターは上海海関に20部の「1909年第6号港湾通知」を送り、日本人に配布するようと指令した[注28]。

一方、新アストリア航路の開設により、1909年、中国海関総税務司の名義で、呉淞周辺の航路を管理する港則「上海港呉淞の港則」[注29]が発行された。これにより、上海港の機能は徐々に改善に向かっていったことと見られる。

例えば、新アストリア航路における水上衝突事故を防止するため、第1条は、「このチャンネルにおいて、呉淞江からカジョー・クリークまでの間、ほかの汽船（タグ船、または積み荷のタグボートを除く）を追い越す、またはその前を横切ることは禁止される。先行する船がこのアストリア航路を確実に通過するまで、運行速度を制限する」と決めた。そして、呉淞の外港において、荷揚げすることも禁止された。第5条は「内港に向かう船は、ゴー島におけるアストリア航路の水不足のため、引き止められることがある。しかし、そこで積み荷ボートを雇い、荷物を上海市内まで運搬することは許可されない。それらの船は、呉淞のブイ列の外側に停泊し、良い状態の高潮が来るまで待つものとする」と記している。

141

I部　上海の建設とインフラストラクチャー

5　新アストリア航路ノーマル・ラインの法的拘束力

　新アストリア航路境界線ノーマル・ラインの実際の拘束力は、黄浦江水路局による港全体の管理とコントロールが個々の海運会社による埠頭の建設との関係を検討するうえで、重要な指針となる。それが、行政側の黄浦江水路局と海運会社側における陸域と水域の使用権に対するそれぞれの見方を示している。

　1873年から、イギリスのB&S商会がフランス租界のバンドで埠頭を構えた原因は、河岸の使用権にあった。フランス租界のバンドは、ほぼB&S商会の港湾施設によって占められた。1906年7月27日のB&S商会の社内書簡「上海の物件」において、「イギリス租界の場合、政府が河岸正面の土地の管理権を保持するが、フランス租界は（それを）借地人に委ねている。フランス租界のバンドにある我々の土地のように」[注30]と記されている。

　B&S商会の事例は、1905年に黄浦江水路局が正式に発足する前、イギリスとフランスの租界政府は、それぞれ、管轄地区が面する黄浦江の水面を管理していたが、政策は異なっていたことを示唆する例である。1909年に黄浦江水路局が新航路の境界線ノーマル・ラインを決めて以降、上海外国租界の管轄範囲とは無関係に、各国の海運会社、商会が黄浦江の水面上で港湾施設を建設する際、このノーマル・ラインを越えてはならないこととなった。この点は、JM商会、B&S商会の港湾実測図面から読み取れる。

　まず、JM商会における1920年12月16日付けの楊樹浦にある冷凍倉庫と埠頭の地籍図 *Municipal Cadastral Office Plan* を見てみよう。

　この地籍図は、工部局が発行したものであり、イギリス領事館登録の10267番地の位置、境界線とその上に新しく建てられた二つの荷物置き場（New Cargo Shed）、冷凍倉庫を記録している。

　冷凍倉庫の河に面する正面の幅は2000フィート（609.6メートル）で奥行きも充分にあり、表の正面から裏側の楊樹浦路に直通できる。黄浦江水路局が設定した水路局ノーマル・ライン（Conservancy Normal Line）がそのまま冷凍倉庫の敷地の東側の境界線となった。なお、この境界線の位置確認について、地図の左下の角に、「このプランに示す水路局のノーマル・ラインの位置は、正確であると認定された。上海、1920年12月17日」と記されている。すなわち、JM商会が使用権を持つ黄浦江沿いの敷地は、陸地、河岸から航路のノーマル・ラインまでの水面が含まれていた。各自の会社の建造物が断じてこのノーマル・ラインを越えないように、工部局とイギリス領事館双方の検査が入っていたに違いない。

　同様に、JM商会作成の1929年1月21日付けの「ジャーデン・マセソン商

142

会における上海＆虹口港の部分図面」においては、水路局ノーマル・ラインが文字による表示とともに赤い一点破線で示されている。JM 商会の公和祥埠頭 (Shanghai & Hongkew Wharf) のほか、虹口港に立地する日本郵船、大阪汽船、南満州上海埠頭の桟橋や護岸が、すべて、ノーマル・ラインに沿って設置されたことを同図から確認できる。

　B&S 商会も例外ではなかった。フランス租界のバンド埠頭、浦東埠頭の桟橋はいずれも水路局のノーマル・ラインが示す範囲内に置かれていた。そして、同商会の華通埠頭[注31]、浦東の太古新埠頭 (Holts Wharf)[注32] の護岸や桟橋の位置もギリギリだが、ノーマル・ラインを越えていなかった。

　以上より、JM 商会、B&S 商会および日本の海運会社の埠頭と航路の境界線ノーマル・ラインとの位置関係の検討により、各会社は必ず新航路の境界線であるノーマル・ラインを越えない範囲で港湾施設を設置した事実を確認できた。個々の海運会社は、各自で港湾施設を整備したが、黄浦港全体の管理権限は、1905 年に成立した黄浦江水路局にあったと判断する。

6　1911 年黄浦江浚渫工事

　1909 年の計画について、黄浦江全体の浚渫工事の費用の捻出、清朝の北京中央政府との交渉を経て、1911 年にようやく工事に関する詳細な計画と仕様が出来上がった。これは、黄浦江の「大手術」を施すような改修計画であった。

　「1911 年黄浦江地図」(*General Map of the Whangpoo* 1911、図 4-5)[注33] は、呉淞の外港から上海県城までの部分における「工事の完成」、およびこれから「計画する」護岸、桟橋、6 カ所の浚渫場所、潮の測定場所を示している。

　まず、浚渫場所が決定された。黄浦江は、蛇行する河であるため、急カーブする所に砂が河底に堆積しやすい。1911 年の調査において、黄浦江で砂の堆積によって浅瀬が出来た場所は呉淞港に近いキジ・ポイントの周辺、カジョー・クリークの周辺、楊樹浦地区が面する水面、市街地中心部の浦東ポイント、及び県城の南側にある南塘附近の水面であると確認された。しかし、この 6 カ所の浚渫工事を行っても、船が呉淞の揚子江口から上海の内港までの航路を順調に運行できるようにはならないと判断された。

　1911 年 10 月 18 日、デ・レーケの後任をつとめたヒューゴ・ヴォン・ヘイデンスタム (Hugo von Heidenstam) の報告では、1909 年に開通したばかりの新アストリア航路の凸面河底が徐々に航路の真ん中のあたりで上昇し、過去の 8 カ月において、すでに 6 フィートから 7 フィート (約 1.8 ～ 2.1 メートル) の高さまでとなっ

143

I部　上海の建設とインフラストラクチャー

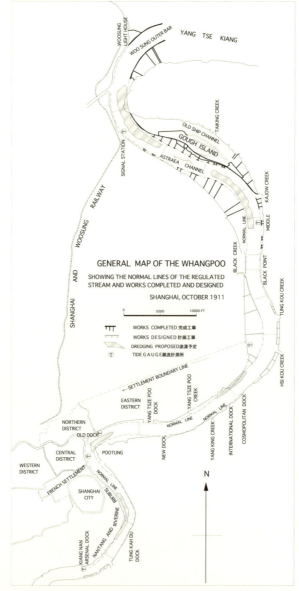

図4-5　1911年黄浦江地図、浚渫位置、完成と未完成の土木工事を示す
（日本外交史料館所蔵原図より筆者作成）請求記号 3.13.2.11

4 国際的港湾の造成

た。なお、ゴー島の彎曲部において、深い水深の航路が急激に狭まったことにより、ハーバー・マスターが船投錨のブイの位置変更を余儀なくされた。その結果、港湾技師ヘイデンスタムが「黄浦江整備の継続プロジェクト」(*Project of the continued Whangpoo regulations*) を提案することとなった。

　浚渫された土の使い回しも興味深い。図4-5が示す浦東ポイント (Pootung Point) の周辺に Event Reclaiming や Eventual Reclaiming という標識が見られる。これは、黄浦江水路局が浦東辺りの低湿地を埋め立てる予定であることを示している。1910年10月28日、デ・レーケが黄浦江水路局に提出した報告「工事過程」(*Progress of work*) 注34) によると、河底から掘られた土は、黄浦江両側の低湿地の埋め立てに当てられたと言う。しかし、土が乾燥すると、辺りに砂が舞い上がる状態に見舞われた。それで、新しい浚渫工事が始まるにあたり、掘られた粘土を乾燥した砂の上に被せる対策を考えた。その埋め立て地には、柳の木を植え、これらの植生を守るため、牛や羊がそれらの樹木に近づかないようにと農夫たちに通知する手配までした。

　ついで、図中に示される護岸工事の建設資材から工事過程の詳細を分析する。ここで、デ・レーケが黄浦江水路局に提出した報告「工事過程」に基づき、石とコンクリートブロックの積み方と工法を再現する。

　護岸の材料は、既製品のコンクリートブロックであるが、コンクリート製の護岸と河底や河岸との間に出来た凸凹や隙間は砕いた石で埋める。断面図においては、河底から黄浦江水路局の技師が設定したスロープ・ラインまで、砕いた石でぎっしりと詰めるという仕様が書かれている。毎日、黄浦江水路局の検査官の監視下で工事は行われたが、流された石が河底でお互いぶつかる音が多くの場所で聞こえたため、それらの石は設計図通りに置かれていないと判明した。また、ある場所で積んだ石が設計図のスロープ・ラインより1フィートから3フィート (約0.3〜0.9メートル) も高くなったケースが見られた。それは、石を積んだジャンク船が、注意深く場所を検証せず、石を船から卸したことに起因する。最終的に、黄浦江水路局の信頼できる者の監視の元で、河底に散乱した石をもう一度集め、平底の荷物船を雇い、石を正確な場所に投下させるようにした。このことにより、本来、1910年9月13日に終わる予定の浚渫工事であったが、10月末までにならないと完了しなかった。

　なお、コンクリートブロックの高さ調整も問題であった。河岸の埠頭の高さ調整により、多数のコンクリートブロックが荒石の基礎の中へ深く陥った。デ・レーケの報告には、280個のコンクリートブロックをクレーンで引き上げ、設計

145

Ⅰ部　上海の建設とインフラストラクチャー

図で決めた一定のラインの上に置くようと書かれている。しかし、この工事は荒れた天気や高潮の影響でしばしば中断された。

　1909 年から 1911 年にかけての土木工事が近代の上海港の基盤を作った。しかし、黄浦江水路局による黄浦江の基盤建設は浚渫工事に止まった。

2　上海港の発展過程

1　港のセクション割からみる発展過程

　黄浦江における継続的な浚渫工事、及び港を管理するための港湾規則の整備により、上海港の機能が安定し発展し続けた。本節では黄浦江のセクション割から、上海港の発展過程を追求する。まずは、黄浦江のセクション割の経緯について説明する。

　黄浦江のセクション割りは、いつ、誰が主体となり、そしてどのような基準で設定したのか、それに関する一次的史料は現時点では見当たらない。都市地図で最も早く上海市街地が面する黄浦江のセクションを示したのは、1873（明治6）年、在上海日本領事品川忠道が佐賀県出身の成富清風という人物に作成させた「清国上海全図」[注35] である。

　当該地図は、1866 年に上海のハーバー・マスターを務めた「ホグリー」が作成した図面を元に作られたと言う[注36]。この「ホグリー」という人物は、*Shanghai Harbour, 1875*（Surveyed by S. A. Viguier and J. M. Hockly, Harbour Master）[注37] を作成した当時のハーバー・マスター J・M・Hockly にあたると判断する。成富が作成したこの地図には、船の水上停泊境界線、第 1 区から第 9 区（セクション）、第 7 区に「港長局出張舩」が明確に示されている。そして、同図における港のセクションの表示意図は、成富の説明によると、「某岸有某碼頭、某舩之所停泊一覧瞭然」である。すなわち、黄浦江航路のセクション割は、入港する船と人々に対する一種の案内の役割を持つ。「清國上海全圖」に記された情報から、このセクション割は、上海港の首席管理者にあたるハーバー・マスターと彼付きの専門職員が決めたものと推測できる。

　黄浦江のセクション割の情報は、1900 年以降の上海港則にかならず含まれていた。上海港則の冒頭に海関総税務司サイン付きの説明文「下記の規則は、当港における条約締結国の領事たちに同意され、かつ法的に認定されている。現在、すべての関係者に情報と案内を提供するため、これを公表する。海関総税務司からの命令により」[注38] と書き記されている。つまり、港のセクション割は

146

4　国際的港湾の造成

港則と同様に、上海に滞在する各国の領事たちが承認したもので、かつ北京に駐在する海関総税務司の命令によるものであった。

以下、黄浦江のセクション割の詳細について検討し、上海港の発展過程を辿る。

1900年、当時の上海市街地に面する黄浦江は北側の下段（Lower Section）と南側の上段（Upper Section）に加え、南から北へのぼっていくと、セクション1から9までと区分されていた（図4-6）。

例えば、第1セクションに、中国人商人の金利源埠頭、華通埠頭（B&S商会、1890年から建設）、第2セクションに、B&S商会傘下のC.N.Cフランス租界のバンド埠頭（1873年から建設）、第3セクションに、日本郵船（1871年から建設）、浦東埠頭（B&S商会、1881年から建設）、招商局中央埠頭（China Merchants Central Wharf、中国）、JM商会の公和祥埠頭（1866年から建設）が見られる。

埠頭の場所表記に関し、海関は上海市街地側の埠頭をShanghai Side、略称「S」、浦東側の埠頭をPootung Side、略称「P」と決めた。この表記法により、上海港に出入りする多数の船の停泊所の位置表記が可能となった。例えば、第3セクションの上海市街地側の日本郵船会社（Nippon Yusen Kaisha）の埠頭のローマ字表記は「N.Y.K-3.S.S」である。船の停泊場所は、船主または所属の海運会社が江海関に必ず提出する情報の一つであった。

1912年には、下段（Lower Section）の位置がさらに北側へと移動され、セクションの数は本来の9から11になった。黄浦江の両岸に埠頭、ドック及び紡績工場がさらに高密度に建てられた（図4-7）。第1から第7セクションまでの上海市街地側の港に立地する商会と海運会社は、1900年とほぼ同様であった。第8、第9セクションに、日本郵船の滙山埠頭、南満州鉄道の上海埠頭、JM商会の怡和紡績工場が建設された。一方、上海外国租界の法定範囲外の浦東側において、第3から第11セクションに、JM商会傘下のインターナショナル紡績工場と上海ドック、日本の海軍駐屯場が新たに建てられた。

その中で、中国側の施設が上海県城の南側に建設されるようになった。図4-6の「1900年上海港地図」に記された上段（Upper Section）が、南側へと延ばされ、上段AからC（Upper Section A～C）まで拡張された。江南造船局は、この時点で、上段A（Upper Section A）の上海市街地側に建設された。

以上、1900年、1912年の上海港の地図の比較検証により、各国の貿易会社や海運会社が黄浦江に沿って各自の港湾を建設したことが明確になった。これは、上海港が、統一した港湾計画案に基づいて整備された港ではなかったことを意味する。そして、時代が下がるにつれ、イギリス商会が中心的位置を占めつつ

147

I部　上海の建設とインフラストラクチャー

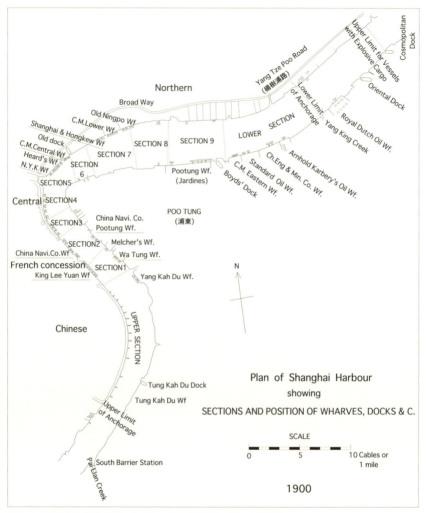

図4-6　1900年上海港図面、セクション、港位置、ドックを示す
（日本外交史料館所蔵原図より筆者作成）請求記号：3.13.2.11

4 国際的港湾の造成

も、アメリカ、日本、中国の会社も上海港に参入してきた。黄浦港のセクション割、埠頭のローマ字表記法がまさに江海関と黄浦江水路局が上海の港を管理した証である。

2 上海港の構成内容と空間特性

ついで、上海港の構成内容と空間特性を分析する。主にドライ・ドック、桟橋、鉄道、建物（倉庫、事務所、労働者住宅）に着目する。

「1912年上海港図」（図4-7）が示す船の修理場と造船場のドックを数えていくと、第11セクションの浦東側には、引翔港ドック、和豊ドックがあり、第9セクションの両側にそれぞれ一つの新ドック、第6セクションの浦西側に古いドック、上段C（Upper Section C）に、董家渡ドック、上段A（Upper Section A）に江南製造局のドックがあり、合計7つのドライ・ドックがあった。そして、船が接岸又は停泊するための施設は、河岸に平行して置かれた木製、あるいは鉄製の浮桟橋が殆どであった。

船舶接岸の方向は河岸と平行するため、各会社が埠頭を建設する際、黄浦江に面する正面の河岸の幅を重要な要素として考慮していた。この点は前掲満鉄上海埠頭事務所が出版した『上海港』から読み取ることができる。同調査書は、各埠頭の正面の幅も必ず明記している。例えば、金利源埠頭の中央部分の桟橋の長さは、1640尺（541.2メートル）で、JM商会の公祥和埠頭の正面幅は、1550尺（511.5メートル）、日本郵船の虹口埠頭正面幅は、桟橋と水面の両方の幅を加え、合計820尺（270.6メートル）であった[注39]。

一方、港から内陸への物資運搬の手段に関しては、近代の港においては鉄道が普及したため、鉄道に頼るケースが多かった[注40]。しかし、黄浦江水路局は、航路の浚渫には力を入れていたが、港から発する鉄道は整備しなかった。上海市内から呉淞の揚子江口まで走る鉄道のみ整備された（図4-2）。

1920年代まで、上海市内に路面電鉄が租界の東端に位置する楊樹浦路まで走っていたが、それは主に人々の交通手段に限られていた[注41]。事実、上海から中国の内陸への物資運搬は鉄道ではなく、主に水運と海運に頼っていた。例えば、JM商会、B&S商会は「南北支那沿岸、長江流域」の航路、及び日本人経営の大連汽船会社は「大連上海航路、青島航路」を所有していた[注42]。上海港は、市内及び内陸部との連絡が鉄道ではなく、港湾労働者、及び水運と海運の航路による人間と物資の運搬がその特徴の一つであった。

最後に、上海港と市街地との関係を検証する。

149

Ⅰ部　上海の建設とインフラストラクチャー

図 4-7　1912 年上海港図面、セクション、港位置、ドックを示す（日本外交史料館所蔵原図より筆者作成）請求記号：3.13.2.11

4 国際的港湾の造成

　旧アメリカ租界の虹口において、港に高密度な倉庫群が立地し、市街地は、蘇州河から楊樹浦の港まで走るブロード・ウェーと楊樹浦路（楊浦港より東側）の裏側に広がる。旧イギリス租界において、商会が立ち並ぶバンドから数歩出ていくと、各商会専用の桟橋が黄浦江に置かれている。一方、フランス租界のバンドはB&S商会専用の埠頭、上海県城のバンドは、中国人商人の金利源埠頭が占めている。すなわち、中国内陸及び国際間のモノとヒトの運搬、紡績業、造船業を担う上海港は上海の市街地に密接していると言える。上海港はまさに都市上海の生命線であった。上海は今なお「水都」の面影が色濃く残る。

3　上海港の建設と中国人

1　港湾クーリーとその組織

　港で働く労働者やクーリー（苦力）の重要性の故、前掲満鉄上海埠頭事務所の調査報告書『上海港』は、上海港の港則、内容、船会社、ドック等を紹介するように、クーリーの賃金、彼らの専属会社についても詳細に記録している[注43]。

　クーリーは、一般的に、中国の農村地方からの出稼ぎ肉体労働者を指す。その漢字表記「苦力」で示されるとおり、陸域で荷物を運ぶ人は陸域クーリーで、水上、船、サンパン（桟板、写真4-1）と呼ばれる小舟で働く人は、水域クーリーと呼ばれる。

　水域クーリーは、規模の大きい船上で働くほか、サンパンで人と物資を上海市街地側の浦西・浦東間で運搬する役割も果たしていた。例えば、第9セクションの新ドックの浦西と浦東工場の間における労働力と材料の運搬は、すべて、水域クーリーによる船の運行で行われていた[注44]。

　外国の商会と海運会社は、港の物資運搬を円滑に行うため、普段からクーリーを確保する必要があり、特に農耕期と春節期において、早い時期にクーリーを手配しなければならなかった。それ故、上海でクーリーを提供する専門の組織が必ず存在していた。例えば、日本郵船、満鉄上海埠頭事務所、三井物産埠頭、日清汽船の港湾クーリーは、楊樹浦地区のディクスウエール・ロードの2901号に居を構えるクーリーの親会社の「秀栄記」が提供していた。クーリーの賃金は農耕時期と春節時期において上昇する[注45]。

　港湾労働者と彼らが所属した組織は、上海港の一つの欠かせない要素であった。目に見える物理的な港湾基盤施設とは対照的に、港湾労働者は目に見えるもう一つの港湾基盤施設と喩えることは妥当であろう。上海港は基盤施設とし

151

Ⅰ部　上海の建設とインフラストラクチャー

写真4-1　1930年代のサンパン（桟板）クーリー（Warren Swire Collection 所蔵）

ての鉄道と橋梁の不足（後述）を港湾労働者により補っていた。

2　黄浦江浚渫工事と港湾労働者

　上海港の造成過程とその特徴を語るには、港湾労働者の実情を見落とせない。近代上海は国際的大都市という印象を受けるが、市街地から一歩出た先の港の施設と機能に留意すると、この都市はまた労働者の街であったことが鮮明に分かる。例えば、第7章で提起するように、日本郵船が実施した1890年3月10日の午前6時から午後11時までの虹口港の交通量調査によると、水域クーリーが800人、その他のクーリーは360人もいた（第6章、表6-1）。1905年、1911年の黄浦江浚渫工事にはクーリーをはじめとする多くの中国人港湾労働者が働いていた。

　ここで、1911年黄浦江浚渫工事のために雇われた労働者の内訳（表4-1）を見る。1911年7、8、9月の集中工事で、7月において、黄浦江水路局が臨時に募集した契約労働者は、監督（5人）、護岸保護工事の労働者（0人）、埠頭上の船員（5人）、大工監督（1人）、クーリー（25人）、汽艇乗組員（15人）、サンパン（小舟）船員（2人）、見張り人（10人）、養樹人（1人）、護岸材料の計算者（1人）、中国人の地保（地主の代表、1人）で、合計66人であった。この時期に、牛や羊が成長する柳の木に近づかないようにと見張る人である「柳の世話人（caretaker of willow）」は雇われていない。日雇い労働者は、大工（52人）、護岸の隙間を詰める労働者（caulker, 73人）とクーリー（27人）も、合計152人もいた（表4-1）。ほかに、主要な契約労働者として、護岸保護工事の労働者（30人）、クーリー（30人）、貨物運搬船上で働く船員（27人）、石の舗装工事労働者（27人）、様々な臨時労働者（10〜30人）を含め、

152

4　国際的港湾の造成

表 4-1　1911 年黄浦江浚渫工事に雇われた労働者の内訳

三カ月の臨時雇用労働者の内訳

雇われた労働者（Labor Employed）	人数（Number of man）		
毎月支払い（Monthly paid）	7 月	8 月	9 月
監督（Foreman）	5	4	4
護岸保護工事の労働者（Fascine workers）	—	6	6
埠頭上の船員（Sailors on pontoons）	5	5	4
大工監督（Carpenter foreman）	1	1	1
クーリー（coolies）	25	25	25
汽艇乗組員（Launch crews）	15	15	15
サンパン船員（Sampan-men）	2	1	1
見張り人（Watchmen）	10	8	8
柳の世話人（Caretaker of willow）	—	—	—
養樹人（Nurseries）	1	1	1
護岸材料の計算者（Fascine counter）	1	1	1
地保（Tipao）	1	1	1

日雇い労働者の内訳

別途の日雇い労働者（Daily paid etra）	一日労働（day works）		
	7 月	8 月	9 月
大工（carpenters）	52	54	108
護岸の隙間を詰める労働者（caulkers）	73	27	—
クーリー（coolies）	27	6	—

主要な契約労働者の内訳

主要な契約労働者（Principal Contract）	人数（Number of man）		
護岸保護工事の労働者（Labor Fascine workers）	7 月	8 月	9 月
護岸保護工事の労働者（Fascine workers）	20	—	—
クーリー（coolies）	30		
貨物運搬船（一つの船に 3 人）Cargoboats 3 men to each boat	27	6	6
石の舗装者（stone paving work）	27	6	6
様々な急用労働者（varying intesity）	10-30	10-30	10-30

出典：1911 年 10 月 21 日、黄浦江水路局会議で首席技師ヘイデンスタム（Heidenstam）の報告、外務省外交史料館、請求記号 3.3.13.2

合計 97 人から 117 人が雇われた（表 4-1）。

　表 4-1 のデータを統合すると、1911 年黄浦江浚渫工事に関わった臨時雇用の労働者は、単に 7 月において、315 人から 335 人がいた。その中で、明確にクーリーと呼ばれた人は 82 人がいた。

3　土地、河岸、水面の利権を争う中国人

　港湾研究において、陸域と水域、及びそれらをめぐる各種の利権紛争は避けて通れない問題点である。本節は、B&S 商会のフランス租界のバンド埠頭に着

153

I部　上海の建設とインフラストラクチャー

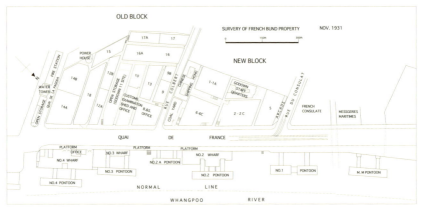

図4-8　B&S商会フランス租界のバンド埠頭1931調査図面（Swire House所蔵原図より筆者作成）

目し、イギリス、フランス、中国の関係者がどのようにこの複雑な問題を解決したのかを解明したい。

　B&S商会のフランス租界のバンド埠頭は、中国人県城に隣接するフランス租界のバンドに建設された。当然ながら、B&S商会は、埠頭建設の際、本来の中国人地主やフランス租界の公董局とのあいだに土地や水面をめぐる利益紛争が伴った。

　例えば、図4-8が示すパゴダ路（Quai De La Pagoda）の所有権に関し、中国人地主とB&S商会の裁判があった。このパゴダ路は、本来、中国人地主楊氏（JM商会の買辧）が掘った黄浦江から上海県城の城壁までのパゴダ運河であったが、1897年から1898年までの間に、フランス租界政府はこの運河を埋め、パゴダ路にした。パゴダ路はそのままB&S商会の借地の南側の境界線となった。

　それから20年後の1919年、楊氏の息子（Yang Tze Ching、中国語名を確認できず）が、突然、フランス租界の公董局にパゴダ路における自分の利権を主張し出した。旧パゴダ運河に関する彼の詳細な主張項目とは、(1) 黄浦江から上海県城までのパゴダ運河、(2) 運河の南と北側にあった二つの埠頭、(3) 運河の底と護岸の舗装材料、であった。

　しかし、フランス租界の裁判所は「中国では、運航可能な水路は、一本の小さな小川でも清王朝の土地の一部分である。したがって、パゴダ運河は現在公共の道路になった」として、楊氏の告訴を却下した[注46]。また、「私たちは（この種の裁判または中国の事情に）興味がない」というB&S商会の反論が同商会側の資

154

料 *Examination of Title Deeds French Bund* に見られた[注47]。

前述のように、外国租界が建設される前、黄浦江とその河岸は公共用で、中国人の船がそこで荷揚げをしていた。B&S商会の埠頭が建設されてから、フランス租界の埠頭の所有権や使用権も B&S 側が持つ形になった。

1923年、フランス領事館は、食肉工場から運ばれる豚を載せた中国籍の運搬ジャンク船に対し、B&S商会が無条件に埠頭への永久アクセス権や荷揚げの権利を与えるよう要請した。これに対し、B&S商会は、直ちに「実際の使用者にこの種の特権を与えることは困難である。私たちは、フランス租界のバンドの土地と河岸（の使用権）を購入したからである」と回答した。しかし、中国人のジャンク船は、外国租界が設立される以前から、県城とフランス租界附近の水面と河岸で荷揚げする習慣があったため、B&S商会はそれを阻止しないと書面でフランス領事館に伝えた。

4　B&S商会の東アジア航路網と港湾施設

1　東アジアにおける B&S 商会の巨大航路網

序論で述べたように、上海港は、揚子江流域、沿岸部、アジアとヨーロッパの航路を結ぶハブ港であった。この点は、B&S商会が東アジアで築いた航路網と埠頭施設に如実に反映されている。本節は、B&S商会の上海埠頭の特徴を分析する前に、まず同社の航路網について説明しておきたい。

B&S商会は、今も存在するリバプール発祥の大手海運会社である。同商会は、1872年、上海に本部を置いて C.N.C 海運会社を設立し、中国の南北海岸、揚子江流域、日本、中国、香港とヨーロッパを繋ぐ国際航路を経営し始めた。

1906年から1907年、B&S商会の経営者 G・ワーレン・スワイア（G. Warren Swire）が、東アジアにおける自社の埠頭施設を視察した。その際、東アジアにおいて B&S 商会の港は、すでに上海、寧波、曲阜、龍口、羊角溝、奉天、塘沽、鎮江、南京、芜湖、沙市、九江、天津、秦皇島、牛荘（営口）、九江、武昌、漢口、長沙、湘潭、宜昌、福州、厦門、汕頭、広東、香港、横浜の27カ所にのぼった[注48]。

B&S商会は、各港で人と物資を運搬するほか、倉庫、桟橋、船舶の賃貸業務も行った[注49]。ワーレン・コレクションの写真と記録を見ると、上記の各港において、桟橋、護岸、倉庫、事務所が完備されていることがわかる。利益と効率の観点から、同社は、物流、貿易関係に直結する桟橋、プラットフォーム、倉

155

Ⅰ部　上海の建設とインフラストラクチャー

庫の面積を特に重視した。例えば、1910年、上海フランス租界のバンドでB&S商会の事務所を建てる際に、事務所の敷地をなるべく狭くし、倉庫の敷地面積を最大限に広げた[注50]。

B&S商会と対照的に、フランスの郵船会社は、フランス租界のバンドに港を構えていたが、ヨーロッパ航路しか有しておらず、中国の内陸部に進出していなかったと見られる。日本人経営の海運会社、例えば、三井物産、鈴木商店は、不定期の貨物船のみ、大連汽船は大連上海航路及びその他の不定期貨物船、東洋汽船はアメリカ航路、日本郵船はヨーロッパ航路、上海航路及び不定期の貨物船を操業していた。それらは、いずれも局部的な航路経営であった。

B&S商会の巨大な航路網経営を支えたのは、各港に建てられた港湾施設であった。この点は、上海における同社の港湾施設に如実に反映されていた。なお、B&S商会の港湾施設は、上海港の貿易、物流の機能の主な部分を担っていた。

2　フランス租界バンドの埠頭

フランス租界のバンド埠頭は、上海港におけるB&S商会の本部である。同埠頭の南と北のブロックにあった建築物は、年代によって特徴が異なったため、以下、建設年代に従い、旧ブロックと新ブロックを分け、それぞれの特徴を分析する。

(1) 旧ブロック

旧ブロックは、1873年から、B&S商会によって建設が始まった。徐々に、中国人地主から土地、河岸を買い足し、既存の60軒の中国人家屋と一軒の病院を壊してから、事務所と倉庫の建設を始めた[注51]。敷地は、北に永安街 (Rue Colbert)、東にフランス租界のバンド、南に県城の河浜路 (Quai De Fosses) に囲まれた街区に位置する。河に面する部分は、218フィート (約65.44メートル) である。B&S商会の一連の建物は、長い河岸に沿って外壁面が一直線に揃って立ち並んでいた (写真4-2)。以下、桟橋と物資運搬動線、プラットフォーム、事務所と倉庫の順で説明していく。

桟橋と物資運搬の動線：B&S商会の上海事務所、海関検査所及び公開倉庫の専用第3号桟橋 (幅60.6メートル、長さ7.88メートル)、12、18、14番倉庫専用の第4号桟橋 (幅57メートル、長さ8.48メートル、鉄製) と埠頭が建物の正面に面して置かれていた (図4-8)。倉庫は、いずれも妻入りで奥行きが深かった。船から桟橋、埠頭、倉庫への物資運搬の動線という点から、荷物を運搬する労働者がスムー

156

4　国際的港湾の造成

写真 4-2　1900 年フランス租界のバンドの桟橋と倉庫

写真 4-3　1911 年フランス租界のバンド新ブロック。左から B&S 事務所と 6-6C 倉庫

写真 4-4　1906 年フランス租界のバンド埠頭。海関検査所と B&S 上海事務所

写真 4-5　1906 年フランス租界のバンド倉庫。左から 18、12A、旧 11 番倉庫

（上の 4 枚の写真は Warren Swire Collection より提供された。）

ズに倉庫に入れるように考慮した結果であると考えられる。倉庫と倉庫の間には、狭いゲートと通路しか設けられていなかった。例えば、表の埠頭から裏の 9-9B、13、16-16A、17-17A、15 番倉庫には狭い通路しか確保されていなかった。なお、裏側に位置する倉庫 16-16 A、17-17 A、15 へのアクセス動線は（図 4-8）の点線により確認できる。

　プラットフォーム：B&S 商会が計画途中でもう一つ重視したのは、桟橋のブリッジから道路までのプラットフォームの建設であった。プラットフォームは、荷物が倉庫または船に運ばれる前に、一旦、荷物を預ける場所で、乗船客と港湾労働者の待機場所でもあった（写真 4-4、4-5）。B&S 商会は、1912 年、1933 年、1934 年の 3 回にわたり、図 4-8 で示す道路と埠頭の間にあったプラットフォームを拡張した[注52]。それに加え、1932 年には、3、4 番埠頭の面積を増やした。その結果、フランス租界のバンドにおける B&S 商会の桟橋は、黄浦江の船舶航路の境界線を示したノーマル・ラインぎりぎりの所まで設置されていた（図 4-8）。

　倉庫：倉庫の建設と管理は B&S 商会のロンドン本社、および香港支社と上海

Ⅰ部　上海の建設とインフラストラクチャー

支社が直接行った。それは、アジアとヨーロッパを結ぶ当該商会の航路運営上に必要不可欠な設備である。倉庫は単に貨物を貯蔵するための建物の故、B&S商会もその建設に最小限の経費しか費やさなかったと推測する。各倉庫の建設過程を知るための詳細な手がかりはないものの、同社の「不動産目録」(Property letters) に基づき、フランス租界のバンドに建てられた個々の倉庫の築年、規模、平面、階建て、建築材料と簡単な建設経緯を把握することができた。

　まず、黄浦江に面する表の部分の東側から西側へと順番に（図4-8、写真4-4）、B&S商会上海事務所（1905-1906年築、鉄筋コンクリート造、煉瓦外壁、4階建て）、海関検査事務所（1900-1901年築、1904年に10番倉庫より改修、煉瓦壁＆木造小屋組で、瓦屋根）、公開倉庫（1930年焼失の11番倉庫の跡地に建っていた）、12番（詳細不明）、14番倉庫（1907年築、3階建て、煉瓦造、鉄製屋根）が立っている。港の電気とほかのエネルギーを提供するエネルギー室（1908年築、2階建ての煉瓦造）は、14番倉庫の裏側に建てられている[注53]。

　2階建て以上の倉庫において、荷物を上階まで運ぶための階段やリフトの設置問題はB&S商会の上海事務所と香港事務所の間で議論が行われていた。

　1906年12月、3階建ての14番倉庫の新築の際に、上海事務所が、「階段のほかに、将来に備え、荷物昇降機の設置場所をまず空けておくべきである。そうしないと、荷物は全部クーリーが運搬しなければならないことになる」[注54]と香港事務所に提案した。しかし、香港事務所は、「階段の設置には異議ないが、私たちがその設置場所を開けておくべきにかかわらずリフトの設置は希望しない」[注55]と回答した。すなわち、香港事務所は、1階から上階への荷物運搬はすべてクーリーに任せ、リフトを設置しないと上海事務所に回答した。この議論からクーリーの待遇の一端が窺える。

　(2) 新ブロック

　新ブロックは、1912年に、フランスの宣教師団体（Mission Etrangere）の土地、河岸、及び河上にあった桟橋とブリッジを購入した後、フランス領事館の所有地とその前面の水面を99年間の期限付き賃貸契約で借用して建設された[注56]。

　敷地は、旧ブロックと永安路（Rue Colbert）の北側にあり、東にフランス租界のバンド、北に領事館路に囲まれる。フランス租界のバンドに面した敷地の正面は、永安路の北側から領事館路の南側までであったが、河岸と水面の使用権は、永安路の北側からフランス領事館南側の境界線まで至り、全長145.5メートルであった（図4-8のフランス領事館の前面にある点線に着目）。

　建物を確認していくと、南側から北側へと順番に、石炭積み場、海運事務所、

158

6-6 C倉庫、2-2 C倉庫、5番倉庫と1-1 A番倉庫が見られた。

　海運事務所は、1922年竣工で、4階建ての鉄筋コンクリート造の煉瓦外壁で、瓦屋根である。1階には、2つの48メートル×17.2メートルの中庭があり、給食室、キッチン、4つの執務室などの13の部屋があり、1階から3階は、合わせて25の部屋と3つの使用人室が設けられた。

　6-6 C倉庫（写真4-3）は、1922年4月6日竣工、鉄筋コンクリート造と煉瓦外壁で、間口が40.3メートル、裏側が31.08メートルで、北西面が28.96メートル、南面が31.8メートルであった。階高は、1、2階が2.1メートルで、その他の階が2.7メートルであった。

　2-2 C倉庫は、1932年築、鉄筋コンクリート造と煉瓦造で、6階建てで、間口が43メートル、裏側が43メートル、北面が32.6メートル、南面が30.3メートルであった。南面に外階段があり、階高が3メートルであった。

　5番倉庫は、1930年築、2階建て、鉄筋コンクリート造と煉瓦外壁、東正面が21.8メートル、北面が36メートル、南面が44.84メートル、西面が22メートルであり、高さは確認できなかった。最後の1-1 A番倉庫は、築年不明の1階建てで、煉瓦外壁で鉄製屋根とセメントフロアであった。

　1-1 A番倉庫を除き、東ブロックに建てられた海運事務所と倉庫は、いずれも、1920年代以降の建物であり、材料は鉄筋コンクリートが多かった。荷物の収容能力は、西ブロックの倉庫に比べ、大幅に改善されたとみられる。

　上記の倉庫群に囲まれた中庭に、中国人労働者の居住施設もあった。この建物は、1925年1月竣工で、4階建てで鉄筋コンクリート造、煉瓦外壁であった。平面は非整形で、北正面が14.8メートル、東面が32.7メートル、西面が31.2メートル、南面が24.8メートルである。

　1階には、給食室、キッチン、浴室、洗面室、寝台（Bunk）[注57]、寝台とクーリー部屋が配置されている。2階には、給食室、便所、4つの使用人室、寝台、第1クーリー部屋、寝台と倉庫管理員の部屋があった。3階には、給食室、キッチン、トイレ、使用人室、寝台、倉庫管理員部屋があった。4階には、給食室、トイレ、バスルーム、二つの使用人室、寝台とスタッフの部屋が配されていた。港で働くクーリーたちの寝台、給食室、キッチン、共同便所とバスルームはB&S商会によって提供されていたと見られる。

3　浦東埠頭

　この埠頭は、フランス租界のバンド埠頭の向かい側の浦東に立地していた（図

I部　上海の建設とインフラストラクチャー

図 4-9　B&S 商会浦東埠頭 1931 年調査図面（Swire House 所蔵。原図より筆者作成）

4-8、写真 4-6)。1881 年から、B&S 商会はユダヤ系イギリス人地主のサッスーンから土地を買収し、河岸、塀を造成し、倉庫用地の現地調査を行った[注58]。この埠頭の倉庫は、主に、中国内陸沿岸の港へ発送する物資の収容に充てられた[注59]。黄浦江に面する正面部分は、フランス租界のバンドの埠頭ほど幅は広くないが、敷地全体は奥に伸び、桟橋、ヤード、倉庫、住宅が密集して建てられた。

　桟橋：浦東埠頭には、三つの桟橋があり、航路の境界線まで突き出ていた。真ん中の倉庫群専用の桟橋は、ヘッド・ワーフ（head wharf）で、その左右に 1、2 番桟橋が置かれていた。なお、この埠頭の桟橋もフランス租界の埠頭と同じように、ノーマル・ラインぎりぎりに置かれた（図4-9）。

　ヤード：桟橋から港の正面に、西側から東へ順番に石油倉庫（1932 年築）、第 1 番、第 2 番、第 3 番石炭野積場が設置されていた（図4-8）。これにより、この埠頭は、石油、石炭などの燃料を保管し、船に供給、または、物資輸出に関連していたと考えられる。1 番、2 番の石炭野積場の裏側に、運送庫（Transit Shed）が

160

4　国際的港湾の造成

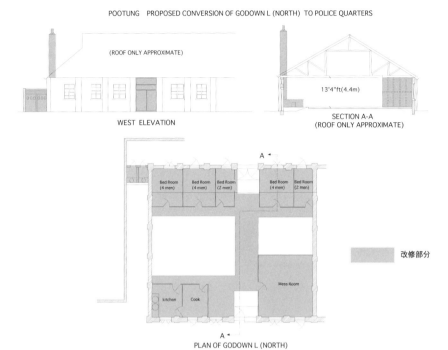

図 4-10　B&S 商会浦東埠頭 L 倉庫北の改修図
（図中のグレー塗りの倉庫、Swire House 所蔵原図より筆者作成）

設けられていた。その具体的な機能に関しては、不明であるが、荷物が船から倉庫に運ばれる前、あるいは倉庫から船に積まれる前に、一旦、この場所に保管されていたと考えられる。

倉庫：1936 年、浦東埠頭に建っていた A から J 号倉庫は、1889 年から 1894 の間に建設された。その中で、A、B、H、I、K、J、L1、L2、L3 は、1 階建ての煉瓦造で小屋組は木造トラス小屋である。その他の D、E、C、G は 2 階建ての煉瓦造で小屋組は木造トラス小屋である。これらの倉庫も、フランスバンドの倉庫と同様に、1905 年黄浦江洪水の後に、床が一斉に上げられた[注60]。

「L 倉庫北館を警察宿舎への改修案」（*Pootung Proposed Conversion of Godown L (North) To Police Quarters*、図 4-10) から、倉庫の特徴について探ってみたい。図中にグレーで示す部分は警察宿舎の部屋に改装される予定であった。

L 倉庫北（図 4-10）は、1894 年に建てられ、煉瓦壁、木造トラス小屋組の平屋

161

Ⅰ部　上海の建設とインフラストラクチャー

写真 4-6　1933 年浦東埠頭正面

写真 4-7　1933 年浦東埠頭の倉庫

写真 4-8　1933 年浦東埠頭の海関検査員住宅

写真 4-9　1933 年浦東埠頭のクーリーの居住施設

（上の 4 枚の写真は Warren Swire Collection より提供された。）

写真 4-10　旧 B&S 商会上海事務所、2011 年 9 月筆者撮影。　最上階は増築である。

162

である。入口は、建物の西側に設けられ、窓は西側と東側のみ開けられている。間口は 9.7 メートル、奥行きは 10.6 メートルである。床は、地面より一段高く、梁までの高さは 4.4 メートルである。一方、平面図と立面図を見ていくと、柱間と窓の大きさが不規則で、中央の入口に隣接する部分は 1.5 メートルで、その隣の部分は 1.21 メートルである。

住宅：海関検査員、中国人倉庫管理員の住宅、労働者の建物は、敷地の東北方向に突き出ている角地に位置していた。倉庫 C から斜めに出ている砂糖倉庫と倉庫管理員の住宅（1894 年築、図 4-9）が一直線上にあり、そこから東側に折れ曲がった所にクーリーの建物が建てられる。一方、海関検査員の住宅（写真 4-8、1908 年築、庭付きの 2 階建て）は、東側の広大な敷地にあった。更に、敷地の北側に空いた所に、従業員用のサッカー場も設けられた。

ついで、敷地の一番裏側にあるクーリーの居住施設について説明する。前掲フランス租界のバンドの倉庫群の合間に建った集合型宿舎と違い、浦東埠頭の場合は、同じ建物 3 棟が分散して建てられた。灰色の煉瓦壁と瓦屋根である（写真 4-9）。3 棟の建物の中で、3 つの給食部屋、キッチン、料理部屋、2 つの石炭部屋、19 個の寝室（3.51 メートル × 7.2 メートル）が設けられた。それらの建物は、頑丈な外壁によって囲まれ、倉庫管理員や海関検査員の住宅から隔離されている様子であった。

以上より、浦東埠頭もフランス租界のバンドの埠頭と同じように、桟橋、ヤード、倉庫施設のみならず、その裏側に、港従業員の住宅と港湾労働者の居住施設が建てられていた。そして、港湾労働者の居住施設は、外壁に囲まれ、倉庫管理員、海関検査員の住宅の格差が窺える。

5　イギリス国内の河港と上海港の違いに関する考察

最後に、上海港の航路設計、港の造成過程と構成内容、船の停泊所と停泊方法をより明確にするため、19 世紀に造成されたイギリス国内の河港の特徴について分析する。海港に関しては、自然条件、規模、空間構成が根本的に違うため、ここでは解析を行わない。

筆者は、19 世紀半ばから後半における廈門、漢口、天津、横浜、長崎、ロンドン、リバプール、ボストン、ニューヨーク、シカゴの港に関する文献、地図を網羅的に調査した。その結果、驚くことに、イギリス国内港、例えば、ロンドンとリバプール港において、河岸に引き込んだ場所に、複数の大規模なウエッ

163

Ｉ部　上海の建設とインフラストラクチャー

ト・ドック（Wet Dock）と呼ばれる船溜まり場がある。それらを囲んで倉庫、道路、運河、鉄道のインフラ設備の複合施設が建てられている。この種の大規模なウェット・ドック群は、上海を含め、同時代のほかの河港では見られなかった。以下、ロンドンを中心に、その港の施設構成について説明する。

ロンドンは、16世紀のエリザベス1世の摂政期における大航海時代から、現在のタワー・ブリッジ（Tower Bridge）の東側にあたる、テムズ河の下流に大規模な埠頭、港、船溜まり場が建設されるようになった[注61]。テムズ河から水を河岸の空地にまで引き込み、複数の船溜まり場が作られた。それらの船溜まり場を囲む護岸の上には倉庫、道路、護岸の四周には内陸部につながる運河が造られた。1930年代まで、テズム河沿いに、セント・キャサリン・ドック（St Katharine Dock）、ロンドン・ドック（London Dock）、サレー・ドック（Surrey Docks）、東インドドック（East India Dock）、ミルウォール・ドック（Millwall Dock）等合計12カ所のウェット・ドック群があった[注62]。

その中で、ロンドン市街地に最も近いロンドン・ドックは、1800年から建設をはじめ、1805年1月31日に、護岸の上に倉庫が完成されないにも関わらず、船を停泊させた。ロンドン・ドックは、西ドック（面積20エーカー）、比較的狭いタバコ・ドック（面積明記せず、ドックの護岸の上にタバコ倉庫が建つ）、及び東ドック（面積7エーカー）と呼ばれる3つの船溜まり場が含まれていた[注63]。

ロンドンのテムズ河沿いに、新しいウェット・ドック、倉庫、運河、鉄道（19世紀後半から普及）の複合施設を作る時、計画、資金収集、運営に関連する各分野の関係者がドック会社を設立した。例えば、ロンドン・ドック会社は、西インドを拠点としたイギリス人商人、ロンドン市と議会が設立した。彼らは、建築家と土木技師を招集し、ドックの複合施設を計画させた[注64]。このドックは、創立当初から、イギリス政府に「21年間の独占権」を与えられた。すなわち、西インド、東インド以外の地区から入港してくるタバコ、米、ワインとブランデーを積んだ船が、船主の海運会社や貿易会社と関係なく、すべてこのドックで荷揚げし、貨物をそこの倉庫に貯蔵する[注65]。ロンドン・ドックが船主や貿易会社からドック、倉庫の使用料金を課していた。

19世紀半ばから、テムズ河のドック会社は、鉄道会社と一緒にドック群を開発する動きが現れた。1855年12月26日に、アルバート王子はテムズ河の下流で初めてウェット・ドック、倉庫、鉄道が一体となるビクトリア・ドックをオープンした[注66]。そして、ビクトリア・ドックが位置するノース・ウールウィッチの市街地から発する鉄道もドックの波止場まで整備された。

4 国際的港湾の造成

ついで、1866年、テムズ河上流に位置するロンドン・ドックとセント・キャスリン・ドックが合併してから、ビクトリア・ドックを買収し、ドック群をさらに東側へと拡張させた。最終的に、鉄道施設完備のビクトリア＆アルバート・ドックとなった[注67]。1910年代まで、ロンドンのドック群すべてに対して、港からイギリス内陸部に行く鉄道が整備されていた[注68]。

以上より、ロンドン港の造成と運営は、イギリス政府、王室、商人、植民地、海運会社、鉄道会社、土木技師、建築家等がすべて関わったことが明確となった。テムズ川沿いの大規模なドック群の建設過程は、まさに当時のイギリス社会の動きと大英帝国の強大な国力を象徴するものであった。

しかし、上海の場合は決定的に違った。倉庫、船舶修理のためのドライ・ドック、石炭、水と石油の供給タンクは多数あったが、ロンドンのような船舶の専用停泊所とインフラの複合施設は建設されていなかった。それは、港の形成過程とその特徴、貿易規模、資金、行政、商人、商人組合の思惑、技術、人材、自然条件に関連すると考える。ロンドンのドック群の造成過程に関する文献を解読した結果、上海とロンドン港の発展過程における根本的な違いは、港整備の主体と運営システムの違いであったことが判明した。

まず、上海港の整備主体は、B&S商会、JM商会、日本郵船のような個々の海運会社、貿易会社、及び1905年成立の黄浦江水路局であった。外国人商人は、最初から、自分の借地が面する水面に埠頭、桟橋を置くのみで、船の接岸、荷揚げ、荷積みするような機能を供えていた。各国の海運会社は、自社の上海埠頭を国際航路の経営拠点にした。船が自社の埠頭に接岸し、そこで荷物や顧客を降ろしてから、また、新しい荷物を積み、新しい顧客を乗せ、そのまま、自社経営の中国内陸部と沿岸や東アジア沿岸へ、さらにヨーロッパまでの国際航路に乗り、出港していった。上海市内に運ばれる荷物は、クーリーやほかの陸上運搬手段に頼ることが多かった。

20世紀初頭においても、前掲満鉄上海埠頭事務所の『上海港』の調査結果でわかるように、外国と中国の海運会社、造船所がこの方法を踏襲した。黄浦江の両岸に船溜まり場、倉庫、道路、鉄道、運河という一体的な開発方法を、終始、取らなかった。言い換えれば、強大な政治力、資金力、技術力がバックアップする国家の投資事業であったロンドンのドック会社は、近代の上海では誕生されなかった。外国人公使、領事団が実権を握る黄浦江水路局の仕事は、上海で航路設計、浚渫事業、ブイの設置に止まっていた。

165

Ⅰ部　上海の建設とインフラストラクチャー

小結

　本章の結論においては、近代上海港の整備を支えた世界規模のヒト、モノ、カネと情報の流れについて説明し、物理的な港湾施設と管理のための港湾規則がいかに上海で整備されたのか、上海港の造成過程を示したい。

　まず、ヒトとは、1845年土地章程の誕生から、旧イギリス租界とアメリカ租界、フランス租界の土地と水面を借用して港湾施設の造成に関わったイギリス商会、ほかの外国の海運会社、1905年黄浦江水路局の成立に関わった在北京の五つの国の公使と上海領事団と中国商人の代表者、および水路局の重役メンバーとなる上海道台、外国人税務司と沿岸部調査官を指す。一方、工事を進めていくための外国人港湾技師と臨時に雇用されていた中国人労働者の存在も不可欠であった。こういった様々な国、分野と階層から集まってきた人たちが上海港の造成を支え、成功させていたと言える。

　さらに、モノに関しては、自然河川としての黄浦江、黄浦江水路局が作った航路、灯台、ブイ列、衛生ステーション、潮力観察ポイントと水上を管理する黄浦江水路局の巡視船、商会が整備した桟橋、埠頭、倉庫、事務所、労働者の住宅、上海から東アジア沿岸部とヨーロッパを繋げた海上航路は、上海港の基本的なインフラとして整備された。近代上海には大規模な鉄道網、ウェット・ドック、橋梁が建設されていなかった。一方、航路開設、浚渫工事に使われた石やコンクリートブロックは、中国人のジャンク船により中国国内で調達された。

　そして、カネに関しては、上海道台は上海港で徴収された貨物税の一部分を航路維持、浚渫工事、水上施設の資金として黄浦江水路局に回した。その他、道台は、航路両岸の土地を売却し、そこから得た利益の一部分を黄浦江水路局に交付した。陸域の港湾施設も個々の海運会社や倉庫会社が整備したため、資金繰りの困難も特に見られなかった。

　最後に、情報に関しては、当時の国際的最先端の港湾建設技術が国際的に活躍する技師や測量技師の移動により上海に輸入された。そして、中国海関の総税務署が上海で新航路の整備や航路の変更などの情報をすぐに通達し、港を管理する新しい港湾規則もその都度発行されていた。上海港に関する最新情報は、国内と外国の港にタイムリーに伝えられた。国際港として運営していくような情報管理は上海のハーバー・マスターにより行われた。

166

4 国際的港湾の造成

19世紀半ばから20世紀初頭まで、上海港整備のために集約してきたヒト、モノ、カネと情報のネットワークがイギリス国内の港と違い、上海独自の国際性を呈していた。この四つの要素の統合により、港が順調に上海で築かれ、近代国際貿易港における「上海モデル」が出現したと言えよう。

注

1) 後藤春美『上海をめぐる日英関係1925-1932年』東京大学出版会、2006年、18頁。
2) 「上海租界志」編集委員会編『上海租界志』第四篇 公共設施、372-457頁、上海社会科学院出版社、2001年12月。
3) Hans Van De Ven *Breaking with the past,* Columbia University Press, 2014, p.35.
4) 『清国諸港居留地関係雑件』日本外務省外交史料館所蔵、請求記号：3.12.2.28
5) 『支那港則雑件』に収録されている。日本外務省外交史料館所蔵、請求記号：3.1.1.10-1
6) 『黄浦江改修一件』第二巻、日本外務省外交史料館所蔵、請求記号：3.13.2.11
7) 『黄浦江改修関係一件』第三巻、日本外務省外交史料館所蔵、請求記号：3.13.2.11
8) 『中国港湾修築関係雑件 黄浦口改修問題』に収録されている。日本外務省外交史料館所蔵、請求記号：G. 1.2.0.2.2_3
9) B&S商会の建築関係の調査資料は、現在のロンドン本社に所蔵されている。書籍化されていないため、請求記号がない。
10) B&S商会の文字史料はロンドン大学のSOASに保管されている。請求記号：JSSIII.4
11) Cambridge University Library、請求記号：MS JM/L7/1/5/4
12) Cambridge University Library、請求記号：L. 7.1.5.7
13) 『長崎米国郵船会社ヨリ物揚波戸場築造請求一件』『神戸港東川崎町官有地ノ内在横浜英吉利国機関及製鉄会社支社借地前前面へ造築ノ桟橋撤去一件』日本外務省外交史料館所蔵、請求記号：3.13.1.8
14) Hans Van De Ven *Breaking with the past,* Columbia University Press, 2014, p.35.
15) 『自明治三十九年至明治四十三年 黄浦江改修一件』（日本外務省外交資料館所蔵、請求記号：3.3.13.2）原文の中において、*The Huangpu Conservancy* を黄浦江水路局と読んでいる。
16) 『自明治三十九年至明治四十三年 黄浦江改修一件』第三巻、日本外務省外交資料館所蔵、請求記号：3.3.13.2
17) 中国海関とその支局にあたる上海海関における外国人支配の特殊性と原因は岡本隆司『近代中国と海関』（名古屋大学出版会、1999年）、Hans ven De Van, *Breaking with the past*（Columbia University Press）2014を参照。
18) 「上海租界志」編集委員会編『上海租界志』第四篇 公共設施、372-457頁、上海社会科学院出版社、2001年12月。
19) 海関銀ではないと見られる。
20) 前掲書、Hans ven De Van, *Breaking with the past*, p.84.
21) *Shanghai Harbour 1875,* Surveyed by S. A. Viguier and J. M. Hockly, Harbour Master（Cambridge

Ｉ部 上海の建設とインフラストラクチャー

University Library 所蔵、請求記号：Maps. 719. 01. 389）はあるが、当時上海の市街地を構成する共同租界、フランス租界と上海県城が面する黄浦江の実測図であった。

22）前掲、満鉄上海埠頭事務所調査資料『上海港』65 頁。

23）この平均水深は、図 4-1 の黄浦江の中に示された水深数字より算出した。

24）*The Huangpu Conservancy, Huangpu Conservancy Board, Shanghai, January 3, 1911,*「自明治三十九年至明治四十三年 黄浦江改修一件」第三巻に収録される。日本外務省外交資料館所蔵、請求記号：3.13.2.11

25）前掲史料。

26）『自明治三十九年至明治四十三年 黄浦江改修一件』第二巻、日本外務省外交史料館所蔵、請求記号：3.13.2.11

27）前掲史料。

28）『自明治三十九年至明治四十三年 黄浦江改修一件』第三巻、日本外務省外交資料館所蔵、請求記号：3.13.2.11

29）前掲史料。

30）SOAS 所蔵、請求記号：John Swire & Sons JSSIII4/1 Box 2001

31）*Survey of C. N. Co. Property at Watung, May 1926*、John Swire & Sons ロンドン本社所蔵。

32）*Holts Wharf-Pootung General Plan,* 1948 年 8 月 13 日日付け、ロンドン本社所蔵。

33）前掲史料。

34）『自明治三十九年至明治四十三年 黄浦江改修一件』第二巻、日本外務省外交史料館所蔵、請求記号：3.13.2.11

35）「清国上海全図」日本国会図書館所蔵、請求記号：YG913-152

36）前掲地図の備注原文「原図ハ泰西千八百六十六年清国上海ニ在リシホグリート称スル港長ノ地図ヲ本トシ…」。

37）前掲、満鉄上海埠頭事務所調査資料『上海港』175 頁。

38）原文 The Following Regulations have been agreed to and sanctioned by the Treaty Power Consuls at the Port, and are now published for the information and guidance of all concerned. By order of the Inspector General of Customs.

39）前掲、満鉄上海埠頭事務所調査資料『上海港』17 頁。

40）前掲資料『各国港市関係雑件 欧米ノ部』において、ホノルル港の鉄道は港まで整備されていた。そして、大連、シカゴ、リバプールの港の場合において、いずれも発達した鉄道設備があった。

41）前掲（注 8）を参照。

42）前掲、満鉄上海埠頭事務所調査資料『上海港』71-137 頁。

43）前掲、満鉄上海埠頭事務所調査資料『上海港』51-53 頁。

44）同前掲史料。

45）前掲、満鉄上海埠頭事務所調査資料『上海港』51-53 頁。

46）パゴダ路に関する裁判記録は、B&S 商会ロンドン本社所蔵図面史料 *Examination of Title Deeds French Bund* を参照。書籍化されていないため、請求記号がない。

47）前掲史料。

4　国際的港湾の造成

48）G. Warren Swire Collection, University of Bristol 所蔵。

49）前掲、満鉄上海埠頭事務所調査資料『上海港』51-53 頁。

50）B&S 商会社内史料 *Property Register* 1936, p.216.

51）B&S 商会社内史料 *Property Register* 1936, p.216.

52）前掲史料。

53）前掲史料。

54）前掲史料。

55）SOAS 所蔵。

56）B&S 商会社内資料 *Property Register 1936,* p.197.

57）史料原文の中で示す寝台の前にある数字の意味を確認できないが、ここで数字を省略し、「寝台」に統一する。

58）B&S 商会社内資料 *Property Register 1936,* p.197.

59）前掲史料。

60）前掲史料。

61）John Pudney, *London Docks,* Thams and Hudson London, 1975, pp.10-14.

62）前掲書、10 頁。

63）前掲書、39 頁。

64）前掲書、38-48 頁。

65）前掲書、38 頁。

66）Dave Marden *London's Dock Railways, part 2: The Royal Docks, North Woolwich and Silvertown* p.1. Amadeus Press, 2013

67）前掲書、3 頁。

68）前掲書。

169

Ⅱ部　都市空間の形成と英日中関係

第5章　外国租界の都市空間と居住形態

本章の課題

　Ⅰ部は、上海租界の地面と水上にある都市インフラストラクチャーの建設過程と特徴を論じた。Ⅱ部は、都市空間の形成過程と特性の分析に重点を置き、とりわけ上海に渡ってきたイギリス人を始めとする欧米人、日本人の住生活空間と居住形態に光をあてることとする。

　そのため、本章は、開港初期の上海を記録した古地図、古絵図、回顧録、新聞という四つのカテゴリーの資料をパッチワークのように繋ぎ合わせ、1840年代開港初期の上海租界の都市空間、及びそこで展開されていたイギリス人を主流とする国際社会の一端を明確にしたい。

　序章の「近代上海の都市と建築と社会に関する先行研究」の節で取り上げたように、先学たちの力点は、19世紀の著名な商館建築、20世紀初頭の上海の都市文化の究明に置かれてきた。開港初期のイギリス租界の空間特性、一般の外国人の生活空間と居住形態、及び彼らと交流のあった中国人たちの活動に関しては、解明されておらず、依然として多くの謎に包まれている。

　村松伸は豊富な古地図、古写真、建築図面を駆使して1851年から20世紀初頭にかけての外国租界の都市と建築の空間特性を解明しようと試みた。しかし村松は、早期上海を記録した貴重な *SHANGHAI and its suburbs about 1853* の地図において、中国人県城と外国租界という都市部以外の郊外を記す破線を「霧」という曖昧な喩えで表現し[注1]、単に古写真に基づき、上海バンド沿いのベランダ付きのイギリス商会を「植民地様式住居空間」と名付けている[注2]。その後、日本、中国及び海外の学界において、上海建築史と都市史の専門書が多く出されているものの、このような根本的な間違いは指摘されていない。

　ロバート・ビッカーズは著書 *The Scramble for China* において、園芸学者のロバート・フォーチュン（Robert Fortune）著の1848年から1851年の上海旅行記を駆使し、上海イギリス租界の状況を描写した[注3]。しかし、当時の上海イギリス人

173

Ⅱ部　上海都市空間の形成と英日中関係

社会の特徴や住居空間に関しては踏み込んだ分析を行っていない。

そこで、本章では、開港初期のイギリス人による都市開発によって創出された租界の都市空間の特性について分析する。1843年に上海を開港した直後、イギリス人が造成したガーデン（庭園）、ホン（商会）と住宅の空間構成、イングリッシュハウスの建設工事現場と中国人職人の動向について主に論じ、その上で外国人住民の居住形態と彼らが上海の都市形成の中で果たした役割、及び1890年代からの租界都市の拡張と都市形態の特徴について究明する。

本章の論述によって、バンド、南京路、フランス租界の公館馬路などの目抜き通りとは異なる近代上海の都市空間の特性を解明し、なおかつそこで形成された外国人社会の実態を示すことができると考えた。なお、本章の主な論点となる19世紀初めの上海イギリス租界のイングリッシュガーデンの植物栽培特徴、商会兼住宅のホンの空間構成、イギリス人建築家と中国人職人との間のやりとりなどは、香港、シンガポール、マレーシアなどのイギリス植民地都市や日本、中国における外国人居留地に関する都市空間史、建築史研究にも新たな示唆を与えられると期待される。

研究史料の解析

本章が主に使用する古地図史料は、第1章で示す1849年以前の口絵の地図2と1855年地図（口絵の地図3）である。ここでは特に1855年地図の附属史料である「上海におけるイギリス領事館登録の借地人リスト」(*List of renters of land at Shanghai registered at the British Consulate*) を使用する。同リストには、1855年時点で土地を借りているイギリス商会、宣教師団体が明記されている。

上記2枚の地図に示されるイギリス商会、個人の借地人の名前や彼らの職業、家族構成に関する情報の一部は、後述の「1850年上海外国人住民」(*List of Foreign Residents in Shanghai, 1850*)[注4] においても見受けられる。

口絵の古絵図2には、開港初期のイギリス租界が、遠方の黄浦江を中心点に見事な遠近法で描かれている。イギリス租界では異質とも言える中国風屋根の江海関（上海税関）を画面中心点のすぐ近くに置いているため、同絵図で示される道路、敷地と建物の位置を、上記2枚の古地図上で特定することが可能である。同絵図では、海関路とロープ・ウォーク・ロードの間の建物群が画面の中心部分を構成している。ほかに、建物の軒数、そしてガーデン、建築の位置関係も同絵図で確認できる。

ついで、1890年代からの上海外国租界の拡張と都市空間の特性に関しては、

174

5 外国租界の都市空間と居住形態

工部局作成の 1893 年の道路計画図と 1904 年上海地図を参照する。図面類に加え、開港初期のイギリス租界の様子を記録した文献も積極的に使用する。例えば、初期上海のガーデンの植物を正確に記録したロバート・フォーチュン著 *A journey to the countries of China*[注5]、及び 1870 年から 1900 年まで上海に住んでいたチャールズ・M・ダイス（Charles M Dyce）が上海での生活を明るい口調で語る *Personal Reminiscences of Thirty Years' Residence in the Model Settlement Shanghai, 1870-1900*[注6] がある。ダイスの記録により、住宅、普段の生活様式とスポーツというイギリス人を始めとした諸外国人の生活実態の一端を窺い知ることができる。ほかに、ノース・チャイナ・ヘラルド紙、イギリス国内で発行される建築専門誌「ザ・ビルダー」(*The Builder*)[注7] も適宜に援用する。

1　住宅建築と建設過程

1　ガーデン

「他にはないのだ。我々がどれだけ花を愛しているのかということ以外、私が信じる我々の文明と学識を中国人に高く認識してもらえるものは」とロバート・フォーチュンが残した名言がある[注8]。イギリス人は、まるでガーデン（庭園）がないと息もできないようである。イギリスでは、貴族から一般庶民にいたるまでの個人の家、ホテル、オフィスビル、学校の教室、図書館、大学の研究室から、必ず窓外の風情豊かなガーデンを眺めることができる。そして、彼らは、世界中のどこに行ってもガーデンを造り、手入れを怠らない。なお、近代の東アジアに赴任したラザフォード・オルコックや H・B・モースのようなイギリス人外交官や商会の職員の多くは、植物学者兼プランター・ハンターであった。彼らは余暇を利用して赴任先の国々において、珍しい植物の種を収集し、イギリス国内に持ち帰った。それ故、イギリス人がいち早く入植した上海租界の都市空間を語る上で、商会の中に造成されたガーデンを見落としてはならない。

まず、1860 年代の上海租界を描いた（口絵の古絵図2）から、当時の商館の庭が深い緑に被われていることや、24 番地のリンゼ商会のガーデンには、建物の前面に半円形の小道が整備され、その小道に沿って、植物が配置されていることから、一般のイギリス人のガーデンに対する情熱がうかがい知れる。

そして、「紅茶のスパイ」[注9] として知られるロバート・フォーチュンは、第一次アヘン戦争直後、1842 年の 1 回目の中国旅行で、浙江と江蘇省をまわり、中国人の造園芸術と珍しい花に魅了された。その後、1848 年から 1851 年の間に、

175

Ⅱ部　上海都市空間の形成と英日中関係

イギリス東インド会社の任務で中国各地の茶樹の品種を調査し、新しい品種の茶樹をインドまで搬送するため、香港経由で上海に戻っている[注10]。

　フォーチュンが1848年に上海に戻った時に驚いたのは、1845年にイギリスへ一時帰国した時は1軒か2軒の家しかなかったイギリス租界が1つの大きな町として発展していたことであった[注11]。イギリス租界には、遠方の内陸部から上海見物にきた中国人商人が殺到した。「彼らは驚いた表情で河沿いを徘徊する。河面に浮かんでいるがっしりと装備した船舶、外国人住宅、及びそこで飼われている馬や犬は、外国人自身よりも不思議なものと見られた。」[注12]

　園芸学者の目は自然にガーデンに向かう。1848年の2回目の旅行で、フォーチュンは上海で美しく成長したイングリッシュガーデンを称賛し、イギリス租界の住民ヘスリングトン（Hetherington）、イギリス領事のオルコック、デント・ビール商会（Dent Beale、宝順洋行）、マッケンジー（Mackenzie）のガーデンを詳細に記録した。ここで、口絵の地図2に掲載されるイギリス商会の名前、番号と位置を手がかりに、ロバート・フォーチュンが特筆した上海イギリス租界のイングリッシュガーデンの詳細を見ていこう。

　「初めて上海で珍しい野菜の大掛かりな栽培を試みる」[注13]ヘスリングストンは、自分の広大なガーデン（口絵の地図2の34番）にヨーロッパ原産のアスパラ、太い紫色の茎が特徴のルバーブ、葉っぱは大きいが小さな白い花が咲くハマナスを植えた[注14]。フォーチュンは1846年にイギリス国内から、ヘスリングトンにストローベリーの種を送ってもらい、1850年の夏にはもう彼の庭にたくさんの綺麗なストローベリーが結実した[注15]。さらに、フォーチュンは、ジャガイモが低湿地の多い上海では育ちが悪いが、高い所で栽培を試してみれば、マカオよりも良いジャガイモを収穫できるかもしれないと期待していた[注16]。

　在上海イギリス領事のオルコックは、第1章で述べたように上海租界の土地章程の改訂、イギリス議会に提出する英中貿易、アヘン貿易に関する報告[注17]などで多忙の中、領事館に隣接した所に上品な野菜ガーデンを作った。

　オルコックの庭には一種の高貴な藤の花が植えられている。この藤の花に、フォーチュンが「豊かな花が咲いた後、莢が結実し、又は完璧に成熟する莢のようなフルーツが木の全体を覆うようになる」と目を奪われた[注18]。広大な黄浦江と蘇州河沿いに、上海イギリス領事館の庭で微風に揺れる垂れ藤の花の風情も十分想像できよう（口絵の地図2のA番）。

　フォーチュンは、バンドの8番地にあったデント・ビール商会（口絵の地図2の8番）のガーデンについて特筆している[注19]。デント・ビール商会の商館は大

5　外国租界の都市空間と居住形態

勢の中国人が訪れた立派な住宅である（後述）。ビール商会の本館は、整形な長
方形の2階建てで、ちょうどガーデンの中央に建つ。建物の前面には、河（黄浦
江）沿いに建つ外壁まで一面の芝生が植わっている。建物の裏にも装飾用の小壁
に囲まれた芝生がある。商会の正面玄関からガーデンの後ろまで一本の幅広い
砂利道が敷かれ、良い具合に作業場が住宅空間から切り離されていた。

　デント・ビール商会のガーデンは、中国原産の植物と外国から輸入されてき
た植物により豊かな表情を見せていた。フォーチュンの目を引きつけたのは、
まずガーデンの入口に6フィート（約1.823メートル）くらいの糸杉の、ちょうど
現れ始めた洒落た垂れ姿であった。この糸杉は中国内陸部で入手したもので、
上海近郊では見られない品種である。デント・ビールはエントランスゲートの
反対側にもう一本の糸杉を植える予定である。この2本の糸杉が共に成長した
ら、きっと左右対称で際立つ美しい効果が生まれるであろうとフォーチュンは
想像する。同じガーデンに、ツツジ、レンギョウ、ロウバイ、サルスベリが植
えてある。これらの中国原産の花の種は、1843年から1846年までの間にイギリ
ス国内の園芸協会に送られた。また、その当時、中国の内陸部で見つかったば
かりのヒイラギナンテンも栽培されている[注20]。

　ほかに、アメリカ原産のタイザンボクもデント・ビール商会のガーデンで見
られ、その繊細な緑の葉と気品高い花は中国人が大いに憧憬したものである。
さらに、中国原産の松も植えてある。ガーデンは大量の良質な土で整地され、
周辺の土地よりも高く上げられているため、松は原産地よりも良く成長してい
る。

　一方、キンモクセイも庭のあちらこちらに植えてあり、秋の花の盛りの時に
は芳醇な香りが溢れ出る。新品種のクチナシの種は、1845年にイギリス園芸協
会から取り寄せられたものであった。それも綺麗な花が咲き、気持ちの良い香
りがする。花のほかに、デント・ビールの庭には10フィートから12フィート
の（約3～3.6メートル）高さの灌木が一面に植えてあり、開花シーズンには白い
花が一斉に咲き、芳香が漂った[注21]。

　以上より、デント・ビール商会のガーデンの植物とその配置を概観した。こ
のガーデンは常緑木の糸杉や松、そして様々な色の花が開花の季節に庭全体を
彩る。豊かなシークエンスを形成している様子が目に浮かぶようである。

　マッケンジー商会のガーデン（口絵の地図2の29番）も注目に値する。彼の庭
はフォーチュンにロンドン近郊の住宅のガーデンを思い出させた。灌木群は豊
かな感性で配置され、芝生の上に標本として木が一本ずつ植えられていた。標

177

Ⅱ部　上海都市空間の形成と英日中関係

本となったのは上海地域でよく見られる植物であった。ツツジの花のコレクションが特に良かった。夏になると、太陽と雨から守るため、これらの花はステージに置かれていた。たくさんのツツジが開花し、個々の花びらはイギリス本土のツツジよりも大きく、色ももっと素晴らしい。この庭で取れる薬用のガマズミの標本は、1845年イギリスのチスウイク（Chiswick）に送られていった。そして、イギリス産のリンゴの木も1年前、この庭で結実した[注22]。

　以上、園芸学者であるロバート・フォーチュンの記録から、1840年代に上海のイギリス租界に居住するイギリス人がそれぞれの感性と好奇心により、各種の植物を中国内陸部、ヨーロッパ、イギリスから取り寄せ、様々なガーデンを造成していた事実が確認できた。8番のデンド・ビールの庭は、中国産のフラワーガーデン、34番のヘスリングトンはヨーロッパ原産の野菜ガーデン、A番のオルコックは藤の花のガーデン、29番のマッケンジーは中国産とイギリス産の植物が混在する庭であった。なお、重要なのは、それらの商人は中国で見つけた珍奇な植物の種や標本をイギリス国内の植物学会に送り、また、ほかの国の植物を上海に取り寄せたことである。この意味でイギリス商人らは、庭を造成したと同時に、植物学の東西交流を促進したといえる。

　イギリス人による新奇植物の種の収集能力と優れた造園技術は、ロバート・フォーチュンが信じるようにイギリス文明の象徴であった。イギリス人の上海での住生活環境においてガーデンの重要性を窺えた。ガーデンは、開港初期の上海イギリス租界の都市空間を豊かにした。なお、上海の気候と土壌の条件はイギリス国内とまったく異なるため、実際の造園技術の応用、植物の品種選択と栽培に関する考察は今後の課題になる。

　時代が下がり、1870年、チャールズ・M・ダイス（Charles. M. Dyce）が上海に渡航してきた頃には、上海在住のイギリス人のガーデンには新奇な植物が増え、さらに魅力的になった。彼は、「上海のフラワーガーデンには、薔薇と多種類のイングリッシュフラワーが立派に育っている。そして、亜熱帯の植物と花、例えば、アロエ、イトラン、様々な椰子が様々な時期に開花し、春になれば、藤の花は最も華麗に咲いている。木蓮とチューリップの木もここでよく見る。春になると、家々の前の小径はまるで絵のように美しい」と言い伝えている[注23]。

2　ホンと住宅

　バンドを徘徊する中国人は、やがてイギリス人の住宅内部まで見学するようになった。バンドの8番地に建てられたデント・ビール商会はイギリス租界で

178

5　外国租界の都市空間と居住形態

最も立派な建物の一つであった[注24]。1849年の上海バンドを記録した絵図[注25]を
確認した結果、デント・ビール商会は、バンドに面し、階高の高い2階建ての
建物で、1階、2階ともベランダがめぐらされた。建物は腰の低い外壁に囲まれ
ているほか、両側に茂った木々も見られる。ビールはイングリッシュ・ハウス
を見学したいという大勢の中国人からの要望書を常に受け取っていた[注26]。

　　　これらの要望書はいつも最高級の流儀で書かれる。そして見学者は（邸宅）
　　の情景に大喜びして帰っていく。我々の快適で上品な生活を覗き見したこ
　　とで、それら「教化された」中国人の目に我々「野蛮人」の資質に対する
　　評価も、レベルは一つや二つは上がることだろう。

　外国人商会は、広東語で「行 hong、ホン」と呼ばれていた。上海租界のイギ
リス人の商会、住宅、倉庫、中国人労働者の宿舎といった貿易活動に必要な施
設はすべて一つのホンの中に含まれた。
　まず、1855年地図（口絵の地図3）に基づき、27番地の建物を復元し、ホンの
敷地の広さ、建物配置、建物の規模を見ておこう（図5-1）。
　27番地は、ブリッジ・ストリートとロープ・ウォーク・ロードが交差する北
側の角に位置する。敷地におけるブリッジ・ストリート側の幅は、43.432メート
ルで、ロープ・ウォーク・ロード側の長さは約129.22メートルで、敷地全体は
やや不整形であるが、5,612平方メートルという広大な面積を占める。この数字
は、第1章で言及した一軒の外国人住宅の敷地の平均面積は6,666.7平方メート
ルであることを想起させる。
　ロープ・ウォーク・ロードに面する部分が本館の正面である。本館は敷地の
中央に建てられ、正面の間口は27.437メートルで奥行きは21.716メートルであっ
た。口絵の古絵図2で確認すると、ロープ・ウォーク・ロードとガーデンに面
する側はベランダがめぐらされ、列柱が立てられていた。本館の西側にあるガー
デンの広大な様子が窺える。図面上で見られる別館は、口絵の古絵図2から本
館の東側の奥に建ち、本館よりも道路に張り出している様子は復元図と一致して
いる。ブリッジ・ストートとチャーチ・ストリートに隣接している場所および
本館と別館の北側の脇には合計5つの倉庫が建てられている。敷地北側の脇の
倉庫と隣接して中国人借家人（Chinese tenants、商会で働く中国人のことを指すと推測す
る）の住宅（図5-1の中に表記されていない建物）も建っている。
　ついで、チャールズ・M・ダイスも著書[注27]で初期イギリス租界の建物の造り

179

Ⅱ部　上海都市空間の形成と英日中関係

図 5-1　1855 年 27 番地 R. J. ギルマン商会の復元配置図（筆者作成）
ロープ・ウォーク・ロードに面して建てられた 2 階建ての本館、平屋建ての別館、
ブリッジ・ストリート側の倉庫はいずれも古絵図 5-1 から確認できる。これが
19 世紀開港初期におけるイギリス租界の商会（ホン）の一般的な平面である。

方、プラン、構成を詳細に紹介した。彼は、1870 年 5 月 9 日に上海に到着し、ホンの 2 階に住み、シルクと茶の輸出入貿易に携わり成功を収めた[注28]。ダイスの説明では「それらのホンは、細部や規模は異なるが、同じ目的のために建てられるため、それぞれ極めて似ている。」[注29]

以下、ダイスの記録に基づき、1870 年代のイギリス人商会と住宅を復元する。

メインの建物、即ち本館は敷地の手前に建ち、頑丈な造りで、厚い外壁、1、2 階とも四周にベランダがめぐらされている。商人のオフィスは全部本館の中に置かれる。場合によっては、広大なベランダに壁が造られ、ベランダをオフィスにすることもある。その他の部屋はすべて生活部屋または寝室として使われる。キッチンや使用人の住宅は本館の裏側に建てられるが、屋根付きの通路で主屋と繋がるようになっていた。

さらに、敷地の脇に茶、シルク等の貨物を入れる倉庫が建つ。中国人買辦と経理のオフィス、及び中国人補佐の住宅が倉庫の周辺に配置される。殆どの大商会には、中国人「馬夫」(馬の管理人) の小屋が敷地の裏側に建てられる。若いビジネス・アシスタントのための別館も建てられる場合があった。

180

5　外国租界の都市空間と居住形態

　建築家不在の状況下で建てられた建物のプランは極めてシンプルであった。本館はほぼ整形の長方形で、エントランスは道路に面している。1階のメインの廊下は入り口から裏までフロアを貫通し、適切な角度で左と右側にそれぞれ1本の廊下を走らせる。これで4本の廊下が出来、真ん中の交差部分には、上階の2階に行くための階段が設けられる。2階は1階と同様なプランであるが、廊下部分には通常バスルームが設置されていた。1階と2階の四周に広々としたオープン・アーチ付きのベランダが造られる[注30]。ダイスは下記のようにイギリス租界の建物を絶賛している[注31]。

　　　この種の住宅は極めてシンプルで居心地が良い。専門の建築家がデザインしたものよりも、（ここで）必要とされるものにもっとも相応しい建物かもしれない。この種の建物は、「買辦様式Compradoric style」と名付けられている。

　以上より、1850年代から1870年代までの上海租界のイギリス商会「ホン」の構成要素が明確となった。ホンの中に商会、住宅、倉庫、ガーデン、ホンに仕える中国人の住宅まで完備されていると見られる。イギリス人と中国人がともに広大なホンの中で生活していたことが想像できるであろう。しかし、それはあくまでも19世紀の状況であった。20世紀に入ると、多くのホンの敷地は細かく再分割され、ほかの外国人に売り出され、建物が建て替えられていったことは後年の都市地図から確認できる。

3　工事現場と中国人職人

　チャールズ・M・ダイスが上海に来た1870年代当時は、建築の専門教育を受けた外国人建築家はまだ少なかった。本館の設計図は中国人大工の手を借り、商人本人によって描かれたものである。建設全般はほぼ買辦の手に委ねられた[注32]。西洋建築の知識を持たない中国人大工は、イングリッシュハウスの建設現場でしばしば滑稽な事件を起こした。エドワード・アッシュワース（Edward Ashworth）というオーストラリア在住のイギリス人建築家が中国で2年間生活し、中国人大工によるイングリッシュハウスの造る過程を記録している。彼は、毎朝、工事現場で何らかの不手際を発見した。

　まず、基礎の造り方からアッシュワースと中国人大工の意見が喰い違った。アッシュワースは基礎を大きな花崗岩で4フィート（約1.2メートル）の厚さにし、下水道敷設の障害になるような地下の大きな岩を掘り出すと主張したが、大工

181

Ⅱ部　上海都市空間の形成と英日中関係

のアーコン（Achone）は岩を掘り出したら、柔らかくなった地層が建物の基礎を台無しにすると反論した。下水道を確保するため、建物の四周に不細工な水路を掘ることで合意し、施主のアッシュワースは胸をなで下ろした。忍耐力のある石工たちは、夏の長い一日、一所懸命、石を地面に打ちつけ、整地した。彼らは食事とお茶の時間以外、休憩も取らないほど勤勉であった。

　ついで、実際の建物建設工事において以下のような事実が記録されていた。例えば、外壁の花崗岩がきれいに積み上げられたため、壁面を磨きあげ、漆喰で固める必要がまったくなくなった。そして、煉瓦を積み上げると同時に、左官が煉瓦職人に追いつくようにメッキを入れる。たくさんの足場を組む手間を省くため、一枚の壁だけが他の壁より10フィート（約3メートル）ほど高くしてある。一面の壁工事が終わったら、足場を次の壁に回す。なお、白髪のベテラン左官たちは、監督に仕事を邪魔されると、大きな声で叫び抗議した。

　また、中国人職人らは、1階の居間（sitting room）を造る際、構造体としての煉瓦積みの持ち送りを省略した。建具屋は、一枚の薄い板を壁の近くに釘付けし、壁と板の上に直接2階の床を支えるための煉瓦造の間柱を置いていた。同じく煉瓦を節約するとの理由で、外に張り出す出窓の予定だったが、大工は勝手に出窓を室内に引っ込めた。暖炉の置く場所も問題となった。壁に暖炉の丸穴が正確に開けられず、暖炉の型もなかなか穴に上手く合わせられなく、かつ暖炉は部屋の床にぴったりつかなかった。

　アッシュワースは、住宅1階のベランダの柱をドーリス式の柱にするつもりで、ドーリス式オーダーとその上にのせるエンタブラチュアの設計図を大工のアーコンに渡し、綺麗なダブルのドーリス式オーダーの列柱を期待していたが、出来たものは彼をがっかりさせた。柱の高さは設計図通りであったが、ダブルのドーリス式柱は重ねて一本の太い柱になっていた。ついでに、柱の基礎のトルスは、本来、円環面であるべきだが、株だかパンプキンだか分からない形に仕上げられた[注33]。

　屋根工事の際、大工らがキング・ポスト・トラス構造を採用するが、4本の質の悪い松の丸太を屋根四方の隅棟として、縄で結ばず、固定もせずに、そのまま煉瓦壁の上に置き、その上に屋根のタイルを支えるための母屋材を載せた。このようないい加減な工法で出来上がった屋根はもちろん撓んでいた。

　最後の内装工事で、アッシュワース自慢のスケッチを原案に、一番良い部屋の天井の中心に放射状のアカンサスの葉を漆喰で造るように要求したが、何日後にできた、アカンサスの葉の形はまったくばらばらの不揃いなものであった。

182

5 外国租界の都市空間と居住形態

それどころか、職人たちの勝手なアイディアにより、天井の装飾は古風な枝、鳥、魚となった。要するに、この古い土地では、新しい概念を受け入れてもらえないとアッシュワースは結論づけた[注34]。

おまけに、アーコンは工事がまだ半分も終わっていないにも関わらず、貧乏を装い、涙を流しながら、アッシュワースに何度も早く工事費を払えってほしいと催促した。しかし、アッシュワースの施主によると、アーコンこそがこの地で一番の金持ちであった。また、壁と床工事が終わった途端、職人たちは自分のマットを部屋に入れ、そこで寝そべったり、タバコを吸う始末であった[注35]。

2 外国人の居住形態

1 人気のスポーツ

チャールズ・M・ダイスが1870年〜1900年上海に滞在した頃、租界に集まってきたのは、ほぼ独身の男たちで、彼らにとっては貿易による財産の蓄積がすべてであった[注36]。金儲け以外の楽しみは様々なスポーツであった。そして、上海の天気はとても不快で(恐らく中国江南地域の独特な湿気のせいで)、運動しないと、すぐ病気になり、イギリスに送り返されたという。

口絵の地図4を見ると、1860-61年まで、租界として開発された部分は黄浦江沿いの地区のみで、その後ろに広大な郊外が広がっていた。都市と郊外が近いことは運動に良い地理条件を提供した。ダイスが言うように、「上海は、スポーツ好きな若い男性にとって、言うまでもなく理想の場所である。ここでは手頃で様々なスポーツが簡単にできる。ロンドンでは、就業時間の後、我々は、夏にボート・レースとクリケット、冬にサッカーをする。しかし、都市からスポーツが出来る場所への移動時間は非常にもったいない。上海はなんと異なっていることか!我々は家を出ることなくスポーツができる。」[注37]彼の証言により、イギリス租界に、ホンの広大な敷地や充実した公園施設があったと想像できる。

若い時から激しい運動をする人は、その後の人生においてより魅力的な人間になると信じ、イギリスの若者たちは、租界内でファイブス、ラケット、テニスなどを楽しんだ。「大班」と呼ばれる商会のボスは、朝、租界内から租界外の徐家滙まで3マイル(約4.82キロメートル)を散歩し、あるいは1人で乗馬し、または同僚や友人を誘って乗馬レースをして気持ちをリフレッシュさせてから出勤したと言う[注38]。

183

II部　上海都市空間の形成と英日中関係

　毎年の秋、イングランド人対スコットランド人、イングランド人対アメリカ
人、イングランンド人対ドイツ人の国際ボート・レースの試合が行われた。外
国租界内の名高い船乗りや競艇の名手が選ばれることが多かった[注39]。男たちは
試合に熱狂し、ストレスを発散した。あの小さなイギリス租界でボート・レー
スが出来たのも黄浦江、蘇州河などの水路のお陰であった。

　もう一つ、イギリス人の中で人気のスポーツは狩猟であった。狩猟に関する
ダイスの文章[注40]を読むと、1870年代の上海の自然条件、及び租界における都
市と郊外の関係が分かってくる。詳細を見ていこう。

　ダイスが記録した上海のスポーツマンの狩猟のカレンダーは以下の通りであ
る。

　8月25日前後—秋シギの飛来、上海に3週間から4週間留まる
　10月1日—キジ狩。そして、シカ、ヤマウズラ、兎、ヤマシギ、ウズラと冬
　　シギ
　12月1日—いろいろな種類の野生鴨、野生ハクチョウ、ノガン等
　中国旧正月（不確定の祭日、1月末か2月のいつか）—キジ等、狩猟終了
　2月～3月—冬シギ狩
　4月中旬—春シギ飛来、上海に3週間から4週間留まる

　夏の終わりである8月には、多数のシギが上海の上空に現れる。チャールズ・
M・ダイスと彼の大班が居間のベランダに立ち、シギの声を聞いていた。シギ
とほかの鳥は、夜間、イギリス租界の明るい光に引かれ、租界内に飛んでくる。
シギは春にシベリアと中央アジアで産卵し、8月末に恐らく上海を経由し、9月
からインド、セイロン島、マレーシアに向けて出発し、冬はそれら暖かい地で
過ごす[注41]。肥えたシギは外国人の食卓に出てくるカレーの具となった。

　上海から郊外に狩猟に出かける季節には、ハンターたちは狩猟ボート又はハ
ウスボートに乗って出かけた。ボートには寝起きの寝台二つ、トイレグッズ、
キッチン、着替えの洋服、十分な食料品が積まれる。上海の近くで狩猟する時、
西洋人が食後に欠かせないコーヒーが足りなくなると、クーリーは市内に戻り、
コーヒーを調達してくる。狩猟チームは外国人二人のほかは全員中国人で、そ
の内訳は使用人、料理人、船長とクーリーであった。船は、普通、河川を運航
するが、狭い水路や水が浅い河の場合、船長とクーリーが前後で河の中または
河岸から船を押していた。

184

5　外国租界の都市空間と居住形態

写真 5-1　旧トリニティー教会、2017 年、筆者撮影

2　産業、教会と図書館

　ノース・チャイナ・ヘラルド紙[注42]の 1850 年 8 月 3 日号の 1 ページ目に載っている様々な広告を注意深く読んでいくと、イギリス人が、1842 年第一次アヘン戦争から僅か 8 年の間に、驚異的なスピードで上海を中心とした中国の開港場で、様々な産業を興していることに驚かされる。それらは、国際航路、造船業、倉庫経営、貿易、不動産、金融、保険、土木・建築、通信、各種仲介業、ファッション、日常生活用品、食品、エネルギー、都市サービスであり、多岐にわたった。それらの会社の多くは、ロンドン、リバプール、マンチェスター、ニューデリー、香港に本社を置き、上海に支社を構えた。

　経済の産業に加え、1860 年までにイギリス人の精神生活に深く関わるトリニティー教会（Trinity Church、聖・三一教会、写真 5-1）が建てられた[注43]。19 世紀前半、オックスフォード運動、ケンブリッジ・ガムデン教会の宗教活動の高まりを背景としてその建築には、イギリス国内で興ったゴシック・リバイバルの様式[注44]が採用された。壮大な外観は赤煉瓦外壁で、先頭アーチ付きの入り口や窓際に黒煉瓦のドレッサーで装飾された。この教会は近代の名建築としてよく取り上げられるが、建設された経緯はまだ知られていない。

　トリニティー教会は、イギリス租界の中心部、すなわち、東に江西路、北に九江路、西に河南路、南に漢口路に囲まれた街区に立地する。租界内の建物はそれを中心に建てられたように見える（口絵の地図 3）。1866 年 5 月 24 日に現在の

Ⅱ部　上海都市空間の形成と英日中関係

教会の礎石が据えられた。この記念行事は、上海フリーメーソンが主催し、女性団体、イギリス領事、フランス領事、アメリカ領事などを含む領事団体、及び上海におけるイギリス教会団体が参列した。この建物の建設以前、外国人埋葬やクリスマス行事のため、同じ敷地内に臨時の建物が建てられていた。しかし、1851年8月のある日、ミサの最中に突然の屋根崩落に見舞われた。

　その後、1866年の礎石セレモニーにおいて、「この教会に関わったすべての人の名誉に値する工法で無事に完成されるようにお祈りします。それは、単に見た目が立派なだけではなく、耐久性の良い永久建物であるように。一つの石ではなく、すべての基礎が堅固に、そして確実に築かれますように。この崇高な建物は後世の多くの世代にわたり、聳え続けられますように」[注45]という祈りの言葉が読み上げられた。150年前、入念に建てられたこの建物は、今もなお、上海市内に現存し、「優秀建造物」に指定されている。

　一方、上海在住のイギリス人向けの図書館（現在上海図書館徐家淮英文古籍蔵書閣）も建設され、イギリス国内から各種の新刊図書が毎月の船便で運ばれた。例えば、1860年6月20日の船便で31冊の新書が上海に届けられ、図書館に収められた[注46]。その中でロンドンのコヴェンド・ガーデン（Covent Garden）にあるナショナル・スコッティシュ教会の聖職者ジョン・キューミング博士（Dr. John Cumming, 1832-1879）が執筆し、1860年にロンドンで出版された『大患難』（The great tribulation, London 1860）も含まれていた[注47]。当該図書館で所蔵される英文の古典が宗教史、文学研究に重要な史料になる。

3　上海の外国人社会と都市開発

　「1850年上海外国人住民リスト」[注48]は名前だけではなく、外国人の職業、勤務先、家族連れか否かまで正確に記録している。この表で統計をとると、当時、上海（租界内と租界外）に住む外国人は149人がおり、そのうち、商人（競り売り商人も含む）40人、商会アシスタント61人、宣教師（家族連れ）17人、上海図書館、オリエンタル銀行とイギリス領事館に勤めるアシスタント12人、イギリス領事オルコック（家族連れ）、フランス領事モンティグニ・M・C（Montigny, M. C. 家族連れ）、イギリス領事館の中国語通訳2人、ノース・チャイナ・ヘラルドの編集者とレポーター3人、建築家1人、大工1人、個人経営の医者4人、印刷業者1人、パン屋1人、オリエンタル銀行のマネージャ1人、海運業関係2人、倉庫管理者1人（家族連れ）であった。

　宣教師は、主にロンドン宣教師協会、イギリス教会宣教団体、アメリカ東部

5　外国租界の都市空間と居住形態

宣教団体からの派遣であった。商会は、ジャーデン・マセソン、サッスーンの
ほか、1832 年に、宣教師ギュツラフと一緒に中国、朝鮮半島、琉球の沿岸部を
考察し、貿易拠点を探っていたイギリス東インド会社のリンゼの商会[注49] やアメ
リカのラッセル商会（旗昌商会）、デント・ビール（宝順商会）、マッケンジー、ア
メリカのウォールコット商会があった。1843 年上海開港初期のイギリス租界の
基本形は、そこに集まってきた宣教師団体、商会、領事館によって形成された
と言える。

　開港当初の外国人住民は、上海租界の都市開発に決定的な役割を果たした。
とりわけ 1854 年に成立した工部局の理事は、1850 年の外国人住民リストから
も確認できる。例えば、ロンドン宣教師協会のメダハースト、J・A・シミス商
会のD・O・キング、オーグスタイム・ハード商会のC・A・フェアロン（C. A.
Fearon）の 3 名が見られる[注50]。

　メダハースト博士は、山東路（旧寺院路）に面する土地でロンドン宣教師協会
の上海本部を設置した。そのため、山東路あたりの地名は、彼の中国語名「麦
都思」に因んで、「麦家圏」と称された[注51]。そのため、ロンドン宣教師協会の前
に通じる道路は、ミッション・ロード（現在の福州路）と名付けられた。

　なお、第 3 章で述べたように、1850 年代のイギリス租界の規模はまだ小さく、
150 人程度の小さなコミュニティであったため、外国人住民は互いに顔見知り
で、租界開発に関する必要な連絡はすぐに取れたと考えられる。

　例えば、都市開発で住民たちの協力を得るため、工部局の理事らは、屡々
借地人の家まで訪問した。工部局会議で取り上げられたイギリス租界の整備に
関わった人は、T・ボーマン（T. Bowman）、マッケンジー（McKenzie）、A・J・
ヤング（Arthur John Young）、医者のカーク（Dr. Kirk）、E・M・スミス（Edwin Maurice
Smith）、ノース・チャイナ・ヘラルド紙の創立者シャールマン（Shearman）、そ
してイギリス租界で国旗騒ぎ事件を起こしたあのアメリカ人ウォールコットで
あった。彼らの名前はすべて「1850 年外国人住民リスト」に掲載されている。

　要するに、上海イギリス租界の都市開発の主役はイギリス人を始めとした
1850 年代の上海外国人住民であった。イギリス政府と民間の商人らは、都市整
備の技術に限らず、情報を正確に把握し、記録するという極めて基本的な作業
を通しても、実質的に上海租界の経営の主導権を握っていたと見られる。

187

Ⅱ部　上海都市空間の形成と英日中関係

表 5-1　1893 年工部局による共同租界の新道路計画表

No.	East of Hongkew Creek (Roads running North and South)	No.	East of Hongkew Creek (Roads running East and West)
9	Dixwell Road extension, 30 feet wide, from Broadway to Yu-hang Road to Northen Boundary.	32	Boundary Road, 40 feet wide, from Hongkew Creek to Yangtsze-poo Creek.
10	Seon-hong jao-ka, widening present road to 30 feet and extending same to Northen Boundary.	33	Yu-hang Road extension, 30 feet wide, connecting Dixwell Road extension and Seon-hong-jao-ka Road.
11	Tuen-fong-Road extension, 30 feet wide, continued to Boundary Road (No.32).	34	A Road, 30 feet wide, along the northen bank of the Seou-zar-pang, connecting the Yuen-fong and Chaou-foong Road extensions.
12	Sing-kei-pang Road extension, 30 feet wide, continued to Road No.33, adjoining the Seon-zar-pang.	35	A Road, 30 feet wide, conncting the Chaou-foong Road extension and Road No. 16.
13	Chaoi-foong Road extension, 30 feet wide, from Seward Road to Boundary Road (No.32).	36	Hanbury Road extension, along the northen bank of the Sing-kei-pang, from the Sing-kei-pang Road to Road No.15.
14	Dent Road extension, 30 feet wide, from Seward Road to Boundary Road (No.32).	37	A Road, 30 feet wide, connecting Road No. 15 and Boundary Road (No.32).
15	A Road, 30 feet wide, connecting Road No.35, adjoining the Sing-kei-pang, and Road No.36, adjoining the Pok-sih-ka-pang.	38	A Road, 30 feet wide, along the northen bank of the Nan-sih-ka-pang, between Seward and Boundary Road (No.32).

（表の中の道路番号は、図 5-2 に示される番号と一致する）

3　都市拡張と都市形態

1　1893 年虹口地区新計画

　1866 年以降の人口増加により、外国租界は急速に郊外に拡張し始めた。1893年、共同租界の工部局は、公共道路建設により旧アメリカ租界（虹口地区）の開発を計画した[注52]。公共道路の開発用地は道路予定地の両側の借地人から無償で提供する方法が検討された。

　　工部局は、虹口地区北側の境界線にあたる宇航路から虹口クリーク、及び呉淞路までの間の地主から報告を受けた。彼らは、新しい公共道路の建設で同地区を開発し、発展させることを願っている。そしてそれらの新しい道路の建設用地は、すべての借地主が理解した上、無料で提供する。

　表5-1 は、工部局が作成した「新道路計画」である。同計画には、道路の幅、区間、立地といった建設要項が決められている。「新道路計画」と照合できる図面は同局が 1893 年に作成した「虹口地区拡張区域における新道路計画図」であ

188

5 外国租界の都市空間と居住形態

図5-2　1893年工部局による共同租界の新道路計画図（原図：上海檔案館所蔵、Shanghai Municipal Council Key Plan shewing the Division of the Settlement into Districts, 請求記号 U1-1-1030 より筆者作成）

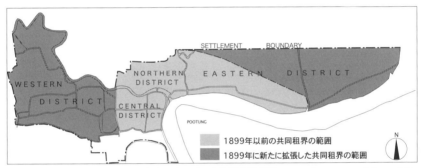

図5-3　1899年上海共同租界の拡張図（原図：上海檔案館所蔵、Shanghai Municipal Council Key Plan shewing the Division of the Settlement into Districts, より筆者作成）

る（図5-2）。計画地域は、旧米租界であった虹口地区の全域にわたる。図5-2の西側から東側まで、南北方向の道路には8～24、東西方向の道路は25～38の番号が付けられていた。南北方向の道路は既存の道路を租界の境界線まで延長するものが多いが、東西方向の道路はほぼ旧来の水路をもとに計画されている。水路網は外国人による上海での都市開発の足がかりであったことをここにおいても証明された。元々あった水路網により、工部局は新しい都市の道路網や土地区画を設計せずに都市開発を進めていったと考えられる。

ついで、道路計画の詳細をみる。9番目の新道路はディクスウェル・ロード（Dixwell Road）であり、南側のブロード・ウェー（Broad Way）から、北の宇航路（Yu hang Road）まで延長され、幅は30フィート（約10.2メートル）と決められている（表5-1）。工部局の1893年の道路計画により、虹口地区の街区が形成され、共同租

189

Ⅱ部　上海都市空間の形成と英日中関係

図 5-4　1904 年上海地図（*1904 Map of Shanghai* 原図：日本国会図書館所蔵より筆者作成）

界の東への拡張が可能となった。

　虹口地区の道路計画についで工部局は、1899 年、上海共同租界の第四回目の拡張を実現した。1900 年、工部局が作成した共同租界の拡張図には、1899 年における租界拡張範囲が示されている（図 5-3）。同図が示す東部地区（Eastern District）は西側の虹口クリーク（Hong Kew Creek）から、東側のポイント・ホテルまでの区域にあたる。ちなみに、共同租界が拡張した東側の部分は 1895 年外務省通商局が選定した日本専管居留地の第 3 候補地であったが、この拡張計画により、日本は上海での専管居留地の設置を諦めざるをえない事態となった（第 7 章）。

2　1904 年上海租界の都市空間

　最初は、イギリス商人が集まって商業活動を行い、生活する場だと想定されていた小規模なイギリス租界は、50 年の歳月が過ぎたところには、大都市として成長していた。前掲 1840 年代の上海地図と本節で示す 1904 年上海地図を見比べると、思わず人間の成すことに驚嘆させられる。1904 年の共同租界は、西部地区（Western）、旧イギリス租界の中央地区（Central）、旧アメリカ租界の北部地区（Northern）、及び東部地区（Eastern）と四つの地区に分けられた。

　フランス租界の発展状況も良好で、旧イギリス租界と県城の間に不動の地位を占めている模様である。二つの租界の境界線は明確に引かれていたが、県城から租界となった地区に流れていた水路やフットパスがそのまま道路として整備されたため、旧イギリス租界の南北方向の道路は全部フランス租界に直通し、

190

5 外国租界の都市空間と居住形態

写真 5-2　バンドの遊歩道、1890 年代。Cambridge University Library 所蔵。請求記号 Fisher 20

県城まで到達する（図 5-4）。

中央地区にはイギリス領事館、上海クラブ、銀行、ホテル、トリニティー教会、ロンドン宣教師協会の教会が立地し、墓地、公園、及び水路網から変身してきた不整形な道路網が整備された。バンドの遊歩道は 1890 年代に撮られた（写真 5-2）をみると、全体的なイメージとしては混雑しておらず、閑静な雰囲気が感じられる。黄浦江に面する河岸に芝生が一面に植わり、歩道との間には樹木の列が見られる。

北部地区には元々あった水路網はすべて消え、不整形な道路網に変身した。虹口港沿いにドイツ、ロシア、アメリカ、日本の領事館、その背後の市街地には病院、看護院、学校、発電所が建てられた。もう一つの動きとしては、北部地区より遥か北のほうに、虹口レクリエーション・グランドの建設ということであった。租界からそこに到達するための北四川路も整備されつつある。1904 年地図で北四川路周辺はまだ空白であるが、後に日本人住宅地として発展する（第 8 章）。

西部地区においては、東西方向に (2) バッブリング・ウェル・ロード、(3) 新聞路、(4) 康脱脳路（Connaugh Road）、南北方向に (5) ゴードン・ロードのほか、いくつかの断片的な道路が整備されている。1860 年〜 61 年地図（口絵の地図 4）が示す水路と集落はほぼ消失した。唯一、蘇州河から引いている朱浜が南へと流れ、途中でバッブリング・ウェル・ロードと平行に流れる Yung Zeen（中国語名確認できず）と合流している。市街地に残されたこの唯一の水路は大事に活用さ

191

Ⅱ部　上海都市空間の形成と英日中関係

れたと思われるが、その両側に広大な墓地と緑地が配置された。具体的に、北から西へ（a）広東人墓地、（b）日本人墓地、（c）斜橋クラブ、（d）水路の水を引いて、庭園の中に池が造成された張家花園、（e）愚園、（f）バッブリング外国人墓地がある。朱浜は1928年上海地図ではまだ確認できたが、Yung Zeen はすでにバッブリング・ウェル・ロードの一部分となった。なお、1913年、広東人墓地は高密度な里弄住宅として開発された[注53]。この種の住宅開発により、郊外の水路や公共のオープン・スペースは、近代都市化の過程でどんどん消えていった。

　地図の右側に広がる東部地区は黄浦江に沿って（6）ブロード・ウェーに続き、（7）楊樹浦路が共同租界の東端に到達しているものの、（8）西華徳路が途中で途切れ、（9）楊樹浦クリークを境に左側の地区に計画中の道路が数多くあった。同地区の水路がすべて道路として埋めたてられていく動きであった。そのすぐ東側には水路がまだ縦横に走り、水路の間には田畑が広がっていた。

　1904年、道路と都市施設の整備状況により、中央地区と北部地区は都市開発が進んでいたのに対し、西部地区と東部地区はまだ完全に開発されない郊外部に当る。この時点で上海租界の都市の中心部と郊外部がそれぞれ独立して機能していたと見られる。このような上海が、19世紀末期から20世紀初頭において、日本人に都市開発の舞台を提供することとなる（第7章）。

小結

　本章では、1840年代から1900年代までのイギリス租界を中心とした外国租界の都市空間及びそこで成立していた国際社会の実態を明らかにした。その中で究明したのは、イギリス人が中心となり、元々あった水路を次々と埋め立て、道路にしてしまうという急進的な都市開発の手法、及び貿易活動が彼らの上海渡航の主目的であったが、快適な生活環境やスポーツ施設重視の都市計画の理念は生活空間に鮮明に反映されている点である。

　まず、上海開港から1840年代の10年で、ガーデン、イングリッシュハウスの中でイギリス式の生活様式が営まれていた。そして、都市と郊外の優れた立地関係を生かしたスポーツ活動が成立し、様々な産業、および精神生活に関わる図書館と教会、墓地も整備された。この点は、イギリス人が中国の貿易港で快適に生活できるようという1845年土地章程の主旨に一致する。

　開港初期の上海イギリス租界は、まさにイギリス人が海外の入植先で営んでいた生活の一端を鮮明に現している。その中で特筆すべき点は、イギリス人が

192

5 外国租界の都市空間と居住形態

中国内陸、本国のイギリス及び世界各地から植物の種を集め、培養し、黄浦江沿いに見事なガーデンを育てたことである。なお、個々の商人はそれぞれの感性に基づき、イギリス租界で個性に富む庭園を設計した。この事実から、イギリス人は海外で住宅を建て、自分の生活を移植する技術を、1870年代までにすでに成熟させたと見られる。

ついで、イギリス人は貿易活動と生活に必要な商館兼住宅、使用人宿舎、中国人買辦と職員の宿舎および倉庫を自分の借りた土地の中に建て、「ホン」という大規模な商会建築を形成させた。一方、ホンやイングリッシュハウスの建設はほぼ西洋建築の知識を持っていない中国人大工が担ったため、本来の設計図やイギリス人の設計意図と異なる建物が出来たこともあった。それにもかかわらずイギリス人は無事に上海で定住し、商業活動を始めていった。

最後に、租界の都市拡張は、旧来の水路網を埋めたてて道路網にし、その両側に土地開発を進めていくという19世紀開港初期の手法が踏襲されていた。1904年には、水路がまだ市街地の中に残存し、旧イギリス租界から離れた郊外の庭園や墓地の造成に生かされていた。

近年の上海都市再開発により、バンドを中心とした地区は観光業促進のため、歴史的建物が改修され保存されているが、旧イギリス租界にあった商業施設の多くは壊されている。しかし、都市の中心部から離れた旧共同租界やフランス租界の住宅地を歩いてみると、人々の生活に密着していた租界時代の住宅建築、ガーデン、公園が今なお存在する。それらの建物は消失しつつあるが、依然として今日の上海の魅力を保持していると評価する。

注
1) 村松伸『上海・都市と建築——一八四二—一九四九年』PARCO出版、1991年、11頁。
2) 前掲書、30頁。
3) Robert Bickers, *The Scramble for China Foreign Devils in the Qing Empire, 1832-1914.*（Penguin Books, 2012), pp. 96-112.
4) O' Shea, H, *1843-Shanghai-1893; the model settlement, its birth, its youth, its jubilee.*（Printed at the "Shanghai Mercury" Office, 1893) pp.9-10.
5) Robert Fortune, *A journey to the countries of China.*（John Murry, Albemarle Street, London, 1852)
6) Charles M. Dyce, *Personal Reminiscences of Thirty Years' Residence in the Model Settlement Shanghai, 1870-1900*（London & Hall, Ltd, 1906)
7) *The Builder* Nov. 1, 1851, Vol. IX. – No. 456, *How Chinese workmen built an English House.*
8) Robert Fortune, *A journey to the countries of China.* p.18.

II部　上海都市空間の形成と英日中関係

9)　サラー・ローズ著、築地誠子訳『英国人プラントハンター中国をゆく』原書房、2011年。

10)　Robert Fortune, *A journey of to the countries of China.* p.18.

11)　Ibid., p.13.

12)　Ibid., p.13.

13)　Ibid., p.14.

14)　Ibid., p.15.

15)　Ibid., p.15.

16)　Ibid., p.15.

17)　加藤祐三『黒船前後の世界』ちくま学芸文庫、1994年、234-239頁。

18)　Robert Fortune, *A journey to the countries of China.* p.15.

19)　Ibid., pp.15-17.

20)　Ibid., pp.15-16.

21)　Ibid., p.17.

22)　Ibid., p.17.

23)　Charles M. Dyce, *Personal Reminiscences of Thirty Years' Residence in the Model Settlement Shanghai, 1870-1900.,* p.36.

24)　Ibid., p.14.

25)　*Ground plan of the foreign settlement at Shanghai, May 1855.* From a survey by Mr. F. B. Youel, R. N., National Archives, UK所蔵、請求記号：F.O. 925/2299

26)　Robert Fortune, *A journey to the countries of China.* p.14.

27)　Charles M. Dyce, *Personal Reminiscences of Thirty Years' Residence in the Model Settlement Shanghai, 1870-1900.* pp.32-36.

28)　Ibid., p.21.

29)　Ibid., p.32.

30)　Charles M. Dyce, *Personal Reminiscences of Thirty Years' Residence in the Model Settlement Shanghai, 1870-1900.* p.36.

31)　Ibid., p.36.

32)　Ibid., p.36.

33)　*The Builder* Nov. 1, 1851, Vol. IX. – No. 456, *How Chinese workmen built an English House.*

34)　Ibid.

35)　Ibid.

36)　Charles M. Dyce, *Personal Reminiscences of Thirty Years' Residence in the Model Settlement Shanghai, 1870-1900.* p.75.

37)　Ibid., p.99.

38)　Ibid., p.95.

39)　Ibid., p.106.

40)　Ibid., pp.111-127.

41)　Ibid., pp.112-113.

42)　ヘンリー・シーアンモン（Henry Shearman）が創刊したヴィクリア女王名義下の中国

5　外国租界の都市空間と居住形態

を専門とするイギリス政府機関誌。

43）*The history of Freemasonary in Shanghai and Northern China.*（The North China Printing and Publishing Co., Ltd, Tientsin, 1913）, pp.16-17.

44）片木篤『アーツ・アンド・クラフツの建築』鹿島出版会、2006 年、18 頁。

45）*CEREMONY OF LAYING THE FOUNDATION STONE OF TRINITY CHURCH,* SHANGHAI, OF THE 24TH OF MAY 1866, pp.16-18.

46）*North China Herald,* No.51S, 1860 年 6 月 20 日。

47）同上。

48）O' Shea, H, *1843-Shanghai-1893; the model settlement, its birth, its youth, its jubilee.*（Printed at the "Shanghai Mercury" Office, 1893）, pp.9-10.

49）リンゼ（Lindsay）の活動は Robert Bickers, *The Scramble for China.*（Penguin books, 2011）、77-112 頁を参照。

50）上海檔案館編修 *The Minutes of Municipal Council.*（『工部局会議記録』）上海古籍出版社、2002 年、1 頁。

51）董世亨編「1917 年上海英租界分図」商務印書館出版。

52）*Annual Report of the Shanghai Municipal Council,* 1894, p. 137, 上海檔案館所蔵 公開檔案

53）陳雲蓮「イギリス人建築家および組織事務所による上海での不動産経営と都市開発」『建築史学 第 58 号』2012 年 3 月、44 頁。

195

第6章　日本郵船の虹口港建設

本章の課題

　Ⅰ部および第5章までは、イギリス人を中心とした欧米人による上海租界の都市整備と都市空間の形成について論じた。本章からは、後発の日本人の登場に視点を定め、彼らが上海の都市開発と都市空間の形成に果たした役割について論じる。まず、「玄関口」である港の開発から議論を始めたい。

　日清戦争（1894～95年）直前の1890年代まで、日本は上海で自由に港湾施設を造れるような専管居留地を設置していなかった。1870年代から、国策会社であった日本郵船会社（以下、日本郵船）が東アジアの諸港を繋ぐ航路を開くには、国際貿易港の上海での港湾施設の確保が不可欠であった。そこには近代日本の海運業の運命がかかっていたと言える。

　しかし、同時期、水深が深く、かつ上海外国租界と中国人県城といった商業の中心地に近い港はすでにイギリス、アメリカ、フランス、中国の政府と民間人経営の海運会社に占められていた。一方、陸地の港湾施設を建設し、実質的に機能させるには、土地使用権はもとより、水面使用権、港湾施設が面する道路使用権の獲得も前提条件であった。日本郵船は、当初、虹口港でアメリカの海運会社から土地の使用権を買ったものの、港湾施設が面する水面と道路の使用は上海日本領事館、工部局によって制限されていた。このような状況で、日本郵船は虹口港における桟橋、埠頭、倉庫の増築案の実現に向け、本国の外務省と上海日本領事館、工部局の理事と様々な交渉を繰り広げる。

　本章は、上海開港からおよそ半世紀後の1888年から1890年まで、日本郵船が上海虹口港での港湾施設の建設過程について論述する。その上で、日清戦争以前、日本の海運会社がいかに日本政府とも交渉しながら、工部局の理事らとの熾烈な国際交渉を経て、上海に進出していった過程を明確にする。なお、日本人の働きにより、上海の都市発展が新しい局面を迎えることも提示したい。

　具体的には、虹口港における日本郵船の港湾（碼頭）施設の立地条件、当港の

Ⅱ部　上海都市空間の形成と英日中関係

水面と道路の使用状況、日本郵船による当港での増築計画、水面使用権、道路使用権、建設許可の取得過程を、虹口港で既得権を持つ上海日本領事館、工部局との交渉過程、交渉戦略の諸側面から具体的に究明する。その上で一連の交渉過程や交渉主体双方の思惑が最終的にどのように虹口港の実際の施設配置や港の空間に反映されたのかについて検討する。

研究史料の解析

　一次史料は、1888（明治21）年『清国上海領事館前面ニ於テ日本郵舩會社ニ於テ借用請願一件』[注1] である。同史料には東京の日本郵船社長が外務省に提出した上海総領事館前面の河岸及び水上使用権の借用請願書、それに対する外務省の回答書及び上海日本総領事館の意見書、1888年の日本郵船虹口碼頭の附近見取図を収録されている。同史料から日本郵船の上海での港湾施設の計画内容を始め、日本外務省、上海日本領事館の上海での港湾建設に関するそれぞれの見解を読み取ることができる。

　一方、日本郵船が共同租界の工部局から倉庫及び桟橋が面する道路の使用権の取得過程、1890年の港湾施設の計画内容に関しては、同年の工部局会議記録の中に収録されている「北揚子路の新埠頭」(*North Yangtze Road New Pontoons*) に関する断片的な手書き記録を繋ぎ合わせて解明していく。同史料から、上海虹口港における港湾建設をめぐる日本郵船と工部局との利益衝突、及び和解にいたるまでの両者の交渉過程を正確に辿れる。

　また、地籍図の *Cadastral Plan of the Hongkew Settlement 1890* と地価告示の *Land Assessment Schedule 1890*[注2] を援用し、上海港の全体構成と日本郵船の虹口碼頭との位置関係について分析する。

1　背景：日本人による上海進出

　国際貿易港として日を追うごとに繁栄し、新しい西洋文化が流入してきた上海に対して、明治政府と日本人は熱い視線を向けずにはいられなかった。

　幕末、日本＝上海間の輸出入業で利益を上げる外国人商人に関しては、「特に上海在住の外国商人は一往復に投下資本の七十倍を利得し、或いは二十五万金の巨利を博せるは普通の事に属し、彼等の二箇月以内に資本を倍加するは洵に易々たるものなりしが如し」[注3] と伝えられていた。

　日本企業と一般の小工商業者による上海進出は1860年代に遡る。1870（明治3）

6 日本郵船による虹口港の建設

年、外務省の許可のもと、民部省が上海で「開店社」を開設した。開店社は、名の通り、上海で店を開く日本人に情報を提供するための機関である[注4]。1873（明治6）年、事業拡大のため、開店社は上海日本領事館に昇格した[注5]。1874（明治7）年の佐賀の乱の際、軍事輸送で利益を得た三菱商会が、日本の台湾征討に当たって、政府から13隻の汽船を与えられたため、横浜＝上海間航路の開設に成功した[注6]。

1873（明治6）年、上海日本領事官品川忠道が佐賀県出身の成富清風という人物に依頼し、「清国上海全図」[注7]を作成させた。これで日本人は上海市街地に関する正確な情報を手に入れる。1875（明治8）年、東本願寺の小栗栖香がイギリス租界の北京路499番地で上海別院を設立した[注8]。

この一連の事業を皮切りに、1890年までに、日本郵船上海支店、三菱鉱煤店、三井物産支店、北海道昆布会社代理店、広業洋行、内外綿出張店、鈴木照相、楽善堂、東来仕桟、錦芝洋行、藤井洋行、常磐店、修文書店が相次いで上海で支店を開設した[注9]。1893年に、上海日本人居留民は866人にのぼった[注10]。

一方、港湾開発の面では、1890年代までに、バターフィールド＆スワイアがフランス租界のバンドと浦東で太古埠頭を、ジャーデン・マセソン商会が虹口港で上海＆虹口埠頭（Shanghai & Hongkew Wharf、公和祥埠頭）を、そして中国招商局が県城の外側の黄浦江沿いに中央埠頭（China Merchant's Central Wharf）を整備した[注11]。

三菱商会も、1875年、アメリカ太平洋郵船会社の上海航路、上海虹口港倉庫、港湾施設を買収した。1885年、日本郵船は三菱商会から独立し、虹口港の倉庫地所を引き継ぎ、独自に上海航路の運営を始めた[注12]。日清戦争後、日本郵船は横浜、神戸、門司、長崎、上海寄港の横浜＝上海線の自営航路を開設した[注13]。東アジア国際航路の拡大により、日本郵船の上海虹口港の埠頭はすぐに手狭になった。

上記のように、1860年代から日清戦争直前まで、日本は、清朝政府に上海で「専管居留地」の設立が許可されるまで、公式に上海に進出したわけではなかった。当時、大勢の日本人はあくまでも欧米人と中国人の間に雑居し、商売を営んでいた。

日清戦争以前、日本が国際舞台の上海に本格的に登場する最初は、港湾施設の取得交渉であった。その大役は当時の国策会社日本郵船が挑んだ。すなわち、1888年から1890年にかけての、日本郵船による上海虹口港での港湾施設の計画案と、それを実現させるための各種使用権の取得交渉であった。上海で日本が

199

Ⅱ部　上海都市空間の形成と英日中関係

独自に経営、かつ管理する港湾施設を持ったことで、日本の航路は初めて当時の国際航路の中に含まれ、世界と繋がったと言える。

2　虹口碼頭の立地問題と交渉内容

1　立地条件と諸問題

　ひとまず日本郵船の虹口碼頭の立地条件、英米の海運会社の港湾施設との位置関係、土地、道路、水面の使用状況から、同社が直面する課題を整理する。

　1888年から1890年にかけて日本郵船が建造した虹口碼頭（Mail Wharf）は、1914年に日本郵船が匯山碼頭（Wayside Wharf）を埋め立てるまで、日本が上海で設置した最初で唯一の港湾施設である。最終的に日本郵船の上海虹口碼頭は、土地4,138坪、事務所・倉庫等14棟、3,790坪の規模に達した[注14]。

　日本郵船の虹口碼頭が位置する北揚子路虹口港は、イギリス租界に近く、背後の虹口地区への上陸にも極めて便利な場所である。一方、ジャーデン・マセソン商会の虹口埠頭をはじめとする英米の海運会社の大規模な港湾施設は虹口クリークを越えた東地区に集中する（図6-1）。日本郵船の虹口碼頭はそれらの港湾施設に比べ、黄浦江に面する間口が狭く、奥行が浅い（図6-1）。図6-1が示す港湾施設より東の地区は、1890年時点でまだ十分に埋め立てられていないため[注15]、上海で港湾施設を確保するには日本郵船は既存の虹口碼頭を拡張するほかに方法がなかった。そして、日本郵船が位置する北揚子路（North Yangtze Road）[注16]の虹口港は中国人にも多く使用されていたため、それが工部局と交渉に臨む時に恰好の理由となった（後述）。

　1888年、虹口港の西側から東側まで、順番に日本領事館、アメリカ領事館、日本郵船上海支店、アメリカ郵船会社が黄浦江に面して立ち並んでいた。虹口港の様子は写真6-1、6-2からも確認できる。日本郵船の地所は、武昌路（Woo Chang Road）と青浦路（Tsing Poo Road）の間の三つの街区を占めているが、武昌路と関行路（Min Hang Road）との間の地所はアメリカ領事館に貸し出されている。

　ついで日本郵船における虹口碼頭での道路、桟橋の使用権を見る。北揚子路は工部局が建設し管理権も工部局にある。その証拠として、同局は、黄浦江と北揚子路との間に鉄の柵（Iron Railing）を設置していた。1つの単なる鉄の柵が最後まで日本郵船を苦しめ続けることとなる（後述）。関行路前の「控船用小桟橋」は武昌路桟橋と称する公共施設である。

　最後に、虹口碼頭の水面の利用状況を把握しておく。青浦路と南尋路（Nan

200

6 日本郵船による虹口港の建設

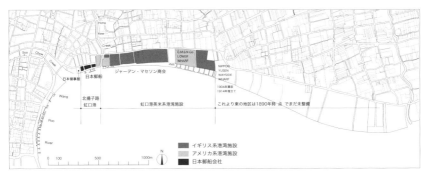

図 6-1　1890年虹口港の各国港湾施設分布図（上海檔案館所蔵、*Land Assessment Schedule, 1890* と *Cadastral plan pf section A, Eastern District, Foreign Settlement of Shanghai, 1927* より作成）

写真 6-1　1930年代日本郵船会社虹口支店の古写真（Harvard University Widener Library 所蔵、図中文字は筆者より）

写真 6-2　1910年代の虹口港の様子（Harvard University Archive Center 所蔵）。前に高い日本の国旗が立っているのは日本領事館。その隣に日本郵船会社の社屋と事務所（入口に日本の国旗が確認出来る）である。水面と桟橋と他の建造物が配置されている。

Ⅱ部　上海都市空間の形成と英日中関係

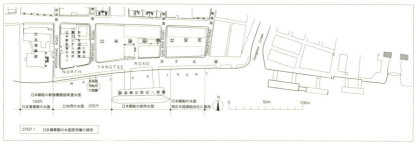

図 6-2　1888 年日本郵船上海虹口支店の附近見取り図（日本外務省所蔵原図より筆者作成、請求記号：3.12.1-91）

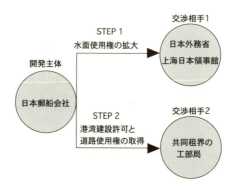

図 6-3　日本郵船の港湾施設の建設過程モデル図
　　（図中の STEP1、STEP2 はそれぞれ図 6-4 と図 6-5 と対応する）

Zing Road) との間の土地前面の水面は日本郵船が所有するが、アメリカ郵船会社が借用していた（図6-2）。それに隣接する西側には日本郵船の大桟橋、工部局管理下の「武昌控船用ノ小桟橋」がある。いわば、1888年時点で、日本郵船の地所は武昌路と青浦路の間まで拡大したものの、使用可能な水面は日本郵船の桟橋の前面とその周辺に限られていた。

2　新計画に向けての交渉過程と内容

本番の交渉過程とそれによる計画案の変更を分析する前に、ここでまず日本郵船が虹口埠頭の増築に向けて行った活動の概要について説明しておきたい。

202

6　日本郵船による虹口港の建設

　虹口港で土地、道路、水面の使用権、建設許可を取得するのに日本郵船は図6-3が示す諸活動を行なった。この一連の交渉を経て、日本郵船は初めて実質的に虹口港での権利を確立することになる。その交渉過程は、（図6-3）に示しているようである。

　第1のステップとして、東京にいる日本郵船の社長が日本外務省と、また上海支店の支配人が上海日本総領事と交渉し、虹口港における上海日本領事館前面の水面使用権を借用する。

　第2のステップとして、上海で英語に通じる外国人エージェントを雇い、工部局との交渉にあてさせ、道路使用権、水面使用権及び建設許可を申請する。

3　1888年新計画と日本外務省との交渉

1　1888年碼頭新計画

　1888年3月、日本郵船がイギリス人デヒット・リードから北揚子路沿いの虹口港で700坪の土地とその上にあった家屋と倉庫を購入し[注17]、虹口地所の拡大と共に、桟橋の増設も計画した。

　　〈明治廿一（1888）年六月十五日　在上海領事 高平小五郎〉
　　去四月三十日発送第五十六号貴信ヲ以来訓有シ郵船会社桟橋建築場ノ義
　　ニ付テ既ニ第五十七号拙諫ニテ回申致シタ処数日前該社支配人来館……（中
　　略）……該支配人ハ図面ヲ差出シ現在ノ桟橋ヨリ当館地東隅ニ即チ該社新規
　　買入地ノ水面ニ於テ一個ノ桟橋ヲ新築シ更ニ当館地ノ水面ニ於テ一個ヲ増
　　築シ都合三個ニ致度趣トノ事ニ付ケ果シテ右様ノ計画ナレハ最初拙官ヨリ
　　本者ヘ回申ノ致方モ有リノ趣ヲ述テ□ルハ右図面ハ朱□ニ有旨（下線は筆者
　　による、以下の引用資料の下線も筆者による）

　すなわち、1888（明治21）年6月15日に、日本郵船上海支店の支配人が計画図面を持参し、すぐ隣の日本領事館を訪れ、領事高平小五郎に虹口港の増築案を説明した。日本郵船は、新規買収した地所（アメリカ領事館に貸し出している）の前面に1つ、日本領事館の前面に1つ、計2つの大桟橋を新築する。それで既存の桟橋とあわせ、都合よく合計3つの桟橋になると言う（図6-2）。

　計画実現には日本領事館前面の水面が極めて重要となる。上海虹口港での新桟橋計画に応じ、東京にいた日本郵船本社の社長森岡昌純は、早速、1888年4

203

Ⅱ部　上海都市空間の形成と英日中関係

月26日に外務大臣大隈重信に「清国上海領事館前面ニ於テ日本郵船会社ニ於テ借用請願書」を出した。

〈明治二十一年四月廿六日　日本郵船会社長森岡昌純　外務大臣伯爵大隈重信宛の請願書〉
在清国上海港日本領事館ノ御所所有ニ属スル前面ノ河岸別紙絵図面之通凡ソ百五十呎ハ全港弊社所有ノ河岸ニ連接シ弊社業務上殊ニ桟橋建設上極メテ必要ノ場所柄ニ付特別ノ御詮議ヲ以河岸并水面共弊社ヘ御貸下被成下候様仕度然ル上ハ拝借ニ係ル約定等屹度遵奉可仕ハ勿論業務取扱ノ際静穏ヲ旨トシ領事館ニ対シテ不都合等決シテ相掛間敷候又此件ニ関シテハ沿街住民ニ於テモ異存無之趣ニ有候間何卒願意御聴許被成下度別紙絵図面相添此段奉願候

つまり、森岡は図面を添付し、上海虹口港における日本領事館と日本郵船の敷地が接する約150尺（45メートル）の河岸と水面は桟橋を建設する上で極めて重要な場所であり、その貸与を外務省に請願する。同時に日本郵船は港湾業務をなるべく静穏に行い、領事館に対する不都合な事態を起こさないように努力すると述べている。

2　上海総領事の反撥：桟橋より「美景」

しかし、在上海日本総領事高平小五郎は日本郵船の水面借用に反対した。その反対理由も理にかなっている。すなわち、

〈明治廿一年五月八日　在上海　領事高平小五郎〉
送第五十六号貴信茲当館前面ニ河岸地百五拾尺郵船会社ニテ借用致度趣願書ニ付ケ其許否如何ニ関シ拙官意見申述候様御来訓ノ趣
①右河岸地百五拾呎ハ即チ当館前面ノ地所総体ノ幅員ニテ目下芝居ヲ植付ケ庭苑ニ作立相成居ル処右ハ夏期ニ当交際上必要ニ有之為ナラス当地ノ如キ熱闇ノ地ニ在テハ館特ニゴ家族等一同ノ為種種ノ用途ヲ有之ニ付。
②先年上海居留地会ヨリ公道新築ノ為所望当官モ先任領事ニヨリ謝絶致事有之趣ニ付ケテハ今日ニ於テ郵船会社ニ貸渡シハ該居留地会ニ対シ不信ニ嫌ナキ能ハス

〈明治廿一年六月十五日　在上海　領事高平小五郎〉

（…前略）該支配人申居然ル之③右図面若シ採用相成候ハバ該社ニテハ当館モ全体ノ水面ヲ借用候旨□□仮全水面シテモ当館ノ前面一体郵船ノ繋泊場ト相成候体裁ヲ損シコンフォルトヲ欠キ不都合不尠□若本省ノ裁令ニ□フヘキハ勿論ノ義シテ敢テ拙官ノ意見ヲ主張ノ義ニハ無シ候間該社ヨリ申立ノ次第モ有シ可然□□理由度ヲ重シテ及具申候候

と言う。高平小五郎の観点を整理すると、次の３点になる。

第１に、当時点で上海日本領事館前面の空地には芝生が植えられ、庭苑を造成している最中であった。虹口港のような賑やかな場所において、交際用の庭苑には、種々の用途があるという（史料の下線部分）。確かに領事館は、外国人客や上海在住の日本人経済界の代表を招待する国際交流の場で、領事館員家族の憩いの場でもある。そういう用途を考慮し、領事館内の河沿いのガーデンは恰好の場所であろう。

第２に、日本郵船が借用を希望する河岸地は、以前、公道（北揚子路と考えられる）新設のために、上海外国人居留地会が所望した場所であった。しかし、当時の日本総領事は上海外国人居留地会への土地譲渡を拒否したという経緯がある。もし、日本郵船に水面を貸すことになれば、上海外国人居留地会からの不信感を招く恐れがある（史料の下線部分）。

第３に、領事館の前面に桟橋を建設すれば、領事館前面の水面が郵船の繋ぎ場となり、日本領事館の体裁を損ない、快適性を欠くことになる（史料の下線部分）。高平が懸念するように、日本郵船の桟橋増築計画がそのまま実行されたら、上海日本領事館の前面が船会社の埠頭の如きになり、大勢の港湾労働者や中国人クーリーも必ず桟橋周辺に集まるから、上海日本領事館と国内の政府にとっては、威信に関わることになるといえよう。

3　交渉落着と水面使用権借用の条件

上海日本総領事高平小五郎は領事館の立地条件、周辺環境及び上海居留地会との関係を考慮した上で、日本郵船による領事館前面の水面上での桟橋建設に反対した。しかし、外務省は上海総領事の意見に耳を傾けず、直ちに日本領事館前面における日本郵船の桟橋建設を許可した。

〈明治廿一年六月十二日　外務省 郵船会社へ指令案〉

Ⅱ部　上海都市空間の形成と英日中関係

　　書面願ノ趣河岸ノ地所ハ貸下ケ□ク唯水面ノ使用ニ限リ□届ケ条尤ノ条項□□事
　－上海領事館前面ノ水上ハ日本郵船会社ニ於テ桟橋ノ建設船舶ノ繋留ノミニ限リ之レヲ使用スルノヲ許可スルモノトス其報酬金ハ追テ実際使用ノ節近隣ノ比例ニヨリ相当ノ金額ヲ上納スベシ
　－該会社ニ於テハ其使用部分ニ属スル河中ノ保持費課税等（若シアル中ハ）一切ノ義務ヲ負担スベシ又ハ右使用ノ為ノ河岸堤防等へ損害ヲ及ホスアルトキハ其社ニ於テ之カ修繕費ヲ負担スベシ
　－該水面ノ使用期限ハ明治二十一年ヨリ起算シ向ウ二十七年半トス期満レハ建設物等ヲ取払シ元形ニ復スヘシ但シ右期限中ト雖氏領事館ヲ与へ之カ築造ヲ取払ハシムルノアルヘシ

　言わば、外務省は、上海領事館前面の河岸及び水面が日本郵船の港湾施設の建設に必要不可欠な場所であるとして、使用許可を出した。条件として、（1）日本政府は、使用料金を使用の比例に応じて徴収する。（2）港湾の維持費、河岸堤防の修繕費は全額日本郵船が負担する。（3）使用期限は1888（明治21）年から27年間半で、賃貸期限終了時、日本郵船は領事館前面の河岸や水面を元の形に復元する義務がある。

　上海にいた高平小五郎は、外務省の決定に対し、極めて不満であった。7月16日の外務省宛の書簡では次のように不満を表している。

　　〈明治廿一年七月十六日　在上海　領事高平小五郎〉
　　……当館ノ地所ハ之ニ反シ直ニ水面ニ連接致居ニ付其地先ニ接シテ繋舩場ヲ設クル時ハ本館トノ距離僅ニ数間ニ過キサレハ昼夜喧噪ナルヲ免レス夏季ニ於テ油煙ハ一直ニ館内へ散入シ衛生上ノ関係モフ少旦固有ニ美景ヲ失シ随テ大ニ地価ニモ関ルヘキ義ニ付若シ一私人ノ所有地ナラシメバ寧口モ地面ヲ合セシ売渡ストモ単ニ水面ヲ限リ貸与スヘキ筈無シ候得共本件ノ場合ニ於テハ同会社ニテ事務拡張ノ一盛挙ニ因リ不得止本トモ儀数條ノ故障アルトモ儀ル□□異議ヲ不申看之本者於テモ当分其過タル趣ニ拠リ……此際児戯ニ類スル報酬ハ勿論一切ヲ徴収無シ方該テ特許ノ趣旨ヲ相顕ニ□紙トシ此際復申シ候

　高平小五郎の言い分では、領事館のすぐ目の前が船の繋ぎ場となり、昼も夜

206

6 日本郵船による虹口港の建設

も喧噪になる。夏季においては、郵船の油煙が一直線に領事館内に侵入し、美景を失い、地価の低下に大きく影響する。個人の土地なら売り出したほうがましだ、と。さらに、我意を張り「此際児戯ニ類スル報酬ハ勿論一切ヲ徴収無シ方該テ特許ノ趣旨ヲ顕ニ□紙トシ此際復申候」と日本郵船に領事館前面の河岸地と水面を無料貸しする方が良いとまで述べている。

これに対し、外務省は躊躇なく 1888（明治21）年 8 月 17 日に日本郵船に無料で水面を貸し出すと指令した。日本郵船にとって望外なことに、高平小五郎領事の文言の通り、日本領事館前の水面の賃貸費用が免除された。

〈明治廿一年八月十七日起草　通商局 郵船会社ヘ指令案〉
本年五月其会社ノ請願ニ対シ在上海帝国領事館前面水上使用ノ件ニ対其報酬金額ハ□ル可指定旨指令ノ度□□全般詮議ノ上其報酬全ヲ免除シ其代リトシテ右水面貸与中領事館用品ヲ揚卸スル場合ニ於テ該桟橋ヲ使用スルヲ得セシムヘシ□モ此場合ニ於テハ予メ其会社ニ打合スベシ

これで日本郵船は外務省及び上海日本総領事館の許可を得て、上海領事館前面の河岸地と水面を無償で使用できることとなった。領事館周辺の「美景」よりも「桟橋」を取るという日本外務省の判断で、日本郵船における虹口港の水面使用権は上海日本領事館の正面まで許可された。新桟橋建設のための水面使用権の取得に成功したことになるが、それはあくまでも港湾施設増築計画実現の第一歩にすぎなかった。

4　1890 年増築案と工部局との交渉

1　新たな増築案

水面使用権の取得の成功に続き、日本郵船は港湾施設の建設許可、北揚子路の使用権を得るため、共同租界の工部局との国際交渉に当った。

早速、日本郵船の上海エージェントが港建設計画の通知書を工部局に提出した。日本郵船の計画案は 1890 年 2 月 25 日の工部局の会議で議論された。その日の会議記録に基づき、日本郵船の 1888 年計画に続く 1890 年計画の内容を復元した（図6-4）。

〈北揚子路の新桟橋、1890 年 2 月 25 日　工部局会議記録〉

207

II部　上海都市空間の形成と英日中関係

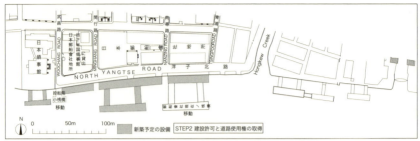

図6-4　1890年虹口港における日本郵船の港湾施設の計画図（筆者作成）

　日本郵船のエージェントからの手紙が読みあげられた。同社は既存の浮桟橋を同社の社屋の東境界線まで移動し、（その浮桟橋）の西側に新しい埠頭を設置する意図である。浮桟橋の長さは240フィート、幅は30フィートで、北揚子路に位置する屋敷の前の水面に配置する予定である。同社はまた新しい港を三つ造りたいと言う。一つは青浦路と南尋路の間、一つは、南尋路と閔行路の間、一つは、閔行路と武昌路の間に設置する。埠頭の建設期間中において、歩道に何らかの障害が生じるため、河沿いの鉄の柵（Iron Railing）の一部分を移動させる。また、暫く使えなくなる既存の埠頭を封鎖するため、その一部分の鉄の柵を当該埠頭の出入り口に配置する。同社は工事がすぐにでも実行できるようにと（工部局の）許可を求めた。

　具体的には、日本郵船が青浦路と南尋路の間、南尋路と閔行路の間、閔行路と武昌路の間に三つの新埠頭を建設する予定である。さらに、各新港の前にそれぞれ長さ240フィート（約72メートル）、幅30フィート（約9メートル）の鉄製桟橋、及び日本領事館前に附属の桟橋（鉄製、長さは特定できない）を設置する計画である（図6-4）。この新計画案により、日本郵船の虹口埠頭の実質的機能は、日本領事館敷地の西側の敷地境界線から青浦路までの範囲に及ぶこととなる。

　さらに、港湾施設の工事進行のため、日本郵船は北揚子路と黄浦江の間に設置されている鉄の柵の一部分の移動を工部局に要求した。

2　工部局との交渉による増築案の変更

　工部局は、日本郵船の港湾増築計画を、同じ会議で即座に拒否した。

〈北揚子路の新桟橋、1890年2月25日　工部局会議記録〉

6　日本郵船による虹口港の建設

浮桟橋の設置位置を示す一枚の計画図が提出された。調査員は、浮き桟橋の増築により、中国人が使用する黄浦江から南尋路と閔行路の間の着陸場所への出入口が全部遮断されると報告した。日本郵船会社は、その後、また日本領事館の前で3つ目の桟橋を造るであろう。そうなると、武昌路浮き桟橋へのアクセスは完全に閉鎖されることになる。

（理事）アドラー（Adler）は、中国人官僚が日本領事館の前に一個の浮桟橋が置かれることを阻止すべきだと示唆した。（理事）デュア（Duer）の要求により、武昌路の浮桟橋はすでに閔行路からそこ（武昌路の前）へと移動されている。デュアは桟橋へのアプローチを確保すると約束している。（理事）ジェンセン（Jansen）はそこ（武昌路桟橋）は虹口クリーク側の唯一の荷揚場で、（日本郵船会社）の計画案通りに浮桟橋が置かれたら、船の繋ぎ止めのチェーンが船の運航の障害になるのみならず、そこで荷揚げする汽船もそれら（浮桟橋）を全部包囲することになると言った。

工部局諸理事の見解を整理すると、拒否理由は以下の2点にあった。

第1に、日本郵船の埠頭及び桟橋の新計画により、中国人が多く使用する黄浦江から青浦路、南尋路、閔行路へのアクセスが全部閉鎖されることになる。さらに、日本領事館前に第三の桟橋が建設され、武昌路桟橋へのアクセスも閉じられることになる（図6-4）。

第2に、武昌路桟橋は、虹口クリーク側における唯一の船の停泊場所であるが、日本郵船の新桟橋の建設により、同社の船のチェーンや荷揚げは武昌路桟橋側の船の運航の妨げになり、その辺りの水面全体を占用してしまう。

工部局の拒否に対し、日本郵船は間をおかずに対応した。1890年3月4日、日本郵船の虹口港増築案は再び工部局の会議で議論された。

〈北揚子路の新桟橋、1890年3月4日　工部局会議記録〉

日本郵船のエージェントのダルボ（Dalboh）の手紙がまた工部局会議に提出された。河から閔行路と南尋路までの階段は閉鎖される。しかし、ダルボは、それには問題がない、クーリーたちがそこの階段からバケツで水汲みするだけである、と述べる。

（工部局の理事）ブランド（Brand）は、自分とハーディング（Harding）がダルボに（日本郵船の新桟橋建設の件について）連絡したと言う。ダルボは、手紙の中で提起した日本郵船の浮桟橋の新設により、河から武昌路までのアクセ

209

Ⅱ部　上海都市空間の形成と英日中関係

スは閉ざされないと主張している。二つの浮桟橋（武昌路桟橋と新設予定の日本領事館前の浮桟橋）の間に、11〜15フィートの距離が確保される。汽船による荷積み又は荷揚げは（武昌路桟橋の）両サイドを閉鎖しない。工部局が希望するなら、船の運航に障害の生じないように、チェーンを再配置する。階段は使用希望者の便宜を図り、浮桟橋の端に再配置する。そして、ダルボはすでに中国（清朝）の河泊司から浮桟橋を計画通りに設置する許可を得たという。

　すなわち、日本郵船のエージェントのダルボは、下記の三つのことを列挙しつつ、工部局に反論した。
　第1に、中国人クーリーの水汲み用の階段が閉鎖されるだけで、大した問題にはならない。
　第2に、日本郵船は新築予定の桟橋と武昌路桟橋との間に、11〜15フィート（3.35〜4.6メートル）の距離を明確に設けるため、船繋ぎ止めのチェーンや荷揚げ等は武昌路桟橋の障害にならない。
　第3に、新桟橋の突き当たりに使用者の便利を提供するための階段を設置する。なお、清朝（中国）側の港湾管理の役人「河泊司（Heboshi）」からすでに新桟橋計画の許可を得ている。
　しかし、この書面の説明では、工部局の理事らを納得させるにはまだ足りない。客観的なデータを提示するのが何よりの切り札である。工部局の固い意志を動揺させたのは、日本郵船による北揚子路虹口港の交通量調査であった。

　　〈北揚子路の新桟橋、1890年3月11日工部局会議記録〉
　　3月10日　朝6時から夜11時までの間における北揚子路の各埠頭の交通量に関する報告が提出された。
　　乗客1462人、外国船8艘、小舟607艘、水域クーリー800人

　日本郵船は交通量調査を行った。1890年3月10日朝6時から夜11時までの間における虹口各港の交通量は、乗客1462人、外国系船舶8艘、小船607艘、水域苦力800人、水船214艘、その他の苦力360人であったと報告した（表6-1）。このデータから、北揚子路虹口港は、一般乗客に加え、中国人の小舟（Sampan）及びクーリーがよく使用することがわかる。すなわち、日本郵船は、北揚子路虹口港における多くの交通量に対し、既存の武昌路桟橋及び港のみで

210

6 日本郵船による虹口港の建設

表 6-1　1890 年 3 月 10 日　AM6:00 〜 PM11:00 の虹口港の交通量調査結果

Passenger	Foreign Boats	Sampan	Water Coolies	Water Boats	Other Coolies
乗客	外国系船	小舟	水域クーリー	水船	その他のクーリー
1,462 人	8 隻	607 隻	800 人	214 隻	360 人

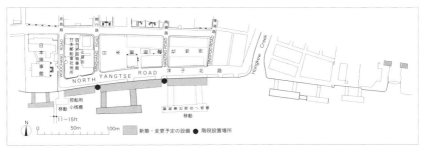

図 6-5　1890 年桟橋計画の調整案（1890 年 3 月 11 日工部局会議記録より筆者作成）

は対応できなくなることを客観的に示し、新桟橋、港湾の整備の必要性を工部局に訴えた。

　日本郵船による計画案の調整と交通量調査の効果により、工部局の態度は少し変化を見せる。

　　〈北揚子路の新桟橋、1890 年 3 月 11 日　工部局会議記録〉
　　工部局が、ダルボの手紙の中で提起した浮桟橋の配置場所に関する申請許可の拒否権があるかどうかに関する議論を行った。実態が進展するまで、彼（ダルボ）の申請を拒否しないほうが良いかもしれない。しかし、最終的にダルボに許可を与えないことを（ダルボ）に通達すると決定した。

　日本郵船の交渉活動は続いた。日本郵船は一般使用者の黄浦江へのアクセス通路を設けた平面図を工部局に提出する。具体的に、青浦路と南尋路との間、南尋路と関行路との間の埠頭に僅かな幅の階段を設け、それにより黄浦江から各道路へのアクセスや中国人労働者の水汲みの場所を確保するというものである（図 6-5）。

　　〈北揚子路の新桟橋、1890 年 3 月 11 日 工部局会議記録〉
　　日本郵船会社によって建設される予定の河へのアクセスに関する図面が

211

Ⅱ部　上海都市空間の形成と英日中関係

提出された。青浦路と南尋路の間、南尋路と閔行路の間に僅かな幅の階段
が含まれる。更に、水汲みや他の目的に使う階段を（工部局の）希望通りに
残しておくとなっている。

　更に、日本郵船は「我々の会社は喜んでこのような仕事を実行する。民衆の
利便のため、港湾当局又は工部局からのあらゆる提議に対応する」[注18]と港の公
共利便の向上のため、積極的に協力する姿勢を示した。
　しかし、工部局は依然として日本郵船の港施設の新計画を拒否し、裁判に訴
えることにした。

　　　〈北揚子路の新桟橋、1890 年 3 月 11 日　工部局会議記録〉
　　　工部局はこの近隣の土地所有者の権利、同様に公衆の権利と利便も尊重
　　する。それらの権利と便利は日本郵船会社が工部局に提出した計画案によ
　　る何らかの障害で損なわれることはない。日本郵船会社と工部局の間に明
　　確な意見の相違があるため、工部局官僚ウエーンライト（Wainwright）が日本
　　郵船会社の問題をこの港の最高裁判官リチャード卿による最終調停を仰ぐ
　　と（日本郵船の新代理）ウルキンソン（Wilkinson）を脅す。最高裁判官の最終決
　　定が決められるまで現在進行中のすべての工事は中止せよ。

3　日本郵船と工部局の泥沼交渉

　工部局による裁判所への提訴に対し、日本郵船側は裁判における工部局の仲
裁内容を探りながらも、裁判期間中の工事の取り下げは出来ないと言い張る。
実際、裁判期間中も工事は続けられた。例えば、既存の桟橋を日本郵船の敷地
東側の境界線に移し、閔行路と武昌路の間に新しい埠頭を造った（下記 1890 年 5
月から 12 月までの工部局会議記録）。

　　　《日本郵船の桟橋》
　　　〈1890 年 5 月 25 日　工部局会議記録〉
　　　調査員が報告した。（日本郵船）会社は既存の浮桟橋を敷地の東側境界線
　　まで移動したが、浮桟橋は道路の境界線から約 12.5 フィート突き出ている。
　　日本郵船は、古いドックの境界線の一部分を移動させ、閔行路と武昌路の
　　間で新しい埠頭を建設している。

6　日本郵船による虹口港の建設

〈1890 年 5 月 27 日　工部局会議記録〉
（日本郵船会社のエージェント）ウルキンソンから（工部局理事へ）ウエーンライトの手紙が読まれた。ウルキンソンは、工部局が裁判に出す要点に関する情報について、（工部局に）問い合わせたが、進行中の工事の中止を拒絶する。変更案を東京の取締役に提出しないといけないため、（工事自体が）一カ月や二カ月ほど遅れる見込みである。

議長は、法律顧問の意見では、現時点で唯一できることは鉄の柵を動かすことを許可しない、なるべく（日本郵船の工事を）妨げるようにする、と述べた。

アドレが工部局は（日本郵船の）東京本社に手紙を書くべきだと提案する。

また、工部局は「日本郵船会社が工部局を無視することは、大きな間違いであり、北揚子路と黄浦江との間の鉄の柵を撤去しない限り、日本郵船会社の新築予定の大倉庫は使い物にならない」[注19] と冷笑するかのように日本郵船を脅した。しかし、日本郵船のクーリーたちは船から鉄の柵の下を通して北揚子路まで臨時の通路を設けた[注20]。

もう一つの出来事が起きた。日本郵船が北揚子路と閔行路に面する倉庫の屋上から北揚子路まで荷物を下ろす機械一式を設置したいと工部局に申請したが、それも北揚子路の交通を甚だしく妨げるとして、却下された[注21]。

日本郵船は裁判期間中も工事を続行し、倉庫、埠頭、桟橋の建設により、既成事実として港湾の使用権を手に入れた。ここまできて、工部局は日本郵船の倉庫や埠頭を解体することはもはや不可能となった。しかし、工部局は桟橋を移動するか、または二等分することを日本郵船に要求し続けた[注22]。

4　和解へ　道路、水面の使用条件

工部局が日本郵船の建設許可の申請を拒み続ける理由は、北揚子路の権利及び一般の船の虹口港へのアクセスと使用にあった（工部局会議記録による）。1890 年 12 月 21 日の会議で工部局側は「日本郵船会社が工部局における北揚子路の権利を認めない限り、この件で同会社を手助けしない」と日本郵船のエージェントであるウルキンソンに通告すると決めた[注23]。

ついで 1891 年 3 月 23 日の会議[注24] で、工部局の法律顧問から「日本郵船会社が桟橋を現在の位置に設置することは許可されるべきである」との手紙が読まれた。これにより、理事たちも以下のように発言した。

Ⅱ部　上海都市空間の形成と英日中関係

　ジェンソンは「日本郵船会社は北揚子路における権利を主張する気配は何一つもない。同会社は道路の年間使用費を支払う予定である」と述べた。リットルは、「日本郵船会社の大汽船が虹口港に停泊または移動する間、水面を全部占める可能性はあるが、汽船と汽船の間に家庭用の小舟が常に通れるようなスペースを開けておくと規定する」と発言した。

　そして、グレームは「家庭用の小舟が長時間にわたり、虹口港に停泊している間、誰も干渉してはいけない」と指摘した。最後に、プロボットは「工部局と日本郵船会社の契約書の中で、工部局における北揚子路の所有権と保持権を主張すべきである」と言った。

　このように、工部局の法律顧問の発言により、とんとん拍子で日本郵船と工部局の泥沼交渉に和解の糸口が見つかった。両者の和解は、1891年4月1日に成立した。頑固な工部局の理事らは北揚子路での権利とその証拠としての鉄の柵に最後まで執着する。

　　〈1891年4月1日　工部局会議記録〉
　1　日本郵船会社は、この件に当たる工部局の権利を認識し、それらの特権に毎年10両の白銀を支払う。
　2　一般使用者は、上陸、乗船の用途で全部の施設を使うことが許可される。同会社による桟橋の自由使用と何の差もない。
　3　荷物船、サンパン及びその他の小舟はいつでも計画案に示される浮桟橋に自由にアクセス出来る。
　4　同会社の船と浮き桟橋と武昌路の突き当たりの公共浮桟橋との間に、それぞれ、明確に45フィートの距離を保つ。
　5　日本郵船が上記の項目を守らない場合、工部局はいつでも鉄の柵を再設置する権利がある。
　　日本郵船会社には以下のことを明確に説明するべきである。即ち、上記の条件に関する議論の結果、議長が賃貸料は単なる名義上の数字に過ぎず、それは日本郵船会社が工部局における北揚子路の権利に対する一種の承認であると説明した。

　日本郵船は工部局が提起したこの和解条件に同意した結果、工部局は北揚子路と黄浦江との間に設けられた鉄の柵を撤去し、日本郵船の港湾施設の建設工事を許可した。これで日本郵船はようやく上海虹口港で桟橋と埠頭の増築を実

214

6 日本郵船による虹口港の建設

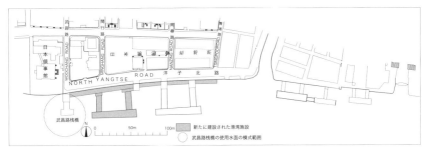

図6-6　1893年日本郵船の虹口港の最終計画案
1888年日本郵船の虹口支店地図と1893年地籍図より筆者作成

現させたのである。

5　三者交渉の計画最終案

　虹口港の港湾整備は日本郵船、日本外務省とその管轄下の上海日本領事館、及び工部局の三者間の妥協により結実した。

　Cadastral Plan of the Hongkew Settlement 1893 に基づき、日本郵船の虹口港の計画最終案を復元した（図6-6）。日本郵船は1888年米国郵船会社に貸し出した水面を回収し、既存の桟橋をそこに移動させ、それに隣接して新桟橋を設置した。武昌路桟橋は武昌路と一直線の所まで移動した。

　上海日本総領事館前面の水面に桟橋は建設されなかった。日本領事館前面の水面使用範囲は、あくまでも武昌路桟橋の周辺の水面に止まっていたと見られる。これで、領事館前面の環境への影響も最小限に留めることができた。

　工部局の意見と最終案との関係を考えてみたい。新桟橋と武昌路桟橋との間の距離は具体的な数字は得られないものの、図6-6から判断すると比較的広いと言える。そして、武昌路桟橋は図6-6で示すように領事館前面及び日本郵船の水面を使用することが出来る。そのため、工部局が何度も非難した「武昌路桟橋へのアクセスが閉ざされてしまう」ことは避けられた。

小結

　本章は、日本郵船による近代上海虹口港での港湾施設の構成と計画内容を明らかにしつつ、水面使用権、道路使用権及び建設許可の取得をめぐる日本外務省、上海日本領事館、さらにはイギリス人とアメリカ人主導の工部局との交渉

写真 6-3　旧日本郵船虹口埠頭の倉庫、事務所、2011 年 9 月、筆者撮影。
倉庫建築は改築されていないが、外装が白く塗られている。現在、中国海軍の施設となっているため、内部見学は禁止。

過程に着目し、日本による上海租界での港湾整備の実態を明らかにした。

　注目すべきは、日本郵船が既得権を有するイギリス人、アメリカ人との交渉、衝突、和解の一連の過程である。上海における都市開発に関わる権利確保は後発の日本が常に直面せざるを得ない難題であった。その反面、工部局は租界の都市整備を管理するに当って、第 3 章で述べたように、常に各国の企業や民間人と交渉を重ねていた。それが、工部局による上海租界という国際都市を管理するための重要な手法である。

　虹口港における日本郵船の港湾施設は、英米の海運業者の施設と比べ決して主流ではなかった。それでも、日本郵船は戦略的に客観的に公共の利便性を主張しつつ計画案を調整して、工部局に妥協しつつも上海港における自らの権利を獲得した。これにより、日本は、1888 年から 1890 年までの間に、上海進出の本格的かつ重要な一歩を踏み出すことができた。日本人による上海での都市開発はこの北揚子路の虹口港から始まった。

　その後、上海に渡航してきた大勢の日本人商工業者は、日本郵船の虹口碼頭と領事館の背後に広がる虹口地区に居住するようになった。周知の通り、日本郵船の港の背後の市街地は上海の日本人街として発展していった。日本郵船による 1888 年～1890 年の虹口港での権利獲得により、日本が上海市街地へと進出する重要な前提条件を確立したと言える（写真 6-3）。

　なおかつ、上海虹口港で見られるような港湾整備の際に、道路使用権、水面資料権をめぐるそれぞれらの利権者の紛争が、1890 年代から、絶えず、神戸、横浜、台湾の高雄（打狗）などで発生していた[注25]。第 4 章で述べたように、清朝（中

国）政府は港の水面の使用権に関する知識を有していないため、水面をめぐる紛争は、主に各開港場で既得権を持つ西洋人と後発の日本人の間で起きていた。この意味で、本章は、上海の虹口港を実例としながらも、東アジアの開港場の港湾整備の際に起きた水面に関する紛争の重要な事例を提示した。港湾整備およびそのために発生した諸国の利権者の衝突、交渉と妥協がまさに近代東アジア開港場の港の形成過程を象徴していると言えよう。

注

1) 外務省外交史料館所蔵、請求記号：3-12-1
2) 上海档案館所蔵、請求記号：U1-1-1032
3) 上海居留民団創立三十五周年記念誌編纂委員編『上海日本居留民団三十五周年記念誌』上海、1942 年、38 頁。
4) 前掲書、40 頁。
5) 前掲書、40 頁。
6) 前掲書、39 頁。
7) 「清国上海全図」日本国立国会図書館所蔵、請求記号：YG913-152
8) 前掲『上海日本居留民団三十五周年記念誌』43 頁。
9) 前掲書、47 頁。
10) 前掲書、46 頁。
11) 満鉄上海埠頭事務所編『上海港』1922 年、日本外務省外交史料館所蔵、請求記号：G.1.2.0.2_3
12) 日本郵船会社貨物課編『我社各航路ノ沿革』1932 年、日本郵船提供。
13) 前掲書、71 頁。
14) 前掲『我社各航路ノ沿革』100-101 頁。
15) *Cadastral Plan of The Hongkew Settlement 1893* より確認出来る。この地図には、同地区の河沿いの地区には、地籍番号が割り当てられているものの、陸地方向の奥行が非常に浅いため、まだ完全に埋め立てられていないこともまた事実である。
16) 北揚子路の名称に関し、日本郵船会社の地図史料には「洋子北路（North Yangtze Road）」と書かれている。一方、工部局側の史料には「北揚子路（North Yangtze Road）」と書かれている。本章では後者の名称に統一する。
17) 日本郵船会社貨物課編『我社各航路ノ沿革』101 頁。
18) 上海档案館編集 *The Minutes of Municipal Council*『工部局会議記録』上海古籍出版社、2002 年 , *North Yangtze Road New* Pontoons 1890.3.11.
19) Ibid.
20) Ibid., p.340.
21) Ibid., pp.390-391.
22) Ibid., pp.340-341.
23) Ibid.

217

Ⅱ部　上海都市空間の形成と英日中関係

24）Ibid., p.406.

25）陳雲蓮「台湾植民地の港湾開発と海面の使用権利問題——打狗（高雄）を事例として」
　　拓殖大学「第二回台湾研究プロジェクト」シンポジウム発表原稿、2015 年 12 月。

第7章　日本の上海進出と都市開発

本章の課題

　欧米人に遅れること約50年、ようやく、日本人の上海進出が本格化した。1895年以降、大勢の日本人商工業者が日清戦争の戦利品と様々な期待を抱いて上海の地を踏むことになる。

　しかし、当時、港の建設に適した河岸、交通の便のよい土地、地価の安い場所は強い既得権を持つイギリス人、アメリカ人、フランス人及び地元の中国人が所有していたことは前述の通りである。その中で、日本外務省、上海日本領事館、北京公使館、日本経済界が一丸となって上海日本専管居留地の設置に向け、敷地選び、現地視察、港湾調査の一連の活動が行われたものの、当時の日本人の上海での政治力、経済力、影響力の欠如、及び莫大な費用を投じて日本人のみの居留地を設置することは時代遅れという判断のもと、日本専管居留地の設置の放棄が余儀なくされた。上海日本専管居留地は「夢」で終わったが、日本人による上海進出は上海の都市発展を思わぬ方向に導くこととなった。

　その後、日本政府は上海にいた欧米人、中国人との調和を図りながら、専管居留地の設置とは異なる上海進出の戦略を打ち出した。その戦略をもとに、1890年代から、海運会社や紡績企業を始めとする大手企業、宗教団体、一般の商工業者が徐々に上海の共同租界で土地を取得しはじめた。指定された場所に限られる専管居留地の都市開発と異なり、日本人は自らの経済条件に見合わせ、ビジネスに有利な土地を選んでいった。40年間の歳月をかけ、上海の各地に誕生した日本人の施設は、英米人のそれと違い、極めて特殊な施設配置となった。本章は、その原因と経緯を述べる。

　とりわけ1895年の日清戦争後から1930年代まで、日本政府と企業による上海への進出動向、日本人による都市開発の過程と結果に焦点を当てる。それにより、日本人による上海での都市開発の全体像を浮かび上がらせたい。

　まず、外務省と経済界による上海日本専管居留地の設置をめぐる選地過程、

219

Ⅱ部　上海都市空間の形成と英日中関係

現地視察、港湾調査、最終決定、戦略の作成といった一連の活動に着目し、日本人による上海への進出意図、直面した課題、最終的に日本政府が定めた上海進出の基本戦略を明らかにする。

　ついで、1890年代から、企業、諸団体及び一般の工商業者が日本政府によって策定された上海進出の戦略のもと、上海でどのような都市開発活動を行ったかについて究明する。日本人がどのような要素を考慮して、上海で都市施設を建設したのか。そして、彼らの土地取得過程と施設配置の結果から、近代上海の日本人の集住地区が「西部」、「中部」と「東部」と呼ばれた原因を探る。

　最後に、イギリス、アメリカ、日本、工部局による上海での借地所有情況を示し、日本による上海進出の実態とその意義について分析する。近代の日本人が上海でどのようなことをしていたのか、都市開発の観点から簡潔明瞭な答えを出したい。

研究史料の解析

　近代中国における日本租界の研究は日本の学界において感心の高い課題であるが、上海を始めとする諸貿易港、例えば天津、漢口、牛荘（営口）における日本専管居留地の設置過程とその結果を記録した日本外務省外交史料館所蔵の一次文献史料に基づいて行われた研究は極めて少ない。そのため、中国における日本専管居留地をめぐる日本の政治家、外交官、経済界の人々が、実際に行った実地調査と白熱の議論の内容も検討されずに今日に至っている。

　日清戦争後、上海日本専管居留地の設置をめぐる在上海日本領事館、北京公使館と外務省の間の議論、調査を記録した外交秘密文書、及び外交官たちの手書き書簡はすべて日本外務省外交史料館所蔵の『支那各地帝國專管居留地設定一件第一編上海附呉淞』と『清国諸港居留地関係雑件』に収録されている。

　この二つの膨大な史料群は、必ずしも、時系列に当時の外交書簡を整理し収録しているわけではない。史料を通覧した結果、上海専管居留地をめぐる日本外務省の活動は、1895（明治28）年7月23日に在上海総領事珍田捨巳が在北京特命全権公使林董に提出した機密第弐号「当港外国居留地外ニオケル製造所等建設区域取定方ノ付具申」から始まり、1900（明治33）年1月4日に、在上海総領事代理小田切萬壽之助が外務大臣青木周蔵子爵に提出した「上海共同居留地拡張承認ニ付請訓」で一段落したと見受けられた。

　史料を解読していく中で、上海領事館、北京公使館を含めた日本外務省、内務省が、上海専管居留地の設置に向け、「議論」、「土木調査」、「視察、指示と決断」、

220

7　日本の上海進出と都市開発

表 7-1　『支那各地帝國專管居留地設定一件第一編上海附呉淞』の収録史料整理の一覧表

史料作成年代	西暦	差出人	受取人	タイトル	
明治 28 年7 月 23 日	1895 年7 月 23 日	在上海帝国総領事珍田捨巳	在北京特命全権公使林董	機密第弐号「当港外国居留地外ニ於テ製造所等建設区域取定方ノ付具申」	議論
明治 28 年7 月 30 日	1895 年7 月 30 日	在北京特命全権公使林董	外務大臣臨時代理侯爵　西園殿	機密第弐十弐号信「上海居留地外ニ於テ製造所等建設区域取方ノ義ニ関シ珍田総領事ヨリノ□間相添申進ノ件」	
明治 28 年8 月 6 日	1895 年8 月 6 日	外務省通商局長	在上海帝国総領事珍田捨巳	「外国人居留地外ニ工場設置ノ地ヲ得ル件ニ付回答」	
明治 28 年8 月 17 日	1895 年8 月 17 日	外務省通商局長	在北京特命全権公使林董	機密第二十三号	
明治 28 年9 月 14 日	1895 年9 月 14 日	外務省通商局長	在北京特命全権公使林董	機密第十三号「本邦外居留地設定ニ関スル件」	
明治 28 年10 月 1 日	1895 年10 月 1 日	在上海帝国総領事珍田捨巳		機密第七号	
明治 28 年9 月 10 日	1895 年9 月 10 日	在上海栖木傳	外務省通商局	上海帝国居留地新設管見	
明治 28 年10 月 28 日	1895 年10 月 28 日	紡績会社社長中上川彦次郎	外務省通商局	機密第六拾号信	
明治 30 年2 月 16 日	1897 年2 月 16 日	外務大臣侯爵　大隈重信	海軍大臣侯爵　西郷従道		土木調査
明治 30 年2 月 19 日	1897 年2 月 19 日	海軍大臣侯爵　西郷従道	外務大臣侯爵　大隈重信		
明治 30 年2 月 19 日	1897 年2 月 19 日	外務次官小村寿太郎	在上海帝国総領事珍田捨巳	機密第四号	
明治 30 年2 月 25 日	1897 年2 月 25 日	在清臨時代理公使内田康哉	外務大臣侯爵　大隈重信	上海ニ於テ英米租界及佛租界拡張ノ件ニ関シ全後ノ方針ニ関シ訓示ノ件	視察、指示と決断
明治 30 年3 月 2 日	1897 年3 月 2 日	外務次官小村寿太郎	在上海帝国総領事珍田捨巳	機密第六号	
明治 30 年7 月 10 日	1897 年7 月 10 日	在上海帝国総領事代理小田切萬壽之助	外務大臣侯爵　大隈重信	内務省雇工程師ヨハネスデレエケ氏ノ上海ニ於テ我居留地区選択ニ関スル意見	
明治 30 年10 月 13 日	1897 年10 月 13 日	外務省通商局長	在上海帝国総領事代理小田切萬壽之助		
明治 30 年10 月 8 日	1897 年10 月 8 日	清国上海滞在公使館一等通訳官楢原陳政	外務大臣侯爵　大隈重信	上海ニ於ケル帝国居留地選定ニ関スル報告	

221

明治30年 10月8日	1897年 10月8日	清国上海滞在公使館 一等通訳官 楢原陳政	外務大臣 侯爵　大隈重信	意見書	視察、指示と決断
明治30年 11月20日	1897年 11月20日	外務次官 小村寿太郎	在上海帝国総領事代理 小田切萬壽之助		
明治31年 4月18日	1898年 4月18日	在上海帝国総領事代理 小田切萬壽之助	外務次官 小村寿太郎	上海ニ於テ帝国居留地選定ニ関スル件回稟	
明治31年 6月10日	1898年 6月10日	在上海帝国総領事代理 小田切萬壽之助	外務次官 小村寿太郎	上海英米居留地拡張ニ関スル件	
明治32年 2月15日	1899年 2月15日	在上海帝国総領事代理 小田切萬壽之助	外務次官 都筑馨六	上海ニ於ける英米居留地拡張ノ儀ニ関シ上海道ト往復セシ書面写送付之件	共同租界の拡張に関する国際交渉
明治32年 2月10日	1899年 2月10日	大清　江南海関	在上海帝国総領事代理 小田切萬壽之助	別紙第一号	
同上	同上	在上海帝国総領事代理 小田切萬壽之助	大清　江南海関	別紙第二号	
明治32年 3月17日	1899年 3月17日	在上海帝国総領事代理 小田切萬壽之助	外務次官 都筑馨六	英米居留地拡張ニ関スル件	
同上	同上	監督 大清　江南海関 分巡	在上海帝国総領事代理 小田切萬壽之助	別紙（機密第27号附属）	
明治32年 5月12日	1899年 5月12日	在上海帝国総領事代理 小田切萬壽之助	外務大臣 子爵　青木周蔵殿	当港公共居留地確立之件	
明治32年 2月15日	1899年 2月15日	監督 大清　江南海関 分巡	在上海帝国総領事代理 小田切萬壽之助	別紙	
明治33年 1月4日	明治33年 1月4日	在上海帝国総領事代理 小田切萬壽之助	外務大臣 子爵　青木周蔵殿	上海共同居留地拡張承認ニ付請訓	

「共同租界の拡張に関する国際交渉」という四つの段階を経たことが分かった。なお、史料の年代、差出人、受取人とタイトルの四つのカテゴリーで史料整理を行った結果（表7-1）、上海日本専管居留地の設置に関わった人々の活動が明確になった。以上を踏まえ、日本政府による上記四段階の活動が本章の主な論点にする。

　一方、日本政府、企業、各種団体及び個人による上海共同租界での都市開発過程に関して、『ランド・アセスメント・スケジュール』(*Land assessment schedule*)[注1]を使用する。同史料群は日本の「地価告示書」に類似し、1869年から1942年までの間において、5年置きに上海共同租界における番地ごとの「領事館登録番号」(Number of Lot Consular)、「地籍図上の番号」(Cadastral Number)、「土地の登録主」(Registered owner)、「納税対象となる面積」(Area for Taxation)、「畝単価」(Value per Mow)、「総価値」(Total Value)を記録している。「畝単価」(Value per Mow)は土地使用権の単価を指す。『ランド・アセスメント・スケジュール』は、各国の個人、会社及び団体の借地

を漏れなく登録している。登録借地人は、外国人だけではなく、中国人借地人も少数見られた。

中国人の借地は、イギリス、日本、ポルトガル、アメリカ、スイスなどの領事館に登録されている。彼らの名前は漢字と上海方言のローマ字で標記されている。そして、『ランド・アセスメント・スケジュール』と照合できる共同租界地籍図にあたる *Cadastral plan of the International Settlement* も同資料群に含まれている。

上記の史料群により、国際的視点から、日本の企業、諸団体及び一般商人が上海共同租界で行った土地取得過程、都市開発の実態を探り、最終的に共同租界に形成された日本側の施設配置構成と意義について検討できると考える。

1 日本専管居留地の設置動向

1 選地過程

1895年、日本と清朝が締結した下関講和条約の第六条「日本人は清国内の開市開港場において、自由に各種製造業を営み、また各種の機械を輸出することができる」[注2] を根拠に、日本政府は上海日本専管居留地を設置する運びとなった。上海日本総領事珍田捨巳は、日本国内の実業者が日清戦争の勝利を機に、種々の渡清準備をし、政府も彼らに上海で施設提供などを奨励すべきだと提案した[注3]。なお、上海在住の商人栖木傳は、下関講話条約を「戦勝ノ賜物ニシテ、世界通商上ノ一大鴻益」[注4] と大々的に唱え、上海進出の意気込みを語っている。

ここで、この時期の日本外交公文書の中で頻繁に出てくる「英米租界」について説明しておきたい。イギリス租界とアメリカ租界は1862年に合併され、1890年代までにはすでに共同租界になったと西洋人は共通認識するが、日本政府の外交官と経済界の人々は、相変わらず「英米租界」と呼んでいた。本章は原文史料を尊重し、共同租界を「英米租界」として示す。

外務省通商局は早速上海日本専管居留地の候補地を選定した。1896（明治28）年9月14日付きの外務省機密第十三号文書「本邦居留地設定ニ関スル件」で上海日本総領事珍田捨巳から外務省通商局長に宛てた手紙[注5] に次のようにある。

　　当地外国居留地外ニ於テ本邦人ノ為メ工場倉庫ノ建設其他干場等ニ供スルヲ得ヘキ一定ノ地区取極ノ義林公使ヘ稟請致候件ニ付機密第六号ヲ以テ及具申候処単ニ工場倉庫等ノ建設名義ヲ以テ一定ノ地ヲ我ニ占得セントス

Ⅱ部　上海都市空間の形成と英日中関係

ルハ清国政府ニ於テ同意ニ躊躇スルヤモ……将来帝国居留地トシテ其適否
如何ニ関シ□□取調ヲ遂ケ且ツ此際居留地者実施ノ意見ヲ参酌スルハ極メ
テ肝要ナルベシト存候ニ付キ事ニ托シ公然トナリ居留地者中実験ニ富ム者
ニ諮問致候処右取調ノ結果ニヨレハス撮要ノ地ハ業已各国租界若シクハ清
国工場ノ占得スル所トナリ残ス所ハ僅カニ左記ノ四区ニ過キス候
　　　・十六舗即チ黄浦江ニ沿ヒ仏租界ト上海城トニ接壌スル地
　　　・浦東即チ英米租界対岸一帯ノ地
　　　・米租界ト「ポイント・ホテル」トノ中間地
　　　・「ポイント・ホテル」ヨリ黄浦江下流ニ沿フノ地

　すなわち、清朝政府は英米租界外において日本人の工場、倉庫の建設及び海
産物の干し場の用地確保を許可したものの、また躊躇に転じるかもしれない、
という危惧を外務省通商局は表明している。居留地に相応しい場所の選定に当
たり、日本政府は日本人居留民の中に上海滞在の経験豊富な人たちからも参考
意見を求めようとした。しかし、上海における重要な地区はすでに各国の租界
または清朝中国人の工場によって占められている。残ったのはいずれも仏、英、
米租界の外周部に位置する十六舗、浦東、米租界とポイント・ホテルとの中間
地、及びポイント・ホテルより黄浦江下流に沿う地区である（図7-1）。
　この四つの候補地の立地条件に関し、外務省通商局と北京公使館は丹念に分
析した。分析史料は 1896（明治28）年 9 月 14 日外務省機密第十三号文書 の 3 ～
6 頁「本邦居留地設定ニ関スル件」[注6] に収録されている。以下、この史料を根
拠に各候補地の条件を概観する。

(1) 十六舗即チ黄浦江ニ沿ヒ仏租界ト上海城トニ接壌スル地

　　十六舗ノ地ハ仏租界ト上海城トニ隣リ一面河江ニ沿フヲ以テ現今居留地
　中商業繁盛ノ懼ト成去ル遠カラス加フルニ船舶ノ繋泊至便ナルカ故ニ此点
　ヨリ論スレハ四区中最モ適当ノ地区タリトイヘドモ該地ハ已ニ清国人ノ家
　屋櫛比シテ寸隙ヲ余サス又其前面ハ清国船舶ノ繋泊所ニシテ貨物積卸ノ為
　ノ設ケタル桟橋モ尠ナカラサレバ之ヲ居留地トナサントスルニ於テハ居住
　者及ヒ回漕業者ノ不平甚シカルヘク且ツ其地価現時ニ於テモ甚貴キヲ以テ
　之カ買収ニ困難ヲ感セサルヲ得サルノミナラズ……

224

7　日本の上海進出と都市開発

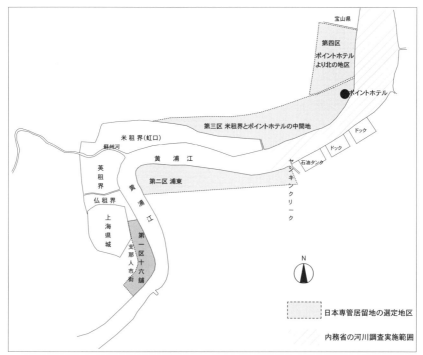

図 7-1　1895 年上海日本専管居留地の候補地の位置図
（日本外務省外交史料館所蔵「上海租界概略図」より作成、請求記号：3.12.2.28）

すなわち、図 7-1 にも示されるように、十六舗は黄浦江に面し、上海県城と仏租界に隣接し、商業中心区の英租界からも至便な地区であった。しかし、同地区には中国人の家屋が密集し、黄浦江沿いの港には中国の船舶の繋泊所及び貨物を卸すための桟橋がすでに設置され、隙間も残っていない。そのため、日本人居住者及び回漕者にとっては不便である。さらに、この地区の地価が非常に高く、土地を買収するのは日本政府にとって経済的に困難となる。

(2) 浦東

租界の市街地と黄浦江を隔てている浦東は日本人にとって未開の地ではなかった。浦東には、1870 年代から日本海軍の駐屯地があり、土地の一部は三井物産に貸し出されていた[注7]。ほかに欧米商会所有のドックや石油タンクもあった。このような浦東地区も日本政府に専管居留地の候補地として選ばれた。

225

Ⅱ部　上海都市空間の形成と英日中関係

> 浦東ノ地ハ黄浦江ニ沿ヒ船舶寄泊ノ便アルモ該地ト上海城及ヒ各国居留
> 地其他トノ交通ハ全テ川船ニ倚ラサル得サルヲ以テ居留地トシテ永ク其不
> 便ヲ感スル接壌地区ノ此ニ非ラサルベシ。

　すなわち、浦東は黄浦江の沿岸地区であり港の建設場所としては便利だが、英米租界との連絡はすべて船に頼らざるをえないため、居留地としては交通不便の欠点があると外務省は指摘している。この説明文から、日本政府は新居留地を設置する上で、県城と外国租界との交通条件を最も重視していたことがうかがえる。この点は、1896年、外務省が天津日本専管居留地を県城と仏租界の間の地区に決めた意図に一致していると見られる[注8]。

(3) 米租界とポイント・ホテルとの中間地

> 第三米租界ヨリポイント・ホテルニ至ル中間ノ地ハ米租界ニ連接シ一面
> 黄浦江ニ面シ民家モ亦甚タ稀ナルヲ以テ居留地トシテ適当セサルニアラサ
> ルモ河江ニ面スル撼要ノ地ハ已ニ華盛織布局、紡績新局等数工場ノ占ムル
> 所ニアラサレハ外国人ノ既ニ買収セルモノニシテ余地甚タ少々加フルニ米
> 租界ヨリポイント・ホテルニ到ル一直線ノ道路ハ数年前英米居留地会ノ開
> 設セルモノニシテ尓来居留地附属地トシテ維持セラルノモノナルカ故ニ此
> 処ニ我居留地ヲ定メントスルニ於テハ彼是故障ナキヲ保スル能ハス況ンヤ
> 聞ク所ニ拠レバ過般米租界ヲ「ポイント・ホテル」ニ至ル迄拡開セントノ
> 議英米居留地会ニ起リ目下其実行運動中ナリトノコトナルニ於テヲヤ

　第三地区（図7-1）は米租界と隣接し、黄浦区に沿う米租界とポイント・ホテルの中間地である。南側は黄浦江に面し、民家も少なく居留地として適した地区であるが、黄浦江に面する土地はすでに外国人の華盛織布局、紡績新局等数カ所の工場が占めていた。加えて米租界からポイント・ホテルまでの地区に、一本の一直線の道路（楊樹浦路）は英米居留地会によって開設され管理されている。英米租界当局は同地区を租界の附属地区にする動きがすでに出ており、日本政府は同地区を専管居留地として獲得するのに障害があると指摘している。

(4) ポイント・ホテルより黄浦江下流に沿う地区

7 日本の上海進出と都市開発

　　第四「ポイント・ホテル」ヨリ以北黄浦江ノ下流ニ面スル地ハ各国居留
　地ヲ去ル遠キヲ以テ居留地トナルモ向後数年間ハ本邦人ノ居住ニ適セサル
　事情之レアルヘシトイヘドモ製造所倉庫等ノ建設用トシテハ直ニ利用シ得
　ルノ便アリ且ツ現今外国居留地ノ状況ヨリ察スルニ河江ノ下流ニ沿テ漸次
　居住者増加ノ傾向ヲ呈シツヽアリ殊ニ米租界ニシテポイントホテル迄拡開
　セラルノ日ニ於テハ同租界ト直ニ連接スルニ至リ頗ル便利ナル地区トナル
　ヘク……本区ノ長点ハ前陣ノ如ナレドモ其前面船舶繋泊ノ便否ニ付キ未タ
　精細ニ査覆スルノ機会ヲ得サル以テ其実際ヲ詳ニスル能ハス元来該地区ハ
　黄浦江ノ左折スル点ニ当リ湾曲ノ内面ニ位スルカ故ニ其前面ニ在リテハ幾
　分カ水勢ノ緩湛ヲ見随而其沿岸ニ浅洲ヲ生スルハ自然ノ勢ナルベク江図ヲ
　検スルモ該沿岸ノ江区ハ一帯ニ深度甚タ浅キカ如シ然レドモ此障害ハ竣渫
　又ハ桟橋建築等多少経営ヲ加ヘテ除去シ得ベキモノナルヤ否是シ専職者ノ
　実地測量ニ由ラサレハ今日ニ於テ断言スルヲ得サル所ナリ……第四区ハ最
　モ適当ナル者ト思惟至候尤モ、前記ノ如ク船舶繋泊ノ便否ニ付テハ猶感心
　スヘキ……専職者ニ命ジ、充分ノ測量ヲ為シムルトキハ、遺憾ナキ実事ヲ
　発見……（以下略）

　上記の史料を読み下すと以下のようになる。

　すなわち、この地区は、中心市街地から遠く離れた北端に立地し、日本人の
居住地、製造所、倉庫の建設は自由に出来る。また、外国租界の状況を見ると、
黄浦江下流（租界に近い黄浦江が上流と見られている）に沿って居住者が徐々に増加
しているため、米租界がポイント・ホテルまで拡張されれば、第四候補地は米
租界と直接連絡できる便利な地区になる。

　ただし、考慮すべき点は港としての良い条件を有しているかどうかの問題で
ある。同地区が面する黄浦江は南側に向けて急カーブしているため、水流が緩
やかで砂が沈殿し浅瀬が出来やすい部分に当たる。黄浦江の地図を検証する限
り、当該部分の河の水深は極めて浅く、桟橋の建設に当たっては、黄浦江の浚
渫が必要となる。地価、立地条件、今後の発展状況から総合的に考慮すると、
第四候補地は日本専管居留地として最も相応しい地区である。しかし、当該地
区が船の繋ぎ場として適しているか否かに関しては、専門家が現地調査を行っ
てから判断する必要がある。

　以上、外務省通商局と北京公使館は上海における日本居留地の四つの候補地

227

Ⅱ部　上海都市空間の形成と英日中関係

表7-2　日本専管居留地四候補地の条件比較表

判断基準	第一区	第二区	第三区	第四区
港整備の条件	×	○	×	○※
交通条件（英米租界との連絡）	○	×	—	○
経済条件（買収土地の地価）	×	—	—	○
政治的条件（欧米による上海租界の拡張動向）	—	—	×	○

凡例　○：適当、×不適当、—言及せず、※要検討

に関する長所と短所を分析した結果、日本政府による上海日本居留地設置に関する考え方を読み取れる。整理すると次の4点になる（表7-2）。

　1点目は、黄浦江の港湾施設の必要性で、船舶の繋ぎ場所や工場用地の確保である。2点目は、交通条件で、主に英米租界との交通の便である。3点目は、財政面で、買収予定の土地の地価である。4点目は、政治的な条件で、英米租界の拡張動向との関係である。この4点が当時の外務省における上海日本居留地の用地選定に際しての判断基準であった。そして、この四つの基準に基づいて検討した結果、民家が少なく黄浦江沿いの土地はまだ英米人に取られていない第四候補地が適当であると判断された。

　外務省による候補地の選定と分析過程から、日本政府はイギリス、アメリカ、フランスと同等に上海に参入し、港湾、工場の建設に有利な場所で専管居留地を設置しようと動いたことがうかがえる。しかし、あくまでも経済産業と貿易の促進が最優先である。実際、どのような居留地を造っていくのか、上海に移住してくる日本人は新居留地でどのような生活を営むのかに関する具体像はここではまだ見えない。この点は後で示す日本経済界の人々の見解も同様である。

2　経済界と上海総領事の意見の分岐

　日本政府が上海日本専管居留地の設置を画策する一方で、経済界代表たちは、早速、外務省に専管居留地の設置に関する様々な要望書を出してきた。彼らの外務省に提出した手紙から、日本専管居留地の設置をめぐる経済界の動向、上海租界に対する認識を読み取れる。

　まず、上海在住の商人栖木傳は「両、三ヶ月以来上海に於ケル夫ノ紡績事業ノ勃興セル情勢ヲ見、我国当業者カ調査云云ノ為日月ノ空費スルノ間、早々既ニ彼等ハ数個ノ社団ヲ組織シ」[注9]と批判した。栖木傳は「利益の実取り」の視点から、下関講和条約の中に含まれる「最恵国待遇」が気がかりであった。

　下関講和条約の恩恵は日清戦争の戦勝国日本のみならず、欧米人も日本人と同様に恩恵を受けることになる。栖木傳は欧米人の実力を見据え[注10]、日本人が

7　日本の上海進出と都市開発

せっかく手に入れた利益を欧米人が横取りするのではないかと危惧している。
それが原因で栖木傳は日本人独自の専管居留地の設置を推奨し、設置場所は呉
淞がふさわしいと提案した。

　　〈明治28年9月10日上海帝国居留地新設管見　在上海　栖木傳　旨述〉
　　蓋上海ノ繁盛ハ夫ノ呉淞ニ向テ進行シツヽアルト、又長江ヲ利用スル上
　　ヨリシテ、倍ス其ノ本流ニ近寄ラサルヲ得サルノ必要アリ、且加フルニ其
　　ノ方向ニ於ケル市街附近ハ、現在皆園圃ナレハ一朝之ヲ買収スルトナルモ、
　　地価太貴カラサルヲ以テ、之ヲ処理スル上ニ於ケル幾多ノ便宜アラント信
　　ス、殊ニ其ノ申江ノ沿岸ハ水深クシテ、直ニ碼頭ノ用ニ供スルニ足レハ、
　　此辺ノ差措キ他ニ将来好望ノ場所アルヲ知ラス……

　上記の史料によると、栖木傳は、まず、長江本流に近い宝山県内の呉淞地区
は農地や水田が多く、買収が容易だと指摘する。さらに、この辺りの黄浦江（本
文の中では申江とある）の水深状況から、港として使用可能であること、上海市街
地との連絡も確保できるだけではなく、長江本流にも通じていて、中国内陸部
への進出が容易なため、将来、発展性の高い場所であることを挙げている。彼
は対中貿易の秘訣は「損害利得ノ計期ヲ短日月ヲ求メス商民土着永住ノ考ヲ持
テ不撓不屈、耐忍ヲ唯一ノ商略トシ清人ヲシテ我カ商民信義ノ厚キニ感化セシ
ムル境界ニ達スルヲ要ス」注11) と述べる。すなわち、日本人が中国で事業に成功
するには、永住し、忍耐力を持ち、日本人の厚い信用で中国人を感化する境地
まで達することが得策である、と。
　ついで、1895 (明治28) 年10月7日、東京の中上川鐘ケ渕紡績会社長の中上川
彦次郎は、在北京日本公使林董宛てに上海日本専管居留地の設置に関する書簡
を出した注12)。

　　清国向棉糸ヲ製造シ大ニ利スル所アラントスル由ニ有之候若シ工業シ
　　テ盛大ナルニ致ラハ清国需要ノ棉糸ノ供給ノ専有スル所トナルヘクト存ジ
　　……清国早晩外患内乱ノ□ナキヲ期スヘカラス一旦斯様ノ変事アルニ居留
　　人ノ安全ヲ保タントスルニハ成ルヘク。……中略)……新租界ハ遠ク黄浦江
　　ノ下流又ハ呉淞ノ辺ニ設ケルヨリ近ク旧各租界ト一水之隔ノ浦東ノ地ニ選
　　定シ。新旧租界呉越同舟、謀ヲ執行ラシムル方得策ナラント存候。

229

Ⅱ部　上海都市空間の形成と英日中関係

　中上川は日本紡績業の発展状況から、中国は棉糸の販売市場として重要であるとまず指摘する。しかし、実際、日本の有力商人が莫大な資金を投資しても、上海での経営は惨憺たる状況であるとも指摘している[注13]。

　中上川も上海日本専管居留地の設置を主張している。その場所として、清朝は、いずれも国内外の動乱で政情不安定のため、日本人居留民の安全を考慮すると、専管居留地は遠く離れた呉淞より、英米租界と黄浦江を隔てた浦東が適当であると提案した。

　上海と東京の日本経済界の代表はいずれも経済利益を最優先に考慮し、一刻も早く上海日本専管居留地を設置すると希望した。しかし、在上海日本総領事珍田捨巳の見解は違った。

　珍田捨巳は、外務省宛ての「明治28年10月1日外務省機密第七号」[注14] において、英米租界はその名の通り英米商人専有の租界であり、英米人が実権を握っていると分析した。英米租界に対する珍田捨巳の認識は、経済界の代表らよりも的確であった。

　例えば、英米租界における外国人の政治の参入権はすべて個人の経済条件に直結し、国籍に関係がない事実に関し、珍田捨巳は、「租界万般ノ事務ハ居留地会ノ処理ニ属シ該会ヲ組織スルノ主権ハ結局租界内ニ於テ一定ノ財産資格ヲ有スルノ主権ハ結局ニ帰シ国籍ノ如何ハ毫モ其間ニ軽重スル所ナシ要スルニ何人カ居留地ノ実権ヲ占ムル手ハ全ク経済上ノ問題タルニ過キス」と力説した。珍田は、新しい日本居留地を開設する必要はあるが、英米人がもし新設の日本居留地に進出し、土地を買収する事態になったら、せっかく設置した日本居留地は単なる名義上のものになり、英米租界の延長線上になると恐れた[注15]。

　なお、珍田捨巳は「明治28年10月1日外務省機密第七号」において次のように述べる。

　　当港ニオケル本邦居留民ノ実力未ダ微弱ニシテ政事ニアレ実業ニアレ遙カニ英米人ノ下風ニ立ツノミナラス生計ナリ地価ナリ家賃ナリ倉敷ナリ凡テ英米人ノ高調ナル経済事情ニ堪ユルヘ能ハサルノ有様ナルハ遺憾ナカラ掩フ可ラサ実事ナリ是必竟我商民ノ為独立居留地ヲ設ケル必要ヲ感スル所以ニ有右様ノ実況ナルヲステ今回新タナ居留地ヲ開設スルニ当リ現在英米租界ノ轍ヲ履ム……今日ノ英米租界ヲ延長シタルト択ム所果シテ然ラハ当初ヨリ独立ノ居留地ヲ新設セズ唯英米人ト協同シ現在居留地ヲ拡開ヲ計ル

方ハ其労費ヲ要スルコト浅小シテ功ヲ収スル同一ナレハ結局得策ナルベシト被存候

　すなわち、日本人居留民の実力ははるかに英米人よりも劣勢であり、日本が独立して新たな専管居留地を設置するよりも、英米人と協同し、英米租界を拡張し、少ない労費で同じ成果を獲得するのが上策であると珍田捨巳は主張している。彼は、上海における英米人の政治力と経済力を冷静に見極め、上海にいる日本人の経済力を把握した上で現実的な判断をしたとみられる。

　以上の分析より、上海日本専管居留地の設置に向け、外務省通商局を始め、日本の経済界、在上海日本総領事はそれぞれの立場から異なった見解を持っていたことが判明した。その中で珍田捨巳のみが上海における欧米人の実力と既得権を前提として上海進出を計るべしと認識していると言えよう。

2　日本政府の調査活動と結果

　1895年以降も外務省、内務省、在北京日本大使館及び現地の上海日本領事館は日本専管居留地の設置をめぐり、東京、北京、上海間で奔走し続けた。彼らの活動を記録した「自明治二十八年至明治三十五年支那各地帝国専管居留地設定一件第一編上海附呉淞」(以下「居留地設定一件」と略称する)を整理し、上海居留地の設置に向けた日本側の活動を時系列に (1) 選地・議論、(2) 河川調査、(3) 上海現場視察、(4) 上海進出の基本戦略の提言、及び (5) 日米中交渉、という5つの段階に分ける (表7-3)。(1) に関しては前掲「日本専管居留地の選地過程」の節で詳細に論じていたため、ここでは日本政府による (2) から (5) までの活動内容について分析する。

1　デ・レーケの黄浦江実測調査
　港湾施設の建設は日本による上海進出の基盤条件として重視された。しかし、日本側が選定した居留地の希望地区において、港湾施設の建設が出来るかどうかは未定であった。1897年5月、内務省お雇いのオランダ人工程師ヨハネス・デ・レーケ (Johannis de Rijke、1842-1913) が東京から上海に赴き、上海日本居留地候補地の内、第三、四地区が面する黄浦江の実測調査を実施した[注16]。

　デ・レーケの黄浦江の調査報告書は1899 (明治30) 年7月10日の総領事代理小田切萬壽之助より外務次官小村壽太郎に出された外交機密文書二十五号「内

231

Ⅱ部　上海都市空間の形成と英日中関係

表 7-3　上海日本専管居留地の設置をめぐる日本政府の活動

段階	活動時間	活動内容	実行主体
1	1895 年 7 月 23 日～ 10 月 28 日	上海日本人居留地の選地過程と議論	日本外務省、日本経済界代表ら
2	1897 年 2 月 16 日～ 2 月 19 日	上海で港湾施設の建設のための河川調査	日本内務省
3	1897 年 2 月 25 日～ 11 月 20 日	上海租界の現場視察	北京公使館
4	1899 年 2 月 15 日	上海日本人居留地の設置に関する最終決断	上海日本領事館、日本外務省
5	1899 年 4 月 18 日～ 6 月 10 日	上海進出の基本戦略に関する提言	上海日本領事館

務省雇工程師ヨハネス・デ・レエケ氏ノ上海ニ於ケル我居留地区選択ニ関スル意見」[注17] に記録されている。日本政府が選定した上海日本専管居留地の第四候補地が面する黄浦江の河床の地形に関し、デ・レーケは下記のように記す。

　　　四区ノ地面ハ□業若クハ其他ノ点ヨリ言ヘハイザ知ラズ単ニ地形上ヨリ見レハ決シテ居留地ヲ設クベキ好地位ト称スルヲ得ズ此等ノ地区ハ地形上凸出ノ地（convex）ニシテ土砂日頃ニ堆積シテ砂灘ヲ形成シ船舶ノ繋泊ニ不便ヲ来スニ至ルベク又河底ノ砂灘漸ク増加スル□断ヘス之ヲ峻碟シテ其疎通ヲ図ルノ必要アルヲ以テ経験上ヨリ見ルモ是レ決シテ策ノ得スルモノニアラズ

　デ・レーケは第四候補地が面する黄浦江の河底の地形から見ると居留地を設置するには適切ではないと判断した。河底が突出しており、普段から土砂の堆積によって砂層が出来、船の繋ぎや停泊に不便である。河底の砂層が次第に増加するため、浚渫も決して得策ではない。この点は第 4 章で述べた 1911 年浚渫工事以降の「黄浦江継続浚渫工事」の提案において明らかにしている。つねに浚渫を行わないと、黄浦江の航路には船が順調に通行できない事態が明白となった。しかし、それは毎年高額な資金が必要になることを意味する。

　なお、第四候補地と隣接する第三候補地に関し、デ・レーケは「米租界トポイント・ホテルトノ中間地ハ南東ニ面シ夏期中恒信風ハ強ク此沿岸ニ向テ吹キ来ルヲ次テ船体ノ小ナル船舶ニ義シテハ決シテ安全ノ停泊場ト云ヲ得ス」と当該地区が東南方向に面し、夏季において、恒信風が強く吹き、小規模な船舶にとって安全な停泊場所ではないと指摘した。

　ついで、「清国諸港居留地関係雑件」[注18] に収録されている工部局作成の 1887

232

7 日本の上海進出と都市開発

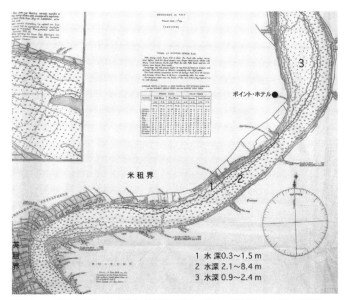

図7-2 1887年工部局の黄浦江実測調査図一部分（米租界より東の部分）
黄浦江の中の「点」が数字で水深計測位置を表している。1、2、3地点の水深は、筆者が原図の数字より計算した。

年黄浦江の水深実測図（図7-2）を用い、デ・レーケの調査結果の説明を補足する。同図は、北の長江口からの黄浦江の河床の深さ、季節風、潮、霧に関する気候データを詳細に記録している。米租界と日本居留地の第三、四候補地が面する黄浦江の水深に関し、地区1は0.3～1.5メートル、地区2は2.1～8.4メートル、地区3は0.9～2.4メートル（図7-2）である。このような浅い水深では、船の運行は極めて困難である。なお、図中に書かれている同地区の黄浦江の風、干潮、霧に関する記録も見落とせない。

　　北東から東方向に吹く強い風により、高潮が発生しやすい。それに加え、北から西へと吹く強い風で、潮が更に高くなり、潮の蒸気が普段より長く流れ、潮が引く時には、引き潮により発生した蒸気も普段より長く流れる。
　　それぞれ満潮の後、春季においては、引き潮時の霧は1時間から2時間、小潮の時には1時間45分から2時間半流れる。潮は、それぞれ低潮の後、春期においては20分から40分、引潮の時には1時間から1時間半流れる。

233

Ⅱ部　上海都市空間の形成と英日中関係

　　（英語原文より筆者が翻訳）

　デ・レーケは、日本政府が選定した居留地候補地に港湾施設を建設しないほうが各国の共同利益になるとの結論に至る。理由は次である。

　　　　更ニ北ヲ進メ上海港ニ出入スル各国船舶ノ利害ヲ観察スルニ現米国租界
　　　ノ北端ヨリ下流ニ位スル沿岸ニ於テ埠頭ヲ築キ船舶ヲ茲ニ繫泊スル所ハ土
　　　砂ノ堆積漸ク多キヲ加ヘテ河流ノ中心ニ拡及シ水道多ニ縮ヨリ船舶ノ航通
　　　ニ妨碍ヲ興シ上海ニ於ケル各国事業ノ衰敗ヲ速カニ至ルベシ故ニ此一帯地
　　　方ニ埠頭若シクハ土砂堆積ヲ増加スベキ障碍物ヲ設置スル事ハ全体ノ利益
　　　ヨリ之ヲ見合ハスヲ可トス去レハ何レハ地区カ最モ居留地ニ適シ又全体ノ
　　　利益ト衝突セサル□ト云フ

　すなわち、米租界の北部から黄浦江下流の沿岸部における埠頭や船の停泊場所に砂が多く堆積し、それが河の中央まで拡散することで黄浦江水道が縮小する。そうなると、船の運航を妨害し、各国の事業を廃れさせることになる。この地区に土砂の堆積を増加させるような障害物を設置する際、全体の利益を考慮すると、やはり行わないほうがよい。かつ、他の国の利益と衝突しない地区を選び、すなわち日本居留地に相応しい地区を選定すべしである。

2　楢原陳政の上海視察

　内務省の河川調査についで、1897（明治30）年に北京公使館の一等通訳官楢原陳政（1862-1900年）は上海現場視察を行い、10月8日に視察結果の「意見書」[注19]を外務大臣大隈重信に提出した。本節では、この「意見書」に基づき、楢原陳政による上海日本居留地の設置に関する見解を利便性、時代性及び利益性という三つの観点から分析する。

　《利便性》1890年代、上海における日本人商人の居住及び営業状態とその利便性、及び日本居留地の設置による影響に関し、楢原は、

　　　　現今上海ニ於ケル帝国人民ハ各国租界ニ雑居シ特ニ英仏両租界ハ商業中
　　　心タルヲ以テ帝国人民ノ重ナル有力者ハ両租界ニ住居シテ営業シ資力微弱
　　　ナルモノハ米国租界ニ住居スルモノ多ク毫モ不便ヲ見処ナシ渋令シ帝国居

234

留地ヲ開設スルモ有力商価ハ勿論市場ノ中心ヲ離ルヘカラス資力微弱ナル
モノハ市場付近ニ雑居シ営業スルヲ便トセハ唯一人トシテ市場ト隔絶シテ
不便ナル地区ニ転居開店スルモノアラサルヘシ……邦商ニシテ果シテ有力
ニシテ事業ニ勇進セシメル今日帝国居留地設置ナキモ適当ノ地区ヲ選択シ
テ、倉庫物置場物乾場ヲ設置スルニ毫モハ差支アルナシ（以下略）

と記す。日本人の中で資金力のある商人は、英、仏租界の商業中心区に居住
して事業を行い、資金力のない日本人は商業の中心地に近い米租界に居住して
いる。したがって、仮に英米仏租界の外側に日本居留地を設置しても、日本人
は租界の中心部から離れた不便な遠い所で貿易したがらないであろう。日本の
専管居留地を設置しないにしても、資金のある日本人商人は、適当な土地を探
し、倉庫、桟橋、物乾場[注20]を建設すると楢原は指摘した。

《時代性》なお、上海日本専管居留地の設置の時代性について楢原は、

（前略）又顧シテ帝国居留地設立ノ外人ニ対スル関係ヲ察スルニ現今上海
租界ハ所謂「コスモポリタン」主義ニシテ英仏米ニ租界倶ニ各国人ノ土地
所有ヲ認准セリ然ルニ帝国ハ一種特別ナル専管居留地制度ヲ履行シ帝国居
留地内ニ於テ帝国臣民ノ外国人ノ土地所有スルヲ禁制セハ各国人ニ悪感情
ヨリ疑ヒヘカラサル所ナリ万一彼等ニシテ各国租界ニ雑居スル帝国人民ニ
対シテ不利益ナル反対行為ヲ執行スルアレハ帝国ハ霊名ヲ務メテ実害ヲ蒙
ル情況ニ陥ル□アリトス（以下略）

と述べる。楢原は、上海租界がすでにコスモポリタン主義で、イギリス、フ
ランス、アメリカ租界では他国人による土地所有を認められるのに対し、日本
が独自に専管居留地制度を実行し、他の外国人による日本居留地内での土地所
有を禁じたら、外国人に悪感情を持たれる恐れがあると主張する。万一、彼ら
が各国租界に雑居する日本人に不利なことをしかけ、日本政府は何らかの反対
行為を実行したら、日本人が実害を被る恐れがあると楢原は利弊を並べる。

利益性：日本専管居留地の設置コストは上海河道改良費用、土地買収代、道
路建設費用及び交際費用であり[注21]、それらの膨大な費用を費やすよりも、

小官ノ意見ニ拠レハ上海ニ於テ専管居留地ヲ設立スル権利ヲ以テ他ノ貿

II部　上海都市空間の形成と英日中関係

易上ノ特典利益ト更換スルヲ務ムヘシノ特典利益一例ヲ挙レハ上海杭州ノ
交通日本小汽船ヲシテ嘉興嘉善桐卿石門等沿路必要市鎮ニ物貨ノ卸載人客
ノ上下ヲ許可スルト棉花時期ニ日本汽船ヲ通□其他産棉地区ヘ寄港スルヲ
許可スルヲ又通州其他棉花産地ニ日本人棉花買入ノタメ倉庫ヲ設置スルヲ
許可スル又ハ所繭産地ニ日本人名義ノ生繭蒸殺所ヲ設置スルヲ許可スルヲ
江西省潘陽湖湖南省洞庭湖並ニ潘陽湖洞庭湖両湖ニ貫通スル川ニ日本人小
汽船ヲ航通セシムルヲ漢口襄陽間漢水ニ日本人小汽船ヲ航通セシムル……

　と楢原は述べ、上海で専管居留地の設置に執着するより、上海を拠点に江南
地域と中国内陸部へ進出するほうが日本の国益になると主張、上海杭州間の水
路交通権の入手が大事と指摘した。日本の小汽船の上海・杭州間における各市
と鎮（町）への寄港権、棉花産地に棉花倉庫、繭産地に生繭蒸殺所を設置する権
利、及び江西省潘陽湖と湖南省洞庭湖を連絡する河、漢口と襄陽間における漢
水での運航権の入手の重要さを論じている。
　莫大な費用を投じて時代遅れの日本専管居留地を設置することに、楢原は否
定的な見解をもっていた。新規参入者の日本にとって、水路により結ばれた資
源豊富な江南地域と内陸部へ進出するための特権の取得が遥かに利益になると
した。それは、浙江省の杭州に留学し、上海を取り巻く広大な江南地域の状況
を理解する楢原ならではの見解である。楢原による上海の現場視察と日本専管
居留地の設置に関する見解は日本による上海進出の戦略の策定に決定的な影響
を及ぼすことになる。

3　小田切満壽之助の最終決断

　1895年から1897年までの2年間に及ぶ日本政府による上海日本専管居留地の
設置検討は、いよいよ最終決断の時期を迎える。最終決断は現場にいた在上海
日本総領事代理小田切満壽之助（1868-1934）が行った。
　1900年1月（光緒二十四年十二月）、上海道台は、日本領事館への照会文書で、
日本が選定した専管居留地の第三候補地「米国租界の東端からポイント・ホテ
ルまでの地区」を各国の共同通商場に充てることに異議がないと日本側に通知
した[注22]。
　日中の交渉結果を受け、在上海アメリカ総領事は、日本側が選定した第三候
補地を各国共有の共同租界の拡張部分に編入する件で日本側の同意を得るため、
早速、小田切を訪問した。アメリカ側の意向に対し、小田切は第三候補地が日

236

本の専管居留地となることは日清政府の協議で既成事実となっているが、上海の地方官はそれを拒絶する可能性もあると伝えた。将来、第三候補地に住む英米人が同地区と日本との関係を理解し、同地区における日本側の利益に対しお互い理解し協力する意向があるなら、「私もこの地区を共同租界の一部にすることに関しては異議がない」とアメリカ総領事に回答した[注23]。小田切はアメリカ総領事の前で述べた意向を書面でイギリス総領事にも通達した。

1900年1月（清朝歴光緒二十四年十二月二十八日）「大清欽命二品頂戴監督江南海関分巡蘇杭備道蔡為照会事照得按照 日中公文凭」[注24]において、清朝政府は日本政府が第三候補地を共同租界の一部分にすることを正式に認めた。1895年9月に端を発した上海日本専管居留地の設置活動がようやく一段落した。日本専管居留地の設置をめぐって日本はイギリス、アメリカとの真正面からの衝突を避けることになる。

しかし、日本政府がこのまま安易に認めたことで日本が上海専管居留地の設置権利を自ら放棄したと国際社会に誤解される可能性もある。小田切は、この件に釘をさすため、早速、実務レベルで日本の上海進出に関する提案を行った。それはやがて近代日本の上海進出の基本戦略となる。

4　日本による上海進出の基本戦略

小田切は1899（明治32）年4月18日、「上海ニ於テ帝国居留地選定ニ関スル件回稟」（以下「回稟」と称する）[注25]を外務省に提出し、日本の上海進出に関しより現実的かつ意欲的な戦略を打ち出した。

　　　　次キニ考察スヘキ二点アリ　第一　帝国臣民ノ当地外国租界ニ雑居スル場合ニ於テ其享有スル権利カ他国人ト平等同一ナラスシテ動モスレハ掣肘抑屈ヲ蒙ムルカ如キ事アレハ我ハ専管居留地ヲ設立シ此保障ヲ頼テ対等ノ地位ニ立ツノ要アラン然リト雖ドモ当地外国租界ニ居住スル帝国臣民ハ居住営業ハ勿論土地占有政務参与ノ権ニ至ル□平等同一ニシテ彼我ノ間ニ毫厘ノ差別ナキナリ　第二　他国人ハ当地租界以外ニ於テ自由ニ土地ヲ購入シ自在ニ家屋ヲ建造シ勝手ニ製造場船渠倉庫等ヲ設立シ得ルモ帝国臣民ハ此等ノ利益ヲ有セサル場合ニ於テハ専管居留地ヲ設立シテ我利益ヲ拡張スルノ要アラン然リト雖ドモ当地租界以外ニ於テ帝国臣民カ土地ヲ購入家屋ヲ建造製造場船渠倉庫等ヲ設立シ得ル事毫モ他国人ト異ナルナキハ衆目ノ視ル所十指ノ指サル所ナリ是ヲ以テ之ヲ見レハ外国租界内ニ於ケル彼我権利ノ不同

Ⅱ部　上海都市空間の形成と英日中関係

　若クハ租界以外ニ於ケル彼我利益ノ不平等等ヲ以テ帝国専管居留地ノ必要ヲ
　唱フル能ハサルナリ

　上記文中に小田切が「土地購入」という表現を使っているが、それは誤解で
ある。第1章で述べたように、外国人の権利はあくまでも上海で中国人地主か
ら土地を借りることであり、土地の所有権まで持つことはできない。実際、日
本人もイギリス人のように、「道契」を記入し、中国人と土地賃貸の契約を交わ
した。そのため、以下では「土地借用」という表現を使う。

　上海で専管居留地を設置する必要性がなく、かつその場合において外国租界
での各種権利の確保に関し、小田切は考察すべき所が2点あると主張した。

　1点目は、日本人が上海租界に居住する場合、日本人が享有する権利が他の外
国人の権利と比べ、少しでも不平等になったら、日本政府は専管居留地を設置
し、日本人の権利を守り、諸外国人と対等の地位になるようにするべきである。
現時点で、上海で日本人の居住、営業、土地占有、政治参入に至るまで外国人
とまったく同一の権利を受けている。

　2点目は、他の外国人は上海租界以外の範囲で自由に土地借用、家屋建造、及
び製造場、船渠、倉庫などの施設建設の権利を有している。もし、日本人がこ
のような利益を享有出来ない場合、専管居留地を設置して日本人の利益を拡大
する必要があるが、上海租界以外で日本人による土地借用、家屋建造、及び製
造場、船渠、倉庫の建設、他の外国人と少しの差別も認められない。これは衆
目の一致する所である。

　以上の2点から、租界内で諸外国と我が国の権利が同一でない、もしくは租
界外で諸外国と日本の利益が不平等であるという理由から日本帝国の専管居留
地の設置が必要と提唱することはできないと結論づける。

　ついで小田切は、上海日本専管居留地の設置権利を持って中国で他の貿易上
の特権を得るべきであると権利交換の案を出した。

　　第四　上海ニ於テ専管居留地設立ノ権利ヲ以テ他ノ特典利益ト更換スル事
　　　前文ニ於テ　外国租界拡展区域内ニ我居留地区ヲ画定スルノ不得策ナル事
　　拡展区域以外ニハ好良ノ地区乏シキ事避遠ノ地区ニ於テ我居留地建設ノ必
　　要ナキ事ヲ陳述セリ　去レハ如何ナル措置ニ出ヘキカト云フニ楢原公使館書
　　記官意見ノ如ク上海ニ於テ専管居留地建立ノ権利ヲ以テ他ノ特典利益ト更
　　換スル事ヲ務メルアリト係ル上海杭州間小汽船ヲシテ嘉興嘉善桐卿石門等

7　日本の上海進出と都市開発

ノ市鎮ニ寄航セシムル事等其他ノ数件ハ頗ル適切ナル事項ナリ
　中略
　雖ドモ目下最モ考案ヲ要スルハ新開港地タル呉淞上海間ノ水路ハ逐年壅
塞ノ傾向アリ目下浚修ノ議アリト雖ドモ其成効何ツシノ日ニ在ルヲ知ラス
両地間ノ鉄路ハ工程ノ進行遅緩ナルノ本年秋間ニハ竣工ノ望ニアリテ将来
ハ蘇州南京ヘモ延長スル予定ナリ去レハ呉淞ノ附近ニ於テ我専管居留地ノ
設立スル時ハ頗ル利益アルヲ疑ハス居留地ノ適当ナル土地ノ由有無ハ不日
探査ノ後ヲ俟テ報告スル所アルヘシ

　小田切は、外国租界の拡張区域に日本居留地の設置は得策ではないこと、拡
張区域以外に良い条件を持つ地区が少ないこと、辺鄙の地に日本居留地を設置
する必要はないことを指摘した上で、どのような措置を取るべきなのかについ
て述べた。すなわち、楢原公使館書記官の意見のように上海日本専管居留地の
設置権利をもって中国で他の特典利益と交換することを進言する。上海杭州間
において日本の小汽船が、嘉興、嘉善、桐卿、石門等のマーケット・タウンに
寄港できるようにすることが適切である、としている。
　もう一点、新たに開航された呉淞＝上海間の水路は、毎年、壅塞の傾向にあ
り、現在浚渫しているが、その成果がいつ現れるのかまだ分からない。上海呉
淞間の鉄道工事の進捗は遅いが、来年の秋には竣工する見込みである。将来、
呉淞上海間の鉄道が南京まで延長されるとなれば、呉淞附近に日本専管居留地
を設置することは日本にとって利益があると疑わない。そのため、呉淞附近で
専管居留地にふさわしい土地があるかどうかに関し、調査を行った上でまた日
本外務省に報告するとしている。
　小田切は、上海日本専管居留地の権利を切り札として、上海と周辺の江南地
域への進出戦略を提案した。日本政府は、すんなりと米、英による日本専管居
留地となる予定の候補地を共同租界に編入すると同意したように見えるが、実
際、背後で日本人による上海での各種都市施設の建設、租界の政治参入権、利
益確保に関する具体策を練っていた。上海における日本人の権利のみならず、
上海杭州間の水路沿いの市鎮に寄港権利を獲得するために、呉淞上海間の鉄道
建設工事の進行状況を見合わせながら、呉淞附近で日本専管居留地の設置まで
と考えたようである。
　その後、上海において日本専管居留地は、設立されなかった。イギリス、ア
メリカ、フランスのように、日本が上海で正式な居留地を持つことはなかった。

239

Ⅱ部　上海都市空間の形成と英日中関係

しかし、上海日本総領事代理、のちに日本総領事となった小田切の提案により、日本は専管居留地という枠を越え、上海租界全域及び租界外にわたる都市の開発権利を手に入れることになる。同時に上海を拠点に呉淞や江南地域への進出も検討された。これは、日本の経済力、上海の国際社会の情況及び日本の国益を考慮した上での政治戦略でもあった。

　小田切の提案はやがてその後の日本政府、日本企業、諸団体及び個人による上海での様々な都市開発活動の基本戦略となっていく。ただし、戦略の設定は前段階の作業であり、正真正銘の試練はやはり実務の世界にある。次節では、1890年代から日本人が上海でどのような都市建設活動をしていたのかに焦点を当てる。

3　都市開発

1　日英同盟と紡績業の勃興

　その後、日本にとって追い風となったのは、1902年から1922年までの間に締結した三回の日英同盟であった[注26]。この同盟は、日英政府が様々な外交交渉を経て、中国と朝鮮半島での権益を互いに守ることを意図したものである。イギリスが同盟国となったことで、日本による上海への進出の機運が一段と高まったと考えられる。とはいえ、19世紀末期から20世紀前半までの中国での権益をめぐる国際関係は常に緊張状況にあった[注27]。上海における都市開発活動に際しても、新規参入者の日本人はいかにして他の国の人々と良好な関係を保つことで腐心したが、それは決して容易なことではなかった。

　一方、1890年代以降、日本国内で主に大阪を中心とした紡績工業が勃興し、新たな国際市場、廉価な労働力と原材料を獲得するには、中国、特に上海への進出が急務となった。日本綿業倶楽部編修の『内外綿業年鑑』は当時の状況を「日清戦争後に於ける事業勃興熱は当然紡績業にも及んだ……降って日露戦後に及んだ財界一般の風潮は日清戦争後と大差なく、事業熱起り紡績界も此大勢に従ったのである……尚日露戦後我紡績業に於て注目すべき現象の一は織機の増設であって……」と述べている[注28]。

　第一次世界大戦中、欧米諸国が戦争の渦に巻き込まれたため、日本の紡績業界はこのチャンスを利用して織機を増設し、イギリス、インド、アメリカを抜いて飛躍的な発展をとげた[注29]。

　紡績業の中国進出の具体的な動向は、1918年1月、東洋紡の専務取締役阿部

240

房次郎の所見[注30] からも窺える。

　　……我が紡績業の最大顧客は支那に在り……斯業が好況を示しつつある
　　戦時の今日に於ては、支那関税改正は一見或は我紡績業に取りて多大の影
　　響無きに似たり、戦後において一般経済界の情態常調に復さんか、関税の
　　標準は我太糸紡績に大なる打撃を加えずんば休まざるべし。されば我は早
　　きに之に処する方策を講じ、斯業者は今日に於て漸次従来の方針を一変し、
　　支那内地に於て紡績業を経営し、以て関税引上げの打撃を逸がる方法を出
　　づるは寧ろ自然の成行と見ざるべからず……

　すなわち、中華民国政府による関税の引上げ政策に対し、東洋紡は中国本土
で製造・直接販売の営業戦略を取ろうとした。1921 年、東洋紡は上海共同租界
で紡績工場裕豊紗廠を建設した。上海で工場を開設することにより、中国本土
の市場のみならず、東南アジア、アフリカの厚地綿布市場への進出も可能とな
る[注31]。1910 年代以降、内外綿、鐘淵紡、豊田紡績が競い、上海で続々と工場建
設に着手した。日本紡績業の勃興と上海進出はやがて上海の都市空間に大きな
変容をもたらすこととなる。

2　土地取得過程

　1890 年代から上海に渡航した日本人も 1840 年代のイギリス人のように、土地
を借りることから都市開発を始めた。日本人の土地取得の手続きには三つの方
法があった（前掲第 3 章上海道契より）。一つは、直接中国人地主と土地永久租借の
契約を交わす。一つは外国人から土地の永久租借権を譲渡してもらう。最後の
一つはイギリス人地主から土地を借りることである。イギリス人地主はどのよ
うに誕生したかは不明であるが、イギリス人は個人的に中国人から土地を買収
したのかもしれない。1840 年から 1890 年まですでに 50 年が経ち、上海生まれ
上海育ちのイギリス人が上海の地元民として土地所有権まで取得した可能性が
ある。この点は今後の歴史家による研究に待ちたい。
　本節は、主として共同租界の道路開発と日本人の土地取得過程を同時に捕捉
しながら、日本人による都市開発の特徴を分析する。『ランド・アセスメント・
スケジュール』史料群に含まれる 1890 年、1907 年、1913 年、1922 年、1930 年
のデータに基づき、日本政府、企業及び個人が借りた土地を各年の地籍図上に
落とし、彼らによる上海での土地取得過程図を作成した（図 7-3）。

Ⅱ部　上海都市空間の形成と英日中関係

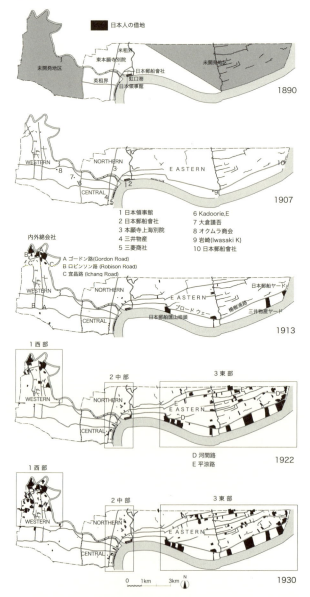

図7-3　1890年から1930年まで日本人の借地取得図
（1890、1,907、1913、1930年の『ランド・アセッスメント・スケジュール』より筆者作成）

7　日本の上海進出と都市開発

日本人による上海進出と都市開発は虹口から始まった。

1890年地図を見ると、虹口港に面して日本領事館と日本郵船が立ち並び、そのやや北側の奥に東本願寺上海別院が位置している。ここから日本郵船及び本願寺が一番早い時期に上海進出を果たした事実がうかがえる。前掲栖木傳が1895年外務省に提出した書簡の中で記したように「実際、我国中、上海市街ニ土地所有スルモノハ領事館、郵船会社、本願寺ノ三者ノミニシテ」[注32]。ただし、厳密に言えば、日本人は「土地所有」ではなく、あくまでも借地を持っていた。

1907年、日本の有力企業と団体は次第に共同租界の中央地区と北部地区で土地を取得し始めた。西部地区と東部地区の拡張により、日本人の土地も徐々に虹口港から、両地区に散在するようになった。中央地区に (4) 三井物産、(5) 三菱商会の借地が見られる。西部地区に (6) カド・オリエ（Kado orie, E）、(7) 大倉謹吾、(8) オクムラ商会（Okumura & Co）の借地がある。日本郵船も楊樹浦路に沿って土地を取得した（図7-3、1907年）。この時点で日本側の借地は依然として少なく、全面的な上海進出はまだ途方もない夢であった。

1913年になると、西部地区の1904年上海地図に描かれた「計画道路」の建設は確実に進んでいる。東部地区の道路開発はそれほど進展していない。日本企業は西部地区の新道路に沿って土地を取得し始めた。内外綿株式会社が蘇州河に面する角地の (A) ゴードン・ロード、(B) ロビンソン・ロード、(C) 宜昌路に沿う地区に集中して土地を取得している。一方、東部地区ではブロード・ウェーと楊樹浦路に沿い、日本郵船匯山埠頭、三井物産ヤード、日本郵船ヤードの土地の存在が確認できる（図7-3、1913年）。日本企業は共同租界の東端と西端から、道路開発の進行状況にあわせ、根気よく新道路に沿って土地を取得していった。

1922年には、中央地区、北部地区と西部地区に日本人の土地が増加している。1918年以降、工部局が同地区の道路を開発したのを契機に、東部地区において (D) 河間路、(E) 平涼路の両側に日本人は積極的に土地を入手していた（図7-3 1922年）。日本人が取得した土地は上海共同租界の全域に渡り、図7-3で示す1、2、3の三つのゾーニングの中にある程度の集中が見られる。

この三つのゾーニングは、1927年上海日本領事館の調査報告書が示す「西部、中部、東部」であった（第8章、表8-1）。1890年から1922年までの日本人の土地取得過程を追うことで、近代、上海における日本人の集住地であった西部、中部、東部の形成経緯は明確になるが、「北部」に関しては第8章で詳しく述べる。

1930年、日本人が借りた土地は1922年と同じ傾向で、西部、中部、東部の範

243

Ⅱ部　上海都市空間の形成と英日中関係

写真 7-1　1. 旧三井物産
（1903 年築、2012 年 4 月筆者撮影）

写真 7-2　2. 旧三菱商事
（1914 年築、2012 年 4 月筆者撮影）

地図中の番号は各物件の番号と一致

7　日本の上海進出と都市開発

写真 7-3　3.旧横浜正金銀行
（1925 年築、2012 年 4 月筆者撮影）

写真 7-4　4.旧台湾銀行
（1926 年築、2012 年 4 月筆者撮影）

地図中の番号は各物件の番号と一致

245

Ⅱ部　上海都市空間の形成と英日中関係

写真 7-5　5. 旧日本領事館
（2010 年 4 月筆者撮影）

写真 7-6　6. 旧西本願寺上海別院
（1931 年築、2006 年 7 月生田光晴氏撮影）

地図中の番号は各物件の番号と一致

7 日本の上海進出と都市開発

囲内に集中し増え続ける。1930年以降、日本人による上海共同租界での土地取引は、ほぼ、西部、中部、東部の範囲の中で行われた（『ランド・アセスメント・スケジュール』より）。

　以上、1890年代に、日本領事館、日本郵船会社が位置する虹口港から開始し、上海共同租界における日本人の土地の取得過程を究明した。日本人は工部局が新たに整備した道路沿いから、着実に土地を取得していった。つまり、日本人による都市開発はたんに土地租借及び整地であり、都市開発費用の面において、土地の租借費用または土地使用権の買収のみの負担で済み、道路、下水道等の整備費用を免れることができ、また、複雑な都市開発のシステムを立ち上げる手間も省いた。この2点は日本とイギリスによる上海での都市開発における根本的な違いである。しかし、その反面、日本側の土地は「専管居留地」と画された地区には集中せず、広大な共同租界に散在する結果となった。

3　国別の土地取得状況

　上海租界を記録した日本側の豊富な資料、及び日本学界による在華紡、上海事変、日中戦争中の上海に関する研究が盛んであるため、日本人社会があたかも近代上海の主流を占めたようなイメージを受け易い。それは一面的な見方である。本節では、日本人、イギリス人、アメリカ人及び工部局の借地所有状況を解明し、日本人による上海での都市開発の実態、およびそれに反映された各国の政治力について客観的に分析したいと考える。

　1941年、日本陸戦隊の参謀本部陸地測量部は1933年工部局が作成した英語版地籍図を複製し「上海共同租界図」[注33] を作成した。同地図集は日本人住居地（Japanese land）、英国人永租地（British leases-individual）、英国登録会社永租地（British leases-company）、米人永租地（American leases-individual）、米国登録会社永租地（American leases-company）、工部局永租地（Shanghai Municipal Council leases）、英仏人共同永租地（Joint British-French lease）を違う色で明確に表記している。1941年上海はすでに日本占領下のため、日本人の借地を「日本人住居地」として示すのも日本側の意図と考えられる。日本占領下にもかかわらず、同地図からは、上海共同租界の土地の大半が依然としてイギリス人の借地であることを読みとれる。

　「上海共同租界図」は中央地区と東部地区のみ記録しているため、同地図の作成方法を参照し、西部地区を含めた地図を作成した。1927年『ランド・アセスメント・スケジュール』が記録する登録領事館、登録借地人の名前と会社名に基づき、各国の民間人と企業が持っていた借地を一筆ずつ、同年の地籍図上で

247

II部　上海都市空間の形成と英日中関係

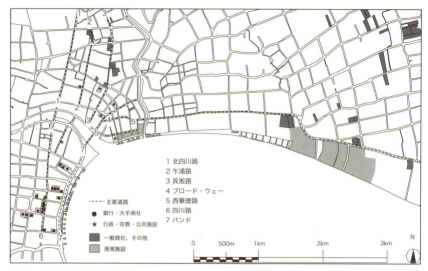

図7-4　1930年の中部、東部地区における主要交通網と日本の都市施設（筆者作成）

特定し、国籍別の借地を示す地籍図を作成した（図7-3）。ただし、凡例は「日本人住宅地」を「日本人永租地」と示す。なお、上海共同租界の地籍図の復元作業が膨大であるため、英人永租地と英国登録会社永租地を「イギリス人永租地」、米国人永租地と米国登録会社永租地を「アメリカ人永租地」に統一する。

中央地区と北部地区及び両地区に近い西部と東部地区の大部分はほぼイギリス人永租地の独占状態であった（口絵の図4）。それは上海租界を開いたイギリス人とイギリスの会社が土地租借と都市開発の面において優位に立っていた証拠である。日本人永租地はイギリス領事館登録地とまったく逆の傾向にあり、中央と北部地区には点在する程度で、その大半が共同租界の西端と東端に集中している。一方、アメリカ人永租地と工部局永租地は顕著な傾向を示さず、共同租界全域に分散している。

以下、共同租界の中央・北部・東部・西部地区を個別に抽出し、イギリス人、アメリカ人、工部局と日本人の借地の分布状況を見る。

中央と北部地区は共同租界の中心部であり、イギリス人永租地によって両地区がほぼ埋め尽されている。アメリカ人永租地、工部局永租地、日本人永租地は点在する程度であった。日本人の借地に注目すると、黄浦江に面する地区に(1)横浜正金銀行、(2)台湾銀行、(3)三菱銀行、(5)三井銀行の借地が小規模

248

7　日本の上海進出と都市開発

写真7-7　内外綿の上海工場、支店と社宅の分布地図
（大阪中之島図書館所蔵）

でありながら、イギリス人の借地の隙間を縫うように入り込んでいる（口絵の図5）。

　中央地区から北へ進んで蘇州河を渡り、北部地区に入ると、やはりイギリス人の借地が圧倒的に多い。しかし、中央地区におけるイギリス人の独占状態と異なり、アメリカ人、工部局の借地も多数あった。日本の商社、銀行、行政、公共施設はイギリス人による独占状態の中央・北部地区に食い込んだような形で、それらの施設と一緒に立ち並ぶ。具体的には（15）日本電信局、(16) 保善社、(17) 東亜工業、(24) 本願寺上海別院が英米人の借地と混在する形になっている。

　一方、西部、東部地区には水路がまだ断片的に市街地に残存し、未開発の地区が多く残っていた。1927年当時、両地区はまだ欧米人による開発が手薄の場所であった。西部地区、特に蘇州河に面する角地には、内外綿の工場、社宅及びその他の施設が集中している（口絵の図6）。東部地区はイギリス人の借地が疎らに分布しているが、そこに日本側の土地が集中している。借地人は大日本紡績会社、東洋紡績、東亜紡績でいずれも当時上海に進出した日本の代表的な紡績企業であった（口絵の図6）。借地の取得進行状況により、租界の西端と東端は日本の紡績工業地の「小沙渡」、「楊樹浦」として発展した。

　本節で示したように、イギリス人の借地は共同租界の中央と北部地区に集中し、郊外に行くにつれ少なくなっていたのに対し、日本人の借地は郊外に行くにつれ増えていった。逆に言えば、日本の紡績業の進出により、上海共同租界の郊外部において都市開発が進んだことになる。この借地取得状況の正反対の傾向は、上海でのイギリス、日本の経済力、政治力がそのまま都市開発に反映

249

II部　上海都市空間の形成と英日中関係

写真 7-8　内外綿の社宅
(築年不明、大阪中之島図書館所蔵)

されていると言えよう。

4　都市施設の立地と交通条件

　1930年の『ランド・アセスメント・スケジュール』に登録されている日本人の会社名、団体名及び個人名に基づくと、上海に進出した日本企業や個人の業種は「銀行、大手商社、一般商社又は個人、行政・公共・宗教施設、港湾施設、紡績業施設、倉庫」の六つのカテゴリーに分類できる。

　日本の銀行と大手商社が、中央地区に食い込む形で立地していることは先述の通りである。行政・公共・宗教施設、港湾施設、一般商社は、中央地区から最も近い北部地区に位置していた。実際、上記の施設が集中する地区と街路との関係に注目すると、地図の左側の (1) 北四川路、(2) 乍浦路、(3) 呉淞路、(4) ブロード・ウェー、(5) 西華徳路があり、それらを通じて中央地区に直接アクセスが出来る。言わば、日本人は共同租界の中央地区から交通が極めて便利な虹口地区に行政、公共施設を配置したのである (図7-5)。

　一方、紡績工場等の大規模施設は、共同租界の西端と東端に配置され、一見中心部の市街地から離れているが、それぞれ蘇州河と黄浦江に近く、船運による交通も極めて便利であるとみられる。

　このような銀行、商社、行政、公共施設の諸施設の配置構成を見ると、1890年代に日本外務省が提起した「英米租界との連絡条件」という点が如実に反映されていることが分かる。専管居留地の設置を断念した日本政府ではあるが、結果的に銀行、商社、公共施設、港湾施設、工場施設が共同租界の全域に分散して立地し、西部、中部、東部と三つの地区が形成された。

250

7　日本の上海進出と都市開発

図7-5　1930年上海共同租界における日本の都市施設配置図（筆者作成）

図7-6　1911年地価と日本人の借地分布図（筆者作成）

5　都市施設と地価

　日本側による施設配置の意図は、地価との関係からみるとより明瞭になる。
　上海図書館所蔵の *Greater Shanghai Approximate Market Value Zones June 1929* と1944年の「上海市地価区画図」は、地価の分布を大まかな地区ごとに示してはいるが、上海の地価分布の特徴について詳細な検討は出来ない。日本人が上海で多くの土地を取得する前の状況を推定するため、1911年『ランド・アセスメント・スケジュール』に登録されたすべての借地の地価データを使用した。そのデータに基づき、地価を6等級に分類すると、共同租界の地価は、中心部から郊外部に向け、1～6等地へと徐々に低くなっていくことが一目瞭然である（図7-6）。
　1等地はバンドから南京路に向かう地区、及び虹口港の北揚子路地区に当る。2等地は1等地を取り囲むように、そのすぐ背後に位置する。そして、租界の外

251

Ⅱ部　上海都市空間の形成と英日中関係

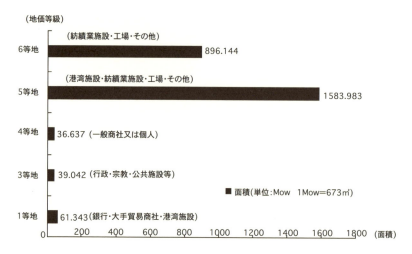

図7-7　各地価等級図における日本人所有地の面積統計と業種

部に向かって順番に3、4、5、6等地がある。3等地は中央と北部地区の一部、及び東部地区の沿岸部分に相当する。4等地は中央地区に近い西部、北部、東部地区の一部分である。一方、5、6等地は、前掲第3節の1904年地図で示したような開発中の西部と東部地区に相当する。地価分布は租界の都市化の進行状況を顕著に反映した結果であろう。

　地価分布と日本の施設配置との関係を明確にするため、1930年日本側の借地を1911年地価等級図に落とした結果、地価の1等地に銀行・大手商会・港湾施設、北部地区の3、4等地に行政、宗教、公共施設及び個人商会等、西部と東部地区の5、6等地に大規模な港湾施設、紡績業の会社と工場が立地していることが改めて確認できる（図7-7）。地価の2等地においては、日本人の借地が見当たらなかった。日本企業、団体及び個人は最小限の費用で土地を買収し、施設配置を進めていった。日本側の施設が集中する西部、中部、東部の地区形成は、開発費用に直接関わる地価がその要因として作用したとみられる。

小結

　日本は、イギリス、アメリカ、フランスに50年も遅れ、1895年から1930年代にかけて、本格的に上海に進出した。その際に、「日本帝国専管居留地」とい

252

う政治的なシステムに拘らず、外務省の調査に基づき、上海日本総領事代理小田切満壽之助が提起した基本戦略の元で、共同租界の全域を都市開発の視野に入れ、日本側にとって必要なものを取るという柔軟な戦略をとった。偶然の要素も入ったかもしれないが、上海日本専管居留地選定の条件、即ち港、地価、英米仏租界との交通の便、英米人による租界開発の動向が、日本人による実際の都市開発活動に如実に反映されたと結論づけることができるであろう。

第1に、外務省が港湾施設、英米租界との交通条件、買収土地の地価及び英米による租界の拡張動向を念頭に置き、上海日本居留地として4つの候補地を選定した。それに対し、経済界は経済利益から、上海日本居留地を設置すべきであると主張した。上海日本総領事珍田捨巳は外国租界における英米の政治力、経済力を客観的に勘案し、英米人と協同しつつ、旧来の租界の拡張を図り、その中で日本人居住地の土地を入手すべしという現実的な提案を行った。事実、英米人主導の工部局は、虹口地区の道路計画を行い、日本側が選定した第三居留地候補地を共同租界に編入した。

第2に、日本政府による上海での河川実測調査及び現場視察に着目した。港湾施設の建設に不利な河川条件、工部局による都市開発の進行状況を考慮した上で、日本は上海を拠点として江南地域への進出を目論んでいた。日本政府は、上海を拠点に中国内陸部への進出という意図を密かに抱えながら、英米租界の拡張に同調し、上海道台に認められた日本専管居留地の候補地区を英米租界の一部に編入させた。そして、一見放棄した上海日本専管居留地の設置権利をもって、上海全域における日本人の居住、営業及び土地購入、工場、倉庫の設置権利を確保することを決めた。呉淞地区や上海を中心とする江南地域への進出権利を入手しようとした。1899年に考えられたこの上海進出の戦略は、それ以降の日本による上海での都市開発の基本戦略となり、上海租界の都市空間の形成にも決定的な影響を与えた。

第3に、1890年代から、日本人はイギリス人主導の道路開発の進行状況に合わせ、新しく開発された道路に沿って英米租界で積極的に土地を取得していった。なお、英米租界におけるイギリス、アメリカ、日本、工部局の借地所有状況図を作成した結果、日本人の借地はあくまでもイギリス人借地の隙間を縫って租界の中心部に食い込んだような形になっていたことが判明した。それらの借地には大企業、銀行、倶楽部、宗教施設が建設された。一方、イギリス人による開発が手薄の西部と東部地区においては日本の紡績企業が借地を入手し、そこで大規模な紡績業施設を建設した。このように、日、英の上海での経済力、

II部　上海都市空間の形成と英日中関係

政治力の格差が鮮明に両国の人々の借地所有状況に反映されていた。それでも、日本は紡績業を中心とした産業を上海租界に移転することができた。

　交通条件の面において、日本の銀行と大手商会は中央地区に、行政・宗教・公共施設は中央地区から直接連絡出来る北部地区に進出することができた。また、紡績業の諸施設は、一見、中心市街地から遠く離れた東端と西端に位置しているが、蘇州河、黄浦江に最も近く、そこから水上交通を利用するには至便であった。

　地価の面において、日本の銀行・大手商会は、市街地の中心部で地価の最も高い地区に、大規模な工場地は地価の最も低い地区に、公共施設は地価の中間域に位置した。すなわち、日本の企業や団体などは開発費用のバランスを念頭に上海租界で借地取得や施設配置を行った。

　1890年代以降、日本政府は、システマティックに北の牛荘から南の広州まで、揚子江流域の漢口と重慶で日本租界を作ろうと画策する。それにより、日本内務省、外務省、北京公使館、在上海日本領事館の技師と外交官らは上海を後にし、中国各地の開港場に転勤していった。本章で取り上げた上海での専管居留地設置の試みは日本政府にとって最初の実務経験であり、その後の中国沿海部と揚子江流域の開港場における日本専管居留地の設置に際して重要な参考となった。

　1890年代から1930年代までの40年間をかけて日本政府、企業、諸団体は経済活動や都市生活に関わる大きな施設の建設用地を優先的に獲得した。しかしながら、大企業の社宅以外、一般の日本人商工業者が居住する住宅を建設するための土地は一筆も取得しなかった。1910年まで1万人以上にのぼる上海日本人居留民の住宅はすべて借家で賄われた。住環境の整備が大勢の日本人にとって至急の課題となったはずであるが、外国租界には日本人専用の住宅地は形成されていない。最終章では、共同租界の外に位置する北四川路越界築路地区における日本人住宅地の建設過程と空間特性を明らかにしていく。

注

1)　1895年3月に日清政府が締結した『下関講話条約』の主な内容は、(1) 朝鮮独立の承認、(2) 遼東半島と台湾・澎湖列島割譲、(3) 日本への賠償金庫平銀二億両（約3億円）、(4) 清国・欧州各国間条約を基礎に日清通商航海条約を締結する、(5) 新たに沙市・重慶・蘇州・杭州の四港を開く、(6) 日本人は清国内の開市開港場において、自由に各種製造業をいとなみ、また各種の機械を輸出することができる。遠山茂樹『日本近代史』岩波書店、1975年、201頁。

254

7 日本の上海進出と都市開発

2) 前掲史料。

3) 明治 28 年 7 月 23 日の外務省機密第弐号文書。日本外務省外交史料館所蔵、請求記号：
3.12.2.32.1、原文 明治 28 年 7 月 23 日の外務省機密第弐号文書「講話条約第六條ニ拠リ
本年十月中旬以降帝国臣民ハ当国各開市場及開港場ニ於テ自由ニ各種ノ製造業ニ従事
スルヲ得ヘキ権利ヲ享有スルニ至リタルヲ以テ目下本邦内地ニ於テ夫々事業ノ計画ヲ
ナス者有之趣ニ候ヘハ追々此等事業家ノ渡清スル者可有之義務テ其事業ノ施設ヲ奨励
スヘキ義ト存候如……（以下略）……」。

4) 「在上海帝国居留地新設管見 在上海 栖木傳 吉述」外務省外交史料館所蔵、請求記
号：3.12.2.32.1

5) 日本外務省外交史料館所蔵、請求記号：3.12.2.32.1

6) 前掲史料。

7) 三井文庫所蔵史料より。

8) 「1896 年天津各国居留地分略図」日本外務省外交史料館所蔵、請求記号：3.12.2.32.8

9) 在上海栖木傳管見、日本外務省外交史料館所蔵、請求記号：3.12.2.32.1

10) 前掲史料、本文：彼等ハ最モ航海商工ノ諸業ニ熟達シ、加フルニ資本豊富規模遠大而
モ数十年来各開港毎トニ相聯絡シテ根拠ヲ固フスルカ故ニ啻ニ新條約利用ノ点ニ於テ
ノミナラス、諸事万端我国人ニ比シテ機先ヲ利スルノ便宜ヲ有スル

11) 前掲史料。

12) 日本外務省外交資料館所蔵、請求記号：3.12.2.32-1

13) 前掲史料。

14) 日本外務省外交史料館所蔵、請求記号：3.12.2.32-1

15) 前掲史料。

16) 日本外務省が選定した上海日本居留地の候補地の条件を分析した上、第 1、2 候補地は
それぞれ地価と交通条件の理由で居留地として不適切であると判断された。一番適切
な候補地は第 4 地区であったため、内務省は黄浦江の実測調査の対象地として、第 4
地区とそれに隣接する第 3 地区を選定した。

17) 日本外務省外交史料館所蔵、請求記号：3.12.2.32-1。小田切がこの報告書を出した時、
デ・レーケは神戸丸に搭乗し東京への帰途についた。

18) *Whangpoo Conservancy Scheme and Estimates*,『黄浦江改修一件』日本外務省外交史料館
所蔵、請求記号：3.13.2.11

19) 明治 30 年 10 月 8 日楢原陳政より大隈重信に提出した「上海ニ於ケル帝国居留地選定
ニ関スル報告」より。日本外務省外交史料館所蔵、請求記号：3.12.2.32.1

20) 楢原陳政の上海視察報告書では、明治末期の 1890 年代に日本による中国への主な輸出
物は、棉紗・石炭・海産・材木であるため、それらを運搬、貯蔵及び乾燥するための
桟橋、倉庫、物干場が極めて必要となることが記されている。明治 30 年 10 月 8 日、
北京公使館一等通訳官楢原陳政より外務大臣伯爵大隈重信に提出した「意見書」より。

21) 明治 30 年 10 月 8 日楢原陳政より大隈重信に提出した「上海ニ於ケル帝国居留地選定
ニ関スル報告」日本外務省外交史料館所蔵、請求記号：3.12.2.32.1

22) 1899（明治 32）年 2 月 15 日に外務省に提出した「上海ニ於ケル英米居留地拡張ノ儀

Ⅱ部　上海都市空間の形成と英日中関係

ニ関シ上海道ト往復セシ書面写送付ノ件」（以下「往復書面」と略称する）。本文、清暦光緒二十四年十二月廿八日上海道ハ別紙第一号写ノ通リ照会シ来レリ其意益ニ従来本件ニ関シ面議セン廉々々文書ヲ以テ確メントスルニ在リ因テ小官ハ之ニ対シ楊樹浦橋ヨリ周家址（即チ米国租界ノ東端ヨリポイント迄）ニ至ル一帯地方ヲ以テ本国居留地ニ充ツルノ件ハ成議アルニアラサルヲ以テ公共通商場トナスニ異議ナシ

23）日本外務省外交史料館所蔵、請求記号：3.12.2.32.1

24）前掲史料。

25）前掲史料。

26）Ian H. Nish, *The Anglo-Japanese Alliance The Diplomacy of Two Island Empires 1894-1907.* （University of London, The Athlone Press, 1966）

27）Hosea Ballou Morse, *The international relations of the Chinese empire.* （Longmans, Green and Co., 1910）, Volume 1, p.349.

28）日本綿業倶楽部編『内外綿業年鑑』1931 年、307-309 頁。

29）前掲書、30 頁。

30）東洋紡績株式会社社史編集室『東洋紡 百年史』1986 年、220 頁。

31）前掲書、220 頁。

32）日本外務省外交史料館所蔵、請求記号：3.12.2.32-1

33）Harvard University Library Map Collection 所蔵、請求記号：7824.SHA6.1941

第8章　北四川路の日本人住宅地の形成と英日中

本章の課題

　上海租界の北側に突出する北四川路の一角は越界築路地区とともに日本人居留民の住宅地になったため、上海の都市空間の中で特殊な位置を占めていた。

　1860年代まで、イギリス租界の都市整備が一段落した後、上海にあるイギリスの民間団体、商会と工部局は、1870年代末期から1900年代までにかけ、上海在住外国人らの意向を踏まえ、よりよいレクリエーション・グラウンド、住環境を求めて都市開発の手を租界外に位置する越界築路地区に伸ばしていった。

　一方、前章で述べたように日本政府と企業は上海で主要施設の建設用地の取得で精一杯であったため、一般の日本人居留民（以下、日本人と称する）の住宅地建設は出来なかった。そのため、1900年代から、日本人は租界から離れた越界築路の北四川路周辺に、イギリス人出資の不動産会社が建てたテラスハウスを借りて住み、一定の集住形態を見せ始めた。日本人による移住をきっかけに、イギリス人が入念に開発した北四川路地区は、次第に上海に駐在する日本人会社員とその家族たちが住む高級住宅地へと変容していくことになる。

　日本人を含めた人口増加を背景に、イギリス人出資の不動産投資会社が新たに成立され、北四川路地区で密集した中国風家屋を建設するようになった。その結果、北四川路は、洋、和、中の様式の建物が混在する地区に変容した。

　北四川路地区における基礎的都市基盤と都市施設は、すべてイギリス人主導の工部局、不動産投資業者が整備した。英語や租界当局の衛生規制を分からない一般の日本人にとって、租界の官僚たちと衝突しながら、生活環境を立ち上げることは困難を極めると想像できよう。

　本章では、イギリス人、およびイギリス国内で専門的な建築教育を受けた建築家たちによる北四川路の開発過程、および1900年代以降、当地区が日本人の住宅地として変容していった過程を解明する。

　具体的に、(1) 工部局とイギリスの諸団体はどのような都市計画の理念のもと

257

Ⅱ部　上海都市空間の形成と英日中関係

に、公共施設、イングリッシュ・テラスハウスを整備していたのか、(2) 1890 年
代から、上海に渡航してきた大勢の日本人は、そこで落ち着いて生活するため、
どのようにして、外国人の不動産業者が提供した住宅を改造し、かつ日本人専
用の都市施設を整備しながら、住環境を整えていったのか、(3) 日本政府は中国
政府、租界政府とどのような交渉を経て、日本人住宅地の安全保障などの都市
サービスを普及させていったのか、の 3 点を探る。

　それにより、近代日本人の「居住」に対する意識と具体的な工夫に関する新
しい知見を得るとともに、北四川路地区に形成された日本人住宅地と上海の都
市発展との関連性も示したい。

　なお、本章が解明するイギリス人の上海での都市計画の理念、日本人の居住
形態、垣間に見える中国政府の抑制は、近代上海をめぐる複雑な国際関係の中
における越界築路開発の実態を象徴するものであると考えられる。

研究史料の解析と建築遺構の調査

　租界の外に立地しながら、共同租界と深い関係を持つという北四川路の特殊
性の故、同地区の整備、及び後に日本人住宅地として変容していった過程を解
明するには、イギリス、アメリカ、中国、日本の史料が必要である。

　まず、北四川路の開発とその周辺地域の都市施設整備に関しては、『工部局会
議記録』の中に北四川路の建設に関する記録をすべて抽出したものを主要史料
とする。加えて虹口レクリエーション・グラウンドの整備過程を記録した上海
レクリエーション・ファンド編修の *History of the Shanghai Recreation Fund, 1860 to
1906, Shanghai*[注1] を用いる。なお、文献と照合できる 1866 年から 1930 年代の古
地図と古写真も適宜使用する。

　ついで、北四川路地区の住宅地開発とその空間特性に関しては、イギリスロ
イヤル建築協会 (RIBA) 所蔵の近代上海で活躍した建築家の年表、作品のリスト
とその説明文、及びイギリス国内のテラスハウスに関する研究書を参照する。
特にスティファン・ミュゼシウス (Stefan Muthesius) による *The English Terraced
House*[注2] が貴重な資料となる。同書の優れた点は、ロンドン、ケンブリッジ、オッ
クスフォード、バース、ブライトンなどのイギリス国内の地方都市のテラスハ
ウスの実測調査に基づき、19 世紀初頭から 20 世紀初頭までのテラスハウスの発
生、発展と変容過程を実証的に究明したことである。この 2 点の文献により、
イギリス人建築家がどのような過程を経て国内に流行していた住宅様式を上海
に持ち込んだのかを解明できる。

258

8　北四川路の日本人住宅地と英日中

　なお、日清戦争直後の 19 世紀末期から 20 世紀の初頭までに日本人の北四川路への移住経緯はヘーベート・デー・ラムソン（Herbert Day Lamson）著 *The American Community in Shanghai*[注3] を参照する。日本人が居住していたテラスハウスに関する文献資料は、島津四十起著の 1919 年版『上海案内』[注4]、及び 1927 年上海日本領事館による「上海在住邦人調査」（表 8-1）がある。

　日本外務省による北四川路居住の日本人の都市権利の享有サービスの獲得過程に関しては、日本外務省外交史料館所蔵の『明治丗三年六月　支那各地外国人居留地一件　上海』[注5]、『大正十年二月　在支各国居留地関係雑件』[注6] に収録されている在上海日本領事館と外国租界の工部局の衛生官との往復英文書簡から解明する。この史料の解読と分析により、日本人がいかに外務省を後ろ盾として上海で安定した生活環境を立ち上げていったのかが明確になる。

　最後に、日本人が使用していた住宅の空間特性及びその中における日本人の居住形態の解明は、現存建築遺構の実測調査及び上海に住んでいた日本人の私蔵資料と聞き取り調査から得られた成果に基づいた。

　実測調査を行ったのは 2007 年から 2012 年にかけてであるが、幸い、終戦後、日本人が上海から引き上げてから 70 年間も経とうとする現在も、北四川路の旧日本人住宅地の大部分が現存し、多くの元上海在住の日本人も健在であったため、同地区における日本人の居住形態を研究することが可能であった。しかし、迫りくる都市再開発の波や元上海在住の日本人の高齢化により、この種の歴史的調査はますます困難になる。

　以上のように、本章は世界各地の文書館、図書館に散在する史料を収集し、それらをつなぎ合わせることで、上海の北四川路日本人住宅地の形成過程と特徴を一つのまとまった知的体系として提示することを目指す。

1　北四川路地区の開発

1　北四川路の整備

　北四川路（North Szechuen Road、現在の四川北路）は、旧イギリス租界の四川路（旧ブリッジ・ストリート）から伸びて虹口地区に向かい、東北方向に走る道路に当たる。道路は蘇州河から発し、パブリック・スクール男子校の正門を経由し、日本人に「新公園」と呼ばれた虹口レクリエーション・グラウンドの北側にある裏門まで到達する（図 8-1）。写真 8-1 は、1940 年代の北四川路界隈の様子を映している。正面に立つ 4 階建ての巨大な建物は日本陸戦隊本部、右手前は新公園（現

259

Ⅱ部　上海都市空間の形成と英日中関係

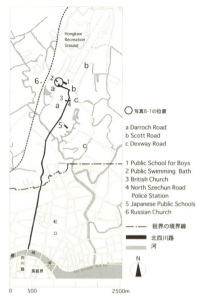

図 8-1　1913 年北四川路全体図（日本外務省外交史料館所蔵、*Map of Shanghai, 1913*, 請求記号：3.12.2.28. より筆者作成）

写真 8-1　1940 年代の北四川路界隈（日本国立国会図書館所蔵）

写真 8-2　北四川路界隈現状（2012 年筆者撮影）。旧陸戦隊本部はストライプ状に塗り替えられ、1 階は商業施設、2 階以上はアパートとして使われている。

在の魯迅公園）、左手前は建物本体が紅く、屋根が緑色の水泳場（現存せず）である。
　北四川路地区は「越界築路地区」であり、終始、正式な共同租界の一部でもなく、日本租界でもなかった。上海租界における北四川路地区の性格は、横浜、神戸、築地の外国居留地の外に形成された各国人の雑居地と類似している。居留地の外部に形成された雑居地区は、正式な居留地の一部ではないものの、外国人と日本人の居住人口の増加に対応して、日本政府と外国領事との間の共同協議によって、外国人居住が認められた[注7]。
　北四川路の建設が初めて審議されたのは 1879 年 9 月 11 日の工部局会議においてである。

　　〈1879 年 9 月 11 日　工部局会議記録〉
　　　虹口における新計画の道路：調査員からのレポートが提出され、以下のように主張した。（借地人）オリバーリア（Oliveria）が計画する新道路は北四川路として一直線にならない。なぜならば、一本の大きなクリークを埋立

260

て道路の一部とするのには費用が高すぎるからである。また、新道路はオリバーリアと新道路が通る予定の両側の地主のみに利益をもたらす。(工部局は)「もしオリバーリアと他の地主が自主的に土地を寄付し、道路を整備するなら、工部局はその後道路を引き取り、良い状態を保ち、修理する」とオリバーリアに通達せよと決めた。

　すなわち、北四川路建設のきっかけは、虹口地区で借地を持つ外国人たちが交通の便を図り、工部局に新道路整備を提案したことである。しかし、工部局の意見では、大きな河を埋め立て、道路を整備するのに高額な費用が必要であるほか、新道路両側の地主のみが受益するものと判断し、北四川路建設の提案を保留した。ここに言う「一本の大きなクリーク」は確かに存在し、1866年地籍図に描かれた河にあたる（図8-2、1866年の点線部分）。1883年3月27日の工部局会議で北四川路の延長工事が再び審議された。

　〈1883年3月27日　工部局会議記録〉
　北四川路延長：ジャーデン・マセソン商会の代理人G・J・モリッソン（G.J. Morrison）からの手紙。北四川路の延長計画図、ジャーデン・マセソン商会が譲渡する予定の土地、新道路が通る両側の借地人らが譲渡する予定の土地の面積表が示されている。新道路は既存のクリークに沿ってあり、東側の土地はジャーデン・マセソン商会、西側の土地は数人の借地人が持っている。
　　工部局は手紙と計画図を公務課に転送して彼らの考え方を仰ぐと可決した。調査員にクリークを全部埋めたてるのにいくらの費用がかかるのか、その（河の）部分は道路の一部分として必要なのか、またほかの土地を譲渡する予定の地主はモリッソンの計画案に同意か否かについて確認させる。

　ジャーデン・マセソン商会が計画予定の道路沿いに土地を持っていたため、河を埋めたてて新道路を建設することを提案した。土地を譲渡することを申し出、ほかの借地人も同様に土地を寄付するようにと提議している。それで工部局はジャーデン・マセソン商会の要望に応じ、北四川路の建設に着手しはじめた。
　工部局の会議記録を整理した結果、北四川路の開発用地、土地譲渡、路面の舗装に関わる議論は、約30年後の1908年7月15日の会議まで続いたことが判明した。各種の調整は、いずれも工部局と新道路両側の借地人との間で行われた。例えば、新射的場の不動産委員会（The Range Property Syndicate）との土地譲渡

Ⅱ部　上海都市空間の形成と英日中関係

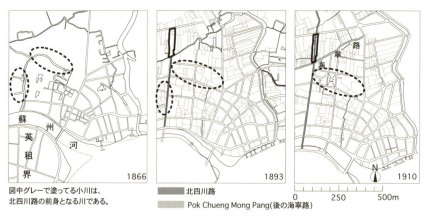

図8-2　1866年から1910年までの北四川路の形成過程図（1866, 1893, 1913年の地籍図より筆者作成）

に関する交渉場面が見られた。その新射的場は1897年6月に建設され、レクリエーション・グラウンドの東側に位置し、ちょうど北四川路がその正面を通る（図8-1）。工部局が土地購入費を節約するため、射的場不動産委員会に無償で土地譲渡を要求したが、北四川路の建設は射的場に交通上の便利をもたらすにもかかわらず、射的場不動産委員会は土地の無償譲渡を拒んでだ[注8]。

　以上、1879年から1908年までの工部局会議記録を分析した結果、北四川路の建設は借地人らの要望に対応する形で、工部局が主導して行ったことが明らかになった。その意味で開発用地の捻出過程は工部局と関係外国人借地人との交渉過程でもあったと言える。

2　水路の埋立てと道路整備

　第3章で上海租界の市街地の道路整備が水路を埋め立てることにより行われたことを指摘したが、北四川路も例外ではなく、やはり水路を埋めたてて造られた道路である。本節は工部局会議記録を駆使しつつ、1866年、1893年、1910年、1913年の虹口地籍図（Cadastral Plan of the Hongkew Settlement）に基づき、北四川路の建設と両側の敷地造成過程を究明する。

　1866年、蘇州河を越えた北の地区は、まだ市街地化されておらず、河川が縦横する様子が窺える。地図からは、蘇州河から伸びる一本の自然河川と両側の支流の存在が確認できる（図8-2、1866年）。この河の埋め立て工事は前掲1879年9月11日の工部局会議で議論された。

8 北四川路の日本人住宅地と英日中

　1866年地籍図で確認出来たこの河は、1893年にはすでに埋められており、北四川路と変身した。その先は個人の借地である。1866年地図で確認できた河の支流もそのまま、道路の一部となった。工部局は最終的にジャーデン・マセソン商会が提出した、河を埋めたてて道路にするという計画を採用したとみられる。東方向へと曲がる支流も埋めたてられ、道路になってはいないものの、本来の河の形にそって地割線が引かれ、敷地が造成された（図8-2、1893年の点線部分）。
　1910年の地図では、北四川路はさらに北方向へと延長されている。Pok Chuen Mong Pang（正確な中国名を確認できず）から先の北四川路は、1893年地籍図上で描かれた敷地を通り抜けて敷設された。言わば、道路両側の借地人が公共減歩を行い、北四川路の開発用地を確保したことになる。Pok Chuen Mong Pang は海寧路となっている（図8-2、1910年）。
　1913年になると、北四川路は前身の河の面影を残しながら、男子校のパブリック・スクールの正門まで延長されている。この道路に沿い、南側から日本人小学校（1907年築）、イギリス教会（築年不明）、北四川路警察署（1911年設立）、水泳場（築年不明）が建設された。なお、(a) ダラッチ・ロード（Darroch Road）、(b) スコット・ロード（Scott Road）、(c) デクスウェー・ロード（Dexway Road、狄思威路）が整備されたため、北四川路地区の道路網が形成されつつあった（図8-1）。

3　都市施設の建設

(1) 新射的場

　横浜橋からレクリエーション・グラウンドまでの北四川路地区の市街地整備は、新射的場の建設から始まった。射的場は外国租界の軍隊が射撃を訓練するための場所である。最初の射的場はアメリカ租界の虹口市街地から離れた所にあった注9)。1862年、イギリス、アメリカ租界の合併による市街地拡張のため、郊外の北四川路地区に新射的場の建設案が浮上した。新射的場の計画は最初に1890年6月18日の工部局会議で提起された。

　　〈1890年6月18日　工部局会議記録〉
　　提案された新射的場：イギリス総領事からの手紙が読み上げられた。彼は新射的場建設のための土地の道契資料を発行してもらうため、工部局から預かった5,200両（テール）の小切手をすでに上海道台に送ったと言い、そして道台に直ちに成すべきことをするようにと促した。

263

Ⅱ部　上海都市空間の形成と英日中関係

すなわち、工部局はイギリス領事を通して上海道台に土地料金を支払い、新射的場の建設用地を入手しようとした。しかし、新射的場の土地確保は至難であったことが下記の文献資料から窺える。

〈1896 年 8 月 18 日　工部局会議記録〉

新射的場：A・ダラスの手紙が読まれた。新射的場に必要な土地は全て取得でき、境界線を示す石をそれぞれの角に置いて、土地の位置を明確にした。……（中略）……ダラスは（土地取得のための）交渉と調整は長くかかり、うんざりさせるもので、その困難は中国人官僚が宝山地区の土地を外国人名義下に移転するのを拒んだことにより生じたと言った。

ダラスが要求し、また希望するように、（工部局は）イギリス総領事と副領事に感謝状を書き、彼らが射的場に必要な土地取得のために、面倒なことを引き受けてくださったことに謝意を表すこととする。

(2) 虹口レクリエーション・グラウンド

年々増加した外国人のレジャーのため、1901 年 5 月、上海レクリエーション・ファンドが虹口に新しいレクリエーション・グラウンドを建設する案を提起した[注10]。北四川路の突きあたりに立地する土地をレクリエーション・グラウンドの敷地にしたのは、「新射的場近くの土地は最も便利で地価が安い。そして、北四川路と呉淞路の完成により、ガーデン・ブリッジから新レクリエーション・グラウンドまでの距離は、競馬場までの距離とそれほど変わらなくなる。また、路面電車が市内を走り、租界の西部の住民は便利に新レクリエーション・グラウンドまで行ける」からである[注11]。新レクリエーション・グラウンドの面積は、合計 250 畝（約 166,675㎡）で、西側の境界線は上海・呉淞間の鉄道で、東側は新射的場と提案された[注12]。虹口レクリエーション・グラウンドの配置と施設計画に関し、下記の文書がある。

もし、入念に計画すれば、木陰の多い芝生テニス場、両側にクロッケー運動場を設置できる広大なスペースがあり、真ん中のスペースはクリケット、ホッケー、サッカー、ポロ、ゴルフなどの競技も出来るようにする。現在のレクリエーション・グラウンド（競馬場）のように、外壁に囲まれる特定の運動クラブ、及び装飾的な低木や樹木に関する規制がないため、近いうちに新レクリエーション・グラウンドがより好まれるようになるだろ

264

8　北四川路の日本人住宅地と英日中

う。もし、電車の「射的場駅」が造られたら、呉淞からの利用者にとって
も交通便利な場所になる。競馬場の芝生は数回に渡りかなり傷んでいるか
ら、ゴルフ・プレーヤーにとって、新しい公園は現在の競馬場よりもふさ
わしいかもしれないと思う。新公園には、人工的なバンカーがもっと多く、
人をいらいらさせるような水溝が少ない。

　ついで、1901年7月31日の上海レクリエーション・ファンドの会議で秘書グ
ローフォード・D・カー（Grawford, D, Kerr）が中国人地主から徐々に土地を借り、
合計99畝（約66,003㎡）の土地を入手したと報告した^{注13)}。レクリエーション・
グラウンドに使う土地の条件は下記グローフォード・D・カーの報告書から窺え
る。

　　〈1901年7月31日、グローフォード・D・カーの報告書〉
　　土曜日の午後、工部局の技師と私が一緒に入手した土地を徹底的に検査
　した。嬉しいことに、我たちの観察では土地全体の状態やその外縁周辺部
　は乾燥した土地で、水の問題には煩わされないと見た。しかし、工部局が
　掘りだした池は例外であるが、これを都合良く観賞用の池にすることもで
　きる。墓地の多くはすでに移転された。

　更に、5年後の1906年5月、グローフォード・D・カーは、工部局に45,000
両（テール）の資金を要請し、これを新レクリエーション・グラウンドのパビリ
オン、水泳場の建設に当てたいと言った^{注14)}。グローフォード・D・カーが、パ
ビリオンの配置を下記のように提案している。

　　〈1906年5月21日、グローフォード・D・カーによる工部局への返信〉
　　委員会は、公園の西側にあった小さな集落の跡地で、ゴルフハウス兼植
　物観賞用のパビリオンを樹木の中に建てると提案した。このパビリオンは
　試合観戦者が立つ木陰にある芝生と花壇の前に上品に建てられるべきであ
　ろう。それを東南方向に面した鉄道沿いの道路からアプローチしやすい所
　に配置する。（パビリオンの）特定の場所の芝生はまだ植えられておらず、植
　林計画、レイアウトはこの冬に策定し、来年の春には使えるような状態に
　する。その時は新しい公園も市民のレクリエーションのために公開できる
　だろう。

265

Ⅱ部　上海都市空間の形成と英日中関係

　　パビリオンには、ロッカー室（婦人や紳士がクリケット、テニス、フットボール、ゴルフ道具をその中に収容する）付きの二つの大きな部屋、トイレとリフレッシュメント・バーを設ける。施設維持のため、ロッカー、パビリオン使用の年間会費を徴収するものとする。

　虹口レクリエーション・グラウンドの計画がどこまで実現されたのか、文字史料からは判明できない。しかし、1937 年上海満鉄事務所に勤務していた和田七郎氏が撮影したビデオ「上海物語」[注15] の中には、日本人がそこでゴルフをプレーしていた場面が見られる。

　そのビデオによると、ゴルフ場はやや起伏のある乾燥した広大な土地であり、遠方に大きな蓮の池、小河とそれにかかる木橋があり、公園の四周は鬱そうとした樹木に囲まれている。ゴルフ場の脇に曲線を帯びた切り妻屋根の 1 階建てのパビリオンが見える。樹木の外には入母屋屋根の戸建ての洋風住宅が建っている。

　1918 年「最近実測上海地図」[注16] から、虹口レクリエーション・グラウンドの平面を確認できる。公園は西側の上海呉淞間の淞沪鉄道と東側の新射的場の間に立地し、中に円形のゴルフコースが存在する。なお、射的場に近い所の池と江湾路側の池は一本の細い水路により繋がり、その上に橋が架かっている。

　虹口レクリエーション・グラウンドはイギリス人が本国でできるスポーツを想定して提案、計画、造られた施設であった。、ビデオ「上海物語」からも分かるように、実際は、近くに住む大勢の日本人に「新公園」として親しまれていた。

2　住宅の様式と整備過程

1　外国風家屋と中国風家屋

　北四川路地区における大規模な住宅の建設過程と特徴を分析する前に、近代上海にあった主要な住宅形式 Chinese House（中国風家屋）と Foreign House（外国風家屋）[注17] の区別について説明しておきたい。

　Foreign House とは European Built House 又は European Villa と呼ばれる様式の住宅を指すもので、本書では外国風家屋と直訳する。1919 年刊行の島津四十起『上海案内』[注18] は「西洋建て」と呼んでいる。外国風家屋の規模は中国風家屋より大きく、長屋建てのロウ・ハウス（row house）、二戸一のセミ・ディタッチト・ハウス（semi-detached house）又は戸建てのディタット・ハウス（detached house）があり、

266

前庭または裏庭を有する洋風意匠（外壁に附けアーチ、ファサードにハーフティンバを見せる）が特徴である（写真8-3、実例は後述）。

　Chinese House は、Native House とも呼ばれ、本書では中国風家屋と直訳する。1919年版の『上海案内』は、「シナ風」又は「支那建」と呼ぶ。その建築の特徴に関し、

> 　シナ風建築は中部シナに於ける在来シナ家屋に工部局規定に従ひ防火壁を設備せるものにして数十軒及至百二三十軒を前後敷棟に連ね一画とせるものにして其街路に面せる部分は店舗とし内部は小路次を作り出入る便にし住宅として多くの人口之に住み夜は路次口を閉じて一画内の安全を計れる。上海の建築費は一般に低廉にして洋館の如きは本邦の約三分の一に過ぎず又シナ屋は間口二間奥行四五間にして上下四間と別に勝手を附したるもの約三四百弗にして建築せらると云ふ。

と記述している。煉瓦造の中国風長屋建ての写真も載せているが、資料保存のため撮影とコピーが禁止されており、本書に掲載できない。「シナ建て家屋」は大規模で安く造られた中国式長屋であり、一個の敷地に数十軒又は百二三十軒の長屋

が建てられる。街路に面する部分は店舗として使われ、街路からの入口にゲートが設けられ、そこから直接、中の住宅列の路地に通じる。一軒の家は間口2間（3.6メートル）、奥行き4～5間（7.2～9メートル）で上下合わせて4つの部屋があり、台所や便所などの水回りは裏側に設けられる。このように大規模に作られた長屋は、上海における通称の「里弄住宅」である[注19]。この種の家屋特徴は、間口3～4メートル、奥行き13～14メートル、2～3階建てで、入り口に高塀、黒門、天井（Tianjin）と呼ばれる坪庭が設けられている点である（写真8-4、実例は後述）。

　外国風家屋に関し、ジャーデン・マセソン商会は「フェリー路の物件：私は、1910年、我々が不良債権対応でこの物件を買収した際、同物件が良いと思わなかった。ヨーロピアンスタイルの住宅は採算がとれず、一種のトラブルの源であるため、もしあなた方責任者らがそれをリーズナブルな値段で売るなら、私は非常に嬉しく思う」[注20]（下線部筆者）と述べた。

　中国風家屋に関し、1913（大正2）年日本側が作成した『上海土地建物株式会社設立目論見書』[注21]の中においても、「貸家建物ハ総テニ於テ長屋建ヲ得策トス

Ⅱ部　上海都市空間の形成と英日中関係

之レ新築費ヲ節減シ得ルト共ニ地所ヲ経済的ニ使用シ得又ハ比較的便宜ノ設備
ヲナサレ易キヲ以テナリ」（下線は筆者）と述べている。

　言わば、不動産開発業者は、投資の観点から、大規模で安く生産できる中国
風家屋を投資対象として好んでいたと見られる。

2　外国人ディベロッパー

　工部局は、1860年代から北四川路を建設したが、北四川路両側の借地はほぼ
外国人が持ち[注22]、両側の住宅地開発は個別のディベロッパーが行った。例え
ば、有名な不動産開発会社である上海ランド・インベストメント（Shanghai Land
Investment Company、中国名：業広公司）は、工部局の北四川路建設をきっかけに、同
地区で土地を取得し、住宅開発事業に積極的に参入した。以下、同会社による
北四川路地区での住宅開発の実例を取り上げたい。

　上海ランド・インベストメントは1888年12月10日に創設され、経営陣はイ
ギリス人であった。設立当初、理事長はJ・G・ペーダン（J. G. Purdan）が務め、
その下の理事はH・R・ヘーン（H. R. Hearn）、E・J・ホッグ（E. J. Hogg）、A・マク
レオド（A. McLeod）、ジョン・ウオルター（John Walter）であった。資金管理と決済
機関はイギリスの海外植民地や支配地の建設に深くかかわっていた香港上海銀
行であった[注23]。下記史料から、上海ランド・インベストメントによる北四川路
地区での不動産開発の実態が窺える。

　　　　〈上海ランド・インベストメント会社　監督からのレポート〉
　　　　第6次株主総会での発表は1902年2月21日月曜日午後4時に行われた。
　　　　<u>13号宝山地所</u>—同物件は新射的場と射的場路の間に位置する。この附近
　　　　の土地価格の主要傾向から見ると、監督たちはこれが儲けになる投資と考
　　　　えている。
　　　　1903年2月20日、午後4時
　　　　<u>13号宝山地所</u>—監督たちはこの一年間より多額の資金をこの地区の土地
　　　　取得に投入した。彼らは最近工部局による新道路の開設に伴い、同地区の
　　　　地価が必ず大幅に上昇すると自信を持っている。

　上記史料で示されている13号宝山地所の場所は、地図上で確定出来ないが、
新射的場の周辺に位置すると考えられる。なお、1906年、13号宝山地所で109
軒の中国風家屋が建設され、すべての家屋はそれなりに収益のある家賃で貸し

8　北四川路の日本人住宅地と英日中

出され、また、ほかの建物も建設中であったことが以下の文献から確認できる。

　　〈上海ランド・インベストメント会社　監督からのレポート〉
　　1906年2月22日、月曜日、午後4時
　　13号宝山地所―109軒の中国風家屋が建設された。それらはすべて十分
　　利益のある値段で貸し出されている。ほかの建物は目下建設中である。

　その他、サッスーン商会も「北四川路越界区には、支那人住宅、洋風住宅、
再建商店及び平割住宅等を所有する」[注24]。
　イギリスの不動産業者は北四川路地区でそれぞれ異なる住宅の類型、外観、
配置、平面を決めたと見られる。しかし、個々の住宅地の計画に関する一次資
料と建築図面が現時点でまだ見つからないため、住宅の設計意図と特徴を知る
すべがない。
　次節では、工部局規定の建築規制と中国風家屋の特徴との関係を分析し、不
動産開発業者の住宅開発意図について考察を試みる。

3　共同租界の建築規制と中国風家屋

　ここで北四川路地区に建てられた永安里と恒豊旧里を実例として1918年から
1928年までの間に、同地区に建てられた中国風家屋と工部局が規定した建築規
制の関係を検討する。
　1933年『上海地産大全』の中に収録されている「上海公共租界工部局所訂房
屋建築規制」[注25]においては、住宅地の路地幅、間口寸法に関する明確な規定は
見当たらないが、「房屋四周之空地」、要するに住宅周辺に設けるべき空地面積に
関する規定は下記のように示されている。

　　（一）当該建物の高さは2階以下である場合、その周辺の空地面積は、外壁
　　　　を除いてその建物背面の高さ×10尺をその最小限とする。
　　（二）当該建物の高さは2階以上である場合、その周辺の空地面積は、外壁
　　　　を除いてその建物背面の高さ×15尺をその最小限とする。

　すなわち、採光と通風のため、住宅周辺の空地面積は、二階建て以下の建物
の場合は、最小限で「建物背面の高さ×10尺」（ここの尺は中国営造尺を指す。1尺
=0.32m）、二階建て以上の建物は、「建物背面の高さ×15尺」と決められていた。

269

Ⅱ部　上海都市空間の形成と英日中関係

写真 8-3　ディックスウェール・ロードの外国風家屋

写真 8-4　恒豊旧里の中国風家屋

写真 8-5　恒豊新里と旧里の間の狭い路地

上記写真はいずれも筆者 2012 年 4 月撮影

図 8-3　永安里 2007.6、2010.9 実測配置図（筆者作成）

写真 8-6　永安里のゲート 2010.9 撮影

　以下では、永安里、恒豊旧里の各住宅列の間の空地面積について検証する。
　永安里は、ダラッチ・ロードと北四川路に面する店舗兼住宅で、その入口は道路に面して開かれている（図8-3）。中の専用住宅は、4列に配置され、1列は4つのブロックに分けられて合計 16 ブロックが数えられる。なお、1 つのブロックに 10 軒の住宅が含まれる。すなわち永安里は道路側の店舗列を除き、160 軒の専用住宅を有することになる。その中の 1 つのブロックは、横が 215.183 メートルで、縦が 32.19 メートルの長方形になる。ダラッチ路側のゲート（写真8-5）を潜ると、間口 2.19 メートルで、奥行き 13.72 メートルで住宅面積 30 平方メートルの建物が幅 1.5 メートルの路地に面し、ずらりと立ち並ぶ（写真8-6）。
　建物周辺の空地面積を計算するには、永安里における 1 つのブロックが同一構造体の建物と考え、ブロックとブロックの間の距離、すなわち路地の幅が検証対象となる（図8-3の黒で塗っている部分）。
　永安里の個々の家屋は、3 階建てで階高は 3.3 メートルであるため、建物本体の高さは、9.9 メートルになる。前掲共同租界の建築規制に基づき、住宅ブロックの間の空地面積は、9.9m（建物の高さ）× 4.8m（15 尺）=47.52㎡ が最小限と決められていたが、実際、永安里の路地面積は、43.90m（路地長さ）× 2.955m（幅）

270

=129.72㎡である。これで永安里における住宅配置の寸法は、共同租界の建築規制を満たしていると考える。

ついで、恒豊里の一部分となる恒豊旧里を見る。同じ敷地内に建つ恒豊新里は2階建ての2戸一の外国風家屋で路地や家屋の空間はゆったりとしている。しかし、恒豊旧里は、中国風家屋で路地幅と個々の家屋の規模が小さくなり、一列に2つのブロックがあり、合計48軒の住宅がある。実測調査から下記のような寸法と情報が得られた。

恒豊旧里と恒豊新里の間の路地は1.48メートルしかない（写真8-5）。中国風家屋は間口4メートル、奥行き13.507メートルで、1階の面積は54平方メートルであり、建物の高さは11メートルである。3階建てに屋根裏部屋があり、煉瓦壁と木構造である。階段室のスペースをなるべくおさえるために、急勾配の階段が設計されている意図がうかがえる。入口に高い塀と黒門が設けられ、外からは中の様子を窺えない（写真8-4）。このような密集した住宅でさえ、共同租界の建築規制を満たしている。

計算すると、恒豊旧里と恒豊新里の間の路地面積は、96m（路地の長さ）× 1.48m（路地の幅）=142.08㎡であり、工部局規定の建物周辺の空地の最小限の11m（建物の高さ）× 4.8m=52.8㎡をはるかに越えていたことが判明する。

以上の分析により、不動産開発業者は、1列の長屋の長さをなるべく延ばして住宅列の間の路地幅を調整し、各住宅のブロックの間における空地面積さえ確保すれば、建築規制違反にならないことがわかった。建築規制を満たした中で、敷地いっぱいまでなるべく多くの住戸を建設するという永安里、恒豊里の開発業者の開発意図が鮮明に窺える。

4 RIBA の建築家たちと住宅設計

北四川路のみならず、近代上海に出現した大量の外国風家屋の源流を探るため、上海を拠点としたイギリス人建築家の教育、実務経験及び中国での実績に関する文献調査を行った。その結果、イギリスロイヤル建築協会（RIBA）の図書館で20名のイギリス人建築家のRIBA会員推薦状と経歴書を入手できた。

19世紀後半から20世紀前半まで上海で活躍したイギリス人建築家の経歴を辿っていくと、彼らはイギリス国内で建築の専門教育を受け、建築事務所で実務経験を積んでから、上海に渡航し、設計活動を行ったその経緯を読み取れる。

ヘーベート・マーシャル・スペンス（Herbert Marshall Spence）は、1901年から1908年にかけて、ニューカスル等の建築事務所、イギリス土木省（H. M. Office of

Ⅱ部　上海都市空間の形成と英日中関係

Works）のロンドンオフィスの設計助手を勤めた後、1919年12月に上海の建築組織事務所スチュワードソン＆スペンスに入所した。彼が上海で関わった仕事は、ジャーデン・マセソン商会の新社屋、郵便局と競馬場倶楽部のほか、建設単価1000ポンドから5000ポンドの住宅が見られる[注26]。

　また、ジョン・トーレンツ・ウィンヤード・ブローケ（John Tallents Wynyard Brooke）は、1906年に、RIBAの試験に合格し準会員となったのち、上海に渡った。彼は、デヴィス＆トマス（Davies & Thomas）に入社し、4年間の経験を積んでから、デヴィス＆トマスのパートナーとなり、上海とその周辺地域で設計に携わった。彼とパートナーたちは、フランス租界の公董局の警察署、刑務所、上海競馬場の300～400頭の馬を収容する休憩所、上海斜橋クラブ（Country Club）の水泳場、バトミントン・コート、ラケット・コート等を設計した。また、多数の個人住宅とコテージも彼の作品集の中に含まれていた[注27]。

　もう一人のジョン・ウィルフレド・ウィルソン（John Wilfred Wilson）は、1902年に、バーミンガム市立芸術と技術学校を卒業し、1908年まで独学やバーミンガム近くのノースフィルドの建設・土木事務所、及びサットン・コールドフィルド市に務め、多数の市営建物の設計に携わった。1921年、上海に渡航し、A・E・アルガ上海オフィスの首席建築家となった。上海の紡績工場、山東省秦皇島市の印刷工場、中国人ビジネスマンの商館、大きいテラスハウス、個人住宅が彼の主な実績であった[注28]。

　上記3人の経歴を見ていくと、上海で活躍していたイギリス人建築家はイギリス本国との関係性が強いことが分かった。彼らは、19世紀から20世紀初頭までイギリス国内で流行っていた住宅の様式と平面の影響を受け、上海で住宅設計に取り込んでいたと考えられる。その中で北四川路地区に建てられた外国風のテラスハウスはその恰好の実例であったと見られる。

3　北四川路地区の特徴

1　貴重な郊外住宅地

　1900年代から、北四川路地区に公園、水泳場、パブリック・スクール男子校と日本人小学校が整備され、上海外国租界における郊外のレジャー兼住宅地の一つとして形成されつつあった。

　まず、19世紀半ばから後半までの上海共同租界の居住環境について概観する。1862～1863年の太平天国の乱の後、内乱から逃れるため、中国人が外国租界に

8 北四川路の日本人住宅地と英日中

流れ込んだ。中国人への住宅提供はイギリス商人にとって不動産投資の絶好の機会であり、イギリス租界は中国人居住地として変貌している。例えば、イギリス租界を記録した 1864-1866 年地図（口絵の地図 10、第 3 章）を見ると、淡い黄色で示される中国人用住宅はイギリス租界の半分以上の地区を占めているが、深い赤色で示される外国人商館、ベージュ色で示される外国人倉庫はあくまでも黄浦江沿いのバンドから三本の道路までの街区に立地している。繁華街の南京路、福州路には中国人商店がぎっしりと建ち並び、イギリス租界と言いながらも完全に中国人商店街に変身している。この状況を鑑み、外国人が居住密度の高い中心市街地から逃れ、郊外で閑静な住宅地を開発することは自然の成り行きとなった[注29]。

実際、1890 年代の新射的場の建設と同様に、1906 ～ 1907 年の虹口レクリエーション・グラウンドと水泳場の整備も上記の背景を反映している。上海宝山不動産会社の設立もこの地区における不動産開発をするためであった[注30]。

ついで上海租界の都市公園と公共緑地の割合という観点から北四川路地区の重要性を分析する。1907 年の上海地図（口絵の地図 11）をみると、共同租界とフランス租界において、バンド先のパブリック・ガーデン、競馬場のレクリエーション・グラウンド、及びフランス租界の宝仙橋墓地が比較的大きな緑地であった。租界外に位置する北四川路の北端にある広大な虹口レクリエーション・グラウンドは、まぎれもなく近代上海における重要な都市公園の 1 つであった。

そして、この公園には、テニス・コートや大きな池、正面に水泳場が整備され、ほかの公園よりも施設面で優れている。工部局は、虹口レクリエーション・グラウンドの整備に特に力を入れた。例えば、

〈1910 年 5 月 25 日　工部局会議記録〉
虹口レクリエーション・グラウンド：工部局は、ローン・テニス等の施設を虹口レクリーション・グラウンドのために提供するとの提案を支持する。（工部局）委員会は、当件に関する具体的な提案が造られたら、（担当者に）通知してもらうようと提案した。議長が公共レクリエーション・グラウンドにおける人気の倶楽部や公共用の遊び場の配分を、虹口レクリエーション・グラウンドの施設と比較できるようにすると提案した。この件に関する特別報告と考察が必要になる。

上記の記録から、共同租界内の既存の競馬場内にあるパブリック・レクリエー

273

II部　上海都市空間の形成と英日中関係

ション・グラウンドの施設配置を参照しながら、上海に居住する外国人が使用するという前提で虹口レクリエーション・グラウンド内の施設を懸命に整備するという工部局の意図が鮮明に現れている。更に、この施設の重要性は次の文書からも窺える。

　　〈1914年4月29日　工部局会議記録〉
　　虹口レクリエーション・グラウンド：極東運動選手連盟の競技委員会の名誉秘書からの手紙が届き、国際オリンピックゲームのために同グラウンドを使用したいという希望が述べられた。議長は最近再出版された規則集に基づき、同グラウンドが外国人コミュニティ専用に留保されている事実を指摘した。けれども、工部局は、公園委員会に意見を求める前にこの件に関する投票を準備しない。

　すなわち、虹口レクリエーション・グラウンドは、広大な敷地に充実した施設があり、国際オリンピック競技場として使用したいと極東運動選手連盟が希望したというのである。しかし、現状では、それは上海在住外国人の専用施設であるため、工部局としては直ちに同意できず、公園委員会の意見を待ちたいとした。
　以上、1860年代上海共同租界における中国人の居住状況による同租界の変容過程、租界内における公共公園の割合及び工部局による虹口レクリエーション・グラウンドの整備過程から、北四川路地区は当時の上海租界における一つの郊外レジャー兼住宅地の重要性が窺えた。

2　南北方向で唯一の幹線道路

　北四川路の重要性をさらに探るため、視線を共同租界の南に向け、北四川路とフランス租界と県城との関係性に着目する（地図8-1）。共同租界の中心部にある四川路は南に下って洋涇浜を越え、フランス租界にある天堂街となり、県城の新北門に到達する。工部局は四川路、フランス租界の天堂街に続き、北四川路を県城に通じるように意図的に整備したと考えられる。
　結果的に、北四川路、四川路と天堂街からなるこの一本の道路が県城、フランス租界、共同租界、1920年代からは日本人住宅地として成長し、「日本租界」とまで呼ばれるようになった北四川路地区を縦断する幹線道路となった。この道路は県城から外国租界や北四川路地区に働きに来た中国人、フランス租界と

274

共同租界で生活かつ仕事する欧米人、及び北四川路地区に居住し、仕事や娯楽で租界内に来る日本人にとって必要不可欠な幹線道路となった。

　四川路と北四川路は、現代上海の都市整備においても重要であった。旧フランス租界の天堂街は「四川南路」、旧イギリス租界の四川路は「四川中路」、北四川路は「四川北路」と名付けられた。なお、当該道路の道幅は拡大され、依然として上海市内における交通量の多い幹線道路である。

　一方、北四川路が 1910 年代から中国人県城、フランス租界、共同租界及び日本人住宅地を連結する重要な幹線道路に成長した結果、北四川路地区は市街地の中心部から遠く離れているように見えるが、実は交通便利な郊外住宅地になった。

4　日本人の移住と北四川路の変容

1　日本人の移住経緯

　日本人が北四川路地区に居住する最初の記録は、1904 年上海地図 *The Foreign Settlements at Shanghai 1904*[注31] にある。同地図は北四川路を正式に表示していないものの、道路の輪郭を鉛筆で示している。租界の境界線から北へと延びる道路の両側に、「日本人」、「日本人住家四五軒」と手書きの赤文字で記している。これで、1904 年時点で上海共同租界の外部に位置する北四川路地区に日本人による小規模な集住形態が窺える。以下のアメリカ人ヘーベート・デー・ラムソンによる記録[注32] から日本人が北四川路地区に住み着いた背景を読み取れる。

　　　一時期、安い賃貸料と土地価格が原因で、北四川路地区には、小規模のアメリカ人居住者があり、主に宣教師であった。最初のアメリカ人学校は 1912 年賃貸住宅地の中に開設された。しかし、小売り業者と中国人ネーティブの安価な住宅地へと転じる傾向が現われ、また日本人が同地区を自分たちの居住地にすると決心したように流入してきた。同時に、フランス租界で新しい住宅地開発が行われた結果、アメリカ人が転出し、アメリカ人学校も（フランス租界に）移転され、そこで新たに建設される計画であった。

　いわば、家賃と土地代が安いため、1912 年時点で主にアメリカ人宣教師が北四川路地区に居住していた。しかし、この地区は、次第に「小売商の地区に変容する」、「中国人住民の安価な住宅地」、そして「日本人が流入し、この地区を

II部　上海都市空間の形成と英日中関係

表 8-1　上海における日本人分布状況（1927 年上海日本領事館調査）

東部楊樹浦方面　戸数 335 戸、人口 4,041 人	戸数	人口
楊樹浦路、公平路、韜明路、華徳路、培開爾路、保定路、匯山路	127	1,042
大連湾路、茂海路、舟山路、麦克利克一帯、昆明路、附近一圓	32	425
華徳路（康泰織布廠）附近	29	448
上海紗廠工場社宅及び其の附近	29	127
東華工場社宅及び其の附近	26	585
公大紗廠工場社宅及び其の附近	31	715
裕豊紗廠工場社宅及び其の附近	21	218
大康紗廠工場社宅及び其の附近	29	326
同興紗廠工場社宅及び其の附近	11	154

中部（虹口方面）　戸数 1,997 戸、人口 7,582 人	戸数	人口
文路、西華徳路、附近一帯	46	268
閔行路、新康里、密勒路、各一部	115	807
南潯路及び華徳路の一帯	125	521
文路の一部、日本人倶楽部附近	42	252
乍浦路（天潼路、北靶子路以南海寧路の一部）	121	623
北蘇州路（海寧路、北四川路、靶子路の一部）	31	181
赫司克而路全部及び其の附近	40	192
呉淞路、漢壁礼路、昆山路の一部	188	945
昆山路の一部と義豊里の一廓	59	202
呉淞路（昆山路以北、湯恩路以南、海寧路、鴨緑路一帯）	265	1,015
靶子路（呉淞路角より赫司克而路に至る）	122	722
呉淞路の一部及び東興里の一廓及び其の附近	53	420
鴨緑路、斐倫路、密勒路、瑪礼遜路一帯	158	885
東有恒路、東鴨緑路、梧州路、狄思威路の附近一帯	83	470
西嘉興路一帯（徳馨里、厚徳里、映生里、支那市場附近全部）	159	529
虹江路（長吉里、徳厚里、太富里、松柏里、一帯）	160	672
東寶興路（順慶里、余潤里、邢家木橋一帯）	181	528
海能路（大安里、寶徳里一帯）	23	150

自分たちの集住地にしよう」としていた。

　同時期において、ちょうどフランス租界で新たな住宅開発が行われているため、アメリカン人学校の移転と共にアメリカ人も北四川路地区からフランス租界へと転出していった。このような流れのなかで、1910 年以降、北四川路地区は徐々に日本人居住地へと変容していく。

　1927 年の上海日本領事館の調査では、北四川路を中心に、ディックスウェール・ロード（Dixewell Road、狄思威路）からスコット・ロード（Scott Road、施高塔路）、およびやや北のほうにある江湾路附近まで居住している日本人世帯は 2,458 戸で、日本人居留民の人口は 7,019 人にのぼった（表 8-1）。

276

北部　戸数 2,458 戸、人口 7,019 人	戸数	人口
北四川路（厚徳里、Ba 子路其附近一帯の地域）	236	586
北四川路（三義里、福徳里、大徳里、崇徳里、戈登里）	170	330
北四川路（丁興里一廓、禁里、厚徳里）	92	194
東寶興路（克明路、順天里、福壽里）	105	281
北四川路（西士慶里、順生里、明通里）	62	226
北四川路（余慶坊、及び其の隣接地一帯）	168	338
北四川路（阿瑞里及び其の附近一帯）	36	188
北四川路（吟桂路、東安楽里、西安楽里、栄華里）	226	792
北四川路（ヘレンテレス及び其の附近一帯）	39	153
北四川路（マグノリヤ及び其の附近一帯）	55	306
寶楽安路全部及び其の附近	61	391
北四川路（横浜橋以北電車終点、東慶里、永安里）	91	262
北四川路（西崇福里一帯及び其の附近）	75	181
北四川路（豊和里、志安坊、キープルガーデン及び其の附近）	72	269
東横浜路一帯及び其の附近	258	592
東横浜路徳培里及び其の附近一帯	190	319
狄思威路（楊家浜路、慶楊路、狄思威里、祥園、祥茂里、増金里、月迪家花園附近一帯）	163	221
施高塔路（東照里、公園里、千愛里、恒豊里及び其の附近）	95	672
黄羅路、朝日街及びその近傍一帯	55	209
（閘北）東江湾路、花園街、大和街、中興路、環生坊、祥瑞里、大東街、問済路、寶山路、顔家湾路、恒蒙里	62	266
（閘北）江湾路大東街及び其の附近一帯	18	82

南部　英租界、佛租界一帯　戸数 315 戸、人口 875 人	戸数	人口
江西路、泗涇路、福州路、広東路、南京路、河南路及び其の附近一帯地域	172	394
四川路、漢口路、九江路及び其の附近一圓	85	146
霞飛路及び其の附近一帯地域	58	335

西部　戸数 587 戸、人口 2,364 人	戸数	人口
日華紗廠工場（喜和、嘉豊を含む）及び社宅附近一帯	291	1,527
内外紗廠工場社宅及び其の附近	192	636
同興紗廠工場社宅及び其の附近一圓	104	287

その他の地方滞在者概数　戸数 611 戸、人口 5,055 人	戸数	人口
総領事館及び舍内工部局宿舍、銀行會社社宅紡績会社以外の會社工場、同文書院	224	3,045
前記以外の独身者及び無届在住者	247	704
朝鮮人	53	876
台湾人	51	442

総計　戸数 6,267 戸、人口 27,022 人
内地人戸　5,969 戸
朝鮮人戸　247 戸
台湾人戸　51 戸
出典：邦人各路別分布表（昭和 2 年 12 月末上海日本総領事館調査による）

Ⅱ部　上海都市空間の形成と英日中関係

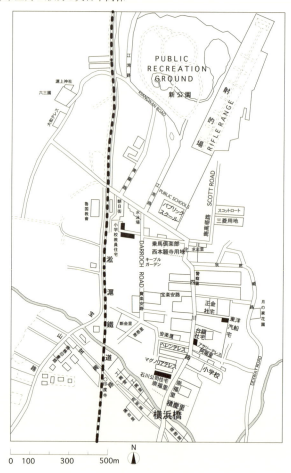

図 8-4　1918 年北四川路（日本国会図書館所蔵「最近上海実測
地図」、請求記号：YG1-C9 より筆者作成）

2　北四川路の変容

　1918（大正 7）年の「最近上海実測図」（図 8-4）は、日本人が作成した一番古い北四川路地区の実測地図と見られる。同地図から、1918 年の北四川路地区には建物がまだ密集せず、空地が多く、レクリエーション・グラウンド、テラスハウスと日系企業の社宅や日本人用の公共施設が立地する閑静な郊外住宅地であっ

8　北四川路の日本人住宅地と英日中

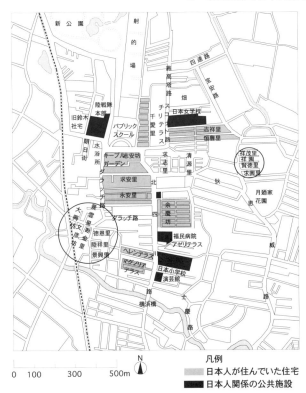

図8-5　1928年北四川路（上海図書館所蔵「上海市街地図」より筆者作成）

た様子がわかる。

　まず、横浜橋より北側の市街地について説明する。広大な虹口レクリエーション・グラウンドの前に、台銀（台湾銀行）、正金（横浜正金銀行）、東洋汽船の社宅、乗馬倶楽部と西本願寺用地、三菱用地が見られる。

　ついで日本人用の施設に着目すると、虹口レクリエーション・グラウンドの西側に、滬上神社（上海神社の別称）、六三園が建てられ、東側のデクスウェール・ロードに日本料理屋「月の家花園」の存在も確認できる。日本人小学校が北四川路に面して建てられた。同時に、マグノリア・テラス、ヘレン・テラス、アゼリ・テラスがあり、日本人社宅は台銀社宅、正金社宅、東洋汽船社宅、小学校教員住宅があった。都市交通手段は路面電車が中心であり、それが共同租界、

279

II部　上海都市空間の形成と英日中関係

フランス租界、県城まで直通している。

　10年後の1928年の「上海市街地図」(図8-5) では、日本企業の社宅や、北四川路とダラッチ・ロードとの間に存在していた狭小な敷地が消えていることに気づく。そのかわりに両道路の間を占める大規模な住宅地、例えば「永安里」、「求安里」が確認出来る。北四川路の東側における東洋汽船社宅と台銀社宅の跡地に「余慶坊」が建てられた。さらに、北四川路、ダラッチ・ロード、及びスコット・ロードから少々外れた所に、不規則な裏道に沿って小さな「里」と記される住宅の存在も見落とせない。

　例えば、ダラッチ・ロードから西南方向に斜めに伸びる一本の不規則の道路の両側に、「徳恩里」「陸興里」「東陸里」「徳培里」「大陸里」(2012年4月調査時点でまだ存在、図8-5) がぎっしりと立ち並ぶ。このような住宅地配置から、当時の不動産開発業者が、日本人を含め、増加した人口に賃貸住宅を提供するため、土地さえあれば、住宅を開発する高い意欲をうかがえる。

　最後に、1928年北四川路地図と筆者らによる現地調査 (2007-2012年) の成果に基づき、南側から北側へと北四川路を移動する時に展開する日本人住宅地の光景を復元してみたい。

　日本人になじみの横浜橋を渡り、北四川路に沿って北方向に歩くと、左手に2階建ての赤煉瓦造のマグノリア・テラスとヘレン・テラス、右手に4階建ての鉄筋コンクリート造の日本人小学校がある。日本人小学校のすぐ裏側にアゼリ・テラスと福民病院がある。北に進むと、右手に3階建ての煉瓦造中国風の余慶坊、及び広々とした広場に面して建つ3階建てのサッスーン・アパートがあり、赤と黒煉瓦のファサードが特徴的である。

　その斜めの向かい側に、密集した中国風家屋の永安里、求安里と志安坊が隣接して建っている。北四川路の突き当たりに、日本恒産地産公司が建てた店舗住宅兼用のチリ・テラス (千愛里) の商店列が見える。北四川路を左側 (西) に曲がると、工部局が建てたパブリック・スクール男子校と虹口レクリエーション・グラウンド、及び正面に白い建物の日本陸戦隊本部が見える。北四川路を右側 (東) に曲がると、スコット・ロードに出る。スコット・ロードの右側 (東) に恒豊里と日本女学校、左側 (西) に大陸銀行の社宅がある。

　北四川路地区の住宅の共通点は、中の住宅列を取り囲むように、外側の列は街路に面して建てられていることにある。例えば、マグノリア・テラス、ヘレン・テラス、余慶坊は街路に面する表の列は商店兼住宅として使われる。一つの住宅地は、表の商店列と中の住宅列から構成されるが、異なる様式により、住宅

280

路地の幅、住宅の規模（庭、間口、階数と階高）とファサードが違ってくる（後述）。街路に面して開かれるゲートや門を潜ると、そのまま、中の住宅路地に出る。その中に長屋の列が細い路地に面してずらりと建ち並ぶ。

しかし、イギリス本国での情景は違う。例えば、ノリッチ（Norwich）やライ（Rye）の住宅地を訪れると分かるが、街路に面する住宅列とゲートの様子は今なお存在する上海の長屋住宅の入り口と同様だが、一歩、中に進むと、高密度な住宅列ではなく、住民たちの美しい共有庭園となっている。

5　日本人の住宅と都市施設

1　日本人の住宅

1927（昭和2）年末に上海日本領事館が行った「邦人各路分布表」（表8-1）調査により作成された北四川路地区の旧日本人住宅地のリストに基づき、本節では、日本人が居住していた外国風家屋と中国風家屋を取り上げ、個々の住宅地の空間特性と日本人が居住に対する工夫を詳細に解析する。

（1）マグノリア・テラス（麦拿里）

聞き取り調査では1909年築と伝えられている。1927年12月末の上海日本領事館調査で、マグノリア・テラスとその附近に、55世帯で合計306人の日本人が住んでいた（表8-1）。元日本人住民の証言と2007年6月の建築実測調査からマグノリア・テラスの配置図を作成した（図8-6）。敷地全体の形は縦長で入口は北四川路に面し、住宅列がその奥に伸びる。当該テラス・ハウスは日本人小学校の向かい側に立地し、住民の子弟がこの小学校に通っていたと伝えられる。北四川路に面する部分は連続商店であり、それと背中合わせの形で後ろ側に1列目の住宅棟が建っている。表側の北四川路からは中の住宅棟は見えない。2、3列目の住宅棟は幅9メートルの路地に面して建てられている。4列目だけは建物が横向きに並んで一列となっている。合計49軒の住宅があったが、現在、1列目の北部分、2列目と3列目の半分しか残っていない（写真8-7）。

マグノリア・テラスは洋風長屋建てで、1軒の住宅は2階と屋根裏階の主屋と裏の附属屋より構成されている。構造は煉瓦外壁で木構造である。外観は1階と2階とも、同じ幅の連続アーチで、屋根に突き出ているドーマー（dormer）が特徴的である。赤煉瓦の外壁とアーチだが、アーチの中心にあるキー・ストーンのみが石材料で、外観全体のアクセントとなる（写真8-9）。

Ⅱ部　上海都市空間の形成と英日中関係

(1)マグノリア・テラス

写真 8-7　1930 年頃

写真 8-8　2012.9 筆者撮影

写真 8-9　2012.9 筆者撮影

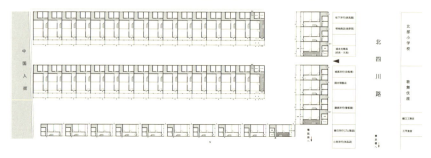

図 8-6　マグノリア・テラス配置図（2007 年 6 月の聞き取りと実測より筆者復元）

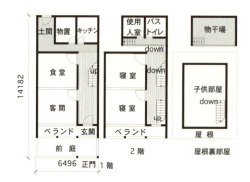

図 8-7　マグノリア・テラス 2007 年 6 月の実測平面図（筆者作成）

　図 8-7 は住宅の標準平面復元図である。1 軒の住宅の間口は 6.496 メートル、奥行きは 12.182 メートル、1 階の面積は 79 平方メートルである。平面は片廊下式で、正面玄関から入ると、右手は部屋列で、左手は廊下である。部屋は廊下に沿って並び、2 階への階段が廊下に設けられている。ベランダに面する部屋は

282

客間で後ろに続く部屋は食堂として使われていた。1階のベランダはガラス窓などを設置し室内化して客間の一部や事務所として使う家庭が多かったと言われる。2階は1階と同じ構成で、廊下に沿って二つの寝室が並ぶ。寝室は基本的に畳部屋で、屋根裏部屋は子供の寝室として使われる例が多かった。

主屋の裏側にある附属屋は主屋と土間を挟んで建つ。土間は外壁のみで囲まれ、屋根は覆われていない。中国人の使用人アマ（阿媽）がよくこの小さな土間で作業をしていたと言われる。1階は物置とキッチン、2階は使用人室とバス・トイレで、屋上は物干場として使われていた。

（2）ヘレン・テラス（海倫里）

ヘレン・テラス（現在、柳林里と呼ばれる）は、マグノリア・テラスの北側に位置する。1927年の領事館調査では、マグノリア・テラスとその附近に39世帯で合計153人の日本人が居住していたと記録されている。ヘレン・テラス全体の配置図の採取は困難であったが、個々の住宅の平面と立面を作成することができた。1946年の上海住宅地図と現地調査を照合した結果、北四川路に面する商店列はすでに解体され、前後2列のみが現存していることが判明した。その2列の住宅は、幅約4メートルの路地に面して向かい合わせに建っている。

前庭は、戦前、日本人が居住していた時のように、その形を留めている。建物は煉瓦壁と木構造の洋風長屋建で、1列目には16軒、2列目には19軒の住宅がある（写真8-10）。外観は赤煉瓦の外壁で、壁面は1、2階とも同じ幅の連続アーチが特徴的ある。そのアーチを支える台座と中心のキー・ストーンは石で造られ、外観全体のアクセントとなる。各住戸の屋根には、三角形のドーマー窓が突き出ている点も特徴的である（写真8-11）。

マグノリア・テラスのように、このテラス・ハウスの住宅は主屋とサービス部分の附属屋より構成されている（図8-8）。主屋は間口6.950メートル、奥行き17.540メートルで、面積が122平方メートルとなる。平面は片廊下式で、前庭に面する部分は客間で、裏に食堂が続いている。2階も同じ構成で、二つの主寝室が廊下に沿って配置されている。屋根裏部屋を子供の寝室として使っていた家庭が多かった。寝室には一般的に畳が敷かれていたと言われる。

裏の附属屋は主屋との間の土間を隔てて建てられている。1階は浴室と台所で、2階は使用人室と便所であった。土間は石畳みで、使用人のアマの米や野菜洗いの作業場や洗濯場としてよく使われていたそうである。

マグノリア・テラスとヘレン・テラスのような片廊下式の主屋の平面は、一

Ⅱ部　上海都市空間の形成と英日中関係

(2)ヘレン・テラス

写真 8-10　全体図 2007.6 筆者撮影

写真 8-11　住宅正面 2007.6 筆者撮影

図 8-8　2007.6 実測平面図（笹井夕梨氏作成）

(3)アゼリ・テラス

写真 8-12　外観 1926 年

写真 8-13　2012.4 月（筆者）撮影

写真 8-14　路地（1930 年）

写真 8-15　2 階和室（1931 年）

（以上の古写真は池田誠子氏より提供）

8　北四川路の日本人住宅地と英日中

フロアーに部屋が二つ、階段は廊下に置かれる平面は英語で Two-up-Two-Down
様式と呼ばれる。附属屋は Extension と呼ばれる。この種の家屋は 19 世紀末期か
らロンドン及びイギリス東南部で不動産業者により労働者階級のために開発し
た小、中サイズのロウ・ハウス（Row House）の系譜に属する[注33]。イギリス人不
動産業者はイギリス国内、特にロンドンで大量生産された労働者階級の住宅形
式を上海に輸出していたと考えられる。

(3) アゼリ・テラス（阿瑞里）

　アゼリ・テラスは福民病院に隣接してやや南側に立地し、一列のみ 12 戸より
構成される。1927 年の上海領事館の調査によると、アゼリ・テラスとその附近
には 36 世帯で 188 人の日本人が居住していた。建物はまだ現存しているが大幅
に改築されている（写真 8-13）。1921 〜 1933 年、アゼリ・テラスに居住していた
三井物産の元職員の娘への聞取り調査により、本来の住宅を復元することがで
きた。当時、夫婦と子供 2 人、及びアマと日本人の女中が一緒に住んでいたそ
うである。

　アゼリ・テラスは公共広場に面して建ち、正面の前庭に高い門柱と鉄門が設
けられていた（写真 8-12）。個々の住宅は広大な前庭を有し、総 2 階建てと屋根裏
部屋より構成される。外観はマグノリア・テラスやヘレン・テラスと同様に、1
階、2 階とも、同じ幅の連続アーチがアクセントとなっている。1 階の廊下は、
ベランダとして開放できる。しかし、2 階のベランダは、その下部に鉄の欄干裏
で引き戸、上部にガラス窓が嵌められ、室内化されている（写真 8-12）。

　当時の家族写真をみると、前庭からいくつかの階段をあがると 1 階のベラン
ダになり、そこから正面玄関に入る。家族は 1 階のベランダの半屋外空間を楽
しんでいたという。現在 1 軒の家に大勢の人が住んでいるため、住宅内部の調
査は不可能であったが、恐らくアゼリ・テラスもマグノリア・テラスと同様に、
two-up-two-down 形式で、玄関と一直線の片廊下に面し、前後 2 室が並ぶものと
推測する。1 階のリビングは洋風造作で暖炉が付いている。2 階は室内化したベ
ランダを含め、部屋に畳が敷かれていた（写真 8-15）。アゼリ・テラスが面する外
部の空間は、子供たちの遊び場となった（写真 8-14）。

(4) サッスーン・アパート

　このアパートは北四川路と交差する長春路に面して建つ。サッスーン商会が
開発したため、サッスーン・アパートと名付けられた。北四川路に面する店舗

285

II部　上海都市空間の形成と英日中関係

(4)サッスーン・アパート

写真8-16　正面
(以上の写真は西川聖氏より提供)

写真8-17　治療室

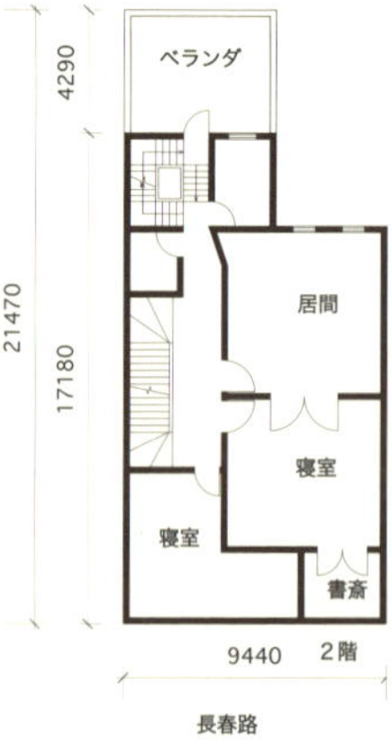

写真8-18　リビング

図8-9　2007年6月
3階実測平面（笹井夕梨
氏作成、筆者修正）

写真8-19　外観
(2012.4 筆者撮影)

写真8-20　正面
(2012.4 筆者撮影)

写真8-21　裏の附属屋
(2012.4 筆者撮影)

の部分があるため、長春路まで入らないと、アパートの様子を窺えない。1937年から1945年の終戦まで、このアパートの1軒を借りて歯科医を経営していた旧西川医院への聞き取りと戦前の写真と資料に基づき、建築特徴について分析する。

　アパート全体は一つの構造体からなる長屋で、木構造と煉瓦壁である。外壁は、中国製の黒煉瓦で、窓枠のアーチ部分のみ、赤煉瓦によりアクセントが付けられている。ただし、戦後の改築により、本来の装飾模様が判りにくくなっている。住宅は、前庭、表の主屋と裏の附属屋より構成される（写真8-19、8-20、8-21）。規模はマグノリア・テラスと比べて比較的大きく、いわゆる Large Terrace [注34] の系譜に属する。

286

主屋は総三階建てと屋根裏部屋である。住宅の実測調査を試みたが、現在、1軒の家に多数の世帯が雑居状態のため、3階のみスケッチができた。平面は片廊下式で、この点はファサードにも反映されている。写真8-20が示す住宅は、3つの同じ幅のスパンにより構成されている。その3つのスパンが、建物のファサードにおいて、3つの同じ幅の付けアーチで表現されている。屋根裏部屋が高く聳える部分には、入口ホールと階段室が設けられている。中の部屋は階段とホールを取り囲むような形で配置されている（図8-9）。

西川聖氏の証言及び家族写真によると、1階は歯科診療室（写真8-17）、2階はダンスホール兼居間、3階は寝室であった。屋根裏部屋は祖父の鳥小屋であったと伝えられる。写真8-18を見ると、内部の設えは基本的に洋風であるが、中国風の家具も置かれていた。裏の附属屋にはキッチン、水回り及び専用の階段室が配置されていた（図8-9）。

(5) 恒豊新里

恒豊新里は恒豊里の一部で、中国風の恒豊旧里（1905年築、3節を参照）よりやや遅れて建てられたテラスハウスであるため、「新里」と呼ばれる。住宅のメインゲートはスコット・ロードに向けて開いている。1927年の上海領事館の調査ではスコット・ロード附近、恒豊里、チリ・テラス等の住宅地に95世帯で672人の日本人が居住していたという（表8-1）。

この住宅は2列構成である。スコット・ロードの入り口に立って見ると、北側の列は正面玄関と前庭が路地に面して「縦向き」に建つが、南の列は住宅の側面が路地に面して建てられ、「横向き」となっている（図8-10、写真8-22）。それは、恐らく、敷地の南北方向の土地が足りないため、右側の列を横向きにして住宅を配置したと考えられる。更に、その列に中国風家屋の路地に面する外壁が高く建てられ、窓やドアなどの開口部が一切ない（写真8-5）。加えて路地幅は、わずか1.480メートルしかないため、路地空間は更に狭く暗くなっている。このように、外国風家屋と中国風家屋は同じく「恒豊里」であるが、両者の間に上記のような高い壁と狭い路地の設置により、まったく異なる住空間が展開することになる[注35]。恒豊新里の外国風家屋の路地幅は3メートルで、左側の半屋外の前庭空間に加え、ゆったりとした路地空間となり、子供たちの遊び場となっていた（写真8-23）。

外国風のテラスハウスは、前庭と主屋より構成され、2階建と屋根裏部屋で、構造は煉瓦壁と木構造である（図8-11、写真8-24）。間口は7.740メートル、奥行

Ⅱ部　上海都市空間の形成と英日中関係

(5) 恒豊新里

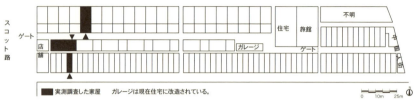

図 8-10　恒豊里全体配置図 2011 年 9 月実測（筆者作成）

図 8-11　2007、2010 年住宅実測平面図
（筆者作成）

写真 8-22　路地（1940s）　　写真 8-23　路地

写真 8-24　外観　　　　写真 8-25　前庭に面する部屋

写真は 2010 年 4 月筆者撮影

288

8 北四川路の日本人住宅地と英日中

(6)永安里

図 8-12　2007.6 実測住宅平面図（筆者作成）

写真 8-26　路地（2010 年筆者撮影）

写真 8-27　外観（2010 年筆者撮影）

きは庭が 6.11 メートル、住宅部分が 12.112 メートルで合計 18.2 メートルで、面積は総計 141 平方メートルとなる。間取りは 2 列構成で、居室列とキッチン、階段、水回りのサービス列である。このような 2 列構成の間取りは外観にも反映されている。具体的に居室列の外観は大きな三角形の妻面 (gable) を見せるが、サービス列は平入の 2 階建てで陸屋根となっている。このようにして、サービス列は居室列に附属して建つ形になる。

2010 年 4 月に実測した住宅は、玄関正面に向かって左手に手前から前室、階段室と台所である。左手に手前から前庭に面する部分は居間（写真 8-25）で、その後ろに寝室が設けられている。2 階の右手に寝室、浴室と便所が設けられ、左手に 2 つの寝室がある。屋根裏部屋は、右手に寝室とバルコニー、左手に寝室が設けられている。このタイプの家は部屋数が多いため、前庭と前室をシェアし、1 階と 2、3 階を分けて住んでいた世帯もあった（聞き取り調査より）。

(6) 永安里

1927 年の上海領事館調査では、永安里、東慶里に 91 世帯で合計 261 人の日本人が居住していたという。永安里の個々の建物（写真 8-26）は煉瓦外壁と木構造の 3 階建てで、表の生活空間と裏のサービス空間が、一つの棟の中に収められ、

289

Ⅱ部　上海都市空間の形成と英日中関係

階段室は、その間に置かれている（図8-12）。裏側の部屋の階高は、表側の部屋より低く設定され、これで「表」と「裏」がはっきりと区別された。

　1階の正面入り口から入ると、まず、中国語で「天井」と呼ばれる小さな坪庭（幅2.19メートル×奥行き1.5メートル＝3平方メートル）があり、その坪庭を通り抜け、ドアを開けると、ダイニングとリビング室に出る。階段室を隔てて、台所ともう一つの「天井」がある。2階は、1階のダイニングとリビングの真上に、主寝室、浴室と便所が置かれている。3階も同じ間取りであり、寝室と貯蔵室として使われていた。裏側において、台所の上の中2階、中3階には、それぞれ、一つの小部屋が設けられていた。建物全体の採光部分は、前と裏の「天井」しかない。この種の住宅の部屋構成は、洋風のテラスハウスより断然コンパクトで、生活空間は最小限に抑えられていたと見受けられる。

　戦前、永安里に住んでいたクマノ・タツオ氏（Kumano Tatsuo）注36）への聞取りによると、主寝室は畳部屋で、中2、3階の部屋は、主婦の休憩室か子供の勉強室として使われていたと言う。

　　〈クマノ・タツオさんの証言〉
　　　このテラスハウスは何列かの同様な住宅を含め、4列か5列、私が覚えている限り。列ごとに20軒の住宅があり、10軒の住宅ずつで4つのグループを成している。ゲートは、直接1列目と2列目の通路に通じる。私たちが住んでいた家はゲートから7軒か8軒目の住宅で、裏門は通路に面している。正門に行くには、1群の住宅を1周回らないといけないため、私たちはいつも裏門から家に入る。住宅は3階建てである。裏門から入ると、すぐ右側はキッチンである。更に中に入ると、上階にいく階段を通過し、1つの広い部屋に入る。私たちはそれをダイニングルームとリビングルームとして使っていた。階段から上の階に上がると、右手に、即ちキッチンの上の階あたりに、1個の小さな気持ちの良い部屋がある。さらにいくつかの階段を登ると、バスルームとトイレがあり、その隣に主寝室がある。それは畳敷の和室で、私たちの場合は母がその部屋を使っていた。またいくつかの階段を上がると、同じくキッチンの上に1つの小部屋がある。上の3階も同じ間取りである。

（7）復興屯
　この住宅地も日本人にとって思い出深い場所である。1945年の日本敗戦後、

8 北四川路の日本人住宅地と英日中

(7) 復興屯

図 8-13　1940 年代の復元平面図
（笹井夕梨氏作成）

写真 8-28　入口

写真 8-29　路地

写真 8-30　住宅の裏側
（写真はＡ氏提供）

　上海の日本人が国内に引き上げる前、大勢の日本人がここ復興屯に集められ、待機した。『蘇州夜曲』、『夜来香』などの名曲で多くの日本人と中国人を魅了した李香蘭（山口淑子、1920-2014年）は本節が取り上げるＡ氏（ご本人の希望により名前を伏せて掲載する）の住宅に一時身を寄せた（本人の証言）。Ａ氏への聞き取り及びＡ氏一家が1981年に再訪した際の写真と記録により、復興屯住宅の平面を復元することが出来た。

　住宅地の全体構成は、恒豊旧里、永安里と同様に、街路に面する店舗と中の路地に面する住宅列が配置されている。しかし、1981年、街路側の店舗はすべて住宅として使われていた。中の狭い路地（写真8-29）を「綺麗好きな日本人はこまめに掃除していた」そうである。住宅の外部にやはり高い外壁が建てられ、入口のゲートには黒い木の門が設けられていた（写真8-30）。

　本来の平面構成は、前掲の恒豊里旧里、永安里と同様に、表の生活空間と裏のサービス空間となる。日本風に改築された復元図は（図8-13）に当たる。

291

Ⅱ部　上海都市空間の形成と英日中関係

　まず、表部分において、A氏一家は「天井」を「内庭」と呼び、そこに木を植え、その一角を室内化し、書斎として使っていた。書斎の窓は内庭に向いて開き、明るい小さな読書空間が造られていると見られる。本来の一室のダイニングとリビングをほぼ4等分にし、右手前の部分はソファーとテーブルを置いて、客間にした。客間につづき、飾り棚、物置と3段棚が置かれていた。通路を隔てて、4畳半の茶の間があった。茶の間に続き、3畳の小部屋と押し入れがある。上の2階は、2つの8畳の寝室があった。窓側の部屋は「姉の勉強部屋」とA氏は呼んでいた（写真8-28）。

　ついで、後の部分、即ち附属屋の1階には炊事場と風呂場、便所及び階段室が設けられていた。上の中2階は、子供部屋（写真8-27）として使われていた。

　以上のように、外国風住宅にある客間とダイニングは、中国風家屋の場合は1つの居間兼ダイニングに収まり、前庭は植物を植えない「天井」となり、よりコンパクトな生活空間になっていた。特に1階は広大な一室であったため、日本人なりに柔軟に改修して住んでいた実態がわかった。

2　日本人専用の都市施設と特徴

　前掲のように、イギリス人は北四川路地区の中心部に、レクリエーション・グラウンド、射的場、スイミング・プール、パブリック・スクール男子校、外国風・中国風住宅を建設した。しかし、日本人にとっては、それらの都市施設のみでは、日本国内と同じような生活はできない。そこで、上海日本人居留民団と民間人は、北四川路地区の中心部に日本人小学校、その周辺部に上海神社、日本人墓地、料理店と庭園を建設することとなった。

　1928年の「上海市街地図」^{注37)}を検討すると、北四川路の中心部分には、密集した住宅地が立ち並ぶが、西側に上海神社と六三園があり、東側に日本料理店の月廼花園がある。このような施設配置により、北四川路地区は閉じた高密度の住宅街ではなく、広がりのある市街地となった。

　中心部にある外国風と中国風の住宅と都市施設、および周辺部にある庭園兼料理店により、北四川路地区は「和、中、洋」折衷の特殊な都市空間が形成されている。

　1890年代から、上海に渡航してきた多くの日本人は、イギリス流の生活に憧れつつも、日本国内での生活様式や季節ごとの行事から完全に離れられない所があった。それが近代上海における日本人の居住形態であった。

　以下、主要な各都市施設の空間構成と実態を概観する。

8　北四川路の日本人住宅地と英日中

写真 8-31　上海神社全景 1933 年（出典：『中支大観写真貼』昭和 16 年 10 月 29 日、神奈川大学提供）

(1) 上海神社

ここで示す上海神社[注38]は、1933 年に再建されたものである。北四川路の中心部からやや離れ、虹口レクリエーション・グラウンドの一角に立地し、参道の入り口は江湾路に面して設置されている。基本的な空間構成は、参道、鳥居、拝殿と本殿となっている。参道の脇に 2 階建ての社務所と境内に石灯籠、祠などの施設が置かれ、広大な境内空間が形成されていた（写真 8-31）。

そのほかに、正月のお稚児参拝や記念写真を見ると、上海神社は、北四川路地区の日本人のみならず、上海全域の日本人の精神生活の寄りどころとなっていたことが窺える。

(2) 六三園

六三園又は「日本公園」は、1912 年に長崎県出身の白石六三郎が共同租界内にある日本料理屋の「六三亭」の支店として、北四川路地区に開設した庭園兼料理店であった[注39]。料理店は、2 階建ての木造建築で 1 階の縁側周りに取り外せるような引き戸が付けられているため、人々は、ここで半屋外の縁側空間と日本庭園を楽しむことが出来たと言い伝えられている。さらに、運動会、遊園会もここで行われていた。下記の文章[注40]から、六三園の繁盛の様子が窺える。西洋風と中国風の公共公園に比べて六三園は、上海在住の日本人にとって重要な意味を持つ娯楽地であった。

　　上海に来て日本人が随一の誇とするものの一つに『六三園』がある、既に上海名所として有ゆる案内記にも掲載されている日本公園で実は六三亭主人白石六三郎氏個人の邸園であるが、日本人には随意入園を許している、

293

Ⅱ部　上海都市空間の形成と英日中関係

写真 8-32　日本人小学校、1940 年代

写真 8-33　1930 年 4 月入学式（池田誠子氏提供）

その宏大なる敷町歩に及んで、テニス・コートもあれば運動機具も供へてある。春夏秋冬花不断で、各種の動物も飼育されて、小動物園の感もある―大会には一夜を此の園で支那式宴会場に供し、翌日は同所で一大園遊会が催される事になっている…（以下省略）

(3) 日本人小学校

　上海日本人小学校とその他の教育施設の建築単体に関する詳細な検討は、田中光重、越桐・大場による論文[注41]があるため、ここでは、主に学校空間と市街地との空間関係から、日本人小学校と女学校の特徴について分析する。

　当時の日本人児童の多くは、英語ができないため、工部局が開設したパブリック・スクールに入学出来ず、日本人学校に入らざるを得なかった。2008 年から 2012 年までの現地調査の結果、近代上海に建てられた日本人専用の学校は、小学校 8 校、女学校 2 校、商業学校 1 校が現存することが判明した。それらの校舎は、全部、鉄筋コンクリート造の西洋建築で校舎はいずれも広大な芝生に面して建てられるため、広大な学校空間が形成されている。校舎は、戦後も、教育施設として転用され、現在に至る。北四川路地区に第一国民小学校と初代の女学校があった。

　第一日本国民小学校（Japanese Public School）は、1909 年に北四川路の中心部に建設された。前掲ヘーベート・デー・ラムソンの記録によると、この小学校の建設が、日本人による北四川路への移住のきっかけとなった。

　学校の敷地は北四川路に面する入り口の間口が狭く、奥行きが深い。北四川路側の正門から入ると、左手に校舎、右手に芝生のグラウンドが見える。校舎の向こう側に一棟の附属建物があった。小学校内のグランドが狭いため、小学校の運動会は六三園で行われていたと言われている。

294

建物は、鉄筋コンクリート造の4階建てで、日本人建築家平野勇造の設計であった（写真8-32）。小学校は、前掲のヘレン・テラス、アゼリ・テラスなどから近かったため、日本人の児童たちはこの小学校に通っていた。写真8-33は、アゼリ・テラスに居住していた元住民の末裔の提供による1930年4月の入学式写真である。

6　日英中の交渉による日本人住宅地の管理

1　日本人警察派遣問題

北四川路地区の保安施設、即ち警察署の設置問題で、1911年、在上海の日本総領事が初めて工部局の会議に登場した。それまでに同地区の整備に関わっていない日本政府がいきなり日本人巡査員を駐在させようとしたことが当然にイギリス人の反発を招いた。

　　〈1911年12月20日　工部局会議記録〉
　　北四川路の警備：日本総領事から監督長官への手紙が読みあげられた。
　　彼らは北四川路地区に巡査システムと巡査署を導入し、同地区に居住する
　　日本人居留民に限定して職務を執行すると言う。工部局は、この措置は警
　　察権の限度を超えた侵犯行為とみた。これらの職務はいかなる口実または
　　その他の理由があっても委任できない、と日本総領事に返事することが可
　　決された。同時に、（工部局が）監督長官らに対し、同地区における普段のパ
　　トロールと警察の配置可能性に関する報告書を募集する。工部局はこの件
　　が特に重要と緊急であると認識している。

つまり、日本側の巡査署の設置提案をきっかけに、工部局は、同局による北四川路の警備が非常に重要かつ緊急な課題であると認識した。工部局は日本領事館がいきなり日本側の警察官や警察所の設置することに反発し、工部局管轄下の警察を至急北四川路地区に配置しようと決定した。1911年12月20日の会議に続き、27日の会議で北四川路地区の警備問題が再び提起された。

　　〈1911年12月27日　工部局会議記録〉
　　北四川路の警備：監督長官からの報告が提出された。射的場の附近に一
　　軒の家を借り、執務中の警察の宿舎にする件である。そこから、パトロー

Ⅱ部　上海都市空間の形成と英日中関係

ルや他の仕事ももっと効率よく行われる。この計画は認可された。議長は、警察権の執行が工部局管理下の道路及びその上に建っている外国人の登録物件の管理に限定するとの必要性を強調した。

　これにより、工部局は北四川路地区の警察権が同局にあるという事実を日本領事館に示したと見られる。この時点で日本政府は同地区への警察派遣はできなかった。その後においても、日本政府はなるべく日本人巡査を北四川路地区に派遣しようとしたが、工部局警備隊内に日本隊が設置されたのは1916年のことであった[注42]。

2　都市サービスの享有権利

　北四川路地区は租界の外部に立地するため、日本人は、最初、租界内の外国人と同様に上下水、電気などの都市サービスを受けられなかった。

　共同租界内の規定では、住民は家屋税を支払い、家屋を各領事館に登録してから、公共道路、街灯、上下水、公衆衛生のサービスを受けられる。しかし、北四川路地区は工部局による管轄可否の問題が落着する以前、工部局による公然の家屋税徴収が上海道台に認められなかった[注43]。そのため、日本人が大多数の住民を占める北四川路地区では、最初、水道、電気、ガスなどが普及していなかった。それでは、上海日本領事館は、どのようにしてこの問題を解決したのか。1906（明治39）年8月1日に領事館から日本外務省宛の公信二三号「居留地外課税問題ノ落着ニ関シ」[注44]によりわかる。

　　〈明治三十九年八月一日公信二三七号　居留地外課税問題ノ落着ニ関シ〉
　　当地米租界外北四川路ニ於ケル家屋課税問題ニ関シ上海道ト居留地会トノ間ニ紛議ヲ惹起シ……（中略）……水道ノ外ハ衛生及ビ防火上極メテ必要ナレバ之供給ニ対シテ家主ハ右当ノ代金ヲ仕払フベキハ世論ノナルヲ以テ課税ノ名目ヘ代ツテ同額ノ各代ヲ徴収スルコト尚居留地内各支那家屋所有者ノ各料ヲ負担スルカ如クナルベク従ツテ各□ヲ用ヒサル家屋ニ就テ之ヲ免除スルニアリ領事団ニ於テ之ニ対シ異議ナカレバ家主ニ告示シテ水代ニ納付ヲ実施スベシトノ意ナリケレハ領事団ニ於テハ居留地会並ニ水道会社トモ協議ノ上本業ハ未タ課税問題ノ根本的解決ヲ遂ゲタルモノニ非スト□瑞道モ之カ為メ苦シキ地位ニ立居ル事情モアリ且事実ニ於テ税率ト金額ノ収入ヲ獲ル次上ハ当分ノ目的ハ達シタル訳ナルヲ以テ道台ニシテ面目ヲ保

296

タシルム為メ右申デヲ承認スルコトニ回答シ道台ハ別紙乙号訳文写ノ通告
示案ヲ領事団ニ送付シタルヲ次テ之ヲ承認スルコトニナリ以是本問題ハ滋
ニ一段落ヲ見ルコトトナル
　明治三十九年七月廿六
　在上海　永瀧久吉
　外務大臣子爵　林　董　殿

〈明治四十一年五月廿八日　公信二百号〉
「当地居留地外ニ居留地規則適用ノ儀ニ関シ請訓ノ件」より抜粋
　第三ノ問題ハ居留地会ニ於テ居留地外沿道ノ家屋ヨリ税金ヲ徴収セント
シタタメニ是モ清国官憲ノ抗議ニ遭フ結局水道給水料ノ名義ニテ居留地内
ノ割合ニ準其半額ヲ徴スルコトニ妥協致候

　上記の史料を要約すると、水道水は飲み水のみならず、衛生と防火面におい
ても極めて重要で、共同租界の水道会社が北四川路地区に供給せざるをえなかっ
た。本来、水道料金は家屋税の中に含まれるが、北四川路地区での家屋税徴収
は清政府に禁止されている。この難題に対し、上海租界の外国領事団は、租界
内の家屋税の半額に準じ、「水道料金」の名目で工部局が徴収する方法を考案し
た。これで水道や電気といったライフラインが北四川路地区に供給されるよう
になった。北四川路の住民による「水道料金」の納付は1916年まで続いた。そ
の後、*Shanghai Settlement Extension General Agreement Draft*[注45] の発行に伴い、工
部局が個々の家屋を登録して家屋税を徴収し始めた。このような過程を経て、
北四川路地区において水道会社、発電所が建設されるようになった。

3　日本人商店の営業許可権

　北四川路の日本人住宅地の成立可否にもう一つ肝心なことは、商店の営業許
可権である。北四川路地区の日本人商店は、租界外に立地するとは言え、ビジ
ネスの対象または商品の販売先はほぼ租界内に居住する外国人であった。その
ため、租界の衛生局長は、日本人提供の商品が租界に適応する衛生規制の項目
を満たさないといけないと厳しく要求する。しかし、実情としては、上海日本
領事館も商店の経営者も、最初、「租界内」と「租界外」の制度を十分に理解せず、
衛生局の要求を受け入れなかった。北四川路における日本人営業許可権の件に
関し、上海日本領事館が最初に処理に当たったのは北四川路Y1008号の近藤清

297

Ⅱ部　上海都市空間の形成と英日中関係

涼飲料とY439号のシンノスケ・ミヤモト洗濯所であった。この二つの商店の出来事をきっかけに、日本領事館が租界外に位置する日本人商店を管理するようになった。

（1）近藤清涼飲料店

近藤清涼飲料店は、北四川路の脇道に立地する。当該商店の製品は主に清涼飲料と炭酸飲料であり、工部局の営業許可証を受け、租界内に居住する外国人顧客に供給する。しかし、ある出来事で商店の営業許可証が没収される寸前であった。

以下、「明治44（1911）年上海各国共同居留地外ノ営業許可権ニ関スル件」[注46]に収録される上海日本領事館と租界衛生局との間の往来書簡を使い、近藤商店の清涼飲料の問題の真相を見ていく。

まず、1911年6月13日に租界の衛生官アーサー・ステンリ博士（Dr. Arthur Stanley）が上海日本総領事の代理浮田郷次に一通の手紙を出した。

〈1911年6月13日〉

親愛なる浮田様

北四川路の越界築路地区にある近藤商店の清涼水のサンプル・レポートを同封します。この水は消費に不適格だと示している。この結果を受け、私は、以前、近藤に発行したビジネスライセンスを撤回する。彼による租界内への商品供給は許可されない。

閣下の忠実な同僚

アーサー・ステンリ

衛生官

即ち、共同租界の衛生局長アーサー・ステンリによる近藤商店の清涼飲料の調査では、近藤が不衛生な危険飲料を租界内に提供していると判断された。そして、工部局が同商店に発行した営業許可証を没収し、同店の飲料を租界内に持ち込んではならないと決められた。共同租界の官僚と真正面からの衝突が得策ではないと判断した。浮田郷次が早速1911年7月4日に恭しくステンリ博士に書簡を出した。

〈上海　1911年7月4日〉

298

8　北四川路の日本人住宅地と英日中

　前略。ステンリ博士に保証します。私は、租界外に住む日本人の生活に
関するあなたの権限下の告訴をいつも熱心に聞きます。そして、（日本人居留
民が）公共衛生に何らかの不都合を起こした際、工部局の要求と完全一致す
るように商売せよと日本人居留民に指導する準備をいつもしています。も
し、あなたが私の観点に同意するなら、あなたの部下が租界内に適用する
権限を租界外での不法使用を控えていただきたいと心から願っています。
　私は
　親愛なるステンリ博士
　閣下の誠実な同僚
　日本領事代理

　1911 年 7 月 13 日、アーサー・ステンリは、再び、上海総日本領事代理浮田郷
次に通告を出し、厳しい質問を投げた。

　〈上海　1911 年 7 月 13 日〉
　親愛なる浮田様
　前略。租界内にある商品供給の無許可の日本人商店に関し、衛生上の観
点から、この種の案件に対応する最も有効な方法を教えていただければ幸
いです。あなたは租界内に持ち込まれる清涼水の押収に賛成されますか？
　閣下の忠実な同僚
　アーサー・ステンリ
　衛生官
　上海工部局

　この書簡を受け、浮田は、1911 年 7 月 15 日に出した一通の短い書簡において、
「この法律（衛生自治法第 36 条）を根拠に上海にある外国人商店の営業許可証を発
行する際、その国の在上海領事が発行と署名の権限を持っている。しかし、工
部局に没収された近藤商店の営業許可証は当局が一方的に発行したもので、日
本領事の署名が付いていないため、法的に有効ではない」と反論しながら、「私
は、近藤商店をこの窮状から救えないこと、そして、自分なりの解決方法を見
つけられず、甚だ残念です」とステンリ衛生局長に伝えた。
　最後に、浮田は、*Health Bye Laws Art XXXIV*（「衛生法 XXXIV 条」）という共同租
界内に通用する衛生規則を見つけ、7 月 15 日にもう一通の長い書簡でステンリ

299

Ⅱ部　上海都市空間の形成と英日中関係

衛生局長による近藤商店の商品没収に抗議した。今回はかなり強い口調であった。

　　　〈上海、1911 年 7 月 15 日〉
　　　親愛なるステンリ博士
　　　近頃、我々が営業許可している清涼水の生産工場とアイス飲料の製造所への対応等の件に関し、私は「衛生自治法」第 36 条が適応すると指摘させていただく。この条項では、租界内に、このような工場と製造所を設立または経営するには、（経営者が）まず工部局に営業許可を申請してから、その人の所属国の領事館からの副署をもらう。しかし、土地章程でも自治法でも、工部局が租界外に位置する工場が製造した商品の租界内への供給阻止の権限は認めていない。
　　　私の意見では、1909 年 7 月 27 日に発行された工部局の第 1981 条告示は中国人のみに適用されると考えます。あなたは聞いたことのない商品を押収する自由がある。しかし、外国人対応の場合は違う。加えて私はあなたが、いかなる筋の通る理由からであっても、近藤製造所の清涼水が租界内に持ち込まれた時、それらを押収することには賛成できません。私は、聞いたことのない食品も租界内に消費に出すことを許可したい。あなたと協力してそれらの商品を検査するように、通常通り書簡を寄せて下さい。
　　　（中略）
　　　私は、目下、近藤工場から危険な飲料が出荷されないように段取りをしています。
　　　閣下の忠実な同僚
　　　　　　　　　浮田

　すなわち、浮田郷次は、租界の衛生官が中国人に適応する法律を外国人である日本人の事例に応用させるのが不法であり、工部局には租界外の工場から租界内へと供給する商品を押収する権限がないと指摘した。更に、近藤清涼飲料の商品はステンリ博士たちが聞いたことのない商品かもしれないというニュアンスも含まれていた。このように反論しながらも、衛生局に協力する姿勢で近藤の工場から不適格な飲料が出されないようにすると伝えた。
　浮田郷次と共同租界衛生官ステンリ博士との間のやりとりを見ていくと、近藤商店の件はこの 1911 年 7 月 15 日の書簡までには落着したと見られる。即ち、

300

8　北四川路の日本人住宅地と英日中

日本人商店の権利を守りながら、租界の衛生局が提起した要求に協力する姿勢をも表明した。次に取り上げるミヤモト洗濯所がその例であった。

（2）ミヤモト洗濯所

　近藤清涼飲料店の問題に続き、租界の衛生官はまた北四川路地区にあるミヤモト洗濯所の立ち入り検査を行った。この洗濯所は北四川路の脇道に建つ中国風家屋の中で営まれていた。上記の住所を現地調査で確認できなかったものの、この種の中国風建物は、通常、間口4メートルで奥行き13メートルである。この洗濯所にも問題が発覚したと下記の史料より判明した。

　　〈無許可の日本人洗濯所、北四川路Y439号に関する返信〉
　　上記の洗濯所は北四川路から外れた路地に位置し、一軒の中国風家屋内に営まれる。4人の日本人と1人の中国人が雇われている。殆どの洗濯物は租界内に住んでいる外国人と日本人のものである。同物件の状況は満足の出来るものではない。前方の部屋は木製フロアーであるが、真下は空洞のスペースである。後方の部屋のセメント・フロアーも破れていた。日本人は上の階で寝起き、生活している。オーナーのシンノスケ・ミヤモトの意見では、自分の店は無許可営業が可能であろうと思っているようだ。なぜならば、自分の店舗は租界外に位置しているからと言った。彼のビジネスは殆ど租界内から来ているにも係わらず。
　　衛生監督官

　上述のように、ミヤモト洗濯所の情況は、確かに、衛生上、適していないため、上海日本領事館が、早速、ミヤモト洗濯所に1週間以内、1階と2階の床を修理し、隣にもう一軒の家を借り、そこに日本人従業員を住まわせるようにと督促した。そして、折々、日本人巡査が検査に入るように取り締まる。上海日本領事館はこの処置を詳しく租界の衛生局長に報告した。

　　〈1911年7月18日〉
　　親愛なるステンリ博士
　　そちらの衛生監督官が作成した北四川路越界築路地区の日本人洗濯所に関する報告にまずお礼を申し上げます。返信として、私は1週間以内に必要な修理を行うようにと問題の洗濯所オーナーに指示したことをお知らせ

301

Ⅱ部　上海都市空間の形成と英日中関係

致します。彼は、また、従業員のため、隣の家を借りています。現在、誰
も洗濯所の部屋で寝起きしていません。私は彼に（租界の）衛生局が定めた
条件を確認させ、そして、洗濯所は私の巡査の点検を常に受けるようにと
指示しました。
　　　閣下の忠実なる同僚
　　　総領事代行

　近藤清涼飲料店とミヤモト洗濯所の問題は、北四川路地区という租界外にお
ける日本人商店の営業許可権に関わる初期の事例であった。それらをきっかけ
に日本領事館が日本人による租界外での営業許可権を確保する方法を探るよう
になった。

　その後も細々とした問題が屢々発生した。例えば、1924 年 4 月 10 日、上海総
領事の矢田七太郎の元に一通の告発状が届いた。日本人経営の玉井ビリヤード
クラブ、大和ビリヤードクラブ、浜吉料理店と実業クラブが店内でのギャンブ
ルを黙認したことで、工部局は上記の商店に対し 5 日から 10 日の営業停止を命
令した。矢田七太郎は、工部局に抗議することがかえって事態を悪化させると
考え、工部局が提起した営業停止処分に同意した[注47]。

　その後の上海領事館と共同租界衛生局の往復英語書簡により、租界外に立地
する日本人の商店の営業許可証に工部局がまず署名してから、上海日本領事館
に送られ、領事の副署名が求められたことがわかった。これで上海日本領事館
が、直接、日本人の商店を管理するようになったと見られる。共同租界の官僚
が日本人商店に関する何らかの問題を発見した場合、日本領事館が両者の間に
立ち、解決策を考案していたようであった。

小結

　イギリス人による 1870 年代からの北四川路地区の開発理念と手法は、1840 年
代から 1860 年代までのイギリス租界の整備よりも入念に計画され、洗練されて
いたと言える。北四川路地区は、当初のイギリス租界のように、貿易活動と居
住するための最小限の地区として計画されたのではなく、豊富な娯楽施設、教
育施設、住宅施設が完備される地区として開発された。しかし、1900 年代から、
日本人の北四川路への移住により、同地区が日本人住宅地へと変容した。日本
は、租界政府、中国との外交交渉に通じ、日本人の都市サービスの享有権利を

302

8　北四川路の日本人住宅地と英日中

取得していた。

　改めてまとめると、以下の3点になる。

　第1に、北四川路の敷設に当たり、工部局と民間の借地人が本来の水路を埋め立て、不足の道路開発用地に関しては、なるべく新道路が通る予定の両側の借地人らに無償で提供させた。北四川路地区の都市開発に大きなきっかけを造ったのは、新射的場、虹口レクリエーション・グラウンドの建設であった。前者は射的場委員会、後者は上海レクリエーション・ファンドと工部局が協力的に行った。ほかに、外国人ディベロッパー、イギリス人建築家の活動により、北四川路の住宅地開発は成功したと見られる。当時、イギリス人がそのまま本国でも人気なスポーツ、および同時期に流行っていたテラスハウスとその中で営まれていた生活様式を上海に持ち込む姿を思い浮かばせる。

　結果的に、北四川路は上海県城、フランス租界、共同租界と日本人住宅地を貫通する唯一の幹線道路となった。そして、共同租界から離れた虹口レクリエーション・グラウンド周辺に広がる北四川路地区は近代上海における貴重な郊外住宅地となった。

　イギリス人による北四川路の整備により、上海の都市発展は東のバンドから西の内陸部へと拡張するという従来の都市開発の方向を90度に変え、すなわち南の外国租界から北の揚子江口にある呉淞へと発展する可能性を提示した。

　第2に、日本人による同地区への移住が北四川路地区の都市空間を変容させた。同地区はもともと少人数のアメリカ人宣教師の居住地であったが、日本人小学校の建設をきっかけに、かつ家賃が安いため、大勢の日本人が流入し、日本人の居住地に変身した。1910年代までに、北四川路地区には、まだイギリス風のテラスハウスが主流で、それらの間に日本企業の社宅が点在し、閑静な住宅地であった。しかし、1920年代には、同地区の人口増加により、イギリスの不動産業者が不動産投資のため、空いていた土地に多くの中国風長屋住宅を建てたことにより、北四川路地区は高密度の住宅地に転じた。

　外国風家屋は、前庭とベランダ付きで、19世紀初頭からイギリス国内で流行っていたテラスハウスの影響を受けていた。中国風家屋は、前庭ではなく「天井」という坪庭が建物の中に設けられ、間口が狭く奥行きが深い主屋が特徴的であった。いわば、イギリス人を始めとする不動産開発業者又は建築家たちは、北四川路地区に流入してきた日本人の生活様式を想定して「日本家屋」を作らなかった。このような住宅供給の状況下、日本人はそれらの住宅を改修し、自分たちの生活に見合った居住形態を定着させた。外国風家屋に居住していた日本人は、

303

Ⅱ部　上海都市空間の形成と英日中関係

前庭やベランダ空間を楽しみながら、寝室に畳を敷いて和室を好んだとみられた。その一方、中国風家屋に住んでいた家族は、狭い空間の中で自らの生活様式に合わせ、部屋を改修して生活していた。両者の共通点は路地空間が子供の遊び場となり、日本人がこまめに掃除し、管理していたことにあった。

　第3に、北四川路地区は主としてイギリス人が開発し、彼らが管理権を持ったため、そこに住み着いた日本人は租界政府との間に何らかの問題が発生した際に、上海日本領事館がその都度、処理しなければならなかった。最初から同地区の市街地整備に関わっていなかった日本政府は、租界の工部局または清朝政府との交渉を重ね、北四川路地区に居住する日本人が安全保障、水道、営業許可といった都市サービスを受けられるように対応していた。

　以上のように、本章は、紆余曲折の過程を経てやっと成立した近代上海の日本人住宅地の空間特性、日本人が使用していた住宅の建築特性と居住形態を明らかにした。明治末期から、上海に渡航していった日本人は西洋風、特にイギリス風の生活に憧れ、イギリス人が建設したテラスハウスに居住していたが、日本国内の伝統的な生活を完全に捨てきれず、和室、神社、日本庭園を上海に持ち込んだ点が興味深い。イギリス国内と日本国内特有な建築様式と居住形態が、上海の租界から遠く離れる北四川路の一角に融合していた。

　今日において、北四川路地区におけるイギリス人が整備した都市施設、日本人が使用していた住宅の大部分はまだ現存する。それに加え、虹口レクリエーション・グラウンド、日本人小学校、日本陸戦隊本部、知恩院も現地で確認できた。上海神社、日本人墓地、料理屋は全部壊され、現存しないものの、それらの跡地にサッカー場や公園が建てられているため、旧来の都市空間の構成がまだ確認できる。北四川路地区は、近代の日本人による上海での生活の営みを語る上での恰好の地区であると評価できよう。

　注

1)　*History of the Shanghai Recreation Fund, 1860 to 1906, Shanghai.*（Office of the North-China Daily News & Herald, Ltd., 1907）Cambridge University Library 所蔵、請求記号：1907.8.110

2)　Stefan Muthesius, *The English Terraced House.*（Yale University Press, 1982）

3)　Herbert Day Lamson, *The American Community in Shanghai.* A dissertation submitted to the division of sociology, Harvard University, 1935.

4)　名古屋大学法学部図書室瀧川文庫所蔵。

5)　日本外務省外交史料館所蔵、請求記号：3.12.2.9

6)　日本外務省外交史料館所蔵、請求記号：3.12.2.60-2

304

8　北四川路の日本人住宅地と英日中

7)　日本外務省外交史料館所蔵「自明治六年 各地居留地内々外人雑居許可雑件」請求記号：
　　3.12.2.9

8)　1908 年 6 月 15 日 工部局会議記録 原文：北四川路：工部局の意見では、射的場不動産
　　委員会は計画道路の建設用地を無償で提供する気がないため、この件につき、目下、
　　何の行動も必要ではない。

9)　1866 年地図を参照。

10)　*History of the Shanghai Recreation Fund, 1860 to 1906, Shanghai.* pp.60-61.

11)　Ibid., p.60.

12)　Ibid., p.60.

13)　Ibid., p.61.

14)　Ibid., p.61.

15)　西川聖氏提供。

16)　日本国立国会図書館所蔵、請求記号：YG821-2808

17)　Chinese House が中国人用、中国人向、Foreign House が外国人用、外国人向けの住宅と
　　いう見方もある。しかし、Foreign House は、中国語で「洋式」と呼ばれ、最初は、外
　　国人向けの住宅だったかもしれないが、1877 ～ 1904 年の *Annual Report of the Shanghai
　　Municipal Council*（上海檔案所蔵）の中に収録されている *Foreign House of Which the
　　Assessments have been Amended* から、Foreign House の住民（occupant）に、欧米人の他、
　　中国人、日本人の名前が見受けられる。そのために、Foreign House は、一概に外国人
　　用の家屋とも理解しがたいと考える。同様に、Chinese house は、中国語で「華式」と
　　呼ばれる。Chinese House は一概に中国人用、中国人向けの家屋とは理解しがたいと考
　　える。それにより本研究では、Chinese House と Foreign House を建物の様式を指すと判
　　断する。なおかつ、本文の中でも指摘しているように、『上海案内』において、煉瓦造
　　の支那建て家屋の写真を掲載しているが、名古屋大学法学部図書室による資料保管規
　　定では、コピー、スキャン、撮影が禁止されているため、本書の中で提示することが
　　出来なかった。

18)　『上海案内』の著者は、島津四十起である。当人物に関して、佐原篤介による『上海案
　　内』の序文には、「島津四十起氏は老上海の一人にして上海の事情通の一人也。而して
　　上海案内及び『支那在留邦人人名録』の著者としてしらる」と記されている。これに
　　より、島津四十起氏が長く上海に居住し、当時の上海の事情に詳しいことが伺える。
　　　なお、同著は単なる観光案内書ではなく、上海在住邦人に向けての生活ガイドブック
　　でもある。全体の内容に関し、共同租界の沿革、市街状況、行政、公共事業、交通、
　　水上交通、観光所その他などの内容を網羅する。著者が自序の中で「上海の事情を悉
　　く一部に説き尽しあるとは決して言へない只上海の大なる輪郭だけを説いてあるに過
　　ぎない之」と述べているように、大正時代の上海の生活情報について大まかに網羅し
　　ているが、間違った情報は提供していないと考える。以上のように吟味した結果、『上
　　海案内』が述べていた Chinese House（支那建て）の家屋特徴は信憑性があると判断する。

19)　王紹周、陳志敏『里弄建築』上海科学技術文献出版社、1987 年 12 月。

20)　ジャーデン・マセソン商会の 1919 年 10 月 9 日に上海オフィスからロンドン本社への

305

II部　上海都市空間の形成と英日中関係

書簡より抜粋。Cambridge University Library 所蔵、請求記号：MS/JM/J1/24/1-19

21）日本外務省外交史料館所蔵、請求記号：3.3.2.49

22）*Foreign Own Land* 1913. Cambridge University Library 所蔵、請求記号：Maps. aa. 19.k.7c

23）*Shanghai Land Investment Company Limited-Annual Reports 1890 -1914.* Cambridge University Library 所蔵、請求記号：9220.a.4

24）日本東亜研究所『サッスーン財閥の資産調査報告』1939 年、39 頁。

25）陳炎林：上海地産大全、上海図書館所蔵、1933, P65 より。筆者による史料調査の結果、工部局による上海租界の共同租界の建築規制に関する史料は、現時点で中国語の訳文しか当たっていないため、本論においては、中国語訳を使用する。

26）Herbert Marshall Spence, *RIBA Nomination paper*

27）John Tallents Wynyard Brooke, *RIBA Nomination paper*

28）John Wilfred Wilson, *RIBA Nomination paper*

29）明治 41 年 7 月 2 日から 3 日「上海共同居留地拡張方ノ義ニ関スル報告」（日本外務省外交史料館所蔵）において、当時、共同租界内における過密な建築状況により、換気、防火、治安などの環境悪化問題が発生し、外国人が共同租界内に居住したくないことが記録されている。

30）上海宝山不動産会社の設立は 1907 年 4 月 10 日の工部局会議記録で示されている。訳文：北四川路に関し、工部局はこの道路のある部分を舗装するが、半分のコストは射的場委員会又は間もなく成立される上海宝山不動産会社が負担すべきであるとの意見である。

31）*A map of the Foreign Settlements at Shanghai, 1904.* 日本国立国会図書館地図室所蔵。

32）Herbert Day Lamson, *The American Community in Shanghai.* p. 121.

33）Stefan Muthesius, *The English Terraced House,* pp.86-100.

34）この種の Large Terrace も前掲 *The English Terraced House* の 82-86 ページにおいて、19 世紀初めから半ばまでロンドン南部と東部に見られると記述し、平面プランを掲載している。

35）前掲（注 19）*Shanghai Land Investment Company Limited-Annual Reports 1890 -1914* によると、同社は不動産投資の利益を最大限にするため、様々な階級の経済条件に合わせ、恒豊里のように 1 つの敷地内に外国風家屋と中国風家屋をミックスさせたことが読み取れる。この 2 種類の家屋が隣接する場所における壁、窓の処理に関し、恐らく、不動産業者が経済条件の違う階級を区別させるためと考えられる。

36）Kumano Tatsuo さんは、1918 年生まれ、1926-46 年まで上海に住んでいた。父親が中国人のため、1926 年に一家が神戸から上海に移った。本人によると、上海で日本人学校に通わなかったため、日本語より英語の方が得意、特に日本語の書く力は小学生レベルと言う。Kumano さんは現在東京在住で、聞き取り調査は、メールのやりとりの形で、2007 年 12 月 16 日から 30 日までの間に笹井夕梨氏が行った。調査内容は同氏より提供。

37）上海図書館編修『老上海地図』上海画報出版社、2001 年、56-57 頁。

38）資料提供：神奈川大学非文字資料研究センター、海外神社（跡地）に関するデータベース。

306

8 北四川路の日本人住宅地と英日中

39）三宅孤軒著『上海印象記』料理新聞社、1923 年（大正 12）出版、73 頁。

40）同上。

41）田中重光著『近代・中国の都市と建築』相模書房出版、2005 年。
越桐咲子、大場修「上海における旧日本人学校に関する史的研究」日本建築学会近畿
支部研究報告集、計画系（49）、2009 年 6 月、921-924 頁。

42）後藤春美『上海をめぐる日英関係 1925-1932』46 頁。

43）「當地居留地外ニ居留地規則適用ノ儀ニ関シ請訓ノ件」明治四十一年五月廿八日　公信
二百号、日本外務省外交史料館所蔵、請求記号：3.12.2.42-2

44）前掲史料。

45）前掲史料。

46）前掲史料。

47）大正 13 年 6 月 12 日 在上海総領事矢田七太郎から外務大臣男爵 幣原喜重郎宛の書簡、
日本外務省外交史料館所蔵、請求記号：3.12.2.60.2

終論　上海から東アジアへ

1　国際交渉と租界開発

　清朝末期の社会的、空間的要素のうえに、イギリス政府とイギリス人が先頭に立ち、近代の新しい技術とイギリスの生活文化をもたらしたことにより、近代上海の都市形成は急速に進められていった。その後、フランス、アメリカも上海で租界を設立し、新しい土地に新しい都市をつくった。多数の中国人も租界に居住するようになり、一番遅れて日本政府と日本人が上海進出を果たした。

　それ故、上海租界の都市開発は、国際情勢と中国国内の社会変容とともに、終始、各国の政府、官僚、民間人による様々な国際交渉の過程を伴った。国際交渉の生じた背景、実際の過程と結果が近代上海の都市開発の原動力となった。

　1843年、上海が開港されるや、主にイギリス発祥の宣教師団体、企業、銀行、海運会社、マスコミ、諸国政府機関が、上海を東アジアの中心拠点として、ここから中国内陸部、香港、台湾、日本、朝鮮半島に向けて宗教思想、貿易情報などありとあらゆる文化・情報を発信するようになった。近代世界史上において上海の占める位置の重要さは計り知れない。都市をつくる人、都市に居住する人、都市を経由する人は自分のキャリアをかけ、情熱をこの上海に注いだ。

　本書は、今日のグローバル経済都市上海を、歴史的観点から考えようとしたものである。最初は中心部の上海県城から離れ、清朝政府に重要視されず、中国人の集落と水路がいたる所に存在していた土地が、なぜ、100年という短い間に、重要な国際都市に変貌し、多種多様な文化が鮮やかに開花したのか。本書は、「上海」という大都市になった土地の本来の姿、都市の誕生、形成、およびその爆発的な成長過程について探った。穏やかな気候、及び地理的な優位性と近代の豊かな有形・無形の遺産の上に成立した上海は、今後も世界の大都市として注目を浴びるであろう。

　従来、バンド、南京路、競馬場が近代上海の繁栄の象徴と見られてきたが、各時代に生きていた人々の営みの象徴である町並みが上記アイコン的な場所よ

りも遥かに奥深い。本書が明らかにしたように、イングリッシュガーデン、イングリッシュハウス、エドワード・アベニュー（現在の延安路）となった洋涇浜、日本人住宅地の北四川路とその先にある新公園（レクリエーション・グラウンド）、黄浦江両側の港湾施設等こそが今日の上海の文化的ストックである。

　最後に各部の概要とそれら相互の関係性を述べ、今後の課題にふれたい。

　I部「上海の建設とインフラストラクチャー」においては、近代上海の都市形成に決定的な役割を果たした諸要素を究明した。例年の土地章程が、都市開発を実現させるための人材、土地、費用、物資の調達手法、都市基盤と建築に関わる規制などの項目を規定する法的財産となった。なお、上海租界の誕生に直接関係していた土地章程が、上海に留まらず、天津、横浜、函館などの開港場にも応用されるようになり、東アジアの開港都市の形成にも多大な影響を与えた（第1章）。ついで、上海租界が短期間で爆発的に開発できた諸要因を探った。外国人借地人らが先行し、租界政府が後追いの形で進めた租界の都市開発において、上海地域の至るところに存在していた水路と中国人集落は有利に働いた。（第2章）。イギリス人を始めとした外国人は、元々あった水路や集落を生かしながら、道路、下水道、言わば水陸両用の都市インフラと各種公共施設といった堅実な都市基盤を整備した（第3章）。なお、在北京のイギリスと各国の公使団、在上海のイギリスとほかの外国領事団が清朝中国と外交交渉を重ね、上海黄浦港の改良、浚渫の計画を立てた。その計画に基づき、招聘外国人港湾土木技師と上海にある各国の海運会社が国際的港湾を造成し、その機能の改善を重ねることとなった（第4章）。

　上記の諸要素が重ね合い、上海の租界は各国が先を争って参入する魅力的な場所となった。それが、1843年の開港からわずか50年という短い間に、上海が国際貿易都市に発展できた要因であった。

　目に見える「モノ」としての都市基盤の成立過程の中において、権力を握る側の人々は、それぞれの利益に関する思惑とその行動様式に合うように都市の形態と空間形成の方向性を決めていた。しかし、民間の人々は、自分の財産や利益が脅かされそうな場合、権力側との直接交渉に乗り出す。両者が、どこで妥協するかによって都市の形態も変容する。権力側と民間のダイナミックな人間活動に目を向けることによって、初めて都市の姿が立体的に我々の目の前に現れてくるのである。これは、紙面に見出される社会の制度、思想などにのみ注目する従来の社会史、政治史、制度史の先学らが留意していなかった点であ

310

終論　上海から東アジアへ

ると言えよう。

II部「都市空間の形成と英日中関係」は、上海の外国租界と越界築路の都市空間の形成と英、日、中の役割について探った。1840年代から1890年代にかけて、イギリス人を始めとした外国人居留民は、豊富な海外入植の経験と本国や植民地で蓄積してきた生活の知恵を生かしつつ、イギリス租界の都市整備に成功し、豊かな住生活環境を整備した（第5章）。19世紀末期から20世紀初頭まで、日本という新たな原動力が加わり、上海の都市開発を新しい方向に導いていった。まず、1880年代、遅れて上海に登場してきた日本郵船が行った虹口港の整備、およびそのための日本郵船と日本政府、そして日本郵船と租界当局の交渉過程を明らかにした（第6章）。港湾建設に続き、日本は、日本専管居留地の設置を目指して様々な準備を行ったものの、それを諦め、欧米人による租界開発の最新動向を睨みつつ、上海進出の目を、上海を拠点に江南地域への進出に向けた。そして、日本の政府や企業などの諸団体は、イギリス人が牛耳る租界中心部の隙間的な空き地、あるいは未開発の郊外部の土地を借り、種々の都市施設建設に着手した（第7章）。ついで、イギリスの諸団体と租界政府が、1870年代から1900年代にかけて、北四川路地区を上海における郊外住宅地の一つとして開発した。それに対して、多くの日本人は、租界の内部で住宅地を確保できず、租界外部の越界築路地区・北四川路に居住せざるをえなかった。彼らは、工部局の管理下で租界政府との交渉過程を行い、紆余曲折を経てようやく安定した住環境を整備し、上海の国際社会に立脚できたのである（第8章）。

近代上海の都市空間の分析を通して本書で明らかにされた重要な事柄は、(1)近代上海の都市形成における上海地域とその後背地に元々存在していた水路網の重要性、(2)港空間の形成過程において、陸域と水域の境界線で発生した人々の熾烈な利益紛争、及びそれが上海港の形成に与えた影響、(3)上海県城から北に向けて発し、フランス租界と共同租界を経由して、越界築路の北四川路地区の日本人居住地まで走る四川路と北四川路の建設過程、以上の3点である。

(1)に関しては、第2章と第3章の検証により、近代上海の道路網は、農業生産を基礎とした明、清時代に開発された水路網を埋めたてて造られた実態が明らかにされた。換言すれば、広域にわたって既に存在していた水路の両側で、民間により進められた土地開発と建物建設の後を追う形で、イギリス人主導の租界政府は水路を埋めることによって道路網を整備した。その結果、上海は短い100年の間に急速に大都市として拡張できたのである。それは、上海が山地

311

の多い広東、廈門、福州、寧波、重慶、横浜、長崎、神戸、沼地や低湿地が殆どの面積を占める天津、漢口、および冬期において遼河が凍結し、港自身が機能出来なくなるといった致命的な欠点を持つ牛荘を抜いて、東アジア第一の開港場になった要因であろう。

　上海とその周辺地域の精密な実測地図は、ほかの東アジアの開港場都市に比べてその数が圧倒的に多い。上海は、水運と海運の至便の場所に位置していたからこそ、イギリス政府と商人たちに開港場の候補地として選ばれたという事実を、それらの膨大な数の実測地図は雄弁に語っている。換言すれば、広大な上海と江南地域を歩き、実測し、精密地図を作成したイギリス陸軍省または王立地理学院所属のイギリス人測量技師らが、近代の都市として発展できる上海地域のポテンシャルを見出したからこそ、膨大な数の実測地図が必要となったに違いないと考える。

　その後、都市開発を行ったイギリス人らは、精密な地図情報をもとにして土地の条件を生かしながら、上海を東アジア開港場のハブ港に整備していったと見てまちがいないであろう。特にイギリス政府は、宣教師、測量技師、商人、植物学者による予備的な調査研究により、上海における地理的な利便性、旧来の水路網の重要性を認識した上で、莫大な人材、技術、資本を上海の地に投入したからこそ、上海租界の市街地における「爆発的」な成長があったと考える。

　近代の上海で進められた都市開発の手法は、今日の上海や他の大都市にも見られる。前述のように、かつての江南地域の主なインフラは水路であったが、それらの水路を道路に改築ことによって、近年の江南地域の大都市化を実現した。江南地域全体に渡って未だ存在している大規模な水路網は、近い将来、その全てが都市の道路に改築されてしまうことを著者は危惧しており、水路をめぐる空間史、社会的意義の検討が今後の大きな研究課題になると考える。

　(2) に関しては、第4章、第5章で上海における国際的港湾の造成過程の分析により、港空間の形成においては、陸域と水域の両方のインフラ整備がすんなりと進められたわけではなく、利害関係者らの様々な意図が絡み合い、その過程が決して単純ではなかったことを示した。

　さらに、上海だけでなく、一般に近代の国際貿易港の形成には複数の国々が関わったため、諸外国の政府や海運会社、そして現地の代理人といった関連する人々の意図が複雑に絡むこととなった。例えば、東アジアの開港場に関する文献史料を解読していくうち、上海の港で起きた陸域と水域に関わる議論や紛争は、横浜、神戸、長崎、仁川、漢口の港でも同様に起きていたことが判明した。

312

終論　上海から東アジアへ

各国の政府によって、港湾にかかわる紛争に対する処理方法は異なるものの、それぞれの港における港湾施設の確保という営みの本質はそう違いないと考える。

（3）に関しては、バンド、南京路、フランス租界の淮海路が上海を代表する商業地区を東西方向に貫く動脈であるのに対して、多くの日本人が集住する北四川路は、上海を南北方向に横断する唯一の大動脈であった事実を示した。

北四川路の特殊性は、それがイギリス人の開発したものであるにも関わらず、また、日本政府に明確な意図があったわけでもなく、「偶然」ともいえる要素が働いて、1895年以降、大勢の日本人が徐々にそこに住み着き、市街地が形成された点にある。そして、同地区で自治組織にあたる日本人居留民団や町内会が組織されるようになった。それらの組織が、公共施設と宗教施設を建設し、上海租界の郊外における一個の完結した日本人街を出現させた。

北四川路地区は外国租界から北方向に突き出ている越界築路地区であり、北にのぼって江湾と呉淞地区があり、東に行くと、黄浦江沿いの広大な未開発地がまだ残っていたため、同地区における日本人住宅地の成立が、上海の都市開発に新たな方向性をもたらした。その典型例としては、1927年7月、中華民国の南京政府が上海特別市を成立し、さらに1930年1月、「上海市中心区域計画」を発表し、北四川路地区の東側に広がる地区に壮大なバロック的な都市計画を実現したことが挙げられる。1937年の上海事変以降、前川国男事務所が虹口レクリエーション・グラウンドより北側において、五条辻を中心に、松井通に沿って大規模な住宅地開発の計画を立てた。ついで、1939年、日本占領軍区域が表記された「大上海地図」に示される「新市街地エリア」は、北四川路地区のすぐ北側から呉淞までの区域に位置し、北四川路が外国租界とこの新市街地を繋げる役割を果たしていた。この野望に満ちた都市計画は、日本の敗戦とともに幻と化したが、北四川路の都市開発は近代上海の都市計画の新しい方向性を示したことは否定できない。

北四川路地区の都市形成と発展の過程を究明したことにより、忘れられつつある日本人の上海での生活史、彼らが残した建築文化遺産を記録できたと言えよう。都市再開発が順調に進められている「在華紡」で有名な楊樹浦、小沙渡地区と異なり、北四川路地区は、上海の都市中心部から離れているおかげで、よく保存されている。同地区は、今後も上海にとって高い遺産価値を持ち続けられると考える。

313

2　研究展望：支配制度と生活空間の形成

　本書では言及しなかったが、上海租界の土地章程とその附属条例の整備、改訂過程、そして、都市基盤、住宅、港湾、郊外住宅地の開発過程を詳細に探求した結果、外国租界（居留地）の都市形成、成立と発展は、西洋による「支配制度と生活空間の移植」過程を伴っていたことが見受けられた。

　租界（居留地）の開発過程と財政に対して「支配制度と生活空間の移植」という複眼的視点から、近代東アジア開港場の都市史と建築史研究にはまだどのような課題が残っているのか、以下の三点を提起する。

　第1に、「支配制度の移植」における日本の立場と果たした役割から、近代東アジアの開港場の都市形成について再考するべきであろう。

　日清戦争後、「下関条約」の締結により、日本は中国の開港場都市で日本租界を設置する権利を清朝政府から与えられた。中国の沿海部と揚子江流域での専管居留地設置に関する日本側の史料は、日本外務省外交史料館所蔵の「在支帝国専管居留地雑件」に収録されている。しかしながら、多国語の文献、地図史料、及び建築図面から成るこの豊富な史料群は、なぜかこれまでの先行研究に十分に生かされていない。それ故、国際的視点から中国における日本租界の都市形成と経営に関する全体像は未だに十分に明らかになっていないと著者は考える。以下に、筆者が当該史料群を概観して得た知見に基づき、今後の日本租界の研究課題を述べたいと思う。

　第7章で取り上げた上海で日本専管居留地を造る試みは、日本政府にとって、海外における居留地（租界）設置の最初の事例であった。天津、杭州、漢口、厦門、福州などにおいても、主に小村壽太郎率いる日本外務省、在北京公使館と上海の日本領事館の外務官僚、及び内務省所属の測量技師が、上海での実務経験を繰り返すかのように、現地調査、中国政府と欧米諸国の公使や領事と外交交渉を重ね、日本の対欧米、対東南アジア貿易と対中貿易を有利な方向に導くように専管居留地の敷地を選定し、開発案を作成した。例えば、丹東は、満州と朝鮮貿易の中継地、牛荘は、満州貿易の咽喉、厦門と福州は、香港、シンガポール、ジャワ島、マニラ諸島といった南洋貿易の本拠地であると見なされた。

　最初の居留地設置過程で発揮された日本政府と日本人官僚の洞察力、決断力、交渉能力、及び肝心な中国語（特に漢文）と他の外国語の語学力は評価に値するものがあった。しかし、その後の長期にわたる租界経営において露呈した日本

314

終論　上海から東アジアへ

側の欠陥は、致命的であった。それが支配制度の移植の失敗の要因と言っても
過言ではない。

　1937年の日本軍による上海占領まで、日本政府が上海に専管居留地を設置せ
ず、欧米人や中国人と雑居する政策を取ったのは賢明な決断であった。日本政
府は時間を費やし人材と資本を投入して、天津、漢口の日本租界に三井物産、
三菱商会、日本郵船、そして一般の商工業者を積極的に誘致した。それにより、
天津と漢口における日本の港湾造成と市街地建設が「成功」したと見るならば、
ほかの日本租界が発展できなかった理由も推測できよう。例えば、重慶、蘇州、
杭州、広東の日本租界の発展過程を究明できるような記録は極めて乏しい。こ
の事実は、これらの日本租界に対して、日本政府の誘致活動がそれほど大きな
結果を残さなかったことの傍証と見ることができる。

　福州、厦門の場合は、外国人の共同租界はそれぞれ南台と鼓浪嶼に設置され
た。後発の日本政府のみが、外国の領事らの反対を押し切って、1899年に、福
州で虎頭山の麓、及び厦門で厦門口側の2箇所に専管居留地の予定地を選定し
た。福建省にあったこの二つの租界はいずれもうまく機能しなかった。一つの
原因は、福建省沿岸で出没していた中国人海賊の横行に対して、現地の日本領
事館や日本政府が束手無策であったからである。

　1907年2月23日に厦門日本租界の住民らが衆議院院長杉田定一に嘆願書を書
き、「専管居留地経営及び立会裁判所制度」の設置を嘆願し、水域の船や陸域の
財産を略奪する海賊の処罰を要求した。しかし、厦門の日本租界は「有名無実」
で、日本政府はそれに対し、手を打つことができなかった[注1]。

　以上のように、治安維持能力の欠如が、租界の運営、すなわち「支配制度の
移植」において、日本が露呈した致命的な欠陥であった。中国における日本租
界の発展状況とは対照的に、中国や日本におけるイギリス租界、フランス租界、
及び各国の共同居留地は、上海のように、港と市街地が整備され、人々はそこ
で長期にわたって商業活動や宣教活動などを行った。彼らが主役であった開港
場の歴史は今なお綴られている。

　近代における日本と中国の関係に止まらず、より広い国際的視点から、東ア
ジアの開港場における日本租界と欧米諸国の租界の都市史、建築史の比較研究
を遂行することで、近代日本の海外進出、植民地支配の実態がより明確になり、
客観的に評価されるものと期待する。

　第2に、西洋人による「生活空間の移植」の視点から、近代東アジアの開港

315

場の都市計画と建築の設計理念について、具体的に解明し、再評価することが必要である。それは東アジア開港場の都市文化遺産を選定し、それらの永久保存を目指すための重要な知見になるからである。

　歴史学、経済学、都市計画と建築学の分野からの専門家、及び行政と住民の努力により、日本の横浜、長崎、神戸、中国の廈門、福州、上海、天津、漢口、寧波、そして韓国の仁川、釜山などの開港場の旧市街地と近代建築の歴史と価値が広く認知されるようになり、観光業の促進に寄与する建築保存活動も盛んに行われている。しかし、現在も残っている開港場の近代建築と町並みの成立過程、建築史上の位置づけに関する実証的な研究はそれほど進展していない。近代において、ヨーロッパやアメリカから遥々東アジアに渡航してきた人々がどのような生活様式を持っていたのか、そして開港場でどのような生活を営んでいたのか、その実態はまだ明確ではない。

　従来、横浜、神戸、長崎の居留地の建築を「洋館」と建築史学者は安易に名付けるが、その「洋館」に住んでいた西洋人たちにとっては「洋館」ではなく、ヨーロッパから遠い「極東」の地において、なるべく本国と同様な居住環境を成立させるように、彼らが入念に設計した住宅である。例えば、福州の南台、廈門の鼓浪嶼の山の手の側には、欧米人の領事館兼住宅、商会の建物、宣教師の住宅が建てられ、山間部には野菜庭園や墓地が設置された。

　また、各国の人々が異国で生活するに当たり、必ず自国の生活習慣を持ち込み、先入観にとらわれて、都市計画の規制に違反することも屢々見られた。建築規制に関する住民と行政側の衝突は、上海のみならず、ほかの居留地でも見られた。関係者らによる衝突を、交渉によって落着させるという手順を踏まないと、新たな都市空間は造成されない。

　たとえば、1881（明治14）年、横浜居留地の187番地において、フランス人のマンテリン女史が自分の珈琲店（本文は「加非店」と示している）の前に、公道の前田橋通に張り出した横浜湾を眺められる高い物見台を建設した。マンテリンは、「これは自分の権利である」と主張し、「フランス人でしかも一個人の女に対して、無茶な条件を言うものではない」と憤慨し、神奈川縣令野村靖による物見台撤去の要請を拒否した。この件に関しては、結局、在横浜フランス領事、在日本フランス公使、神奈川県庁、日本外務省とマンテリン女史の五者交渉が1884（明治17）年1月まで続き、マンテリン女史の妥協により物見台の撤去でやっと落着した[注2]。

　本書はイギリスによる上海租界の都市開発の解明に重点をおいたが、今後、

316

終論　上海から東アジアへ

中国、韓国の各開港場におけるフランス租界、ドイツ租界、ロシア租界、イタリア租界の実証的研究も進めなければならないと筆者は考える。

　上記のような史実のディテールをできる限り収集し、東アジアまで視野を広げ、異なる立場にいた人たちが何を大事にして都市と住生活環境を作り上げていったのかを分析することにより、条約や居留地制度という書面に描かれた内容とはまったく違う居留地像が浮かび上がってくるであろう。

　この作業は、今後の開港場の町並みと歴史遺産の保存活動に多大な知見を与えるだけに止まらず、今日、一部の先進国、新興国、発展途上国において頻繁に見られる、山が削られ、河と海が埋め立てられ、高層ビルが建てられていくという止めない都市開発に対する反省のきっかけを与えることにもなると考えられる。

　第3に、支配制度と生活空間の輸出先の開港場の特徴を探る近代建築史、及び近代都市史の研究には、必ず中世と近世の都市と建築と社会との接点が重要であると実感している。「近代」のみに着目したら、一面的な研究にしかならない。

　この点は、近代アジア史や経済史分野において実証的な研究が、すでに芽生えつつある。しかし、東アジアの租界と植民地の都市史・建築史研究者は、租界政府と植民地政府当局、外国商会、そして建築家の活動の解明に力点を置くのがまだ現在の主流である。しかしながら、租界（居留地）における都市形成の本質を抽出するには、中近世における中国、韓国、日本の都市と集落空間をまず理解せねばならない。なぜならば、19世紀の初めに、欧米人は、遙々アジアに渡航してきて植民地や租界になりうる場所を探っていた時、時間と労力を惜しまず、アジア諸国の歴史、地理、言語、社会制度、民俗、宗教、交易関係について調査・学習していたからである。そして、それらの情報に基づいて、貿易港や植民地となるべき場所に関して議論を交わしていた。

　例えば、1847年にイギリス軍が広東城に入城しようとした時、当時の広東巡撫を務めていた黄恩彤が、初代香港総督のジョン・デヴィズ（John Davis）に広東城入城に対する地元広東人の嫌悪感と反感を伝え、入城を控えたほうがいいという勧告書を送った。その勧告書は、黄恩彤の直筆とみられる丁寧で綺麗な古典漢文であった。文末に、黄恩彤は、中国知識人の流儀に従い、デヴィズを「徳大人」と呼んだ。その古典漢文を英語に正確に訳したのは、他でもない宣教師ギュツラフであった。ケンブリッジ大学セント・ジョンズ・カレッジに秘蔵されているこの書簡を目にしたとき、筆者は、当時の中国人知識人の教養および

317

外国人宣教師の漢文と語学の深い造詣に驚嘆せずにはいられなかった。それと同時に、東アジア進出に当たり、欧米の宣教師らは、漢文、清朝社会の流儀の習得に力を入れていたことを実感した。

　同じように、19世紀半ば、日本で活躍していた外交官ラザフォード・オルコック、日本語研究者でもある外交官アーネスト・サトウ、そして日本の華道、舞踊に深い造詣を持つ建築家ジョサイア・コンドルの功績は、今なお多くの日本人に大事にされている。

　この意味で、近代の租界（居留地）が開かれた場所は偶然ではないといえる。それは、各国の人々の努力、及び彼らにより蓄積された知識と教養が開花した成果であると言えよう。東アジアの開港場は、長崎、広東、マカオと中国国内の貿易網、中国と周辺諸国の朝貢貿易ルート、インドとヨーロッパを結んだ近世の海上貿易ルートを継承し、さらに発展させた結果と見なすべきである。この点は、我々が現代のグローバル経済における大都市間のネットワークを理解するカギにもなるであろう。

注
1) 「在支帝國専管居留地関係雑件　廈門ノ部」第四巻、日本外務省外交史料館所蔵、請求記号：3.12.2.32-7
2) 明治十四年「横浜居留地百八十七番乙ノ地所ニ建築シアル家屋附属物見臺取除一件」日本外務省外交史料館所蔵、請求記号：3.12.2.12

初出一覧

　本書を構成する各章と既発表の査読付きの論文と学会発表とは、以下のような関係にある。ただし、収録に当たり、いずれの章においても、加筆・修正、あるいは大幅な改稿を行っている。

序　論　新稿
第 1 章　新稿
第 2 章　*From Village to City: The Process of the Urban Transformation in China from the 1840s to the 1940s*（International Conference, Urbanization and Development in China, University of Southampton, UK, November 2014）
第 3 章 2 節、3 節　「1849 〜 66 年における上海英租界の道路、土地開発過程」（2007 年 12 月、『日本建築学会計画系論文集』Vol.72 No.622, 239-244 頁）
第 3 章　4 節、5 節　「1854 〜 66 年における上海英租界の道路、下水道整備過程」（2008 年 11 月、『日本建築学会計画系論文集』Vol.73 No.633,2533-2538 頁）
第 4 章　*Making a world harbour in Shanghai, 1908-1920*（The Asian Studies Conference Japan, Meiji Gakuin University, June 20-21, 2015, Tokyo）
第 5 章　新稿
第 6 章　「近代上海港における日本郵船会社による港湾施設建設過程」（2009 年 9 月、『日本建築学会計画系論文集』Vol.74 No.643, 2047-2054 頁）
第 7 章 1 節、2 節　「1890 〜 1910 年代における上海旧日本人街の形成背景—近代上海旧日本人街に関する都市史研究—」（2009 年 7 月『日本建築学会計画系論文集』Vol.74 No.641, 1691-1697 頁）
第 7 章 3 節　「上海共同租界における日本人による都市開発過程と施設配置の実態」（2010 年 8 月『日本建築学会計画系論文集』Vol.75 No.654, 2047-2054 頁）
第 8 章 1 節、2 節、5 節　「開発実態から見る上海日本人地区の成立とその空間特性に関する研究—北四川路旧日本人住宅地を実例として—」（2012 年 2 月『日本建築学会計画系論文集』Vol.77 No.672, 487-493 頁）
第 8 章　3 節、4 節、6 節　『20 世紀初頭における上海日本人住宅地の建設過程』（2013 年 6 月、一般財団法人第一生命財団 都市とくらし分野）
終　論　新稿

あとがき

　2003 年の研究スタートから今日の出版まで、多くの先生からご指導をいただいた。名古屋大学で出会った片木篤先生、マーク・ウィークス博士 (Dr. Mark Weeks)、指導かつ多岐にわたる楽しい学問の話を共有してくださったケンブリッジ大学の小山騰先生、時枝正先生、サリー・チェーチ博士 (Dr. Sally K. Church)、ジョン・コーツ教授 (John Coates)、ハンス・ヴァン・デ・ヴェン教授 (Hans Van De Ven)、研究の途中で様々な壁にぶつかった時、いつも激励、かつ助言下さった青山学院大学の高嶋修一先生、大阪市立大学の中尾憲一先生、神戸女子大学名誉教授の上野勝代先生。

　とりわけ大場修先生、西澤泰彦先生、石井美樹子先生、岡本隆司先生、加藤祐三先生から多大な学恩を受けた。

　大場先生は私が京都府立大学在学中、修士と博士課程の指導教員であった。先生のご理解とご指導がなければ、私は恐らく研究者としての道を歩まなかったのであろう。当初、私は漠然として上海の都市形成史をやりたいと言いながらも、どこから何を着手すれば良いのか、まったく分からなかった。ゼミ発表も当然散々に終わることが多かった。それにも係わらず、大場先生と研究室の仲間達が私の話に耳を傾けて下さった。それでだんだん自分のやりたいテーマを定め、研究の糸口を見つけていった。その後、研究のために、世界中を飛び回り、京都に戻る時間も気持ち的余裕もなかったが、今、振り返ってみれば、大場研究室で愉快な仲間達と一緒に学んだことや各地の町並みと集落調査をしていたことが今の自分を作っていると実感している。

　日本の植民地建築史研究の第一人者である西澤泰彦先生は、私の日本学術振興会外国人特別研究員 (2010-2012) の受け入れ教員で、先生のご指導の下、名古屋大学で研究に没頭することができた。西澤先生の力強い教えは「絶えず世界を見る。絶えず建築をしっかり見る。絶えず新しい発見をする」である。西澤先生と楽しい議論の中で、私は、東アジアの中における上海の位置付けと意味、さらに香港、シンガポール、マレーシア、インドといったイギリス植民地の先

にあるイギリス本国のことまで考えられるようになった。西澤先生は、ご多忙の中、私の原稿を読んでくださり、貴重なご意見とご指摘をいただいた。

　ついで、私にとって膨大な英語資料の批判、整理、解読、そしてそれらを的確な日本語に翻訳する作業が大きな壁であった。偶然にも、イギリス在外研究中（2012-2016）、ケンブリッジ大学で出会った英文学者の石井美樹子先生から一連の著書を頂戴した。石井先生は稀に見るイギリス中近世史、シェイクスピア劇の専門家で中近世英語の一次史料を使って研究するのが「絶対の姿勢」である。先生の著書を読んでいくうちに、日記、演説、書簡、新聞記事、旅行記、文学作品、個人記録、王室の内閣会議記録等の膨大な史料の一つ一つを先生が丁寧にそして巧みに扱っておられることに驚いた。それで、石井先生から英文史料を正確で綺麗な日本語に翻訳する技術、そして史料の構築と解析の仕方を学ぶことを通じ、英語文献を日本語に翻訳する恐怖感を克服することができた。なお、石井先生のご理解とご好意でケンブリッジにある先生の書斎に籠もり、本書の中で使う英文史料すべてを日本語に翻訳し終えた。

　近代中国史家の岡本隆司先生とは 2010 年 2 月に京都府立大学で博士論文の講評会で初めて出会った。「社会的、歴史的要因から都市の発展を考える」というような質問とアドバイスをして下さったが、筆者は岡本先生のご研究も知らずに慌てて京都を後にした。その後、ケンブリッジで研究していた際に、ちょうど、ハンス・ヴァン・デ・ヴェン先生が中国の海関に関する研究書 *Breaking with the past*（Colombia University Press. 2014）を出版し、私はやっと近代中国の沿岸部のインフラを整備していた海関に目を向けるようになった。ハンス先生が描く壮大な海関の世界に魅せられたが、日本の岡本先生が早くも 1999 年にすでに『近代中国と海関』（名古屋大学出版会）を出版していることを知った。さすがに自分の無知と愚かさに唖然とした。2015 年 4 月に京都府立大学を再訪し、初めて岡本先生の研究室を訪ねた。その後、屡々、岡本先生から指導を受けるようになった。本書の構成がなかなか決まらない時に、先生は「立論」と「行論」の原理を語り、I 部と II 部の構成を提案してくださった。

　最後になんと言っても特筆したいのは歴史家の加藤祐三先生である。

　ケンブリッジ大学図書館の日本部で毎日加藤先生の一連の著書を読んでいた時、「この先生に私の研究を読んで頂きたい」と強く思った。2014 年 4 月、日本に帰国した時に、偶然にも、西澤泰彦先生を通じて加藤先生と連絡が取れ、様々な面でご指導を受けることになった。歴史学の大家でありながら、いつもフランクにユーモアをもって私に接して下さった。

あとがき

　加藤先生が解明した数々の近代史の根本的課題、例えば「中国産の紅茶、イ
ンド産のアヘン、イギリス産の綿製品からなる19世紀のアジア三角貿易」、「交
渉条約と敗戦条約の違い」、「植民地と租界（居留地）の違い」、「香港、上海を含め
た中国五港とペリー来航・日本開国の関係」、「19世紀東アジアにおける欧米人
宣教師の情報網」等が本書を書くための大前提の知見を提供してくれた。

　私にとってどうしても難関の「て・に・お・は」や私が勝手に作った意味不
明の日本語の校閲、参考文献の補足、脚注の校正等についても、真摯にご指導
いただいた。もし本書に瑕疵があれば、もちろんすべて筆者の私の責任である。

　ついで本書の構成について相談に乗って下さった。私は年代順に沿い、伝統
的な通史の書方で、上海租界の都市形成と開発過程を示すための無難な8章構
成を考えていた。しかし、加藤先生は「歴史発展の原動力や本質を抽出し、読
者に理解してもらうため、必ずしも通史で書く必要はない。今までは自己の知
的関心本位で研究をしてきたが、これからは読者に分かりやすい目次構成案を
つくってください」とご指摘くださると同時に、「問題提起、分析と実証、叙述
の工夫」が本の構成のリズムとしてシンプルで明快であるとの助言を頂戴した。

　研究資料を提供しかつ掲載を承諾してくださった池田誠子様、西川聖様、日
本郵船会社、日本外務省外交史料館、上海図書館、上海檔案館、日本国立国会
図書館、ケンブリッジ大学図書館、ロンドン大学SOAS、ジョン・スワイア＆
サンス、ハーバード大学図書館、イギリスナショナル・アーカイブス、Royal
Geographical Society UK, Courtesy of Martyn Gregory London、現地調査を同行してく
ださった松田法子先生、笹井夕莉様、生田光晴様。日本語を丁寧にチェックし
てくださった同僚の植村友香子先生。研究が円滑に進むようにサポートしてく
ださった京都府立大学、名古屋大学、ケンブリッジ大学、筆者の奉職先である
岡山大学の同僚の方々、及び有意義な研究発表の機会を与えてくださった㈱朝
日カルチャー、ブリストル大学、アバーディン大学、ニーダム研究所、ケンブ
リッジ大学、神奈川大学、エディンバラ大学、サザンプトン大学、拓殖大学。
記してお礼を申し上げたい。また、筆者の原稿を読み、出版を快諾し、科学研
究費補助金への申請を手伝い、かつ何回も丁寧に校正をして下さった風響社の
石井雅社長とサンワードの三上晃さんに感謝したい。

　最後にいつも陰で暖かく見守り、励まし、そして私の帰る場所を作ってくれ
る中国と日本の家族に深い愛情と感謝を捧げたい。

　長い間、研究資金の面で京都府立大学学術振興会、平和中島財団、JSPS特別
研究員奨励研究費（2010-2012）、一般財団法人第一生命財団、松下幸之助記念財

団から寛大なご援助を受けた。また、本書の出版に際し独立行政法人日本学術振興会平成 29 年度科学研究費助成事業（科学研究費補助金）（研究成果促進費「学術図書」課題番号：17HP5247）の交付を受けた。記して感謝する。

　2018 年元日

引用文献一覧

A

Alexander Michie, *The Englishman in China during the Victoria Era*, William Blackwood and sons Edinburgh and London, 1900

At the Port of SHANGHAE, 1854. PORT, CUSTOM-HOUSE & LAND REGULATIONS, and PROCEEDINGS OF PUBLIC MEETING OF JULY 11ᵗʰ; Printed at the Herald Office, China, 1854. Cambridge University Library 所蔵、請求記号 C.85

Area Studies Series, *British Parliamentary Papers, Area Studies, China, Vol. 41* Southampton University, UK

Alan Reld, *The Woosung Road The story of the first railway in China, 1875-1877*, London, Jardine Matheson, 1977

Andrew Davies, *The MAP of London, From 1746 to the Present Day*, B. T. Batsford Ltd., London, 1987

B

British War Office, *Military Plan of the Country around Shanghai, From surveys made in 1862.63.64.65*

Bryna Goodman, *Native Place, City, and Nation: Regional Networks and Identities in Shanghai, 1853-1937,* University of California Press, 1995

Biography of British Architects in China, The Royal Institute of British Architects, UK 所蔵

BYE-LAWS, Annexed to the Land Regulations for the Foreign Quarter of Shanghae – North of the Yang-king-pang, London printed by Harrison and Sons, 1883

Britten Dean, *Sine-British Diplomacy in the 1860s: The Establishment of the British Concession at Hankow, Harvard Journal of Asiatic Studies*, Vol. 32, pp.71-96., 1972

C

Charles Gutzlaff *Journal of three voyages along the coast of China in 1831, 1832 & 1833,* London: Frederick Westley and A. H. Davis, 1834

Charles. M. Dyce, *The Model Settlement,* London & Hall, Ltd, 1906

D

Dave Marden *London's Dock Railways, part 2: The Royal Docks, North Woolwich and Silvertown* p.1. Amadeus Press, 2013

E

Earnest Satow, *Precis of Correspondence relative to the Shanghae Land Regulations from the Year1846 up to 1899,* National Archives UK 所蔵、請求記号：FO.881/8679

Edward Ashworth, *How Chinese workmen built an English House, The Builder,* 1 Nov. 1851, Vol. IX. – No. 456

325

G

G. Lanning, *The History of Shanghai,* Kelly & Walsh, Limited, 1921

George Buchett, *The Chinese system for the utilization of sewage, The Builder,* 1871.12.31

H

HER MAJESTY THE QUEEN and His Late R. H. The Prince Consort, *Bradshaw's Through Routes, Overland Guide and Handbook to India, Egypt, Turkey, Persia, China, Australia, and New Zealand,* 1873

Hosea Ballou Morse, *The international relations of the Chinese Empire,* LONGMANS, GREEN, AND CO, 39 Paternoster Row, London, 1910, Vol.1

History of the Shanghai Recreation Fund, 1860 to 1906、Shanghai: Office of the North –China Daily News & Herald, Ltd, 1907, Cambridge University Library 所蔵、請求記号：1907.8.110

Herbert Day Lamson, *The American Community in Shanghai.* A dissertation submitted to the division of sociology, Harvard University, 1935, p. 121.

Hugh Edward Egerion, *A Short History of British Colonial Policy, 1606-1909,* First published in 1896

Hans Van De Ven, *Breaking with the past The Maritime Customs Service and the Global Origins of Modernity in China,* Columbia University Press, 2014

I

Ian H. NISH, *The Anglo-Japanese Alliance, The diplomacy of two island empires 1894-1907,* University of London, The ATHLONE PRESS, 1966

J

Jardine Matheson Property Letters, 1916-1919, Shanghai to Hong Kong, Cambridge University Library 所蔵、請求記号：MS/JM/J1/24/1-19

John Swires & Sons, Property Letters, 1901-1910, London SOAS 所蔵、請求記号：Box 2001

John Swires & Sons, *Property Letters, 1918-194*1, London SOAS 所蔵、請求記号：Box No. A14

John Swires & Sons, *Examination of Title Deeds,* ロンドン本社所蔵、請求記号なし

John Pudney, *London Docks,* Thams and Hudson London, 1975

L

Linda Cooke Johnson, *Shanghai: from market town to treaty port, 1074-1858,* Stanford University Press, 1995

Leung Yuen-Sang, *THE SHANGHAI TAOTAI: Linkage Man in a Changing Society, 1843-90,* Singapore University Press, 1990

Land Assessment Schedules、上海档案館所蔵、請求記号：U1-1-1042

M

Mark Elvin, *Market Towns and Waterways: The County of Shanghai from 1480 to 1910,* G. William Skinner, edit *THE CITY IN LATE IMPERIAL CHINA,* Stanford University Press, 1977, pp.441-473.

Mayers, William Frederick & N. B. Denny, *Treaty ports of China and Japan, etc.* London: Trubner and Co., 1867, Cambridge University Library 所蔵、請求記号：CRC.86

Minutes of a Public Meeting of Foreign Renters of Land, Held at Her Britain Majesty's Consulate on

引用文献一覧

the 11th July, 1854, REGULATIONS AND BY-LAWS, Buildings XXXIX, Shanghai: Printed at the "North-China Herald" Office, 1881

N

Niv, Horesh, *Shanghai's bund and beyond: British banks, banknote issuance, and monetary policy in China, 1842-1937*, Yale University Press, 2009

North China Herald

O

Official Papers of the Administration of Affairs at the Port of Shanghai, 1854, Printed at The Hearld Office, Shanghai, 1854, Minutes of A public Meeting of Foreign Renters of Land

O' Shea, H. *1843-Shanghai-1893; the model settlement, its birth, its youth, its jubilee.*（Printed at the "Shanghai Mercury" Office, 1893）

R

Robert Bickers, *The Scramble for China Foreign Devils in the Qing Empire, 1832-1914* Penguin Books, 2012

Report of the Committee appointed to revise the LAND REGULATIONS, Shanghai, printed at the "North China Herald office", 1881

Rev. W. C. MILNE, *Life in China,* London: G. Routledge & Co., Farringdon Street; New York: 18, Beekman Street, 1857

Robert Fortune, *Three years wondering in the northern provinces of China*, Murray, 1847

Robert Fortune, *A journey of to the countries of China*, London, John Murry, Albemarle Street, 1852

S

Samuel Y. Liang, *Mapping Modernity in Shanghai: Space, gender, and visual culture in the sojourners' city, 1853-98,* ROUTLEDGE, 2010

Shanghai Municipal Council, *Plan of Shanghai, Published under authority of the MUNICIPAL COUNCIL, 1928,* National Archives, UK 所蔵、請求記号：FO925

上海檔案館編修 , *The Minutes of Municipal Council*『工部局会議記録』上海古籍出版社、2002 年

Shanghai, Mixed Court, Woosung Bar, Municipal Council, French Settlement disturbances, etc, National Archives UK 所蔵、請求記号：F.O.233

Schedule and Report of the General Land Assessment Committee of 1869, Appointed at a General Meeting of Shanghai Land Renters, Held on the 27th and 29th May, 1869, Shanghai, Printed at the "North-China Herald" Office

Sir John Francis Davis, *China during the War and since the Peace,* London: Longman, Brown, Green, and Langmans, 1852

Shanghai Land Investment Company Limited-Annual Reports 1890 -1914, Cambridge University Library 所蔵、請求記号：9220. a. 4

Stefan Muthesius, *The English Terraced House,* Yale University Press, 1982

T

Treaty between HER MAJESTY and THE EMPEROR OF CHINA「南京条約」, National archives

UK 所蔵、請求記号：F.O. 17/944

The History of Freemasonay in Shanghai and Northern China, The North China Printing and Publishing Co., Ltd, TIENTSIN, 1913

Twentieth Century Impressions of HongKong, Shanghai and other treaty ports of China: their history, people, commerce, industries, and resources. Editor in Chief: Arnold Wright. LIoyds Greater Britain publishing company, 1908

参考地図

C

City, Settlement and Environs of Shanghai, Surveyed 1860-1861, British War Office, National Archive, UK 所蔵、請求記号：WO78_988_002

F

Foreign Own Land 1913, Cambridge University Library 所蔵、請求記号：Maps. aa. 19.k.7c

G

Greater Shanghai Approximate Market Value Zones, June 1929、『老上海地図』（上海画報出版社、2001 年、99 頁）

Ground plan of the Foreign Settlement at Shanghai, 1855, National archives, UK 所蔵、請求記号：F.O.925/2299

General Map of the Whangpoo 1911、日本外務省外交史料館所蔵、請求記号：3.13.2.11

K

Key plan of proposed berthing scheme in Shanghai, 1926 年, 日本外務省外交史料館所蔵、請求記号：G.1.2.0.2.2_4

M

Map of SHANGHAI DISTRICT 1851, The Shanghai Almanac for 1852, and Commercial Guide, North-China-Herald Office, 1851

Military Plan of the Country around Shanghai, from Surveys made in 1862.63.64.65, National Archives, UK 所蔵、請求記号：FO925/2397

P

Plan to accompany land assessment schedule, 1899, HONGKEW SETTLEMENT, Shanghai Municipal Council, 上海檔案館所蔵、請求記号：U1-1-1033

Plan of Shanghai, published under the authority of Municipal Council, 1908, Cambridge University Library 所蔵、請求記号：Map C.350.90.13

Plan of the HONG KEW OR AMERICAN SETTLEMENT at SHANGHAI, 1864-1866, Surveyed, Lithographed and Published in 1864-66 BY ORDER OF The Municipal Council of Shanghai, Cambridge University Library 所蔵、請求記号：Maps 350.86.10

Plan to accompany land assessment schedule, 1899 , HONGKEW SETTLEMENT、上海檔案館所蔵、請求記号：U1-1-1035

Plan of the English Settlement at Shanghai in 1864-1866, Cambridge University Library 所蔵、請求記号：Map C.350.86.9

引用文献一覧

Plan of Shanghai, 1904, Harvard University Map Collection 所蔵、請求記号：7824.SHA6.1904

Plan of Shanghai, 1904, Harvard University Map Collection 所蔵、請求記号：7824.SHA6.1928

Plan of Shanghai Harbour showing SECTIONS and POSITION OF WHARVES,DOCKS&C, 1900, 1912, 日本外務省外交史料館所蔵、請求記号：3.1.1.10.1

Pootung Proposed Conversion of Godown L（North）to Police Quarters, Nov.1936, John Swire & Sons ロンドン本社所蔵

S

Shanghai Harbour 1875, Surveyed by S. A. Viguier and J. M. Hockly, Harbour Master, Cambridge University Library 所蔵、請求記号：Map C.719. 01. 389

SHANGHAI AREA, 1927, Compiled, drawn and printed at the War Office、Cambridge University Library 所蔵、請求記号：Map C.350.92.12

Shanghai Municipal Council plan of proposed road extensions, Hongkew, 1893, Annual Report of the Shanghai Municipal Council, 1894 に収録されている。

Survey of French Bund Property, Nov. 1931, John Swire & Sons ロンドン本社所蔵

Survey of C. N. C. Property at Pootung Wharf, Nov.1936, John Swire & Sons ロンドン本社所蔵

Survey of C. N. C. Property at Pootung Wharf, Nov.1936, John Swire & Sons ロンドン本社所蔵

W

WUSUNG RIVER, 1887,（『清国諸港居留地関係雑件』に収録）日本外務省外交史料館所蔵、請求記号：3.12.2.28

WHANGPOO CONSERVANCY, Whangpoo Conservancy Gough Island "Astraea" Channel 1ˢᵗ July 1909, 日本外務省外交史料館所蔵、請求記号：3.3.13.2

日本語版と漢文版地図

「1896 年天津各国居留地分略図」、日本外務省外交史料館所蔵、請求記号：3.12.2.32-8

「上海城厢租界全図」1865 年、Cambridge University Library, 請求記号：Map C.350.86.11

「最近実測上海地図」1918 年、日本国立国会図書館所蔵、請求記号：YG821-2808

「清國上海全圖」、日本国立国会図書館所蔵、請求記号：YG913-152

「上海共同租界圖」日本陸戦隊の参謀本部陸地測量部、Harvard University Map Collection 所蔵、請求記号：7824.SHA6.1941

日本語文献

あ

アーネスト・サトウ、坂田精一訳『一外交官の見た明治維新』、岩波文庫、1960 年

岩生成一『南洋日本町の研究』岩波書店、1966 年

植田捷雄『支那における租界の研究』厳松堂書店、1941 年

大山梓『旧条約下に於ける開市開港の研究』鳳書房、1967 年

大里浩秋、孫安石編著『中国における日本租界——重慶・漢口・杭州・上海』お茶の水書房、2006 年

329

大里浩秋、貴志俊彦、孫安石編著『中国・朝鮮における租界の歴史と建築遺産』お茶の水書房、2010 年

王韜『瀛儒雑記』、『上海灘与上海人』第 1 巻に収録、上海古籍出版社、1988 年

王紹周、陳志敏：『里弄建築』上海科学技術文献出版社、1987 年

伍江『上海百年建築史 1840-1949』同済大学出版社、1996 年

岡本隆司『近代中国と海関』名古屋大学出版会、1998 年

岡本隆司『ラザフォード・オルコック』ウェッジ選書、2012 年 4 月

か

加藤祐三『黒船前後の世界』岩波書店、1985 年、ちくま学芸文庫、1994 年

加藤祐三『イギリスとアジア』岩波新書、1980 年

加藤祐三『幕末外交と開国』講談社学術文庫、2012 年

片木篤『イギリスの郊外住宅地』すまいの図書館出版局、1987 年

片木篤『アーツ・アンド・クラフツの建築』鹿島出版会、2005 年

郭雅雯「台湾の日式住宅における居住空間の変容過程に関する研究 - 台北市青田街を対象として -」、2010 年度京都大学博士学位論文

河東義之「コンドルがもたらした西洋建築」、INAX BOOKLET Vol.10, No.2『鹿鳴館の夢 建築家コンドルと絵師暁英』に収録、1991 年

岸甫一「開港期箱館からみた外国人居留地の成立過程（その 1）」（環オホーツクの環境と歴史（第 2 号）、2012 年、9 から 28 ページ）

『工部局年報』1893 年、上海檔案館公開檔案

小代薫「明治初期の神戸「内外人雑居地」における公共施設の整備過程」神戸開港場における内外人住民の自治活動と近代都市環境の形成の関する研究 その 1、日本建築学会計画集 第 79 巻 第 695 号、pp.269-277、2014 年 1 月

小代薫「明治初期の神戸「内外雑居地」における外国人取得の推移と日本人による都市整備過程」神戸開港場における内外人住民の自治活動と近代都市環境の形成に関する研究 その 2、日本建築学会計画集 第 79 巻 第 700 号、pp.1469-1476、2014 年 6 月

後藤春美『上海をめぐる日英関係 1925-1932 年』、東京大学出版会、2006 年

『各国港市関係雑件 欧米ノ部』（大正 10 年）、日本外務省外交史料館所蔵、請求記号：3.1.1.62-2

さ

「在支帝國専管居留地関係雑件 廈門ノ部」第四巻、日本外務省外交史料館所蔵、請求記号：3.12.2.32-7

佐藤武夫、武基雄「中支に於ける邦人住宅事情」、日本建築学会論文集第 30 號、1933（昭和 18）年 9 月、182 から 188 ページ

坂本勝比古『明治の異人館』朝日新聞社、1965 年

上海租界志編修委員会『上海租界志』、上海社会科学院出版社、2001 年

上海檔案館編修『上海英租界道路碼頭委員会会議史料』

上海居留民団編修『上海居留民団三十五周年記念誌』、

上海図書館編『老上海地図』、上海画報出版社、2001 年

引用文献一覧

上海日本領事館「邦人各路分布表」、1927 年

「清國諸港居留地関係雑件」日本外務省外交史料館所蔵　請求記号：3.12.2.28

島津四十起『上海案内』1919 年、名古屋大学法学部瀧川文庫所蔵

『支華平先生集』日本内閣文庫、漢 17090

『上海道契』上海古籍出版社、2002 年

『支那各地帝國専管居留地設定一件第一編上海附呉淞』、日本外務省外交史料館所蔵、請
　　求記号：3.12.2.32.1

『黄浦江改修一件』日本外務省外交史料館所蔵、請求記号：3.13.2.11

た

高橋孝助編集、古概忠夫、『上海史——巨大都市の形成と人々の営み』、東方書店、1995

高綱博文『「国際都市」上海のなかの日本人』研文出版、2009 年

鄭時齢『上海近代建築風格』上海教育出版社、1999 年

『同治上海縣志』、1872 年

東洋紡績株式会社社史編集室『東洋紡 百年史』、1953 年

『中国港湾修築関係雑件 黄浦口改修問題』、日本外務省外交史料館所蔵、請求記号：
　　G.1.2.0.2.2_3

趙聖民等「韓国密陽・三浪津邑における旧日本人居住地の形成と旧鉄道官舎の変容に関す
　　る考察」(日本建築学会計画系論文集第 615 号 , 2007 年 5 月)、21 〜 27 ページ

趙世晨ら「日本租界の形成とその都市空間の変遷に関する研究」(都市・建築学院　九州
　　大学大学院人間環境学研究院紀要 第 12 号 , 2007 年 7 月)

な

内務省衛生局『上海衛生状況』1916 年

NHK 昭和取材班編集『事変前夜上海共同租界』

日本郵船会社貨物課編『我社各航路ノ沿革』、1932 年

西澤泰彦『大連都市物語』、河出書房新社、1999 年

西澤泰彦『日本植民地建築論』名古屋大学出版会、2009 年

日中両国人民朋友会編『上海在留邦人が作った日本人街：昭和 17 年の日本人商店・会社・
　　工場の復元地図 懐かしい写真アルバム集』

日本綿業倶楽部編『内外綿業年鑑』昭和 6 年版

日本東亞研究所『サッスーン財閥の資産調査報告』一橋大学所蔵

日本建築学会論文報告集　第 66 号・昭和 35 年 10 月、613 から 640 ページ

西野玄「仁川居留地に関する考察—仁川居留地埋立問題を中心に—」(『朝鮮学報』2005 年
　　1 月、53 から 90 ページ)

は

藤原恵洋『上海——疾走する近代都市』、講談社現代新書、1988 年

藤森照信『明治期の東京計画』、岩波書店、1982 年

朴重信等「韓国・九龍浦の日本人移住漁村の居住空間構成とその変容」(日本建築学会計
　　画系論文集第 595 号 , 2005 年)、95 〜 100 ページ

藤森照信執筆、増田彰久撮影『歴史遺産 日本の洋館』講談社、2002 年

331

藤田拓之『居留民の上海――共同租界行政をめぐる日英の協力と対立』日本経済評論社、
2015 年

　　　　　　　　　　　　　　　　　　ま

村松伸『上海・都市と建築―――八四二――一九四九年 』PARCO 出版、1991 年
満鉄上海埠頭事務所編『上海港』、満州日日新聞社印刷、1922 年（『中国港湾修築関係雑
件 黄浦口改修問題』に収録されている）　日本外務省外交史料館所蔵、請求記号：
G.1.2.0.2.2_3
明治二十一年『清国上海領事館前面ニ於テ日本郵船會社ニ於テ借用請願一件』、外務省外
交史料館所蔵、請求記号：3-12-1
明治四十年『上海居留民団法施行一件』、外務省外交史料館所蔵、請求記号：3-8-2
明治三十三年六月『支那各地外国人居留地一件／上海』、外務省外交史料館所蔵、請求記
号：3-12-2
明治二、五年「長崎米国郵船會社ヨリ物揚波戸場築造請求一件」請求記号：3.13.1.8
明治廿一年「神戸港東川崎町官有地ノ内在横濱英吉利國機関及製鉄會社支社借地前面ヘ
造築ノ桟橋撤去一件」、日本外務省外交史料館所蔵、請求記号：3.13.1.8
明治三十九年至明治四十三年「黄浦江改修一件」、日本外務省外交史料館所蔵、請求記号：
3.13.2.11
明治十四年「横浜居留地百八十七番乙ノ地所ニ建築シアル家屋附属物見臺取除一件」日本
外務省外交史料館所蔵、請求記号：3.12.2.12
村田明久『開港 7 都市の都市計画に関する研究』早稲田大学、1995 年度博士論文

　　　　　　　　　　　　　　　　　　や

「横浜と上海」委員会編『横浜と上海』、横浜開港資料館、1995 年
「洋涇濱設官章程十條」1874、英訳：*Shanghai Mixed Court Cases,* translated by T. Adkins, 4
February 1874, National Archives UK 所蔵、請求記号：F.O.233,
横浜開港資料館編『水と港の恩人 H.S. パーマー』、横浜開港資料館、1987 年
吉澤誠一郎「近代中国の租界」（吉田伸之・伊藤毅 編『権力とヘゲモニー 』東京大学出版
会に収録）、2010 年 5 月

　　　　　　　　　　　　　　　　　　わ

渡部忠世、桜井由躬雄編『中国江南の稲作文化――その学際的研究』、日本放送出版協会、
1984 年

索引

B&S 商会　*132-134, 138, 140, 142, 143, 147, 149, 151, 153-160, 165, 167-169*
　──上海事務所　*156, 158*
　──専用の埠頭　*151*
　──の社内書簡　*142*
　──の東アジア航路網　*155*
C.N.C 海運会社　*155*
J・A・シミス商会　*187*
JM 商会　*132-134, 138, 142, 143, 147, 149, 154, 165*
　──の怡和紡績工場　*147*
　──傘下のインターナショナル紡績工場　*147*
　──の買辨　*154*
　──の虹口埠頭　*138*
Leung Yuen-Sang　*26, 41*
Municipal Council　*14, 30, 42, 48, 50, 70-72, 91, 94, 128-130, 195, 217, 247, 305*
P&O 海運会社　*12*
Samuel Y. Liang　*27, 41*
The Treaty Ports of China and Japan　*71, 91, 100, 129*
Two-up-Two-Down 様式　*285*

ア

アーネスト・サトウ　*42, 43, 48, 49, 51, 71, 72, 318*
　──・サトウ報告書　*42, 43, 48, 49, 51, 71, 72*
アストリア航路　*138, 140-143*
アゼリ・テラス　*279, 280, 285, 295*
アッシュワース　*181-183*
アドラー（Adler）　*209*
アフリカ　*95, 241*
アヘン　*9, 12, 16, 25, 26, 31, 73, 75, 77, 89, 175, 176, 185, 323*
　──戦争　*9, 16, 25, 26, 31, 73, 75, 77, 89, 175, 185*
　──貿易　*176*
アマ（阿媽）　*283*

アメリカ
　──航路　*156*
　──人永租地　*248*
　──人学校　*275*
　──人宣教師　*275, 303*
　──租界　*33-35, 49, 51, 61, 63, 84, 85, 87, 98, 104, 151, 166, 188, 190, 223, 235, 263*
　──太平洋郵船会社　*199*
　──東部宣教団体　*186*
　──郵船会社　*200, 202*
　──領事　*34, 35, 186, 200, 203*
アルガ　*272*
アルバート王子　*164*
阿部房次郎　*240*
廈門　*11, 70, 155, 163, 312, 314-316*
　──日本租界　*315*
　──の鼓浪嶼　*316*
青木周蔵　*220*
天野元之助　*77*
暗渠化　*100, 105*
案内マーク・ライン　*140*
イギリス
　──外交部　*48*
　──議会　*31, 59, 176*
　──教会　*186, 263*
　──公使　*22, 35, 38, 48, 49, 70*
　──商人　*22, 24, 26, 30-32, 49, 50, 56, 89, 107-109, 127, 178, 190, 273*
　──植民地　*23, 30, 60, 96, 174, 321*
　──植民地省　*30, 60*
　──人永租地　*248*
　──人外交官　*48, 127, 175*
　──人建築家　*174, 181, 195, 258, 271, 272, 303*
　──人借地人　*57, 58, 99, 128*
　──人測量技師　*28, 74, 312*
　──人地主　*160, 241*
　──人不動産業者　*285*
　──人埋葬地　*108*
　──租界（1849 年以前）　*59, 60, 101*
　──租界の道路整備過程　*102*

333

――とアジア　72, 111, 129
――土木省　271
――の植民地　10, 25
――東インド会社　176, 187
――陸軍省　74, 75, 83, 84, 312
――領事　9, 12, 26, 28, 33-35, 37, 38, 40, 42, 47, 48, 50, 52, 53, 55, 56, 66, 69, 71, 73, 93, 95, 101, 104, 107, 108, 122-124, 127, 128, 140, 142, 174, 176, 186, 191, 248, 264
――領事館　12, 37, 42, 47, 48, 50, 66, 71, 95, 101, 104, 107, 108, 140, 142, 174, 176, 186, 191, 248
――領事館内監獄　37
――ロイヤル建築協会　258, 271
イタリア租界　317
イングリッシュガーデン　26, 174, 176, 310
イングリッシュ・テラスハウス　258
イングリッシュハウス　174, 181, 192, 193, 310
インド　10, 12, 31, 33, 95, 96, 164, 176, 184, 187, 240, 318, 321, 323
怡生埠頭　58
石の舗装工事労働者　152
石橋　87, 88
引翔港　82, 83, 149
ウィルソン　272
ウェット・ドック　164, 166
ウエーンライト（Wainwright）　212
ウォールコット　32, 33, 187
ウオルター　268
宇航路　188, 189
植田捷雄　19, 39, 47, 70
浮桟橋　59, 149, 208-212, 214
浮田郷次　298-300
内山書店　26
浦鹽香港線　12
運河網　11
運航可能な運河　83, 101
運航権　236
運航不可な運河　83
運送庫　160
運糧河（運糧浜）　80
エドワード・アベニュー　117, 310
エリザベス1世の摂政期　164
エルヴィン　77
江戸幕府　33
永安里　269-271, 280, 289-291
永安路　158

永久租借　56, 95, 107, 241
英国人永租地　247
英国聖書公会　10, 15, 19
英国登録会社永租地　247, 248
英租界　94, 97, 112, 128, 129, 195, 225, 319
英仏人共同永租地　247
英米租界　223, 224, 226, 228, 230, 231, 250, 253
英米仏租界　235, 253
営業許可権　297, 298, 302
衛生課　98
衛生監督官　301
衛生規制　21, 257, 297
衛生局　129, 297-302
衛生自治法　299, 300
衛生ステーション　140, 166
瀛儒雑記　74, 79
越界築路　13, 14, 17, 29, 89, 254, 257, 258, 260, 298, 301, 311, 313
園芸学者　59, 173, 176, 178
園明園路　101
オーグスタイム・ハード商会　187
オーストラリア植民地　60
オクムラ商会　243
オックスフォード　185, 258
オックスフォード運動　185
オリエンタル銀行　186
オリバーリア（Oliveria）　260, 261
オルコック　14, 26, 33, 34, 41, 47, 55, 61, 69, 70, 122, 123, 175, 176, 178, 186, 318
小栗栖香　199
小田切萬壽之助　220, 231, 236, 253
汚水　65, 112-114, 116, 117
汚物収集と処理方法　111
汚物処理方法　111, 112, 117, 127
王廷査　79
王韜　74, 79
王立地理学院　312
大隈重信　204, 234, 255
大倉謹吾　243
大阪汽船　143
大里浩秋　22, 23, 40
大山梓　20, 39, 72
欧米列強　9, 10, 12, 15, 35
横浦縦塘　78
岡本隆司　26, 41, 167, 321, 322

334

カ

カー（Grawford. D. Kerr）　*265*

ガーデン　*13, 26, 60, 174-179, 181, 186, 192, 193, 205, 264, 273, 310*

ガーデン・ブリッジ　*264*

カジョー・クリーク　*141, 143*

カトリック村　*96*

カド・オリエ（Kado orie）　*243*

加藤祐三　*25, 29, 39, 41, 42, 47, 70, 72, 111, 128, 129, 194, 321, 322*

家屋建設　*29, 52*

家屋税　*38, 97, 296, 297*

神奈川県庁　*316*

神奈川地所規則　*20*

神奈川奉行　*21, 30*

嘉興　*236, 238, 239*

嘉善県　*75, 81*

河間路　*243*

河岸と水面の使用権　*158*

河岸堤防の修繕費　*206*

河南路　*104, 109, 116, 121, 126, 185*

河泊司　*210*

華盛織布局　*226*

華通埠頭　*132, 143, 147*

華亭県　*82*

華徳路監獄　*37*

華北　*11*

華洋雑居　*55, 97*

会審公廨　*36*

海運事務所　*158, 159*

海関　*26, 30, 32, 48, 57, 58, 74, 103, 133, 134, 135, 137, 138, 141, 146, 147, 149, 156, 158, 163, 166, 167, 174, 237, 322*

──行政権　*30*

──検査員　*133, 163*

──検査事務所　*158*

──総税務司　*138, 141, 146, 147*

──徴税所　*138*

──の海運部　*137*

──路　*58, 103, 174*

海岸の調査官　*135*

海産物の干し場　*224*

海寧路　*84, 263*

開港初期のイギリス租界　*173- 175, 187*

開港初期の上海　*49, 61, 108, 173, 178, 192*

開港場　*9-11, 14-24, 27, 30, 40, 48, 49, 58, 69, 70, 74, 93, 106, 111, 185, 217, 223, 254, 255, 310, 312, 314-318*

開店社　*199*

開発費用のバランス　*254*

開発用地　*15, 48, 62, 69, 83, 89, 109, 118, 120, 122, 123, 124, 127, 188, 261, 262, 263, 303*

外交秘密文書　*220*

外港　*137, 138, 141, 143*

外国企業　*38*

外国公使団　*28, 39, 136*

外国人

──官僚　*93, 94*

──居留民　*21, 30, 33, 311*

──自治体制　*14*

──借地人　*35, 50, 52, 53, 62, 63, 66, 67, 93, 95, 96, 108, 110, 118, 121, 122, 124, 126-128, 262, 310*

──借地人会議　*50*

──住民　*19, 22, 26, 39, 51, 174, 186, 187*

──商人　*9, 21, 50, 52, 57, 61, 96, 106, 133, 136, 165, 198*

──税務司　*26, 28, 135, 166*

──総税務司　*134*

──測量技師　*75*

──ディベロッパー　*268, 303*

──土地　*85, 125*

──の行動範囲　*70*

──の雑居地帯　*22*

──犯罪者　*36*

──墓地　*52, 99, 192*

──埋葬　*186*

──領事　*28, 35, 36, 38, 48, 62*

外国風家屋　*266, 267, 271, 281, 287, 303, 306*

外国領事　*20, 28, 36, 37, 40, 43, 50, 56, 63, 136, 260, 297, 310*

外国領事団　*28, 63, 136, 297, 310*

外壁のセットバック　*121, 124*

外務省　*29, 48, 72, 132, 167, 168, 190, 197-199, 203-207, 215, 217, 219, 220, 223, 224, 226-228, 230, 231, 237, 239, 243, 250, 253-256, 259, 296, 304-307, 314, 316, 318, 323*

──通商局　*190, 223, 224, 227, 231*

各国人の雑居地　*18, 260*

楽善堂　*199*

片廊下式　*282, 283, 287*

鐘淵紡　*241*

335

河の利権　*134*
広東　*9, 10, 12, 31, 42, 89, 96, 103, 116, 126, 155,*
　　179, 192, 312, 315, 317, 318
　　──会館　*89*
　　──城　*317*
　　──人墓地　*192*
　　──路　*96, 103, 116, 126*
官民共同　*127, 128*
　　──の都市整備　*128*
官民交渉　*28, 93, 118, 127, 128*
　　──の都市整備体制　*118, 127*
官有水田　*77*
官路　*59, 60*
幹河　*78*
幹線下水道　*113, 116*
幹線排水管　*116*
漢口　*9, 11, 22, 23, 40, 58, 103, 121, 155, 163, 185,*
　　220, 236, 254, 312, 314, 315, 316
漢口路　*58, 103, 121, 185*
関帝廟　*89*
キサタカ丸　*141*
キジ・ポイント　*140, 143*
キューニングハム　*38, 39, 98*
キューミング　*186*
ギュツラフ　*31, 42, 187, 317*
ギンゲッル　*22*
汽艇乗組員　*152*
既存下水管　*126*
既存の水路網　*80, 127*
奢英　*31*
寄港権　*236, 239*
貴志俊彦　*22, 40*
宜昌　*11, 155, 243*
宜昌路　*243*
岸甫一　*20, 40*
北四川路
　　──警察署　*263*
　　──地区の警察権　*296*
　　──地図（1928 年）　*280*
　　──日本人住宅地　*259*
　　──の延長工事　*261*
　　──の警備　*295*
北地区　*84*
北揚子路　*198, 200, 203, 205, 207-214, 216, 217,*
　　251
　　──の権利　*213, 214*
　　──の使用権　*207*

──の新桟橋　*207-212*
──の新埠頭　*198*
──虹口港　*200, 210*
九江　*58, 155, 185*
九江路　*58, 185*
旧競馬場　*103, 109, 110, 114, 124*
旧競馬場内の道路整備　*124*
旧日本人住宅地のリスト　*281*
旧西川医院　*286*
旧ブロック　*156, 158*
求安里　*280*
救済院　*60, 61*
牛荘　*9, 10, 12, 155, 220, 254, 312, 314*
居住環境整備　*120*
居 住 形 態　*15, 21, 29, 173, 174, 183, 258, 259,*
　　292, 303, 304
居留地
　　──運営　*30*
　　──建築　*23*
　　──自治　*22*
　　──制度　*20, 21, 235, 317*
居留民構成　*30*
共同租界
　　──の汚物処理　*65*
　　──の建築規制　*269, 270, 271, 306*
　　──の水道会社　*297*
共同通商場　*236*
京杭大運河　*11*
境界ゲート　*121*
行政制度　*19, 47, 52*
曲阜　*155*
極東運動選手連盟　*274*
玉洪　*82*
近世の既存道路　*60*
近世の空間要素　*18*
近代東アジア開港場　*9, 14, 21, 217, 314*
金利源埠頭　*147, 149, 151*
錦芝洋行　*199*
クーリー　*16, 96, 117, 151-153, 158, 159, 163,*
　　165, 184, 205, 209, 210, 213
クマノ・タツオ氏　*290*
クリケットグランド　*96*
クリスマス行事　*186*
グットマン　*26*
グラバー商会　*24, 41*
苦役制度　*37*
愚園　*192*

336

索引

空地面積　269, 270, 271
軍工廠　59
軍事地図集　74
ケンブリッジ・ガムデン教会　185
ケンブリッジ大学セント・ジョンズ・カレッジ　317
ゲレー　12
下水道　15, 16, 37, 48, 52, 63-65, 67-69, 74, 80, 88, 93-98, 110-118, 120, 124-128, 131, 136, 181, 182, 247, 310, 319
　──整備　48, 63, 69, 93, 95-97, 112-114, 116, 118, 124, 126-128, 319
　──と排水管　64, 65
　──の欠陥　128
　──網　63, 112, 115-117
桂花浜　58
経営の主導権　13, 29, 187
計画中の道路　104, 108, 192
競馬場　15, 61, 96, 102, 103, 109, 110, 114, 124, 264, 265, 272, 273, 309
　──移転　103
　──倶楽部　272
警察権　20, 24, 26, 70, 295, 296
警察小委員会　98
警務課　98
建設許可　198, 203, 207, 213, 215
建設予定地　64
建築
　──遺産　11, 17, 22, 23, 40
　──規制　21, 22, 48, 66, 68, 69, 269-271, 306, 316
　──許可線　67
　──申請許可　67
　──保存活動　316
県城　13, 32, 34, 51, 60, 74-85, 88, 89, 96, 102, 137, 143, 147, 151, 154-156, 168, 173, 190, 191, 197, 199, 225, 226, 274, 275, 280, 303, 309, 311
　──の河浜路　156
　──の北門　89, 102
乾隆　74, 78
元山津　12
減歩　121-124, 263
　──の賠償費用　124
コスモポリタン主義　235
コンドル　318
ゴードン・ロード　191, 243
ゴー島　140, 141, 145

ゴシック・リバイバルの様式　185
小村壽太郎　231, 314
個人所有の排水管　65
湖南省洞庭湖　236
虎頭山　315
虎門塞追加条約　19
五港開港　9, 31
五条辻　313
伍江　25, 39, 41, 70, 76, 90
呉淞　12, 17, 75, 78, 87, 91, 96, 137, 138, 140, 141, 143, 149, 188, 220, 229-231, 239, 240, 250, 253, 264, 265, 266, 303, 313
　──江　75, 78, 141
　──上海間　239
　──停泊所　137
　──鉄道　96
　──灯台　140
　──路　87, 91, 188, 250, 264
呉友如　27
護岸材料の計算者　152
護岸保護工事の労働者　152
護城河　82
工部局
　──永租地　247, 248
　──会議　66, 72, 94, 98-100, 112, 114-116, 118, 120-126, 128-130, 187, 195, 198, 207-214, 217, 258, 260-264, 273-295, 305, 306
　──会議記録　66, 72, 94, 98, 99, 112, 114-116, 118, 120-126, 128-130, 195, 198, 207-214, 217, 258, 260-264, 273, 274, 295, 305, 306
　──警察署　118
　──警備　296
　──財政　115
　──所有の下水道　65
　──の衛生官　259
　──の財政難　118, 119
　──の理事　37, 38, 39, 66, 98, 114, 118, 122, 123, 187, 197, 209, 210, 214
　──理事　55, 126, 213
公園委員会　274
公開倉庫　156, 158
公館馬路　174
公共
　──インフラ　134
　──衛生ステーション　140
　──減歩　121, 263
　──市場　53

337

――施設　15, 16, 22, 40, 61, 62, 200, 249, 250, 252, 254, 258, 278, 310, 313

　――事業費の支出　119

　――の下水道　64, 65

　――用地　61, 62

　――用のための土地譲渡　61, 62, 118, 122, 123

公衆衛生　32, 296

公所　27

公董局　35, 51, 154, 272

公務課　98, 261

公和祥埠頭　143, 199

広業洋行　199

広州　11, 14, 254

　――租界　14

広西路　116

交渉戦略　198

江海関　58, 134, 135, 137, 138, 141, 147, 149, 174

江西省潘陽湖　236

江西路　59, 101, 116, 185

江蘇省　11, 59, 175

江東　77

江南諸鎮　83

江南製造局のドック　149

江南造船局　147

江南地域　11, 73, 74, 75, 76, 77, 83, 87, 183, 236, 239, 240, 253, 311, 312

江湾地区　17

江湾路　266, 276, 293

杭州　11, 22, 23, 40, 236, 238, 239, 254, 314, 315

厚地綿布市場　241

恒豊旧里　269-271, 287, 291

恒豊新里　271, 287

恒豊里　271, 280, 287, 291, 306

郊外住宅地　13, 16, 18, 272, 275, 278, 303, 311, 314

候家浜　81

神戸　10-12, 14, 19, 20, 22, 23, 40, 58, 69, 134, 167, 199, 216, 255, 260, 306, 312, 316, 321

　――居留地　22, 23

　――居留地会議記事録　22

航路浚渫　134

航路設計　132, 134, 136, 137, 140, 163, 165

航路調査　134

高密度建築　48

高密度住宅の防火壁規制　67

康脱脳路　191

控船用小桟橋　200

港則　132, 138, 141, 146, 147, 151, 167

港長局出張舩　146

港湾

　――基盤施設　151

　――規則　134, 146, 166

　――機能　10, 131, 134, 136

　――クーリー　151

　――使用料　62, 63, 97, 119

　――施設　10, 11, 58, 131-136, 142, 143, 155, 156, 166, 197-200, 206-208, 214-216, 228, 231, 234, 250, 252, 253, 310, 313, 319

　――施設の建設許可　207

　――実測調査官　137

　――整備　13, 21, 136, 215-217

　――税　53, 62, 118, 119

　――増築計画　208

　――調査　219, 220

　――土木技師　134, 310

　――の維持費　206

荒野　13, 74

黄恩　317

黄狗　82

黄浦江

　――継続浚渫工事　232

　――洪水（1905 年）　161

　――航路整備　134

　――実測調査　231

　――浚渫　140, 143, 152, 153

　――浚渫工事（1911 年）　143, 152, 153

　――水路局　28, 131, 134-136, 138, 140, 142, 143, 145, 146, 149, 152, 165, 166, 167

　――の基盤建設　146

　――の航路　133, 134, 137, 232

　――の浚渫　132, 136, 140, 227

　――のセクション割　146, 147

黄浦停泊所　137

黄埔条約　30

廣福寺　82

国家三権　30

国際競争　12-14, 18, 21

国際交渉と租界開発　15, 16, 309

国際航路　12, 155, 165, 185, 199, 200

近藤商店の営業許可証　299

近藤清涼飲料店　298, 301, 302

索引

サ

サッスーン・アパート　280, 285
サッスーン商会　269, 285
サレー・ドック　164
サンパン　151, 152, 214
ザ・ビルダー　175
乍浦路　250
沙市　155, 254
査家浜　81
最近実測上海地図（1918年）　266
最恵国待遇　30, 228
在華紡　26, 247, 313
在日本フランス公使　316
在北京公使館　314
在北京日本大使館　231
在横浜フランス領事　316
財政基盤　118, 126, 127, 128
財政難　118, 119, 120
財務員　118
坂本勝比古　23, 40
桜井由躬雄　77, 90
山西路　104, 116
山東路　98, 99, 102-104, 108, 109, 116, 187
シカゴ　163, 168
シク・ロード　114
シナ建て家屋　267
シャクロ・ロード　114
シャム　16
シラー　98
シルクと茶の輸出入貿易　180
シンガポール　10, 12, 174, 314, 321
シンノスケ・ミヤモト洗濯所　298
ジェンセン（Jansen）　209
ジャーデン・マセソン　10, 14, 19, 23, 24, 73, 82, 96, 132, 142, 187, 199, 200, 261, 263, 267, 272, 305
ジャワ島　314
ジャンク船　133, 145, 155, 166
支華平　75, 81, 82, 90
支那人住宅　269
支配制度と生活空間の移植　314
支流排水管　114, 116
司法裁判　20, 24, 34, 35, 36, 63, 70
四川中路　275
四川南路　275

四川北路　259, 275
四川路　13, 29, 116, 191, 250, 254, 257-264, 266, 268-276, 278-281, 283, 285, 292-298, 301-306, 310, 311, 313, 319
市街地
　──開発　9
　──管理　17
　──の排水　100
市民税　37
志安坊　280
私有財産　134
私有水路　81
枝河　78
使用権　14, 18, 19, 50, 56, 62, 65, 69, 82, 83, 134, 142, 155, 158, 197-200, 203, 205, 207, 213, 215-218, 222, 247
使用人宿舎　193
施高塔路　276
施設建設の権利　238
施設配置　198, 219, 220, 223, 251, 252, 254, 274, 292, 319
寺院路　98, 99, 104, 108, 120, 121, 123-126, 187
　──の下水道整備　124
自治制度　56, 68
自治組織　51, 313
柴田日向　69
品川忠道　146, 199
島津四十起　259, 266, 305
下関講和条約　223, 228
下関条約　314
射的場　261-266, 268, 273, 292, 295, 303, 305, 306
借家　53, 179, 254
借地
　──化　106, 108, 109, 120
　──権の転売書類　95
　──人　19, 32, 35, 47, 49-53, 55-58, 62, 63, 65-67, 69, 93, 95-97, 99, 107, 108, 110, 113, 114, 118, 120-128, 142, 174, 187, 188, 223, 247, 249, 260-263, 303, 310
　──人会議　47, 50, 51, 97, 114
　──人特別会議　65
　──人リスト（1855年）　99
　──制度　50, 54, 55, 68, 70, 95
　──制度と自治体制　50
　──の地籍番号　107
　──面積　95

339

──問題　*19, 21*
──料　*22, 57, 95*
上海イギリス人社会　*173*
上海浦鹽線　*12*
上海英租界道路碼頭委員会会議史料　*94, 97, 112, 128*
上海河道改良費用　*235*
上海外国人居留地会　*205*
上海外国人住民リスト（1850年）　*186*
上海居留地会　*204, 205*
上海クラブ　*191*
上海県城　*13, 32, 34, 51, 60, 74-78, 80-85, 88, 96, 143, 147, 151, 154, 168, 225, 303, 309, 311*
上海縣志　*74, 78, 84, 90*
上海現場視察　*231, 234*
上海杭州間　*236, 238, 239*
上海港　*12, 28, 131-138, 141, 146, 147, 149, 151, 152, 155, 156, 163, 165-169, 198, 204, 216, 217, 234, 311, 319*
上海港図（1912年）　*149*
上海港則　*138, 146*
上海港則（1900年）　*138*
上海港の使用割合　*131*
上海航路　*12, 149, 156, 199*
上海在住外国人　*257, 274*
上海在住邦人調査　*259*
上海市街地図（1928年）　*280, 292*
上海市地価区画図　*251*
上海市中心区域計画　*313*
上海視察　*234, 255*
上海事変　*17, 247, 313*
上海斜橋クラブ　*272*
上海住宅地図（1946年）　*283*
上海城廂租界全図　*81*
上海神社　*279, 292, 293, 304*
上海租界の原型　*94*
上海租界志　*43, 47, 70-72, 131, 167*
上海知県袁祖徳　*51*
上海地産大全　*269, 306*
上海地図（1904年）　*175, 190, 243, 275*
上海地図（1907年）　*273*
上海地方官　*13, 16, 56, 88*
上海ドック　*147*
上海図書館　*19, 94, 186, 251, 306, 323*
──徐家滙英文古籍蔵書閣　*186*
上海道契　*50, 54, 71, 94, 106, 107, 128, 129, 241*
上海道台　*26, 28, 30-36, 38, 47, 48, 88, 94, 95,*
107, 133, 135, 136, 166, 236, 253, 263, 264, 296
上海特別市　*17, 25, 313*
上海における投錨位置計画図　*138*
上海日本人居留民　*199, 254, 292*
上海日本人社会　*26*
上海日本専管居留地　*13, 29, 219, 220, 222, 223, 228-232, 235-239, 253*
上海日本総領事代理　*236, 240, 253*
上海日本領事館の調査報告書（1927年）　*243*
上海の現場視察　*236*
上海のフラワーガーデン　*178*
上海フリーメーソン　*96, 186*
上海宝山不動産会社　*273, 306*
上海満鉄事務所　*266*
上海モデル　*167*
上海物語　*266*
上海横浜航路　*12*
上海ランド・インベストメント　*268, 269*
上海レクリエーション・ファンド　*96, 258, 264, 265, 303*
主要街路網　*127*
朱浜　*191, 192*
秀栄記　*151*
周家橋　*89*
周家浜　*81*
周勁浜　*84*
修文書店　*199*
十六舗　*224, 225*
住環境　*18, 120, 254, 257, 258, 272, 311, 316*
住宅地　*13, 15, 16, 18, 28, 29, 110, 191, 193, 248, 254, 257-259, 268, 269, 272-275, 278, 280, 281, 283, 287, 290-292, 295, 297, 302-304, 310, 311, 313, 314, 319*
重慶　*22, 23, 40, 254, 312, 315*
浚渫工事　*132, 136, 140, 141, 143, 145, 146, 152, 153, 166, 232*
所有権　*19, 21, 50, 56, 57, 69, 75, 80-84, 104, 154, 155, 214, 238, 241*
小学校教員住宅　*279*
小汽船　*138, 236, 238, 239*
小沙渡　*249, 313*
小娘浜　*80*
小刀会の乱　*35, 51, 73, 134*
正金社宅　*279*
商会アシスタント　*186*
商会の本館　*49, 177*
商館兼住宅　*193*

340

索引

商店の営業許可証　298, 299, 302
招商局中央埠頭　147
招聘外国人港湾土木技師　310
消防隊　98
湘潭　155
上下水道　37, 111, 136
常制府　79
乗馬倶楽部　279
乗馬レース　183
肇嘉浜　74, 79, 80, 84
植物探検ツアー　111
植民地　9, 10, 23, 25, 29-31, 42, 60, 61, 96, 165, 173, 174, 218, 268, 311, 315, 317, 321, 323
　——の政治システム　10
　——様式住居空間　173
白石六三郎　293
辛亥革命　17, 95
信号ステーション　141
新アストリア航路　138, 141, 142, 143
新海関　32, 58
新公園　259, 265, 266, 310
新航路の設計図面　132
新聞路　191
新射的場　261-264, 266, 268, 273, 303
　——の不動産委員会　261
新ドック　149, 151
新道路　52, 59, 62, 108, 110, 114, 120, 124, 125, 127, 188, 189, 243, 260, 261, 268, 303
新ブロック　156, 158
新北門　274
清国上海全図　146, 168, 199, 217
清朝中央政府　16
秦皇島　155, 272
仁川　10, 11, 12, 20, 40, 58, 312, 316
スエズ　12
スコット・ロード　263, 276, 280, 287
スチュワードソン＆スペンス　272
ステンリ　298-301
スペンス（Herbert Marshall Spence）　271
スミスのマーケット　120
スワイア（G. Warren Swire）　10, 14, 19, 132, 155, 169, 199, 323
スロープ・ライン　145
水域　18, 21, 28, 100, 131-134, 142, 151-153, 210, 311, 312, 315
　——クーリー　151, 152, 210
　——と陸域　28, 100, 131, 132

水運　10-12, 149, 312
水泳場　260, 263, 265, 272, 273
水堰浜　82
水害　78, 105
水田開発　77
水道料金　297
水面
　——使用権　197, 198, 203, 205, 207, 215
　——上の開発権　134
　——の使用　133, 134, 158, 200, 203, 213, 217
　——の利用状況　200
水陸両用の都市インフラ　310
水路
　——交通権　236
　——使用権　82
　——と街路の複層化　28, 93, 104
　——と集落　28, 73-75, 77, 93, 191
　——とフットパス　75, 103, 104, 108
　——の埋めたて　100
　——の使用権　83
　——の所有権　82, 83
　——網　75, 77, 80, 83, 84, 88, 89, 97, 98, 101-105, 114, 127, 189, 191, 193, 311, 312
鄒浜　82
杉田定一　315
鈴木商店　156
鈴木照相　199
汕頭　155
セイロン島　184
セミ・ディタッチト・ハウス　266
セント・キャサリン・ドック　164
生活環境　17, 21, 27, 29, 124, 134, 178, 192, 257, 259, 311, 317
生活基盤　16
生活空間　16, 28, 173, 192, 289-292, 314, 315, 317
西華徳路　192, 250
西砂洪　78
西洋人居留地　9, 69
西洋建て　266
青浦路　200, 202, 208, 209, 211, 212
清掃労働者　113
聖・三一教会　60, 185
製氷場　59, 60, 101
税金・報酬・ライセンス料　119
税金とファイナンス小委員会　98
石家浜　81

341

石炭積み場　158
石炭野積場　160
石門　236, 238, 239
浙江省　11, 59, 111, 236
浙江路　116
浙西　77
薛家浜　81
宣教師　13, 24, 31, 42, 49, 73, 96, 102, 104, 106,
　　108, 120, 123, 125, 126, 134, 158, 174, 186, 187,
　　191, 275, 303, 309, 312, 316-318, 323
　──団体　24, 134, 158, 174, 187, 309
選挙有権者　55
選地過程　219, 223, 231
租界（居留地）　15-18, 29, 314, 317, 318, 323
　──衛生局　298, 302
　──行政　19, 26, 38, 41, 132
　──経営　314
　──建設　89
　──自治体制　16, 38
　──政府　13, 15, 17, 27, 29, 34, 48, 50, 62, 69,
　　133, 134, 142, 154, 258, 302, 304, 310, 311, 317
　──当局の衛生規制　257
　──の衛生官　298, 300, 301
　──の衛生局　297, 298, 301
　──の拡張　9, 54, 174, 190, 222, 228, 236,
　　239, 253
　──の支配制度　29
　──の自治体制　39
租借制度　47, 56
蘇州　23, 32, 33, 59, 60, 75, 78, 81, 83-85, 87-89,
　　91, 94, 101, 103, 104, 109, 110, 113, 114, 116,
　　117, 127, 151, 176, 184, 191, 239, 243, 249, 250,
　　254, 259, 262, 291, 315
　──河　33, 59, 60, 75, 78, 81, 83-85, 87-89, 91,
　　94, 101, 103, 104, 109, 110, 113, 114, 116, 117,
　　127, 151, 176, 184, 191, 243, 249, 250, 254, 259,
　　262
　──路　114
宋時代　76, 77
宗主国　29, 30
倉庫　23, 24, 49, 60, 61, 87, 110, 132, 133, 142,
　　149, 151, 155-161, 163-166, 179-181, 185, 186,
　　193, 197-200, 203, 213, 223, 224, 227, 235-238,
　　250, 253, 255, 273
　──管理員　133, 159, 163
総排水管　114, 116
増築計画　198, 205, 207, 208

測量技師　28, 74, 75, 140, 166, 312, 314
孫安石　22, 40

タ

ターナー　114
タグ船　141
タバコ・ドック　164
タモン丸　141
タワー・ブリッジ　164
ダイス　175, 178-181, 183, 184
ダラッチ・ロード　263, 270, 280
ダラス　264
ダルボ（Dalboh）　209-211
田中光重　294
大陸銀行　280
大陸里　280
太古新埠頭　132, 143
太湖　75, 83
太平天国軍　34, 87-89
太平天国の乱　34, 63, 73-75, 272
太平洋戦争　26
台銀社宅　279, 280
台湾　9, 10, 199, 216, 218, 248, 254, 279, 309
台湾銀行　248, 279
大工　16, 152, 181, 182, 186, 193
大航海時代　164
大桟橋　202, 203
大上海計画　17
大日本紡績会社　249
大班　183, 184
大連　141, 149, 156, 168
　──汽船　149, 156
　──上海航路　149, 156
第6号港湾通知（1909年）　141
高潮　80, 100, 113-115, 128, 141, 146, 233
高橋孝助　27, 41
高綱博文　26, 41
高平小五郎　203-207
建物の突出物　66, 67
玉井ビリヤードクラブ　302
丹東　314
チサ丸　141
チャーチ・ストリート　59, 60, 101, 102, 113,
　　114, 126, 179
チャイナ・ナヴィゲーション　132
チリ・テラス　280, 287

342

索引

知恩院　　304
地域整備　　21
地価　　50, 107, 198, 206, 207, 219, 222, 224, 225,
　　227-230, 251-255, 264, 268, 275
　　——告示　　107, 198, 222
　　——分布　　251, 252
地所規則　　20, 69, 70
地図測量士　　81, 84
地籍図（1866年）　　108, 261, 263
地籍図（1890年）　　107
地籍図（1893年）　　263
地籍図上の地籍番号　　107
地籍番号　　49, 107, 108, 217
地主　　16, 19, 22, 30, 50, 56, 57, 69, 77, 78, 82, 89,
　　94, 95, 106, 107, 112, 123, 124, 127, 136, 152,
　　154, 156, 160, 188, 238, 241, 261, 265
地方名士　　75, 78, 81
治外法権　　36
茶樹　　176
中央地区　　190-192, 243, 247-250, 252, 254
中央埠頭　　147, 199
中華民国　　16, 17, 25, 76, 95, 241, 313
　　——の上海政府　　95
中国海関総税務司　　138, 141
中国江南の稲作文化　　74, 77, 90
中国招商局　　199
中国人
　　——委員　　38, 39
　　——家屋　　85, 87, 91, 156
　　——海賊　　315
　　——官僚　　38, 209, 264
　　——居住地　　273
　　——借家人　　179
　　——借地人　　223
　　——集落　　76, 89, 95, 104, 109, 127, 310
　　——住民の納税　　38
　　——商人　　27, 147, 151, 176
　　——商店　　273
　　——職人　　67, 174, 181, 182
　　——倉庫管理員　　163
　　——対策　　35, 48
　　——大工　　181, 193
　　——地主　　16, 22, 50, 56, 57, 69, 89, 94, 95,
　　106, 107, 123, 124, 127, 154, 156, 238, 241, 265
　　——に対する司法裁判権　　36
　　——犯人　　36, 37
　　——避難民　　28

　　——埋葬地　　108
　　——用長屋　　68
　　——労働者　　29, 117, 127, 132, 159, 166, 179,
　　211
中国政府の治安判事　　36
中国内陸部　　11, 29, 138, 165, 177, 178, 229, 236,
　　253, 309
中国の沿海部　　11, 14, 314
中国の汚物活用システム　　111
中国の内乱　　35, 87, 110
中国風家屋　　257, 266-269, 271, 280, 281, 287,
　　292, 301, 303, 304, 306
中国風長屋建て　　267
貯蔵穴　　111, 112
町内会　　313
長沙　　155
張家花園　　192
朝貢貿易　　318
朝鮮半島　　10, 12, 16, 20, 23, 58, 187, 240, 309
徴税システム　　63
徴税条項　　38
潮力　　113, 114, 117, 127, 166
　　——観察ポイント　　166
　　——下水道　　113, 114
　　——排水管　　114, 117, 127
珍田捨巳　　14, 220, 223, 230, 231, 253
青島航路　　149
賃貸住宅　　35, 275, 280
鎮（町）　　236
鎮江　　11, 155
月の家花園　　279
テニス　　183, 264, 266, 273, 294
テムズ河　　164, 165
テラスハウス　　257-259, 272, 278, 287, 290, 303,
　　304
ディーン　　22
ディクスウェル・ロード　　189
デヴィス　　22, 33, 272
デヴィス＆トマス　　272
デクスウェー・ロード　　263
デュア（Duer）　　209
デ・レーケ　　140, 143, 145, 231-234, 255
デンド・ビール　　178
低湿地　　13, 76, 145, 176, 312
鄭時齢　　25, 41
泥城浜　　84, 85, 88, 89, 94, 101
鉄の柵　　200, 208, 213, 214

343

天津　9, 11, 12, 14, 19, 23, 70, 72, 155, 163, 220, 226, 255, 310, 312, 314, 315, 316
　——条約　9
　——租界　14, 19
　——土地章程（1866年）　70
　——日本専管居留地　226
天堂街　274, 275
点石斎画報　27, 37
佃戸　78, 82
トリニティ・チャーチ　60
トリニティー教会　185, 191
ドイツ租界　317
ドック会社　164, 165
ドライ・ドック　149, 165
土地
　——永久租借　95, 107, 241
　——永租制度　19
　——開発過程　108, 109, 319
　——開発の進行状況　108
　——境界線　56, 57, 122
　——使用権　50, 62, 69, 197, 222, 247
　——借用　238
　——取得過程　220, 223, 241, 243
　——所有権　19, 50, 69, 241
　——譲渡　54, 61, 62, 118, 122, 123, 205, 261, 262
　——制度　18, 19, 22, 93
　——整備　30, 74, 126, 127
　——税　97
　——租借　52, 53, 60, 61, 94, 106, 108, 109, 125, 247, 248
　——租借過程　109
　——租借代　52
　——賃貸　19, 49, 56, 57, 238
　——賃貸契約　49, 57
　——登記簿　94
　——の所有権　56, 238
　——の租借制度　47, 56
　——の登録主　222
　——買収代　235
　——番号　49, 95
土地章程
　——（1845年）　31-34, 42, 47, 48, 52, 54-56, 58-61, 63, 69, 88, 94-97, 101, 106, 133, 166, 192
　——（1854年）　34, 48, 54, 55, 61-63, 69, 88, 118, 120, 122, 123
　——（1869年）　35, 55, 56, 97

　——（1881年）　48, 63-65, 67, 69, 127
　——漢文原本（1845年）　48
　——と附属条例　28
　——の附属条項（1881年）　63, 64
都市
　——衛生問題　128
　——開発主体　22
　——開発体制　28
　——開発費用　21, 69, 247
　——開発用地　48, 83, 89, 109
　——基盤　15-18, 28, 30, 49, 61, 63, 69, 78, 93, 96, 97, 120, 128, 131, 257, 310, 314
　——形成原理　18, 28, 93, 109, 127
　——形成史　18, 21, 94, 105, 321
　——形態　28, 93, 174, 188
　——計画史　21
　——計画理念　106, 192, 257, 258
　——景観　15, 18
　——建設　17, 21, 25, 26, 240
　——工学的視点　16
　——サービス　29, 185, 258, 296, 302, 304
　——再開発　11, 17, 193, 259, 313
　——整備制度　14-16, 21, 28, 47, 49, 52, 54, 56, 61
　——整備費用　38, 63
　——整備用地　61
土木技師　21, 24, 25, 27, 73, 93, 134, 164, 165, 310
土木技術　25, 93, 114
灯台　134, 140, 166
投錨場所　137
東亜工業　249
東亜紡績　249
東京　20, 27, 39, 48, 73, 105, 134, 167, 198, 203, 213, 229-231, 255, 306
東奚浦　78
東砂洪　78
東南アジア　10, 12, 16, 241, 314
東部地区　190, 192, 243, 247-249, 252, 253
東洋汽船　156, 279, 280
　——社宅　279, 280
東洋紡　240, 241, 249, 256
東陸里　280
桃樹浦　78
登録借地人　223, 247
塘沽　155
董家渡ドック　149

344

索引

同郷会　　27
道契　　19, 50, 54, 55, 70, 71, 94, 95, 106-108, 128, 129, 238, 241, 263
道台　　13, 16, 26, 28, 30-36, 38, 47, 48, 88, 89, 94, 95, 107, 133, 135, 136, 166, 236, 253, 263, 264, 296, 297
道路
　　──開発用地　　62, 120, 124, 127, 303
　　──拡幅整備　　121
　　──計画図　　98, 175, 188
　　──計画図（1893 年）　　175
　　──建設費用　　235
　　──使用権　　197, 198, 203, 215, 216
　　──整備　　37, 59, 60, 62, 63, 66, 95, 98, 102, 104, 109, 110, 112, 121, 122, 124, 127, 261, 262
　　──調査員　　64
　　──と埠頭の査定額　　62
　　──のライン　　122
　　──のレイアウト　　52, 57
　　──敷設（1855 年）　　102
　　──・碼頭委員会　　62
　　──碼頭委員会　　30, 47, 51, 93, 94, 96-98, 100, 110, 112, 113, 116, 118, 128, 129, 134
　　──碼頭委員会会議記録　　116, 129
　　──網　　100-104, 109, 127, 189, 191, 193, 263, 311
　　──用地　　122, 128
徳恩里　　280
徳培里　　280
豊田紡績　　241

ナ

内外綿　　199, 240, 241, 243, 249, 256
　　──業年鑑　　240, 256
　　──出張店　　199
内港　　137, 138, 141, 143, 163
内務省　　129, 140, 220, 231, 234, 254, 255, 314
　　──の河川調査　　234
内陸の運河　　138
中上川彦次郎　　229
永瀧久吉　　297
長崎　　10, 11, 12, 20, 23, 69, 134, 141, 163, 167, 199, 293, 312, 316, 318
長崎地所規則　　20
楢原陳政　　234, 255
成富清風　　146, 199

南京　　9, 14, 21, 30, 31, 41, 42, 58, 89, 96, 103, 104, 107, 109, 116, 123, 124, 126, 155, 174, 239, 251, 273, 309, 313
　　──条約　　9, 14, 21, 30, 31, 41, 42
　　──西路　　89
　　──路　　58, 103, 104, 107, 109, 116, 123, 124, 126, 174, 251, 273, 309, 313
南尋路　　200, 208, 209, 211, 212
南石家浜　　81
南塘　　143
南洋貿易　　314
ニューカスル　　271
ニューデリー　　185
ニューヨーク　　73, 163
ニュー・ブリッジ・ストリート　　105
日英同盟　　240
日清汽船　　134, 151
日清戦争　　13, 14, 29, 77, 197, 199, 219, 220, 223, 228, 240, 259, 314
日赤港　　79
日米修好通商条約　　30
日米和親条約　　14
　　──の海軍駐屯場　　147
日本海軍の駐屯地　　225
日本外務省　　29, 72, 132, 167, 168, 198, 203, 207, 215, 217, 219, 220, 239, 250, 255, 256, 259, 296, 304-307, 314, 316, 318, 323
日本企業　　29, 198, 240, 243, 250, 252, 280, 303
日本軍による上海占領　　315
日本恒産地産公司　　280
日本上海史研究会　　26
日本女学校　　280
日本仁川居留地　　20, 40
日本政府　　12, 13, 29, 70, 134, 197, 206, 219, 220, 222-226, 228, 231, 232, 234-241, 250, 253, 254, 257, 258, 260, 295, 296, 304, 309, 311, 313-315
日本占領下　　247
日本占領軍区域　　313
日本専管居留地　　13, 14, 29, 70, 190, 219, 220, 222, 223, 226-232, 235, 236, 237, 238, 239, 253, 254, 311, 314
日本租界　　22, 23, 40, 220, 254, 260, 274, 314, 315
　　──の都市計画　　23
日本電信局　　249
日本内務省　　140, 254
日本敗戦　　17, 290
日本紡績業　　230, 241

345

日本綿業倶楽部　240, 256
日本郵船　12, 29, 39, 143, 147, 149, 151, 152,
　156, 165, 197-200, 202-217, 243, 247, 311, 315,
　319, 323
　──の港湾施設　206, 214, 216
　──の虹口埠頭　149, 208
　──本社　203
　──ヤード　243
　──匯山埠頭　243
日本陸戦隊の参謀本部陸地測量部　247
日本陸戦隊本部　259, 280, 304
日本領事館　95, 128, 197-200, 203-205, 207-210,
　215, 219, 220, 231, 236, 243, 247, 254, 259, 276,
　281, 295-298, 301, 302, 304, 314, 315
日本人
　──永租地　248
　──営業許可権　297
　──居留民　26, 199, 224, 230, 231, 254, 257,
　276, 292, 295, 299, 313
　──居留民社会　26
　──居留民団　292, 313
　──住宅地　13, 29, 191, 248, 254, 257-259,
　274, 275, 280, 281, 295, 297, 302-304, 310, 313,
　319
　──巡査　295, 296, 301
　──小学校　263, 272, 279-281, 292, 294, 303,
　304
　──商工業者　216, 219, 254
　──商店の営業許可権　297, 302
　──専用の住宅地　254
　──専用の都市施設　258, 292
　──船主　141
　──の移住　275
　──の居住形態　258, 259, 292
　──の施設　219
　──の借地　247, 248, 249, 252, 253
　──の上海進出　219
　──の帝国意識　26
　──墓地　192, 292, 304
西インド中央銀行　96
西ドック　164
西川聖　287, 305, 323
西本願寺用地　279
西野玄　20, 40
寧波　9, 12, 31, 59, 104, 109, 123, 155, 312, 316
寧波路　104, 109, 123
ノースフィルド　272

ノース・ゲート・ストリート　102, 125
ノース・チャイナ・ヘラルド紙　63
ノーマル・ライン　136, 140, 142, 143, 157, 160
ノリッチ　281
納税問題　35, 36, 37
農業社会　77
農耕時期　151
農神廟　89

ハ

ハーディング（Harding）　209
ハート（Robert Hart）　138
ハーバー・マスター　138, 141, 145, 146, 166
ハウスボート　184
パークス　22
パーク・レーン　58, 99, 101-103, 107, 109, 110
パゴダ路　154, 168
パゴダ運河　154
パブリック・ガーデン　273
パブリック・スクール男子校　259, 272, 280,
　292
パリ　27, 134
バース　258
バーミンガム市立芸術と技術学校　272
バキューム・タンク車　116
バターフィルド＆スワイア　10, 14, 19
バッチェット　112
バッブリング・ウェル・ビレッジ　89
バッブリング・ウェル・ロード　191, 192
バッブリング外国人墓地　192
バリア・ゲート　99
バルファ　31-33, 47, 59, 61, 88, 89
馬家浜　78, 80, 81
馬関（下関）　12
馬路　116, 124, 174
排水
　──管　64, 65, 67, 113, 114, 116, 117, 124, 125,
　126, 127, 128
　──機能　77, 100, 105
　──設備　65
　──網　113
　──問題　63
敗戦条約　30, 323
買辦　16, 82, 180, 181, 193
麦家圏　187
函館　14, 20, 23, 69, 70, 310

346

——区史　*20*
——地所規則　*20*
浜吉料理店　*302*
林董　*220, 229*
藩湾渡　*81*
ビクトリア＆アルバート・ドック　*165*
ビクトリア・ドック　*164, 165*
ビスビー　*137*
ビスビー　*137*
ビッカーズ　*25, 26, 173*
ビッカーズ　*25, 26, 173*
ビッドル　*33*
東アジア開港場　*9, 14, 18, 21, 24, 217, 312, 314,*
316
東アジア国際航路　*199*
東インド会社　*31, 176, 187*
東インドドック　*164*
東地区　*28, 84, 200, 225*
東ドック　*164*
東本願寺　*199, 243*
——上海別院　*243*
平野勇造　*295*
ファイブスコート　*96*
フィリピン　*10*
フェアロン　*187*
フェアロン　*187*
フェリー路の物件　*267*
フォーチュン　*59, 173, 175-178*
フットパス　*28, 75, 77, 85, 87, 89, 95, 99, 101,*
102-104, 108-110, 119, 123, 127, 190
フランス
——の宣教師団体　*158*
——の植民地　*10*
——の郵船会社　*156*
——全権公使　*69*
フランス租界
——のバンド　*134, 138, 142, 143, 147, 151,*
153-160, 163, 199
——の公董局　*154, 272*
——の自治体　*35*
——の裁判所　*154*
フランス領事　*34, 35, 38, 51, 134, 155, 158, 186,*
316
フランス領事館　*134, 155, 158*
フリート河　*105*
フリーメーソン　*96, 186*
プラットフォーム　*155, 156, 157*

プランター・ハンター　*175*
プロテスタント宣教師　*73*
ブイ列　*138, 141, 166*
ブライトン　*258*
ブランド（Brand）　*209*
ブリッジ・ストリート　*105, 126, 179, 259*
ブルース（Sir Frederick Bruce）　*35*
ブルース（Frederick Bruce）　*35, 43*
ブローケ（John Tallents Wynyard Brooke）
272
ブロード・ウェー　*151, 189, 192, 243, 250*
不定期の貨物船　*156*
不動産開発業者　*268, 269, 271, 280, 303*
不動産所有者　*98*
不平等条約　*9, 19, 21, 24, 26, 30, 31*
不法占拠　*66, 80*
釜山　*12, 316*
埠頭
——計画　*133*
——事務所　*132, 138, 149, 151, 165, 168, 169,*
217
——整備　*60*
——の所有権や使用権　*155*
——の地籍図　*133, 142*
——への永久アクセス権　*155*
武漢　*11*
武昌　*155, 200, 202, 208-210, 212, 214, 215*
——路　*200, 202, 208-210, 212, 214, 215*
——路桟橋　*200, 209, 210, 215*
復興屯　*290, 291*
福建路　*102, 103, 109, 110, 116, 123, 126*
福州　*9, 12, 31, 70, 103, 116, 126, 155, 187, 273,*
312, 314, 315, 316
——府　*9, 31*
——路　*103, 116, 126, 187, 273*
福民病院　*280, 285*
藤井洋行　*199*
藤田拓之　*26, 41*
藤森照信　*23, 40*
藤原恵洋　*25, 41*
仏租界　*224, 225, 226, 235, 253*
物資運搬動線　*156*
船の繋ぎ場　*205, 206, 227*
船の水上停泊境界線　*146*
船の停泊場所　*147, 209, 234*
古いドック　*149, 212*
墳墓　*48, 56, 57, 61*

347

——処理　　48, 56
ヘイデンスタム（Hugo von Heidenstam）
　143, 145
ヘーン（H. R. Hearn）　268
ヘスリングトン（Hetherington）　176, 178
ヘッド・ワーフ　160
ヘレン・テラス　279, 280, 283, 285, 295
ヘンリー七世　60
ペーダン（J. G. Purdan）　268
ベーゼミ（M. Berthemy）　38
ベトナム　10
ベンチャー　66
北京
　——イギリス公使館　48
　——の外国公使団　28, 39, 136
　——公使館　219, 220, 224, 227, 234, 254, 255,
　314
　——条約　9
北京路　58, 104, 116, 126, 199
平涼路　243
米国租界　234, 236, 256
米国登録会社永租地　247, 248
米人永租地　247
米 租 界　189, 223, 224, 226-228, 230-235, 250,
　253, 296
ホグリー　146, 168
ホッグ（E. J. Hogg）　268
ホッグ（W. Hogg）　99, 120
ホッティンジャー（Henry Pottinger）　31
ホレシオ・レー　134
ポール大聖堂　105
ポイント・ホテル　190, 224, 226, 227, 232, 236
ポルトガルの植民地　10
ボート・レース　183, 184
ボーマン　66, 98, 113, 187
ボーメン　66
ボストン　163
ボンベー　12
歩道整備　120
保善社　249
保存・活用　21
浦西　93, 149, 151
浦東　28, 132, 133, 134, 138, 143, 145, 147, 149,
　151, 159-161, 163, 199, 224-226, 229, 230
　——ポイント　143, 145
　——埠頭　132, 133, 143, 147, 159-161, 163
墓地　13, 49, 52, 61, 69, 74, 76, 89, 99, 104, 107,

　121, 191, 192, 193, 265, 273, 292, 304, 316
邦人各路分布表　281
宝山県　229
宝山地区　264
宝順洋行　176
宝仙橋墓地　273
奉天　155
防衛委員会　114
防火壁　67, 68, 267
房屋四周之空地　269
望厦条約　30
紡績業　11, 151, 230, 240, 241, 249, 250, 252, 253,
　254
紡績新局　226
北海道昆布会社代理店　199
北部地区　190-92, 243, 248, 249, 250, 252, 254
本願寺上海別院　243, 249
虹口
　——監獄　37
　——クリーク　188, 190, 200, 209
　——港　143, 152, 191, 197-200, 203-205, 207,
　209, 210, 213-217, 243, 247, 251, 311
　——港の交通量調査　152, 210
　——港の増築案　203
　——地区　33, 87, 188-190, 200, 216, 250, 253,
　259, 261
　——地区新計画（1893年）　188
　——地籍図　262
　——埠頭　138, 149, 199, 200, 202, 208
　——碼頭　198, 200, 216
　——レクリエーション・グラウンド　258,
　259, 264, 266, 273, 274, 279, 280, 293, 303, 304,
　313
香港　10, 12, 15, 19, 30, 31, 33, 42, 155, 157, 158,
　174, 176, 185, 268, 309, 314, 317, 321, 323
　——上海銀行　15, 19, 268
　——総督　33, 317

マ

マカオ　10, 34, 176, 318
マグノリア・テラス　279-281, 283, 285, 286
マクレオド（McLeod）　268
マッケンジー　99, 121, 176, 177, 178, 187
マニラ諸島　314
マレーシア　10, 174, 184, 321
マンチェスター　185

マンテリン女史　*316*

碼頭新計画（1888 年）　*203*

前川国男事務所　*313*

前田橋通　*316*

増田彰久　*23, 40*

松浦箱館奉行　*20*

繭産地　*236*

満州　*10, 143, 147, 314*

　──と朝鮮貿易　*314*

満鉄上海埠頭事務所　*132, 138, 149, 151, 165, 168, 169, 217*

ミシエ、アレクスサンダ　*47*

ミッション・ロード　*99, 102, 103, 120, 125, 126, 187*

ミヤモト洗濯所　*298, 301, 302*

ミュゼシウス（Stefan Muthesius）　*258, 304, 306*

ミルウォール・ドック　*164*

水資源　*11*

水田丞　*23, 41*

港の航路設計と管理　*134, 136*

港の造成過程　*22, 131, 152, 163, 166*

三井銀行　*248*

三井物産　*151, 156, 199, 225, 243, 285, 315*

　──ヤード　*243*

　──支店　*199*

　──埠頭　*151*

三菱銀行　*248*

三菱鉱煤店　*199*

三菱商会　*12, 199, 243, 315*

三菱用地　*279*

港整備事業　*131*

南満州鉄道の上海埠頭　*147*

明朝　*75, 81, 82*

　──萬暦期　*75, 81*

無償の道路用地確保　*128*

村松伸　*25, 41, 43, 70, 71, 76, 90, 91, 173, 193*

メダハースト　*31, 38, 49, 187*

明治の異人館　*23, 40*

明治政府　*20, 198*

棉花産地　*11, 236*

モース（Hosea Ballou Morse）　*76*

モリッソン　*261*

モンティグニ・M・C　*186*

森岡昌純　*203, 204*

ヤ

ヤング（Young A. J）　*99, 107, 121, 187*

矢田七太郎　*302, 307*

柳の世話人　*152*

裕豊紗廠　*241*

ヨーロッパ航路　*156*

余慶坊　*280*

洋館　*23, 40, 267, 316*

洋風住宅　*266, 269*

揚子江　*11, 14, 73, 83, 131, 136, 137, 143, 149, 155, 254, 303, 314*

　──口　*11, 73, 83, 131, 137, 143, 149, 303*

　──流域　*14, 155, 254, 314*

楊家宅浜　*81*

楊家浜　*81*

楊樹浦　*78, 81, 82, 84, 104, 133, 142, 143, 149, 151, 192, 226, 243, 249, 256, 313*

　──クリーク　*192*

　──地区　*81, 82, 84, 104, 143, 151*

　──路　*142, 149, 151, 192, 226, 243*

養樹人　*152*

横浜　*10-12, 14, 19-21, 23, 26, 29, 30, 41, 58, 69, 106, 141, 155, 163, 167, 199, 216, 248, 260, 263, 279, 280, 310, 312, 316, 318*

　──＝上海間航路　*199*

　──＝上海線　*199*

　──と上海　*26, 29, 41*

　──開港場　*21*

　──居留地　*14, 69, 106, 316, 318*

　──居留地覚書　*69*

　──橋　*263, 279, 280*

　──正金銀行　*248, 279*

　──村　*30*

吉澤誠一郎　*19*

ラ・ワ

ラケット　*183, 272*

ラッセル商会　*187*

ラムソン、ヘーベート・デー（Herbert Day Lamson）　*259, 275, 294*

ランカン（Rankan）　*66*

ランド・アセスメント・スケジュール　*222, 223, 241, 247, 250, 251*

ランニング　*47*

349

リーズ市議会　65
リバプール　132, 155, 163, 168, 185
リンゼイ（Lindsay）　26, 108, 195
利権紛争　153
李香蘭　291
李文耀　79
里弄住宅　192, 267
陸域　18, 21, 28, 100, 131-134, 142, 151, 153, 166, 311, 312, 315
　　――と水域　18, 21, 131-134, 142, 153, 311, 312
陸家浜　81
陸興里　280
　　――クーリー　151
陸湾浜　81
琉球　16, 187
龍華　79
龍口　155
料理店　292, 293, 302
領事官の権限　63
領事館路　58, 158
領事裁判権　36, 37, 43
レクリエーション・グラウンド　257-259, 262-266, 273, 274, 278-280, 292, 293, 303, 304, 310, 313
レクリエーション・ファンド　29, 96, 258, 264, 265, 303
礼拝堂　60, 61
冷凍倉庫　133, 142
歴史的建築遺産　11
歴史的町並み　21
歴史的都市　17

歴壇　59
列強利益均霑　30
ロウ・ハウス　266
ロシア租界　317
ロビンソン・ロード　243
ロンドン　27, 31, 49, 73, 75, 102, 104, 105, 111, 120, 123, 125, 126, 132, 134, 157, 163-165, 167, 168, 177, 183, 185-187, 191, 258, 272, 285, 305, 306, 323
　　――シティ　105
　　――宣教師協会　102, 104, 120, 123, 125, 126, 186, 187, 191
　　――宣教師協会　102, 104, 120, 123, 125, 126, 186, 187, 191
　　――・ドック　164, 165
　　――のドック群　165
ロープ・ウォーク・ウェー　58, 60
路面電車　264, 279
労働者の居住施設　132, 133, 159, 163
六三園　279, 292-294
六三亭　293

ワーレン・コレクション　155
ワチェス　125, 126
和尚浜　82
和田七郎　266
和豊ドック　149
淮海廟浜　82
匯山碼頭　200
渡部忠世　77, 90

ヴィクトリア朝　61

写真・地図・図表一覧

口絵

古絵図1　1850年代の上海近郊の水路　　*1*
古絵図2　1860年代の上海イギリス租界　　*2*

地図1　1928年上海地図　　*4*
地図2　1849年以前の上海イギリス租界の地図　　*7*
地図3　1855年上海外国租界地図　　*8*
地図4　1860-1861年上海県城、租界とその周辺地図　　*9*
地図5　1750年の上海地域の水路網　　*10*
地図6　Plan to accompany land assessment schedule,　　*11*
地図7　1880年上海城廂租界全図　　*12*
地図8　工部局発行の1908年上海地図（東地区の楊樹浦地域を抽出）　　*13*
地図9　1864-1866年上海虹口租界またはアメリカ租界地図　　*13*
地図10　1864年から1866年の上海イギリス租界地図　　*14*
地図11　1908年上海地図　　*15*

図1　1849年から1866年におけるイギリス租界の道路開発過程　　*16*
図2　1852年道路碼頭委員会が提起した下水管の仕様　　*18*
図3　1927年共同租界における各国と工部局の借地取得情況図　　*21*
図4　中央部における各国と工部局の借地取得状況図　　*22*
図5　西部における各国と工部局の借地取得状況図　　*23*
図6　東部における各国と工部局の借地取得状況図　　*24*

本文

写真

写真4-1　1930年代のサンパン（桟板）クーリー　　*152*
写真4-2　1900年フランス租界のバンドの桟橋と倉庫　　*157*
写真4-3　1911年フランス租界のバンド新ブロック　　*157*
写真4-4　1906年フランス租界のバンド埠頭　　*157*
写真4-5　1906年フランス租界のバンド倉庫　　*157*
写真4-6　1933年浦東埠頭正面　　*162*
写真4-7　1933年浦東埠頭の倉庫　　*162*
写真4-8　1933年浦東埠頭の海関検査員住宅　　*162*
写真4-9　1933年浦東埠頭のクーリーの居住施設　　*162*
写真4-10　旧B&S商会上海事務所　　*162*

写真 5-1　トリニティー教会　*185*
写真 5-2　バンドの遊歩道　*191*

写真 6-1　1930 年代日本郵船会社虹口支店の古写真　*201*
写真 6-2　1910 年代の虹口港の様子　*201*
写真 6-3　旧日本郵船虹口埠頭の倉庫、事務所　*216*

写真 7-1　1.旧三井物産　*244*
写真 7-2　2.旧三菱商事　*244*
写真 7-3　3.旧横浜正金銀行　*245*
写真 7-4　4.旧台湾銀行　*245*
写真 7-5　5.旧日本領事館　*246*
写真 7-6　6.旧西本願寺上海別院　*246*
写真 7-7　内外綿の上海工場、支店と社宅の分布地図　*249*
写真 7-8　内外綿の社宅　*250*

写真 8-1　1940 年代の北四川路界隈　*260*
写真 8-2　北四川路界隈現状　*260*
写真 8-3　ディックスウェール・ロードの外国風家屋　*270*
写真 8-4　恒豊旧里の中国風家屋　*270*
写真 8-5　恒豊新里と旧里の間の狭い路地　*270*
写真 8-6　永安里のゲート 2010.9 撮影　*270*
写真 8-7　マグノリア・テラス　*282*
写真 8-8　マグノリア・テラス　*282*
写真 8-9　マグノリア・テラス　*282*
写真 8-10　ヘレン・テラス全体図　*284*
写真 8-11　ヘレン・テラス住宅正面　*284*
写真 8-12　アゼリ・テラス外観　*284*
写真 8-13　アゼリ・テラス　*284*
写真 8-14　アゼリ・テラス路地（1930 年）　*284*
写真 8-15　アゼリ・テラス 2 階和室（1931 年）　*284*
写真 8-16　サッスーン・アパート正面　*286*
写真 8-17　サッスーン・アパート治療室　*286*
写真 8-18　サッスーン・アパートリビング　*286*
写真 8-19　サッスーン・アパート外観　*286*
写真 8-20　サッスーン・アパート正面　*286*
写真 8-21　サッスーン・アパート裏の附属屋　*286*
写真 8-22　恒豊里新里路地（1940s）　*288*
写真 8-23　恒豊里新里路地　*288*
写真 8-24　恒豊里新里外観　*288*
写真 8-25　恒豊里新里前庭に面する部屋　*288*
写真 8-26　永安里路地　*289*
写真 8-27　永安里外観　*289*
写真 8-28　復興屯入口　*291*
写真 8-29　復興屯路地　*291*
写真 8-30　復興屯住宅の裏側　*291*

写真・地図・図表一覧

写真 8-31　上海神社全景 1933 年　*293*
写真 8-32　日本人小学校、1940 年代　*295*
写真 8-33　1930 年 4 月入学式　*295*

図

図 1-1　1881 年土地章程の附属条例に規定された防火壁の基準寸法　*68*

図 2-1　1849 年上海イギリス租界復元図　*86*
図 3-1　1855 年の寺院路附近見取図　*99*
図 3-2　1852 年道路碼頭委員会が提起した下水管の仕様　*113*
図 3-3　1866 年まで整備された下水道　*117*
図 3-4　1855 年〜 1866 年における工部局の財政状況グラフ　*119*
図 3-5　工部局が規定した公共減歩の模式図　*122*
図 3-6　寺院路の下水道整備費用の負担模式図　*125*

図 4-1　黄浦江水路局の組織図　*135*
図 4-2　1926 年上海港投錨位置図　*137*
図 4-3　1887 年黄浦江実測調査図　*139*
図 4-4　1909 年新アストリア航路設計図　*140*
図 4-5　1911 年黄浦江地図、浚渫位置　*144*
図 4-6　1900 年上海港図面　*148*
図 4-7　1912 年上海港図面　*150*
図 4-8　B&S 商会フランス租界のバンド埠頭 1931 調査図面　*154*
図 4-9　B&S 商会浦東埠頭 1931 年調査図面　*160*
図 4-10　B&S 商会浦東埠頭 L 倉庫北の改修図　*161*

図 5-1　1855 年 27 番地 R. J. ギルマン商会の復元配置図　*180*
図 5-2　1893 年工部局による共同租界の新道路計画図　*189*
図 5-3　1899 年上海共同租界の拡張図　*189*
図 5-4　1904 年上海地図　*190*

図 6-1　1890 年虹口港の各国港湾施設分布図　*201*
図 6-2　日本郵船の港湾施設の建設過程モデル図　*202*
図 6-3　1888 年日本郵船上海虹口支店の附近見取り図　*202*
図 6-4　1890 年虹口港における日本郵船の港湾施設の計画図　*208*
図 6-5　1890 年桟橋計画の調整案　*211*
図 6-6　1893 年日本郵船の虹口港の最終計画案　*215*

図 7-1　上海日本専管居留地の候補地の位置図　*225*
図 7-2　1887 年工部局の黄浦江実測調査図一部分　*233*
図 7-3　1890 年から 1930 年まで日本人の借地取得図　*242*
図 7-4　1930 年の中部、東部地区における主要交通網と日本の都市施設　*248*
図 7-5　1930 年上海共同租界における日本の都市施設配置図　*251*
図 7-6　1911 年地価と日本人の借地分布図　*251*
図 7-7　各地価等級図における日本人所有地の面積統計と業種　*252*

353

図 8-1 1913 年北四川路全体図　*260*
図 8-2 1866 年から 1910 年までの北四川路の形成過程図　*262*
図 8-3 永安里 2007.6、2010. 9 実測配置図　*270*
図 8-4 1918 年北四川路　*278*
図 8-5 1928 年北四川路　*279*
図 8-6 マグノリア・テラス配置図　*282*
図 8-7 マグノリア・テラス 2007 年 6 月の実測平面図　*282*
図 8-8 2007.6 実測平面図　*284*
図 8-9 2007 年 6 月　*286*
図 8-10 恒豊里全体配置図　*288*
図 8-11 2007、2010 年住宅実測平面図　*288*
図 8-12 2007.6 実測住宅平面図　*289*
図 8-13 1940 年代の復元平面図　*291*

表

表 1-1 1845 年土地章程の規定内容と対応項目　*53*
表 3-1 1863 年 6 月から 12 月までの道路舗装工事　*103*
表 3-2 1854-1866 年までのイギリス租界の道路整備過程　*105*
表 3-3 1854 年から 1866 年までのイギリス租界下水道工事一覧表　*114*
表 3-4 1854-66 年の道路整備の特徴一覧表　*121*
表 4-1 1911 年黄浦江浚渫工事に雇われた労働者の内訳　*153*
表 5-1 1893 年工部局による共同租界の新道路計画表　*188*
表 6-1 1890 年 3 月 10 日　AM6:00 ～ PM11:00 の虹口港の交通量調査結果　*211*
表 7-1 『支那各地帝國専管居留地設定一件第一編上海附呉淞』の収録史料整理の一覧表　*221*
表 7-2 日本専管居留地四候補地の条件比較表　*228*
表 7-3 上海日本専管居留地の設置をめぐる日本政府の活動　*232*
表 8-1 上海における日本人分布状況　*276*

著者紹介

陳雲蓮（Chen Yunlian）

1978 年、中国浙江省生まれ。

2010 年、京都府立大学大学院人間環境科学研究科博士課程修了、博士（学術）。
日本学術振興会外国人特別研究員（名古屋大学、2010-2012）、ケンブリッジ
大学・ウルフソンカレッジ客員研究員（正式在籍、2012-2016）を経て、現在、
岡山大学グローバル・パートナーズ（旧国際センター）専任講師（特任）。

〈主な論文〉

「西洋人居留地から日本植民地への移行期における台湾の打狗（高雄）築港
に関する研究」（『台湾研究』pp.53-82、拓殖大学海外事情研究所付属台湾
研究センター、2017 年 3 月）、Making a world harbour in Shanghai, 1908-1920,
11th The International Symposium on Architectural Interchanges in Asia, Tohoku
University, Sendai, September 22-23, 2016、「イギリス人建築家及び建築組織事
務所による上海での不動産経営の実態と都市開発」『建築史学』58 号、2012
年 3 月、pp.33-48、など。

近代上海の都市形成史　国際競争下の租界開発

2018 年 2 月 10 日　印刷
2018 年 2 月 20 日　発行

著　者　陳　雲　蓮

発行者　石　井　　雅

発行所　株式会社　風響社

東京都北区田端 4-14-9　（〒 114-0014）

TEL 03（3828）9249　振替 00110-0-553554

印刷　モリモト印刷

Printed in Japan 2018 © CHEN. Yunlian　　　　ISBN987-4-89489-248-4　C3022